Wolfgang Staudte

D1629359

R. Wittkamp
Temmeweg 19
4400 Münster

Herausgegeben von der Stiftung Deutsche Kinemathek

Wolfgang Staudte

Redaktion: Eva Orbanz

Mit Beiträgen von
Heinz Kersten, Katrin Seybold
Egon Netenjacob

Verlag Volker Spiess · Berlin 1977

Mitarbeit: Helga Belach, Peter A. Hagemann, Gero Gandert, Hans Helmut Prinzler, Peter Schulz; Umschlagentwurf: Norbert Baum

Fotos: DEFA, Kurt-Ulrich-Film/Marszalek, Tobis; Stiftung Deutsche Kinemathek, Gero Gandert, Wolfgang Staudte

Wir danken Wolfgang Staudte, dem Staatlichen Filmarchiv der DDR, Walter Pröhl (Studio Hamburg), Peter Hoheisel (Bayerisches Fernsehen), Emmy Burg, Manfred Delling; Walter-Wilhelm Busau und Eberhard Klasse (Landesbildstelle Berlin), Fritz Schwinge (Institut für Publizistik der Freien Universität Berlin), Ulrike Storch und Eberhard Spieß (Deutsches Institut für Filmkunde), Karl-Heinz Schaper (Dokumentation Der Spiegel, Hamburg), Dr. Winfried Schmitz-Esser (Zentrale Textdokumentation Gruner-Jahr AG & Co, Hamburg) sowie der Bibliothek der Deutschen Film- und Fernsehakademie für ihre freundliche Unterstützung.

© 1977 Verlag Volker Spiess, Berlin
Satz: Composersatz V. Spiess, Berlin
Druck: Color-Druck G. Baucke, Berlin
ISBN 3-920889-53-3
3. verbesserte und ergänzte Auflage

Inhalt

Zur Einführung

Mit dem vorliegenden Buch will die Stiftung Deutsche Kinemathek das Werk eines Mannes vergegenwärtigen, der zu den wenigen, aus den Niederungen des deutschen Nachkriegsfilms herausragenden Persönlichkeiten zählt.

Wolfgang Staudte war über lange Jahre hin der deutschen Öffentlichkeit ein Ärgernis. Einige seiner Filme wie *Der Untertan, Rosen für den Staatsanwalt* oder *Kirmes* trugen ihm den Ruf eines „Nestbeschmutzers" ein. Seine Arbeit sowohl für die DEFA als auch für die UFA machte ihn in beiden Teilen Deutschlands verdächtig als unsicheren Kantonisten, der sich alle Türen offen halten wollte. Seine Produktionen für die ARD und das ZDF schließlich stempelten ihn für viele seiner Kritiker als nun endgültig „angepaßten" Routinier ab.

Die zeitliche Distanz, die wir heute zu den meisten seiner Filme besitzen, aber auch unsere Erfahrungen in einer innen- wie außenpolitisch veränderten Situation schaffen neue Voraussetzungen für eine kritische Auseinandersetzung mit den Filmen Staudtes.

Wir hoffen, daß in den Filmen und in Staudtes Äußerungen im Interview klar und deutlich wird, daß er als einer der ganz wenigen Regisseure sich bereits Sorgen um die restaurativen Tendenzen in unserer Gesellschaft machte, als dies noch höchst unpopulär war und bis zum Boykott gegen ihn führte. Wir hoffen aber auch darstellen zu können, in welch hohem Maße die Filme Wolfgang Staudtes auch das Ergebnis von deprimierenden Produktionsbedingungen sind. Nur aus dieser Sicht ist seine Entwicklung zu verstehen, die ihn fast zwangsläufig zum Fernsehen führte.

Schließlich stimmt es nachdenklich, wenn man beobachtet, wie selbst ein prominenter Mann des Films mit seinen Fernseharbeiten fast anonym bleibt, nur noch beachtet von einigen Spezial-Kritikern und als glänzender Handwerker von den Fernseh-Redakteuren geschätzt. Diese Anonymität der Fernseharbeit und die damit verbundene Austauschbarkeit und Abhängigkeit sollten zu denken geben.

Wolfgang Staudte verkörpert ein Stück deutscher Filmgeschichte. Als eigensinniger politischer Moralist steht er mit den Themen seiner wichtigsten Filme ziemlich einsam in der deutschen Filmlandschaft. In seiner Abhängigkeit von erdrückenden Produktionsbedingungen und in seiner Hinwendung zum Fernsehen dagegen ist er ein höchst typisches Beispiel und zugleich Opfer verfehlter Filmpolitik.

Unser besonderer Dank gilt Wolfgang Staudte, der sich großzügig und aufgeschlossen bereit fand, den Herausgebern mit allen Informationen und Materialien zu helfen, ohne die dieses Buch in der angestrebten Vollständigkeit nicht hätte erscheinen können.

Heinz Rathsack

Wolfgang Staudte bei Dreharbeiten zu seinem Film *Der letzte Zeuge* (1960)

Heinz Kersten

Ankläger der Mörder und Untertanen

Die wichtigsten Jahre des Wolfgang Staudte (1943 — 1955)

Auf die in einer Sendung des Westdeutschen Fernsehens im Oktober 1964 an ihn gerichtete Frage, ob er ein politischer Künstler sei, antwortete Wolfgang Staudte damals: „Ja, ich bin ein politischer Mensch und demzufolge auch ein politischer Künstler." Ein Bekenntnis, das nur sehr wenige deutsche Filmemacher seiner Generation — Staudte gehört zum Jahrgang 1906 — für sich abgeben können. Staudte hat mit seinen Filmen Politik gemacht und erlitten.

Wolfgang Staudte hat als (nach eigener Aussage) damals noch unpolitischer Mensch die Nazizeit angepaßt, aber ohne sich ernstlich zu kompromittieren, überstanden und aus den historischen Erfahrungen jener Jahre die Konsequenzen gezogen — was von den wenigsten seiner bereits damals im deutschen Film tätigen Kollegen behauptet werden kann. Er hat nach dem Kriege bei der DEFA, die ihm dazu einzig Gelegenheit bot, mit seinen besten Filmen zur notwendigen „Enttrümmerung der Gehirne" beigetragen und vor Wiederholungen des „Irrwegs einer Nation" (Alexander Abusch) gewarnt. Damit zog er sich die Feindschaft der Reaktion zu. Er wollte „kein westdeutscher und kein ostdeutscher Filmregisseur sein, sondern ganz einfach ein deutscher" (1) und sah sich dafür in den Zeiten des Kalten Krieges zahllosen Diskriminierungen durch die beamteten und publizistischen Vertreter der bundesdeutschen Spielart des McCarthyismus ausgesetzt. Als die politische Entwicklung für „gesamtdeutsche" Chancen (oder Illusionen) keinen Raum mehr ließ, wurde aus Wolfgang Staudte doch ein westdeutscher Filmregisseur. Er blieb aber auch weiterhin „ein ewiger Weltverbesserer", der freilich, den Zwängen der in der BRD restaurierten kapitalistischen Filmindustrie ausgeliefert, immer mehr erfahren mußte, „wie schwer es ist, die Welt verbessern zu wollen mit dem Gelde von Leuten, die die Welt in Ordnung finden"(2).

Staudtes Entwicklung zeigt die Begrenzung eines bürgerlichen Künstlers, aber innerhalb der Grenzen, die ihm die eigene Persönlichkeit, die Zeit und die Umstände setzten, hat dieser Regisseur ein Beispiel politischen und künstlerischen Engagements gegeben, das ihm mit seinen besten Werken einen ehrenvollen Platz in der Filmgeschichte sichert.

Wolfgang Staudtes Filmlaufbahn begann als Schauspieler. In Nebenrollen hat er zwischen 1931 und 1942 in zahlreichen Filmen mitgewirkt. Zwischen 1935 und 1939 drehte er als Autor und Regisseur über hundert Werbefilme zwischen 40 und 60 m Länge, die er in dem kleinen Herstellungsbetrieb auch meist selbst

9

schnitt. Durch diese Filme wurde die TOBIS-Filmgesellschaft auf ihn aufmerksam und gab ihm im Rahmen der damals betriebenen Nachwuchsförderung Gelegenheit zur Inszenierung eines Studiofilmes von 600 – 700 m Länge. Als Stoff wählte Staudte Arkadi Timofejewitsch Awertschenkos Satire „Ins Grab kann man nichts mitnehmen". Das Ergebnis brachte ihm einen Vertrag als Spielfilmregisseur ein.

Als erstes schrieb er ein Drehbuch mit einer Hauptrolle für den von der TOBIS verpflichteten berühmten Clown Charlie Rivel, das er 1943 unter dem Titel *Akrobat Schö-ö-ön* inszenierte. Im TOBIS-Werbematerial wird der Inhalt des Films so skizziert:

„Er erzählt die tragikomische Geschichte eines armen, kleinen Artisten, dessen große Leidenschaft das Varieté ist, der als Bühnenarbeiter und Nachtportier arbeiten muß, dem die ‚Tücke des Objekts' und seine schlemihlhafte Natur alle Chancen verdirbt, den das Leben immer wieder enttäuscht und der doch unermüdlich auf dem dornenreichen Weg zum Erfolg weiterstolpert, bis ihn die launische Fortuna schließlich mit einem Ruck auf den Gipfel des Ruhms hinaufschubst".

Damit verknüpft ist der Aufstieg von Charlies Freundin Monika (Clara Tabody) zum Revuestar als Sängerin und Tänzerin. Nach bewährtem Muster ist ihr Partner (Karl Schönböck) ein bereits berühmter, eingebildeter Tenor und Herzensbrecher, in den sie sich nach anfänglicher gegenseitiger Abneigung verliebt. Das Happy-End nach Krach mit Kuß bleibt nicht aus, und überhaupt hielt sich der ganze Film an sämtliche Klischees der in jenen Jahren nach amerikanischen Mustern entstandenen deutschen Revuefilme. Am besten ist in seiner stummen Rolle Charlie Rivel, der in Habitus und Gestik oft an Charlie Chaplin erinnert. Die Ablenkungsfunktion, die solche Filme damals erfüllten, drückt sich auch im Text eines der von der Ungarin Clara Tabody gesungenen Schlagers aus: „Mußt du heut' ein bißchen weinen, dann verlier' nicht gleich den Mut – morgen wird die Sonne wieder scheinen, morgen wird alles wieder gut!"

Reiner Unterhaltung diente auch Staudtes nächster Film, *Ich hab' von Dir geträumt* (1944), zu dem Herbert Witt nach einer Idee des Bühnenkomödienautors Johannes von Vaszary das Drehbuch lieferte. Das nicht sonderlich originelle Lustspiel lebt von Situationskomik, die sich aus konstruierten Zufällen – Träumen, Mißverständnissen, Autojagden, Zusammenstößen und Schlafwagenverwicklungen – ergibt. Mit den damals als Stars in humoristischen Salonrollen beliebten Hauptdarstellern Fita Benkhoff und Karl Schönböck entsprach der Film in Zeitferne und gutbürgerlichem Milieu ganz der filmischen Unterhaltungskonfektion jener Jahre.

In einer zeitgenössischen Rezension hieß es:
„Nachdem also die Sängerin im Traume ihren zukünftigen Gemahl gesehen hat, geschieht alsbald das ‚Unheil'. Eine feine Ironie steckt darin, daß es durch die Hysterie der Frau heraufbeschworen wird, die sich von einem wildfremden Menschen, in dem sie ihr Traumbild erkennt, attackiert glaubt. Eine Serie grotesker

Verwechslungen und Zufälle bricht aus und zerstört durch ihre Vehemenz die geistreich-ironischen Anspielungen, die der Anfang verheißen hatte. Statt witziger Bonmots und Bildungspointen gibt es rasende Verfolgungsszenen, laute Entlobungen und zum Schluß die Ehe von zwei völlig erschöpften Menschen."(3)

Zur Verdeutlichung des historischen Hintergrundes: Die Uraufführung des Films fand in Berlin einen Tag nach dem 20. Juli 1944 statt.

Staudtes nächstes Projekt, *Der Mann, dem man den Namen stahl* (Idee: Josef Maria Frank), war nach seinen eigenen Angaben „der Versuch zu einer grotesken Behandlung des Themas ,Bürokratie'" und wurde von der Zensur verboten. Der Regisseur nahm den Stoff nach Kriegsende noch einmal auf, wovon später die Rede sein wird. Der ihm nach dem Verbot drohenden Abschiebung zum Kriegseinsatz entging Staudte nur durch eine Intervention Heinrich Georges, der ihn als Regisseur für die Verfilmung eines Komödienstoffes von Curt J. Braun, *Frau über Bord*, anforderte, in der er eine Hauptrolle spielte. Noch während der letzten Kriegstage wurde diese in großbürgerlichem Milieu spielende Ehe-Eifersuchts- und Verwechslungsgeschichte gedreht, aber erst Anfang der fünfziger Jahre unter dem Titel *Das Mädchen Juanita* in der Bundesrepublik uraufgeführt.

Schon während der Dreharbeiten zu diesem Film entwickelte Staudte seinem Kameramann Friedl Behn-Grund das Exposé eines Stoffes, den er nach dem sich damals bereits immer deutlicher abzeichnenden Ende des Krieges filmisch verwirklichen zu können hoffte: *Der Mann, den ich töten werde*. Anlaß, diese Geschichte zu schreiben, war ein persönliches Erlebnis: Ein SS-Obersturmführer hatte ihn einmal aus politischen Gründen mit der Pistole bedroht, worauf sich Staudte überlegte, was einmal nach Kriegsende mit solchen Leuten geschehen würde.

Im März 1966 sagte Wolfgang Staudte in einem Gespräch: „Ich glaube, daß es in den Tagen vor der Kapitulation bereits eine Trennungslinie im deutschen Volke gab. Später hat sich das, glaube ich, auch bestätigt. Eine Trennungslinie zwischen denen, die keine Furcht vor dem kommenden Frieden oder keine Furcht vor der Beendigung des Krieges hatten, und jenen, die Furcht vor dieser Beendigung hatten. Für sie trat ein Vakuum ein, zunächst nur ein Ende, ein spürbares Ende, während für den anderen Teil, von dem ich gesprochen habe, ein spürbarer Anfang die Triebfeder zu allem Handeln war. Diese Trennung wiederum war bemerkbar, weil man ja sowohl immer wieder auf Menschen traf, die mit verschleiertem Blick in die Vergangenheit blickten, als auch auf jene mit einem ungeheuren Glauben an die Zukunft, mit einem fast euphorischen Denken an einen Neubeginn, an die Gestaltung einer neuen Zukunft, von Null an. Mir scheint es, jetzt zurückblickend, ich gehörte eben zu denen, die, wie viele andere auch, glücklich waren, daß dieser Alpdruck wirklich vorbei und nunmehr die Zeit gekommen war, eine neue Welt zu schaffen, eine neue Ordnung, eine neue Gerechtigkeit, an denen man einfach teilnehmen mußte, jeder in seiner Art — auch der Filmregisseur. Wie gesagt, jeder an seinem Platz."(4)

Nach dem Kriege versuchte Staudte, der in den Berliner Westsektoren wohnte, zuerst die Kulturoffiziere der englischen und amerikanischen Besatzungsmacht für sein Exposé zu interessieren, ohne dabei jedoch Erfolg zu haben. Befürwortung fand das Projekt schließlich beim sowjetischen Kulturoffizier, und Staudte schrieb daraufhin zusammen mit Johanna Sibelius und Eberhard Keindorff das Drehbuch zu seinem ersten Nachkriegsfilm, der nun den Titel trug *Die Mörder sind unter uns*. Daß er unter sowjetischer Lizenz realisiert wurde, ist gewiß kein Zufall, sondern hängt mit den unterschiedlichen Startbedingungen des deutschen Film-schaffens nach dem Kriege in den vier Besatzungszonen zusammen, in denen be-reits die weitere Entwicklung programmiert lag. Da hiervon auch der Weg des Re-gisseurs Wolfgang Staudte wesentlich beeinflußt wurde, sei jene Anfangssituation kurz skizziert.

In ganz Deutschland stand die Filmindustrie bei Kriegsende vor einem materiel-len Nichts. Die westlichen Besatzungsmächte, in deren Kontrollbereich das Kul-turleben ganz allgemein viel langsamer wieder in Gang kam als in der sowjetischen Zone, waren zunächst an einer Wiederaufnahme deutscher Filmproduktion wenig interessiert. Ein Grund hierfür mag auch gewesen sein, daß die Verleihorganisatio-nen der eigenen Länder auf dem neuen kommerziellen Markt erst fester Fuß fas-sen sollten. Die Lizenzierung eines Filmproduzenten durch die Nachrichtenkon-trollabteilungen der Alliierten war demzufolge in der ersten Nachkriegszeit ein langwieriges Verfahren. Entsprechend der damals betriebenen Politik einer De-zentralisierung der deutschen Wirtschaft entstanden in den Westzonen 1946 bis 1948 rund vierzig Produktionsgesellschaften, von denen freilich nur dreizehn auch mit eigenen Filmen an die Öffentlichkeit traten.

Die Militärregierungen betrachteten den Film vorwiegend als Unterhaltungsmittel und enthielten sich, abgesehen von dem Verbot, faschistische Tendenzen zu ver-breiten oder Kritik an den Besatzungsmächten zu üben, jeglicher Beeinflussung der Produktion. Der erste deutsche Film, der nach dem Kriege in den Westzonen herauskam (Premiere: 20. Dezember 1946 in Westberlin), hieß *Sag die Wahrheit!* (Regie: Helmut Weiss). Mit diesem Titel war aber keineswegs eine Absage an ge-rade erst vergangene Praktiken filmischer Verlogenheit gemeint — dahinter ver-barg sich vielmehr ein aus der Erbsmasse der verblichenen NS-Filmindustrie über-nommenes Lustspiel, das nur zu Ende gedreht worden war und nun genauso sei-ne Ablenkungsfunktion erfüllte wie dutzendweise produzierte Unterhaltungsfil-me während des Krieges.

Versuche einer filmischen Auseinandersetzung mit der NS-Vergangenheit blieben in den Produktionen der westlichen Besatzungszonen in bescheidenen Ansätzen stecken. Im dritten westdeutschen Nachkriegsfilm, Helmut Käutners *In jenen Ta-gen* (1947), diente die Geschichte eines abgewrackten Autos dazu, in Rückblen-den Episoden aus zwölf Nazijahren, 1933 bis 1945, zu erzählen. Es gab auch Aus-senseiter-Produktionen wie *Lang ist der Weg* (1948) von Herbert B. Fredersdorf über das Schicksal überlebender jüdischer KZ-Häftlinge oder *Morituri* (1948) von Eugen York, die Geschichte einer Flucht aus dem KZ, und es erschien eine Ver-filmung von Wolfgang Borcherts Heimkehrer-Drama „Draußen vor der Tür", die Wolfgang Liebeneiner unter dem Titel *Liebe 1947* (1948/49) drehte. Aber diese noch ehrlich gemeinten Bemühungen um das Thema „Vergangenheitsbewältigung" hörten ziemlich bald auf — man kann die Grenze etwa bei der Währungsreform ansetzen. Mit dem Ausbruch des „Wirtschaftswunders" wollte man an so unangenehme Dinge, wie sie in der Nazizeit passiert waren, nicht mehr erinnert werden; das hätte auch den allgemeinen Restaurationsprozeß der westdeutschen Nachkriegsgesellschaft gestört.

Auch jene vom Thema her positiv zu wertenden Filme krankten bereits an einem grundsätzlichen Fehler: sie beschränkten sich auf eine „allgemein menschliche" Tendenz. Damit war das Publikum aus der Verantwortung entlassen für ein Geschehen, das es ja in den vergangenen zwölf Jahren nicht nur miterlitten, sondern auch mitgestaltet hatte. Der Mensch: kein gesellschaftliches, sondern ein rein privates Wesen. Der Nazismus: höheres Schicksal, ein brauner Spuk, bedauerlicher Betriebsunfall der deutschen Geschichte. Eine solche Betrachtungsweise der Vergangenheit entsprach ziemlich genau der Haltung eines Publikums, dessen Reaktionen auf die Vorführung von Dokumentarfilmen über KZ-Greuel ein Amerikaner folgendermaßen beschrieb:

„Einige verschließen ihre Augen vor dem, was sie sehen. Einige sind bestürzt. Einige weinen sentimental. Unter den letzteren sind auch die, die bei Hitlers Reden sentimental weinten. Sie weinen auch, wenn sie im Theater das ‚Tagebuch der Anne Frank' sehen. Für sie ist das alles nur ein Drama, das von einer höheren Macht gelenkt wird, ohne daß sie mitverantwortlich wären. Es ist einfach der Gang der Welt, und sie haben keinen Einfluß darauf. Heute weinen sie, und wenn morgen dieselben Dinge wieder passieren sollten, würden sie keinen Finger krumm machen, um es zu verhindern."(5)

Diese Charakterisierung eines deutschen Publikums im Jahre 1947 stammt aus dem Drehbuch des amerikanischen Films *Das Urteil von Nürnberg*. Der hier wiedergegebene Eindruck dürfte ziemlich authentisch sein, denn der Drehbuchautor hatte vor Abfassung des Manuskripts monatelang die Bundesrepublik bereist, um sich mit der Mentalität der Deutschen im Dritten Reich und danach vertraut zu machen. Der Film in der BRD hat so gut wie nichts unternommen gegen den in Bezug auf die unmittelbare Vergangenheit im Bewußtsein der Bevölkerung funktionierenden Verdrängungsmechanismus, ja der Film hat diesen Mechanismus noch geölt, hat das falsche historische Bewußtsein seines Publikums nur bestätigt, statt es zu korrigieren. Freilich, anderes war auch schwerlich zu erwarten von Leuten, die sonst auch ihre eigene Vergangenheit hätten in Frage stellen müssen. Schließlich hatten die meisten Regisseure und Drehbuchautoren und Schauspieler, die im westdeutschen Film wieder tätig wurden, schon an mehr oder minder exponierter Stelle im Film der Nazizeit eine Rolle gespielt. Nicht zuletzt befand sich die westdeutsche Filmindustrie bald finanziell auch wieder in der Abhängigkeit von Kreisen, die gewiß kein besonderes Interesse daran haben konnten, den gesellschaftlichen Ursachen von Faschismus und Krieg genauer nachzuspüren.

In der damaligen sowjetischen Besatzungszone organisierte sich die Filmproduktion von Anfang an unter der Leitung antifaschistischer Kräfte und in der Absicht, eine einzige zentrale Filmgesellschaft zu gründen. Auf Einladung der Zentralverwaltung für Volksbildung trafen sich am 17. November 1945 im Berliner Hotel Adlon vierzig Regisseure, Kameraleute, Autoren und Schauspieler, und aus den dort Versammelten wurde ein sechsköpfiges „Filmaktiv" gebildet, das die Vorbereitungen für einen Neubeginn in die Hand nahm. Wolfgang Staudte war dabei und drehte mit Kameramännern und Beleuchtern bereits im Winter 1945/46 in den noch überfluteten U-Bahnschächten Dokumentaraufnahmen für einen von dem aus sowjetischem Exil heimgekehrten Dramatiker Friedrich Wolf geplanten Film, *Kolonne Strupp,* an dessen Szenarium Slatan Dudow mitarbeitete. Diese Geschichte von BVG-Arbeitern in den letzten Kriegs- und ersten Nachkriegstagen wurde dann jedoch nicht realisiert. Staudte synchronisierte damals auch den ersten Teil von Eisensteins *Iwan der Schreckliche.* Am 4. Mai 1946 begann er in den Ruinen des Stettiner Bahnhofs in Berlin mit den Außenaufnahmen zu *Die Mörder sind unter uns* – noch vor der offiziellen Gründung der DEFA, die am 17. Mai 1946 eine sowjetische Lizenz erhielt.

Bei der Lizenzübergabe betonte Oberst Sergej Tulpanow von der Sowjetischen Militäradministration.

„Die Filmgesellschaft DEFA hat wichtige Aufgaben zu lösen. Die größte von ihnen ist der Kampf für den demokratischen Aufbau Deutschlands, das Ringen um die Erziehung des deutschen Volkes, insbesondere der Jugend, im Sinne der echten Demokratie und Humanität, um damit Achtung zu erwecken für andere Völker und Länder.

Der Film als Massenkunst muß eine scharfe und mächtige Waffe gegen die Reaktion und für die in der Tiefe wachsende Demokratie, gegen den Krieg und den Militarismus und für Frieden und Freundschaft aller Völker der ganzen Welt werden."

Und der Präsident der damaligen Zentralverwaltung für Volksbildung in der sowjetischen Besatzungszone, Paul Wandel, erklärte:

„Der Film muß heute Antwort geben auf alle Lebensfragen unseres Volkes. Er muß den Erfordernissen gerecht werden, die die Zeit ihm stellt. Er darf nicht mehr Opium des Vergessens sein, sondern soll den breiten Schichten unseres Volkes Kraft, Mut, Lebenswillen und Lebensfreude spenden. Vor allem aber muß das Filmschaffen getragen sein von innerer Ehrlichkeit, die die Wahrheit sucht, die Wahrheit verkündet und das Gewissen wachrüttelt."(6)

Staudtes Film *Die Mörder sind unter uns* entsprach diesen Anforderungen. Zwanzig Jahre später antwortete der Regisseur auf die Frage, wieso er diesen Film damals gedreht habe: „Ich habe mich das eigentlich auch gefragt, um so mehr, als ich in der Nazizeit ein vergleichsweise politisch nicht aktiver Mensch war, ein wenig ausgerichtet auf den Gedanken, diese Zeit zu überleben. Es war für mich beispielsweise eine wichtige Tatsache, daß es mir gelungen ist, nicht Soldat zu werden, also diesem Krieg, diesem Verbrechen, nicht auch noch mit der Waffe in der Hand einen Dienst leisten zu müssen. Aber ich habe gefühlt, daß ich ja durch meine Existenz und durch meine Arbeit doch einen Dienst leiste. Man wird vielleicht heute sagen, das war besonders sensibel, aber ich bin gar nicht der Meinung, daß

Wilhelm Borchert und Hildegard Knef in *Die Mörder sind unter uns* (1946)

Arno Paulsen in *Die Mörder sind unter uns* (1946)

es besonders sensibel war. Die Tatsache meiner Existenz, meines Überlebens war Verpflichtung, und ich hatte so etwas wie ein Schuldgefühl, das ich eigentlich heute noch nicht verloren habe und das mich auch heute noch beschäftigt."(7)

Und in einem Gespräch am Tage nach der Premiere seines Films, die am 15. Oktober 1946 in der damaligen Staatsoper (dem heutigen Metropol-Theater) am Berlin Bahnhof Friedrichstraße stattfand, erklärte Staudte:

„Nur eine große Arbeit konnte mir die Selbstbefreiung bringen, die wohl ein jeder braucht, der sehenden Auges durch den Krieg und die Vorkriegszeit gegangen ist."(8)

Diese Äußerungen geben Aufschluß über das subjektive Motiv bei der Wahl des Stoffes. Der Antifaschismus dieser unmittelbaren Nachkriegsjahre war eine spontane Regung. Die Künstler wollten loswerden, was sich in ihnen während der zurückliegenden Jahre angestaut hatte, wollten endlich die Wahrheit sagen. Staudte bestätigte dies in dem eben zitierten Gespräch auch hinsichtlich seiner Darsteller: „Bei allen war es das eigene, persönliche Leid, das sie spielten." Bewußt hatte sich Staudte für die Rollen von der Leinwand her noch unbekannte Schauspieler ausgesucht: Ernst Wilhelm Borchert, der damals am Hebbel-Theater spielte, Hildegard Knef vom Schloßpark-Theater und Arno Paulsen, der von der Operette kam. Über seine Intentionen sagte der Regisseur während der Dreharbeiten:

„Wir wollen in diesem Film, der in der Welt spielt, in der wir leben, in der wir uns alle zurechtzufinden haben, nicht die äußere Wirklichkeit abfotografieren. Ich bemühe mich, zu Problemen Stellung zu nehmen, wie sie heute Tausende und aber Tausende unserer Mitmenschen belasten. Die Beziehungen des Menschen zu seiner jetzigen Umwelt, seine Gefühlswelt innerhalb der politischen Kulisse — das ist das Grundthema dieses Films, der kein politischer, sondern ein ganz und gar psychologischer Film ist."(9)

Einige Kritiker hoben dann allerdings gerade hervor, daß *Die Mörder sind unter uns* ein politischer Film sein, was er in seiner Wirkung zweifellos auch war. Daß Staudte damals das Gegenteil behauptete, erklärt sich aus der nach dem Kriege bei der großen Mehrheit der Deutschen vorherrschenden Abneigung gegen „Politik". Man verband mit diesem Begriff die Erfahrungen der vergangenen zwölf Jahre, die zu der nach dem Kriege durchlebten Misere geführt hatten, und wollte nun „von Politik nichts mehr wissen". Diese abstinente Haltung erschwerte in der Sowjetzone alle Bemühungen um eine Aktivierung der Bevölkerung im anfangs „antifaschistisch-demokratischen", später sozialistischen Sinne, in den Westzonen begünstigte sie die Restauration. Die gleiche Einstellung spiegelte sich auch in den Publikumsreaktionen auf die ersten deutschen Nachkriegsfilme: Produktionen mit politischer bzw. zeitbezogener Thematik erzielten im allgemeinen weit niedrigere Besucherzahlen als solche rein unterhaltenden Charakters. Entsprechende Erfahrungen in den Westzonen (10) unterscheiden sich nicht wesentlich von denen, die in der Sowjetzone gemacht wurden. Immerhin sahen *Die Mörder sind unter uns* nach Angaben aus dem Jahr 1951 rund fünf Millionen Kinogänger.(11)

Was Verhalten und Handlungsweisen der in diesem Film auftretenden Personen betrifft, so war die Charakterisierung „psychologischer Film" allerdings durchaus richtig — politisches Bewußtsein findet sich bei ihnen nicht. Hauptfigur ist der Chirurg Hans Mertens (Ernst Wilhelm Borchert), der mit einem Schock aus dem Krieg heimgekehrt ist, der ihn daran hindert, wieder in seinem Beruf zu arbeiten. Er trinkt, lebt hoffnungslos inmitten von Ruinen, selbst eine menschliche Ruine. Die Trümmerlandschaft Berlins ist von der Kamera stark in die Handlung einbezogen worden. (*Die Mörder sind unter uns* gilt als Prototyp der für die deutsche Nachkriegsproduktion charakteristischen „Trümmerfilme".) Staudte nutzte das Milieu dokumentarisch und symbolisch. Mertens lebt in einer halbzerstörten Wohnung, deren Besitzerin, eine junge Grafikerin (Hildegard Knef), aus dem KZ zurückkommt und den Arzt allmählich aus seiner lethargisch-nihilistischen Haltung herausführt. Entscheidend ist Mertens' Begegnung mit seinem ehemaligen Kompaniechef, in dem Staudte den entgegengesetzten Typ des Kriegsheimkehrers charakterisiert. Dieser Fabrikant Brückner (Arno Paulsen) verkörpert einen deutschen Bürger, wie er massenhaft zu Stützen des NS-Regimes wurde. Unverkennbar ist die Verwandtschaft zu der Figur des „Untertan", die Staudte fünf Jahre später in der Verfilmung des Heinrich-Mann-Romans auf die Leinwand brachte. (Auf diese Verwandtschaft wiesen auch bereits 1946 verschiedene Kritiker hin.) Brückner, dessen Physiognomie an Himmler erinnert, ließ an einem Weihnachtsabend im Kriege polnische Geiseln erschießen. Als Mertens ihn jetzt wiedertrifft, hat sich der grausam-skrupellose Offizier in einen nach außen jovialen biederen Kaufmann zurückverwandelt, der konjunkturbeflissen aus Stahlhelmen Kochtöpfe fabriziert. Am Schluß des Films fordert Mertens am ersten Nachkriegs-Heiligabend von Brückner, der gerade vor seiner Belegschaft eine salbungsvolle Weihnachtsansprache gehalten hat, in der die alte nationale und Volksgemeinschafts-Ideologie und -Phraseologie wiederkehrt, als wäre nichts geschehen, Rechenschaft für die von ihm zu verantwortende Erschießung unschuldiger Frauen und Kinder in Polen. Erst in letzter Minute kann Mertens von Susanne, der ihn liebenden Wohnungsgefährtin, daran gehindert werden, Brückner mit einer Pistole zu erschießen. Der Film schließt mit der Absage an eine anarchische Selbsthelfer-Rachejustiz: Susanne: „Hans, wir haben nicht das Recht zu richten!" Mertens: „Nein, Susanne, aber wir haben die Pflicht Anklage zu erheben, Sühne zu fordern im Auftrag von Millionen unschuldig hingemordeter Menschen!"

Der Schluß erhielt erst in einer dritten Fassung diese Form. Ursprünglich wollte Staudte Brückner durch Mertens erschießen lassen, wogegen jedoch der sowjetische Kulturoffizier, dem er das Exposé vorlegte, Einspruch erhob. In der diesem Einwand Rechnung tragenden Drehbuchfassung ließ Staudte Mertens selbst Brückner ohne Susannes Hinzutreten dem Gericht übergeben, und der Film schloß mit der entsprechenden Mitteilung von Mertens an Susanne, worauf die Musik — wie es heißt — „zu befreienden Akkorden anschwillt". Der dann endgültig gefundene Schluß wirkt glaubhafter und ist auch viel beeindruckender: Man hört noch den wiederholten Schrei des Brückner — der wirklich nichts begriffen hat und sich auf die weit verbreitete typische Doppelmoral-Position "Aber damals war doch Krieg!" zurückzieht — „Ich bin doch unschuldig!" und sieht dazu als Schlußsequenz eine Montage durch Überblendung abgelöster Motive von Kriegshinterbliebenen, Kriegsversehrten und Kriegsgräbern. Aus heutiger Sicht war dieser offene Schluß auch wesentlich realistischer: die Mörder sind ja tatsächlich noch immer unter uns — weshalb Staudte dieses Thema dann auch viel später in *Rosen für den Staatsanwalt* (1959) und *Kirmes* (1960) noch einmal aufnahm.

Der bei Staudte von Hans Mertens verkörperten Figur des Heimkehrers konnte man in vielen deutschen Nachkriegsfilmen begegnen. Der von Mertens durchlaufene Prozeß der Selbsterneuerung hatte modellhaften Chrakter. Das gilt auch für die dramaturgische Konstellation: Mertens' Rückkehr ins Leben ist nicht denkbar ohne die Hilfe der KZ-Heimkehrerin Susanne Wallner. In viel später entstandenen DDR-Kino- und -Fernsehfilmen wird eine solche Katalysatorenrolle für einen Bewußtseinsprozeß dann meist von überzeugten Kommunisten übernommen. Eine fast schematische Wiederholung der Personenverbindung Mertens/Susanne findet sich in der DDR-sowjetischen Coproduktion *Fünf Tage — Fünf Nächte* (1961) in Gestalt eines bei Kriegsende zunächst verzweifelnden Malers und seiner aus dem KZ befreiten Berufskollegin und Freundin. Susanne ist freilich in Staudtes Film die schwächste Figur: man erfährt weder den Grund ihrer KZ-Haft noch wird diese in ihrem äußeren Erscheinungsbild recht glaubhaft.

Ging die dieser Rolle zugrundeliegende Auffassung von der Funktion des Weiblichen noch auf überkommene Filmkonventionen zurück, so zeigte *Die Mörder sind unter uns* vor allem im Formalen neben alten Klischees, wie in dramatischen Momenten sturmbewegte Gardinen und stark akzentuierende Musik, doch bereits mehr Neuansätze als die meisten anderen damals entstandenen deutschen Filme. Staudte knüpfte teilweise an den optischen Expressionismus der Stummfilmära an (der Kritiker des „Manchester Guardian" schrieb: „Der Regisseur Wolfgang Staudte erscheint als echter Erbe von Pabst und Lang") und ließ schon hier, wie in verschiedenen seiner späteren Filme, häufig aus besonderer Kamera-Perspektive fotografieren (Friedl Behn-Grund, Eugen Klagemann): Aufnahmen von oben, unten und aus schrägem Winkel. Auch bei Staudte später wiederkehrende thematische Motive tauchen zum ersten Mal auf: das in der Nachkriegszeit besonders weitverbreitete Phänomen der sich die damalige Ungewißheit zunutzemachenden Wahrsagerei, mit dem sich der Regisseur dann noch in dem Film *Schicksal aus zweiter Hand* (1949) auseinandersetzte, und der Haß auf den Spießbürger, der dann vor allem in *Der Untertan* (1951) seinen Ausdruck fand, aber auch in vielen anderen Staudte-Filmen spürbar wird.

Hierzu gehört auch ein Film, der formal unter Staudtes Arbeiten eine Außenseiterrolle einnimmt: *Die seltsamen Abenteuer des Fridolin B.* Es handelt sich um eine Neufassung seines bereits 1944 entstandenen, damals aber nicht aufgeführten und teilweise verlorengegangenen Films *Der Mann, dem man den Namen stahl*, von dem auch Material übernommen wurde. (Andere Beispiele für Verfilmungen von Stoffen, die noch aus der Kriegszeit stammten und damals nicht zu Ende gedreht werden konnten, sind das bereits erwähnte Lustspiel *Sag die Wahrheit* (1946) und bei der DEFA *Träum' nicht, Annette!* (1948 — Regie: Eberhard Klagemann).)

Staudtes Satire auf die Allmacht der Bürokratie traf in den ersten Nachkriegsjahren ein Übel, unter dem seinerzeit alle besonders zu leiden hatten. Freilich blieb die Attacke sehr unkonkret: Die Handlung war, wie Staudte während der Dreharbeiten selbst erklärte, „mit Bedacht in das neutrale Land ‚Bürokratien' verlegt" (12) und drehte sich um die durch unsinnige Paragraphenreiterei blockierten Bemühungen der Protagnoisten, geschieden bzw. verheiratet zu werden. Wesentlicher Bestandteil der Verwicklungen ist die Verwechslung des Helden Fridolin Biedermann (Axel von Ambesser) mit einem unter gleichen Namen auftretenden notorischen Heiratsschwindler (Hubert von Meyerinck). Das fast biedermeierliche Milieu, in dem sich die Geschichte abspielt, reduzierte mögliche Bezüge zu aktuellen Erfahrungen mit bürokratischen Instanzen noch mehr.

Der Film leidet zudem an unübersichtlicher Fabelführung und uneinheitlichem Stil. Elemente der Groteske mischen sich mit herkömmlichen Lustspieleffekten, wozu noch Gesangseinlagen im alten UFA-Stil kommen. In der bewußten satirischen Übertypisierung der Beamten, dem die Aussage unterstützenden Aufbau der Dekorationen und besonderen Kameraperspektiven deutet immerhin schon manches auf den *Untertan* hin, wo Staudte dann solche Gestaltungsmittel sehr überzeugend einsetzte und Form und Inhalt — im Gegensatz zu *Fridolin B.* — eine Einheit bilden. So ist beispielsweise die Denkmalseinweihung im *Untertan* optisch in der Übergabe des Monuments des heiligen Bürokratius bereits vorweggenommen.

Im gleichen Jahr 1948, das in der Sowjetzone die Uraufführung von Staudtes *Die seltsamen Abenteuer des Fridolin B.* brachte, kamen auch in den Westzonen drei Produktionen heraus, die ebenfalls eine mehr oder minder deutlich zeitsatirische Thematik in Form einer kabarettistischen Filmkomödie kleideten: Helmut Käutners *Der Apfel ist ab* (nach einer bereits 1935 fürs Kabarett geschriebenen, aber damals wegen Verbots der Truppe nicht aufgeführten Vorlage), Heinz Hilperts *Der Herr vom andern Stern* und R.A. Stemmles *Berliner Ballade*.

Inzwischen war *Die Mörder sind unter uns* mit großem Erfolg als erster deutscher Nachkriegsfilm auf der Biennale in Venedig, in Hollywood, Wien, Paris und London gelaufen und hatte Wolfgang Staudte auch international bekanntgemacht. Dies führte dazu, daß ihm 1948 von der englischen Gesellschaft Grand National die Regie der deutschen Episode einer europäischen Gemeinschaftsproduktion, *Europe Will Smile Again,* übertragen wurde. Staudte drehte dazu in Berlin nach einem Buch von Günther Weisenborn. Die Rahmenhandlung ließ den Reporter einer amerikanischen Zeitung erkunden, wie sich drei Jahre nach dem Kriege das Leben in England, Frankreich, Italien, Österreich und Deutschland entwickelt hat. Unter dem Titel *A Tale of Five Cities* (*Fünf Mädchen und ein Mann*) wurde der Film erst 1954 uraufgeführt.

Staudtes nächste Arbeit nach einem gemeinsam mit Erwin Klein geschriebenen Drehbuch realisierte der Regisseur wieder bei der DEFA. Sie ging in der „Vergangenheitsbewältigung" einen wesentlichen Schritt weiter als *Die Mörder sind unter uns.* In *Rotation* wird am Beispiel der Arbeiterfamilie Behnke das apolitische Verhalten vieler Deutscher während der Nazizeit kritisch beleuchtet und zu erklären versucht, wieso so viele zu Mitläufern des Regimes wurden und dadurch seine Verbrechen ermöglichten. Der Film begnügt sich aber nicht mit der Feststellung eines Versagens oder rechtfertigt gar die Passivität der Mehrheit des Volkes, wie das zumindest indirekt meist in westdeutschen Filmen geschah. Der Held (Paul Esser) macht einen Bewußtseinswandlungsprozeß durch: Hält er sich zunächst aus Angst vor Verlust des Arbeitsplatzes aus allem heraus — er hat sich nach Jahren der Arbeitslosigkeit zum Maschinenmeister eines großen Verlagshauses emporgearbeitet —, so unterstützt er schließlich im Kriege unter dem Einfluß eines Kommunisten die illegale Arbeit einer Widerstandsgruppe. Durch die Denunziation des eigenen Sohnes (Karl-Heinz Deickert), einem fanatischen Hitlerjungen, kommt er ins Zuchthaus und entgeht nur knapp dem Tode. Seine Frau (Irene Korb) wird zuletzt noch ein Opfer des Krieges. Aus dem Zuchthaus befreit, steht er allein da. Als der Sohn aus der Gefangenschaft entlassen wird, ungewiß, wie ihn der Vater aufnehmen wird, haben schließlich beide die Lehren aus der Vergangenheit gezogen und beginnen gemeinsam das neue Leben.

Staudte verglich seine eigene politische Haltung während der Nazizeit einmal mit der des Maschinenmeisters Hans Behnke und meinte: ,,Vielleicht ist aus dieser Erkenntnis heraus später überhaupt der Film entstanden."(13) Neben solchen subjektiven Motiven der Themenwahl drängten aber auch neue objektive Erfahrungen den Regisseur dazu, an die Verantwortung des einzelnen gegenüber der historischen Entwicklung zu erinnern. 1955 schrieb er darüber: ,,Als schon im Jahre 1948, also nur drei Jahre nach der bedingungslosen Kapitulation, im öffentlichen und politischen Leben die ersten Anzeichen einer hemmungslosen Restauration sichtbar wurden, als man erst zaghaft, dann immer unverhüllter die Rehabilitation der faschistischen Führer und Generale betrieb, die ersten Soldatenzeitungen an den Kiosken auftauchten, der alte nationalistisch-reaktionäre ,Stahlhelm-Bund' protestlos von der Bonner Regierung sanktioniert wurde — als man in öffentlichen Kundgebungen von der ,deutschen Schmach' sprach, womit man nicht etwa die eigene faschistische Vergangenheit, sondern das Trauma der Wehrlosigkeit, der verlorenen Ostgebiete und die Saar meinte —, in dieser Zeit schrieb ich das Szenarium zu dem Film *Rotation*.

Ich habe in diesem Film versucht, mich gegen die verhängnisvollen Tendenzen der Gegenwart zu stellen — die Entwicklung des politischen Alltags gleicht erschreckend der Zeit nach dem ersten Weltkrieg —, ich habe versucht aufzuzeigen, wie es zu der unfaßbaren Katastrophe kommen konnte, um mitzuhelfen, daß es nicht in Zukunft zu einer noch größeren Katastrophe kommt. Zu viele sind heute schon wieder bereit, den gleichen Weg, der Europa erschüttert hat, noch einmal zu gehen.

Genau wie in *Rotation* sind die Zeitungen angefüllt mit infamen Verleumdungen, historischen Verfälschungen und Kreuzzugsparolen gegen den Osten. Auch der Schauprozeß gegen die Kommunistische Partei in Karlsruhe fehlt nicht. Und heute wie damals ist in Deutschland die Zahl der Unbelehrbaren groß, die noch immer glauben, ,unpolitisch' sein zu können. Deshalb zeigt *Rotation* die Geschichte eines braven und tüchtigen Mannes. Auch er will nichts damit zu tun haben, auch er ist unpolitisch und wird mitschuldig."(14)

Der Filmtitel *Rotation* war in diesem Sinne nicht nur metaphorische Anspielung auf die berufliche Tätigkeit des Protagnoisten, sondern vor allem symbolisch gemeint als Hinweis auf Wiederholung geschichtlicher Abläufe, vor denen gewarnt werden sollte. Auch im Aufbau des Films findet sich das Rotationsmotiv. Die Schlußsequenz wiederholt die Anfangsszene der langen Rückblende, in der vor dem geistigen Auge des politischen Häftlings Hans Behnke in seiner Zelle noch einmal die eigene Vergangenheit abläuft, — nur die Generationen haben gewechselt: Am Ende treffen sich Behnkes Sohn Helmut und dessen Freundin Inge an der gleichen Bahnschranke in der Umgebung Berlins wie Jahre zuvor sein Vater und dessen spätere Frau, und beide gehen auch durch denselben Wald zu einem See. Inges Bemerkung, es wiederhole sich eben alles im Leben, wird freilich von Helmut im Hinblick auf die Geschichte (etwas plakativ) widersprochen: „Nein - alles wiederholt sich nicht, wenn wir uns dagegen wehren, du und ich und die vielen Menschen, die den Frieden wollen!". Eine äußere Kleinigkeit, in der sich die diesem Dialog folgende Schlußeinstellung von der Parallelsequenz am Anfang unterscheidet, kann als symbolische optische Unterstreichung der letzten Worte interpretiert werden: Die jungen Leute schlagen an der Gabelung den linken Weg ein, während die Eltern nach rechts gegangen waren.

Unaufdringlich symbolhaltige Bildaussage verbindet sich in dem ganzen Film mit einem fast dokumentarisch nüchternen Realismus, wobei die Zeitatmosphäre sehr echt getroffen ist. Man spürt im Vergleich zu manch heutigen Verfilmungen von in jener Epoche angesiedelten Stoffen, daß die künstlerischen Gestalter von *Rotation* noch auf eigenes Erleben zurückgreifen konnten. In diesem Film war am bisher vollkommensten der Bruch mit alten UFA-Traditionen vollzogen, deren Einfluß sich noch in vielen deutschen Nachkriegsfilmen, auch aus der DEFA-Produktion, entdecken ließ. Manches erinnerte hier an sozialkritische und proletarische Filme der zwanziger und frühen dreißiger Jahre. Deren Stil angenähert sind besonders die in jener Zeit spielenden Szenen von *Rotation* — beispielsweise Behnkes Hochzeitsfeier in der Kellerwohnung, bei der ein Gast zur Ziehharmonika Songs aus der „Dreigroschenoper" vorträgt, oder die Argumentation von Behnkes kommunistischem Schwager in einem Gespräch über die Arbeitslosigkeit, in dem dieser sinngemäß aus Julian Arendts und Ernst Buschs „Ballade von den Säckeschmeißern" zitiert, die damals mit der Musik von Hanns Eisler populär war: „Immer 'rin mit dem Kaffee in den Ozean und mit dem Weizen in den Feuerkessel. Das ist immer noch besser als gar kein Profit." Eine Montagefolge entspricht bester expressiver Stummfilmmanier: Nach einer Kameraeinstellung, die Behnkes Jungen in der Kellerwohnung in einem Laufgitter zeigt, wird der Vater bei der Suche nach Arbeit begleitet. Durch das Zaungitter erblickt er ein schaukelndes Kind in einem Villengarten, durch das Gitter eines Hotelfensters sieht er prassende Bourgeois, vor dem Gitter eines Fabriktores erfährt er, daß keine Einstellungen vorgenommen werden, und nach Teilnahme an einer Arbeitslosendemonstration landet er hinter den Gittern einer Polizeiwache. Das Gitter-Symbol tauchte bereits am Ende von *Die Mörder sind unter uns* auf, wie überhaupt bestimmte Metaphern in Staudte-Filmen verschiedentlich wiederkehren.

Mit sparsamen Andeutungen sind in *Rotation* oft typische Verhaltensweisen des Durchschnittsbürgers in der Nazizeit charakterisiert: durch komplementäre oder kontrastierende Bildfolgen werden Zusammenhänge verdeutlicht und Zeitspannen überbrückt. Der Holzhandgranatenwurf bei der HJ-Wehrertüchtigung geht über in die Detonation echter Granaten, die nächsten Einstellungen zeigen marschierende Soldaten, darauf Gefallenenlisten, bei denen die Kamera schließlich auf dem Wort Stalingrad stehenbleibt. Der Zufriedenheit über die volle Lohntüte am Eßtisch in der neuen Wohnung folgt der Besuch des Nazi-Spitzels; zur Familienidylle am Sonntagmorgen kommt irritierend die Nachricht vom in die Emigration gezwungenen Bruder und Schwager und die Abholung jüdischer Nachbarn durch die SS — nach einem Blick durchs Fenster auf die vor der Haustür stehenden Transportwagen zieht Behnke die Gardinen zu: Vogel-StraußReaktion des deutschen Kleinbürgers gegenüber den Verbrechen des NS- Regimes, das ihm selbst zunächst eine Verbesserung seiner materiellen Lage bot (Beseitigung der Arbeitslosigkeit).

Den auf Nötigung durch den Personalchef erfolgten Eintritt Behnkes in die NSDAP, der nur durch einen Kameraschwenk auf das Parteiabzeichen an seinem Rockaufschlag angedeutet wird, wollte Staudte zusätzlich durch einige dieser Einstellung vorausgehende Sequenzen aus dem Leni-Riefenstahl-Film über die Olympiade 1936 motivieren. Verdeutlicht werden sollte damit die lähmende Wirkung, die von der großen internationalen Teilnahme an diesem Ereignis auf noch im Volke vorhandene Widerstandsregungen gegenüber dem NS-Regime ausging. Staudte mußte jedoch diese Olympia-Szenen wieder herausschneiden, weil sie nach sowjetischer Auffassung in dem vom Regisseur beabsichtigten Zusammenhang wie eine Entlastung der Nazis hätten wirken können.

Ein zweiter Eingriff in den fertigen Film führte zu einem vorübergehenden ernsten Konflikt zwischen Staudte und der DEFA, durch den auch die Kino-Premiere von *Rotation* um vier Monate verzögert wurde (sie fand am 16. September 1949 statt). Es ging um die Herausnahme einer Szene am Schluß, in der Vater Behnke die Uniform des heimgekehrten Sohnes im Küchenherd verbrennt mit dem Kommentar: „Und das ist die letzte Uniform in Deinem Leben!" Der darin zum Ausdruck kommende, aus den Erfahrungen des gerade beendeten Krieges erklärliche, aber unreflektierte Pazifismus stieß bei den Kontrollinstanzen auf Widerspruch, der sich schließlich auch durchsetzte.

Gleichzeitig mit *Rotation* war in Babelsberg unter der Regie von Kurt Matzig ein Stoff von Berta Waterstradt verfilmt worden, der dem Staudtes sehr ähnelte. In diesem zwei Monate vor *Rotation* uraufgeführten Film *Die Buntkarierten* wurde die Lebensgeschichte eines unehelich geborenen Dienstmädchens von 1884 bis in die unmittelbare Nachkriegszeit verfolgt und damit am Beispiel einer Arbeiterfamilie über drei Generationen ebenfalls demonstriert, wie auch einfache Menschen durch Passivität und das Bestreben, unpolitisch leben zu wollen, Mitschuld an der durch den Nazismus herbeigeführten Katastrophe trugen. Hier wie auch in anderen Produktionen zeigte sich das Bemühen der DEFA, die viel weiter in die Vergangenheit zurückreichenden Wurzeln des Übels bloßzulegen und sich nicht mit einer Abrechnung mit zwölf Hitler-Jahren zu begnügen. Man hatte völlig richtig erkannt, daß eine endgültige Überwindung des Faschismus nicht ohne Aufarbeitung der ganzen deutschen Geschichte möglich war.

Es entsprach dieser Konsequenz, daß Staudtes Absicht einer Verfilmung von Heinrich Manns „Untertan" bei der DEFA gleich Unterstützung fand. Die Anregung zu diesem Projekt hatte der Regisseur erhalten, als ihm bei einem Aufenthalt in London anläßlich der dortigen Premiere von *Die Mörder sind unter uns* der Kritiker Hans Wollenberg sagte, der Darsteller des Brückner sei die ideale Besetzung für die Figur des Heinrich Mann'schen „Untertan". (Da Arno Paulsen wegen anderer Verpflichtungen nicht verfügbar war, übertrug Staudte die Rolle dann allerdings Werner Peters, der sich bereits als HJ-Bannführer in *Rotation* bewährt hatte und als „Untertan" Diederich Hessling den Gipfel seiner relativ kurzen Schauspielerkarriere erreichte.) Nachdem die DEFA die Rechte zur Verfilmung des Romans in den USA, wo der Autor bis zu seinem Tode am 12. März 1950 im Exil lebte, erworben hatte (seit 1951 verwaltet die Akademie der Künste der DDR den Nachlaß Heinrich Manns), schrieb Wolfgang Staudte zusammen mit seinem Vater Fritz Staudte das Drehbuch. (Vorangegangen war noch die Arbeit an seinem bei der Hamburger Real-Film entstandenen Film *Schicksal aus zweiter Hand* (1949) und am Drehbuch zu einer dann von Falk Harnack als Regisseur übernommenen DEFA-Adaption des antifaschistischen Romans „Das Beil von Wandsbek" von Arnold Zweig – 1950 –). Staudte hielt sich eng, bis zu teilweise wörtlicher Übernahme, an das literarische Original, dessen satirische Schärfe er mit adäquaten filmischen Mitteln versinnbildlichte.

Für Staudtes optische Umsetzung des Romans „Der Untertan" gilt, was Theodor W. Adorno über Heinrich Manns „Professor Unrat" schrieb, den 1929 Joseph von Sternberg und seine Drehbuchautoren Carl Zuckmayer, Karl Vollmöller und Robert Liebmann in *Der blaue Engel* UFA-gerecht verwandelt und entschärft hatten:

„Heinrich Mann hat von den Franzosen das Schneidende des unumwölkten Blicks, die polemische Kraft der Kälte gelernt und sich freigehalten von jenem selbstgerecht versöhnenden Humor, der in Deutschland so hoch im Kurs steht. Er hat bewahrt, was sonst dem deutschen Roman abgeht, sobald er sich mit den Bildern der Enge einläßt: fruchtbaren Haß. Dem verdankt er die unbeirrbare gesellschaftliche Physiognomik. Stilgeschichtlich bezeichnet der Roman den Umschlag der ins Extrem gesteigerten naturalistischen Mittel in den expressionistischen Ausbruch. So nah rückt er den bürgerlichen Urbildern auf den Leib, daß die Darstellung die bürgerliche Ausdruckskonvention durchbricht und den Menschen zitiert in der Gestalt des zappelnden Unmenschen."(15)

Gerade den „fruchtbaren Haß" machte die westdeutsche bürgerliche Kritik Staudte vielfach zum Vorwurf – damit indirekt bestätigend, wie gut die Satire den „Untertan" von heute getroffen hatte.

In *Der Untertan* vervollkommnete Staudte den Einsatz schon in seinen vorangegangenen Filmen verwandter filmischer Gestaltungsmittel zu formaler Meisterschaft und stellte sie ganz in den Dienst der inhaltlichen Aussage. Merkmale des diese beste deutsche Filmsatire prägenden Stils sind:

die sorgfältige Auswahl requisitorischer Details in den Interieurs (besonders: gerahmte Bilder) zur Charakterisierung des Milieus und der darin agierenden Personen;

der dem gleichen Zweck dienende Einsatz der Musik (Horst-Hanns Sieber): eine Mischung aus Militär- und Salonmusik;

Zeitraffungen durch expressive Montagen: besonders Diederich Hesslings Kurzbiographie am Anfang, wo schlaglichtartig allgemeingültig erhellt wird, wie man Untertanen durch entsprechende Erziehungseinflüsse in Kindheit und Jugend heranzüchtet (Gerhard Klein hat davon für seinen 1960/61 gedrehten DEFA-Film *Der Fall Gleiwitz* gelernt, in dem er den SS-Hautpsturmführer Naujoks in einer Rückblende mit denselben Mitteln charakterisiert);

Kameraperspektiven (Robert Baberske), die durch Aufnahmen von unten oder oben Hesslings „Radfahrer-Mentalität" auch optisch verdeutlichen: vor Autoritäten sich duckend und dienernd, auf Unterlegene herabblickend und tretend.

Es gibt im *Untertan* viele anthologiewürdige optische Einfälle, die an beste Stummfilmtraditionen (Eisenstein) anknüpfen: in der Kasernenhofszene die Spiegelung der Rekrutenschleiferei auf der blanken Trompete und die Großaufnahme des unartikuliert brüllenden Hauptmannmundes, die Aufnahmen der wie Monstren wirkenden, mensurlädierten Korpsstudentenvisagen durch Bierseidel und die Charakterisierung des Kaisers durch den bloßen Blick der Kamera auf Stiefel und Adlerhelm.

Die ganze Komposition des Films ist auf die systematische Decouvrierung eines deformierten Charakters ausgerichtet. So wiederholen sich beispielsweise (wie im Roman) Szenen unter umgekehrten Vorzeichen: In seiner Studienzeit begründet Hessling seine Ablehnung, ein von ihm verführtes Mädchen (Sabine Thalbach) zu heiraten, mit den Worten „Mein moralisches Gewissen verbietet mir, ein Mädchen zu heiraten, das ihre Reinheit nicht in die Ehe bringt" — später muß er sich selbst das Gleiche von einem Leutnant (Wolfgang Heise) sagen lassen, mit dem sich seine Schwester (Carola Braunbock) eingelassen hat; als Fabrikant entläßt Hessling ein junges Arbeiterpaar, weil er es in vermeintlich eindeutiger Situation auf einem Lumpenstapel in der Werkhalle „ertappt" hat — als er später seiner mitgiftschweren Verlobten (Renate Fischer) die Fabrik zeigt, benutzt er die Erzählung von diesem aus seiner Sicht geschilderten Vorfall, um seine Begleiterin aufzugeilen und praktiziert dann mit ihr an gleicher Stelle, was er seinen beiden Arbeitern zu Unrecht vorgeworfen hatte. Doppelmoral, Heuchelei und Unterwürfigkeit des Bourgeois verdeutlicht auch Hesslings Verhältnis zu dem autoritär-junkerlichen Landrat (Paul Esser), von dem er sich für lautstarken und denunziatorischen kaisertreuen „Patriotismus" geschäftliche Vorteile einhandelt.

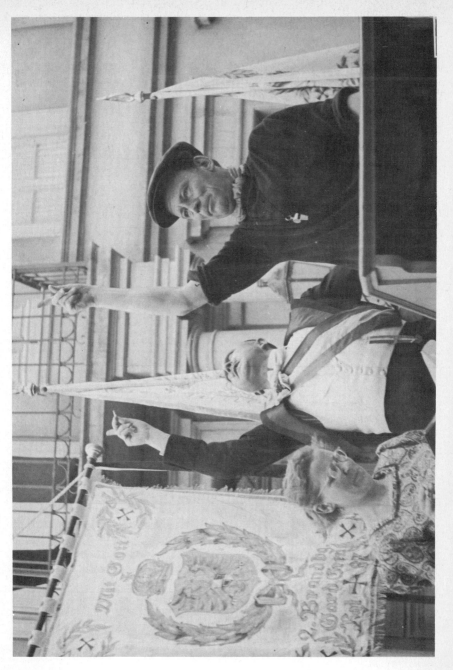

Wolfgang Staudte zusammen mit Werner Peters in *Der Untertan* (1951)

Nur in der Schlußszene geht Staudte über seine literarische Vorlage hinaus, um ganz klar zu machen, wohin deutscher Untertanengeist geführt hat: Von der im Gewittersturm endenden Denkmalseinweihung mit Hesslings letzten Worten „Nur auf dem Schlachtfeld wird die Größe einer Nation durch Blut und Eisen geschmiedet!" wird, untermalt von Luftschutzsirenen und den musikalischen Motiven des Horst-Wessel-Liedes und der NS-Wochenschau-Fanfare, überblendet auf ein Bild, das den gleichen Marktplatz inmitten der Ruinen des Zweiten Weltkrieges zeigt — zu Füßen des stehengebliebenen Kaiser-Denkmals räumen jetzt Trümmerfrauen den Schutt weg.

Daß die Beseitigung des Schutts in deutschen Köpfen, zu der Staudte mit seinen Filmen beitragen wollte, weit schwieriger war, bewies das Schicksal des *Untertan* in der Bundesrepublik. Nachdem der Film in Karlovy Vary ausgezeichnet worden sowie in Cannes und Venedig mit Erfolg gelaufen war, einen Nationalpreis der DDR, den schwedischen Kritikerpreis für den besten deutschen Nachkriegsfilm und einen weiteren finnischen Filmpreis erhalten hatte, wurde er in der BRD von dem sich hier damals Zensurbefugnisse gegenüber Filmeinfuhren aus Ländern des „Ostblocks" anmaßenden „Interministeriellen Ausschuß" erst im November 1956 zur öffentlichen Vorführung freigegeben. Über die Diffamierungen, denen sich Staudte nach Fertigstellung des *Untertan* in der Bundesrepublik in verstärktem Maße ausgesetzt sah (Filmpress, Hamburg: „Ein Film gegen Deutschland: *Der Untertan*), ist hier an anderer Stelle nachzulesen.

1953 nahm der Regisseur ein Angebot der DEFA an, *Die Geschichte vom kleinen Muck* nach dem gleichnamigen Märchen von Wilhelm Hauff zu verfilmen. Die DEFA wollte damit an den Erfolg anknüpfen, den ihr drei Jahre zuvor die farbige Verfilmung eines anderen Hauff'schen Märchens, *Das kalte Herz* (Regie: Paul Verhoeven), gebracht hatte. (Mit einer kontinuierlichen Kinder- und Jugendfilm-Produktion wurde in Babelsberg erst 1954 begonnen). Staudte, der zusammen mit Peter Podehl das Drehbuch schrieb, hielt sich wieder weitgehend an das literarische Original, fügte ihm aber einige pädagogische Motive hinzu, wodurch besonders die Hilfsbereitschaft des kleinen Muck herausgestellt wird. So verhindert dies sogar den Ausbruch eines Krieges, weil er als Schnelläufer des Sultans seinen Weg zu Übergabe der Kriegserklärung unterbricht, um erst mit Hilfe seiner ihm rasende Geschwindigkeit verleihenden Pantoffeln einer Todkranken die rettende Medizin zu bringen. Den durch sein Zauberstöckchen gefundenen Goldschatz des Sultans verwendet er zum Freikauf einer Sklavin und möchte damit auch noch dem heuchlerischen Prinzen aus angeblichen Geldnöten helfen, was ihm zum Verhängnis wird. Schließlich verhilft er noch der Prinzessin zum geliebten Mann. Neu sind auch das Motiv vom Kaufmann, bei dem man das Glück kaufen kann, was Muck schließlich als Illusion erkennt und dessen am Ende dieses Erkenntnisprozesses stehender bewußter Verzicht auf seine Zauberrequisiten. Schließlich erhält das Märchen im Film noch einen realistischen Hintergrund durch eine gegenüber der Vorlage ausgebaute Rahmenhandlung: Der altgewordene kleine Muck ist hier nicht wie bei Hauff ein einsam im Wohlstand lebender Menschenverächter, sondern verdient sich seinen Lebensunterhalt als

Töpfer, und er erzählt auch den ihn wegen seiner Mißgestalt verspottenden Kindern seine Lebensgeschichte selbst.

Zu der vom Film vermittelten „Moral" schrieb damals der DEFA-Pressedienst: „Nicht ohne Grund hat die DEFA gerade diesen Stoff aufgegriffen. Sein ethischer Gehalt ist heute genau so aktuell wie vor hundert Jahren, ja, aktueller noch nach den Verirrungen der faschistischen Knechtschaft, deren Folgen es uns so erschweren, eine neue, bessere, von den Gefühlen des Edelmuts und der Freundschaft getragene menschliche Gesellschaft aufzubauen.

Die Lehren des Märchens vom ‚Kleinen Muck' und damit die des von Wolfgang Staudte inszenierten Films genau befolgt, und es kann nichts schief geraten. Sind doch Hochachtung vor jedem einzelnen, ob Schwarzer, Weißer oder Gelber, Mitgefühl mit den körperlich Benachteiligten, Abneigung gegen jede Form der Feindseligkeit, Krieg dem Raubkriege, nur einige der glückbringenden Konsequenzen, zu denen uns Hauff ermutigt. Wer das Glück, wie der Kleine Muck, anstatt es im freundschaftlichen Zusammenleben innerhalb der großen Volksgemeinschaft und der Völkerfamilie zu erkämpfen, auf billige Weise im Niemandsland zu erhaschen sucht, der wird nicht weit kommen."(16)

Die pädagogische Absicht erscheint im Film nie aufgesetzt, sondern wird ganz unaufdringlich nur durch Spiel und Handlung transportiert. Der mit großem Aufwand gedrehte Film bezieht seine Wirkung vor allem aus dem gut getroffenen bunten orientalischen Kolorit und perfekten Trickaufnahmen und kann noch heute als gelungene Märchenverfilmung bestehen.

Eine humanistische Botschaft vermitteln möchte Staudte auch mit seinem nächsten Film *Leuchtfeuer* (1954), einer sozialkritischen düsteren Seemannsballade, deren Drehbuch er gemeinsam mit Werner Jörg Lüddecke schrieb. Auf einer Insel im Atlantik fristen wenige Fischerfamilien ein kümmerliches Dasein. Im Winter kann ihnen nur angeschwemmtes Strandgut gegen Hunger und Kälte helfen. In der größten Not erinnern sie sich immer wieder, wie vor Jahren ein großer Frachter auf die Klippen lief, weil das Licht des Leuchtturms erloschen war. Eines Nachts gibt der neue Leuchtturmwärter ihrem stummen Drängen nach und löscht auch das Feuer. Doch das dadurch in Seenot geratende Schiff hat einen Kindertransport an Bord, den die Inselbewohner unter Einsatz des eigenen Lebens noch samt Besatzung retten können. Am Morgen wird aber doch Strandgut angespült: es sind Lebensmittelpakete, Geschenke von Matrosen an drei Fischer, die von der Insel zum Festland gerudert waren, um durch den Verkauf letzter Habseligkeiten auf dem Weihnachtsmarkt etwas Eßbares zu bekommen, das ihnen und den Zurückgebliebenen ermöglichen sollte, zu überleben. Durch den Ausfall des Leuchtturms ist ihr Boot auf der Rückfahrt zerschellt, die Besatzung ertrunken. Mit dem Tod der Ihren rächt sich an den Inselbewohnern selbst ihr aus Not begangenes Verbrechen. Nicht schuldig machendes anarchisches Selbsthelfertum kann Elend überwinden, sondern nur die Solidarität der einfachen arbeitenden Menschen — so etwa konnte die etwas diffuse soziale Tendenz des Films gedeutet werden.

Mit dieser zeitlich zu Beginn dieses Jahrhunderts, geographisch ungenau angesiedelten Geschichte blieb Staudte auch formal hinter seinen großen Arbeiten zurück, die ihr Format aus der engagierten Auseinandersetzung mit selbsterlebter deutscher Vergangenheit und Gegenwart gewonnen hatten. Die Fabel und ihre filmische Gestaltung waren nicht frei von Elementen alter Kinokonventionen, wozu auch die aufdringliche illustrative Musik von Herbert Windt gehörte, der früher die Musik für zahlreiche NS-Propagandafilme geliefert hatte. Immerhin gelangen Staudte in *Leuchtfeuer* einige eindrucksvolle Landschaftsaufnahmen in den rauhen Naturkulissen der Insel Marstand vor der Westküste Schwedens. Um dies zu ermöglichen, hatte die DEFA für das Projekt zum ersten Mal die kleine Stockholmer Firma Pandora-Film als Coproduktionspartner gewonnen.

Leuchtfeuer war der letzte Film, den Staudte in Babelsberg fertigstellte. Die Realisierung eines gewichtigeren Vorhabens in den dortigen Ateliers gelangte nicht zur Vollendung. Es war die Verfilmung von Bertolt Brechts „Mutter Courage und ihre Kinder". Die DEFA hatte Staudte für dieses zuvor schon einmal von Brecht, Erich Engel und Caspar Neher in Angriff genommene Projekt bereits nach dem *Untertan* gewonnen, doch gediehen seine damals begonnenen Vorarbeiten nicht zur Drehreife. Erst 1955 war es soweit. Nach einer von Staudte gemeinsam mit Brecht vorgenommenen Überarbeitung des vorliegenden Drehbuchs von Brecht und Emil Burri sollte der Film in Farbe und (als erster bei der DEFA) Totalvision entstehen. Aus Frankreich hatte man eigens Simone Signoret und Bernard Blier für die Rollen der Yvette und des Feldkochs verpflichtet; die Titelrolle verkörperte, wie auf der Bühne, Helene Weigel. Mit ihr und Brecht kam es jedoch im Verlauf der Dreharbeiten zu immer härteren Auseinandersetzungen über die künstlerische Konzeption, die schließlich zum vorzeitigen Abbruch der Produktion des erst etwa zu einem Drittel abgedrehten Films führten. 1959/60 entstand dann bei der DEFA eine Verfilmung von „Mutter Courage und ihre Kinder" nach der originalgetreu übernommenen Theaterinszenierung des Berliner Ensembles (Regie: Peter Palitzsch und Manfred Wekwerth).

Für Wolfgang Staudte bedeutete der Abschied von Babelsberg das Ende einer Periode seiner Regielaufbahn, die man im Rückblick als die zweifellos fruchtbarste und erfolgreichste seines künstlerischen Schaffens bezeichnen kann. Vergleicht man ihre Ergebnisse mit denen der vorangegangenen in Nazideutschland und der folgenden in Westdeutschland, so ist einmal mehr zu erkennen, daß die Arbeit eines Filmemachers von den durch die gesellschaftlichen Verhältnisse bestimmten Produktionsbedingungen abhängt. Seine persönliche Einstellung zu dieser Arbeit hat Wolfgang Staudte einmal mit den Worten umrissen:

„Ich glaube ganz einfach, daß ein Filmregisseur innerhalb der Gesellschaft, der arbeitenden Gesellschaft, eine so außerordentlich bevorzugte Position einnimmt, daß er dieser Gesellschaft gegenüber eine Verantwortung zu übernehmen hat. Er ist ein Parasit, wenn er diese Vorzüge — die zweifellos doch in der Existenz bestehen, einer gewissen Freizügigkeit und gewissen hohen Honorierung, einer gewissen künstlerischen Betätigung, einer Arbeit also, die sich doch weitgehend von der eines Arbeiters in einem Eisenhüttenwerk unterscheidet — nach eigenem Geschmack und nach eigenen Vorstellungen nutzt. Ich glaube, daß diese Besonderheit der Position einfach dieser Gesellschaft gegenüber eine ganz bestimmte Verantwortung mit sich bringt."(17)

Anmerkungen

 1) zit. n. Will Wehling: Eine Lanze für Wolfgang Staudte, in: Marler Monat, Juli/August 1952
 2) Wolfgang Staudte: Der Heldentod füllt immer noch die Kinokassen, in: Der Film – Manifeste, Gespräche, Dokumente, Band 2: 1945 bis heute, Hgb. Theodor Kotulla, München: R. Piper & Co Verlag 1964, S. 193
 3) Theo Fürstenau: Ich hab von dir geträumt, in: Deutsche Allgemeine Zeitung, 23.7.44
 4) Künstler und politisches Bewußtsein, in: Filmwissenschaftliche Mitteilungen, Heft 1/ 1966, S. 113
 5) zit. in: Joe Hembus: Der deutsche Film kann gar nicht besser sein, Bremen: Carl Schünemann 1961, S. 132
 6) zit. n.: Auf neuen Wegen, Berlin: Deutscher Filmverlag 1951, S. 10
 7) a.a.O. (Anm. 4), S. 114
 8) Hugo Hermann: Vorstoß in neues Land, in: Tägliche Rundschau, 20.10.46
 9) Hilde R. Lest: „Die Mörder sind unter uns", Nacht-Express, 12.6.46
10) Vgl. Peter Pleyer: Deutscher Nachkriegsfilm 1946–1948, Münster (Westf.) C.J. Vahle 1965, S. 154 ff.
11) National-Zeitung, 12.5.51
12) Horst Müting: Bürokratie grotesk gesehen, in: Der neue Film, 21.12.47
13) Ulrich Gregor: Wie sie filmen, Gütersloh: Sigbert Mohn 1966, S. 46 f.
14) Deutsche Filmkunst, Heft 2/1955, S. 51
15) zit. n.: Filmkritik, Heft 1, Januar 1960, S. 67
16) Bernt Karger-Decker: Der Dichter des „Kleinen Muck", in: DEFA-Pressedienst, Heft 5/1953
17) a.a.O. (Anm. 4), S. 115

Katrin Seybold

. . . Die Welt verbessern mit dem Geld von Leuten, die die Welt in Ordnung finden

Filme in Bundesrepublik 1949 — 1971

„Man kann grundsätzlich sagen," meint Staudte, „daß ich in meinem ganzen Leben zwei Kategorien von Filmen gemacht habe: Die Filme, die ich zu machen hatte, und die, die ich machen wollte; von denen sind mir wieder nur einige geglückt: von *Die Mörder sind unter uns* bis *Kirmes* bis *Herrenpartie* bis *Rosen für den Staatsanwalt* oder *Der Untertan*. Das sind alles Filme, deren Initiator ich auch war . . . Die Filme, die ich genannt habe, fanden zumindest im Ausland eine große Beachtung, hier im Inland zum Teil auch, aber mehr in der etwas absurden, negativen Form, daß man gesagt hat: das sind aber Filme, die das deutsche Nest beschmutzen."(0) Nicht die Filme also, die Staudte „zu machen hatte", haben den vielen Staub aufgewirbelt, sondern nur einige wenige, die ihm, wie er selbst sagt, gelungen sind. Es war schwer, überhaupt einen Produzenten für diese Filme zu finden, es war schwer, sogar fast unmöglich, diese Filme dann auch ins Kino zu bringen und ein Publikum dafür zu finden, das sich nicht durch die schlechten Kritiken abhalten ließ, die Filme anzuschauen.

1949, in der eben gegründeten Bundesrepublik, nahm Staudte von der Real-Film in Hamburg den Auftrag an, den Film *Schicksal aus zweiter Hand* zu drehen. Er selbst hatte dazu das Drehbuch geschrieben. Es ist die Geschichte eines Mannes, der den Prophezeiungen eines geschäftstüchtigen Wahrsagers zum Opfer fällt. Der Film spielt um die Jahrhundertwende, in Gründerzeitpomp und Jugendstil. Aber seine Gesellschaftskritik bleibt vage und läuft auf die Aussage hinaus: Kleinbürger sollen keine Frauen aus der besseren Gesellschaft heiraten, wenn sie gegen Wahrsager nicht gefeit sind. Staudte wollte einen aufklärerischen Film machen, der den Schwindel und die Gefahren der Wahrsagerei entlarven sollte, er wollte seine Zeitgenossen warnen vor der Flucht aus der Wirklichkeit hin zu der damals wild wuchernden Hellseherei. Indem er aber den Stoff in die Zeit der Jahrhundertwende transportiert, wird der aktuelle Zeitbezug verwischt — übrig bleibt ein Ausstattungsfilm mit mystisch düsterer Jahrmarktsatmosphäre.

Staudte bemühte sich dann weiter, in Westdeutschland zu arbeiten, doch: „Was dann folgte, waren Angebote von westdeutschen Firmen, bei denen sich sehr schnell herausstellte, daß bei den tragbaren Stoffen die Finanzierung fehlte und daß da, wo die Finanzierung vorhanden war, für mich nichts anderes zu tun blieb, als dankend zu verzichten . . . Ich habe dann 18 Monate lang damit verbracht, mit westdeutschen Produktionsfirmen zu verhandeln, mit dem einzigen Ergebnis, daß ich zwei Prozesse geführt habe, aber keinen Film inszenieren konnte.

Nach der Feststellung, daß es mit immer noch fruchtbarer erscheint, mit der Direktion der DEFA in heftige politische Auseinandersetzungen zu geraten und echte Meinungen zu vertreten, als mich ernsthaft darüber zu unterhalten, ob Herr Prack oder Herr Borsche in der *Försterchristel* die Hauptrolle spielen soll, habe ich mit Freuden das Angebot der DEFA angenommen, den *Untertan* bei ihr zu inszenieren."(1) Dies waren Staudtes erste Erfahrungen mit westdeutschen Produktionen, und gemessen an dem, was noch kommen sollte, nicht die schlimmsten.

Die westdeutsche Filmwirtschaft befand sich in den Anfängen. Nach dem Zweiten Weltkrieg hatte sich die amerikanische Filmindustrie den deutschen Markt gesichert. Die Bundesregierung war dabei, wenigstens nach außen, den UFA-Konzern zu entflechten, ihn andererseits aber wieder, wie in alten Zeiten, der Deutschen Bank zuzuschieben. Ausfallbürgschaften wurden eingeführt, die den neuen kleineren Produktionsfirmen helfen sollten, auch Filme mit finanziellem Risiko zu produzieren, da dieses im Falle eines geschäftlichen Mißerfolges der Staat tragen würde. Das war gedacht für Filmproduktionsfirmen, die am Rande des Ruins standen. Sie waren geschwächt durch die Währungsreform und das Überangebot an amerikanischen Filmen und Filmen alter UFA-Provenienz. Die damals produzierten neuen deutschen Filme stellten nur einen Bruchteil des damaligen Verleihangebots dar. Die Ausfallbürgschaften erwiesen sich jedoch als Bumerang, die Bonner Behörden nutzten sie mehr zur politischen Zensur als zur Förderung des neuen Films. Harald Brauns Film *Herz der Welt* wurde 1952 die Bürgschaft verweigert, weil ein Antikriegsfilm nicht ins Konzept der Wiederaufrüstung paßte. Der Firma Real-Film wurden alle Kredite gesperrt mit der Begründung, die Unternehmer seien nicht in der Lage nachzuweisen, daß sie auf dem Boden der demokratischen Grundordnung stünden.

Nachdem Staudte bei der DEFA den *Untertan* fertiggestellt hatte, übernahm er bei der Camera-Film in Hamburg die Regie für den Film *Gift im Zoo*. Das ursprüngliche Drehbuch war schon auf Verlangen des Bonner Bürgschaftsausschusses umgeändert worden:

Der Bösewicht durfte kein Zoodirektor sein sondern nur ein verkrachter Tierarzt, der es auf den Posten des Zoodirektors abgesehen hat und deshalb Tiere hinmordet. Innenminister Lehr, der „über jedes Filmvorhaben, das in der Bundesrepublik durchgeführt werden soll, einen eingehenden Vortrag seiner Referenten über den zu behandelnden Stoff und die Art der Durchführung wünscht"(2), gab sein Placet, die Ausfallbürgschaft wurde erteilt. Als die Dreharbeiten in vollem Gange waren, wurde die Bürgschaft wieder gesperrt, denn „ein Regisseur, der im Osten politische Hetzreden hält, (sei) für eine Bürgschaft nicht geeignet". Der Verfassungschutz hatte herausgefunden, daß Staudte am 1. Mai in Ostberlin eine Rede gehalten habe, Staudte saß aber zum angegebenen Zeitpunkt neben dem französischen Botschafter als Gast bei dem von den Franzosen veranstalteten

„Internationalen Treffen der Filmleute" in Bacharach. Als Staudte seine Unschuld bewiesen hatte, glaubte man, die Angelegenheit sei erledigt. Doch die Bürgschaft blieb immer noch gesperrt. Statt dessen erklärte der Leiter des Bundeskriminalamtes Hagemann dem Produzenten Mattes, er möge Staudte veranlassen:

„— einen deutlich antikommunistischen Artikel zu publizieren,
— dem Innenministerium gegenüber eine Erklärung abzugeben, daß er — Wolfgang Staudte — in Zukunft nicht mehr bei der DEFA arbeiten wird,
— darüber hinaus würde es Dr. Hagemann begrüßen, wenn Staudte möglichst bald einen antikommunistischen Film inszeniert".(2)

Mattes stellte weiter Anfragen an Dr. Vogel, den Filmbeauftragten der Bonner Regierung, und an das Bundeswirtschaftsministerium. Am 1. Oktober kam dann die lakonische Antwort: „Entscheidung Staatssekretär Bleek lautet: Zustimmung nur, wenn Staudte unbefristet erklärt, nicht wieder bei der DEFA zu drehen. Bundesinnenministerium — Lüders."

Staudte weigerte sich, erklärte, er stelle seine Arbeitskraft immer dem gesamten deutschen Film zur Verfügung, und er falle doch nicht einer Firma, die ihn jahrelang unterstützt habe, in den Rücken. Um die Existenz der Camera-Film nicht zu gefährden, brach er seine Regietätigkeit bei dem Projekt ab. Ein anderer Regisseur, Hans Müller, drehte den Film zu Ende.

„Wissen Sie, wie man in Deutschland Filme macht?" kommentierte Staudte, „das beginnt mit einem monatelangen Gespräch. Nicht etwa mit Autor, Regisseur, Darstellern und Architekten, vielmehr erfreuen sich Ministerialräte, Senatoren, Bankdirektoren und Snobs, alles Menschen, die keine Ahnung vom Film haben, an einem heftigen Tauziehen . . . der Regisseur wird nicht gefragt . . . Eine einzige, unglaubliche Groteske ist der westdeutsche Film."(3) Durch die Affäre mit Lehr wagte es kein Produzent mehr, Staudte als Regisseur zu verpflichten. Es begann in dieser Zeit eine Hetze gegen diejenigen Künstler, die bei der DEFA Arbeit gefunden hatten. Der Westberliner Kultursenator Tiburtius verlangte, daß sich diese entweder für den Westen oder den Osten zu entscheiden hätten und drohte scharfe Maßnahmen an, um die „Zweigleisigkeit" der Berliner Künstler zu unterbinden, ohne sich um ihre wirtschaftliche Situation zu kümmern — und in Westberlin waren die Arbeitsplätze für Künstler rar. Dr. Vogel, der Vorsitzende des Bundesausschusses für Presse, Film und Funk, verlangte öffentlich von allen Künstlern, die in der sowjetischen Besatzungszone und später in der DDR gearbeitet hatten, die gleichen Bekenntnisse, die auch von Staudte gefordert worden waren.

Es gab eine Reihe von Künstlern, die sich diesen Forderungen des Kalten Krieges beugten. So unterschrieb Georg Jacoby diese Bedingungen, wohl um einen „antikommunistischen" Revuefilm mit Marika Röck drehen zu können.

Staudte äußerte sich in einem Interview dazu: „Die künstlerische Arbeit am Film hüben und drüben ist durch die Spaltung Deutschlands von einer Beschränkung beschattet, die nicht notwendig wäre. Denn in der Tat ist es so, daß eine Reihe namhafter westdeutscher und Westberliner Künstler sehr gern bei der DEFA arbeiten würden. In persönlichen Gesprächen sagen mir diese Künstler dann aber, daß sie es sich nicht leisten können, bei uns (gemeint ist die DEFA) mitzuarbeiten, weil sie danach befürchten müßten, im Westen boykottiert und kaltgestellt zu werden. Es zeigt sich hier besonders deutlich, daß es einzig und allein die von der Bonner Regierung nach dem Vorbild McCarthy's geübten Praktiken der Diffamierung und Repressalien sind, die einer fruchtbaren künstlerischen Zusammenarbeit im Wege stehen . . .''(4)

Zwar gab es in der Bundesrepublik keinen ,,Ausschuß für unamerikanische Umtriebe'' wie in den USA, dies besorgten jedoch die Behörden des Adenauer-Staates und ein Teil der Presse. Die Ursachen für Staudtes Schwierigkeiten in der Bundesrepublik sind darin zu sehen, daß Staudte nicht mit seiner Meinung hinter dem Berg hielt, wie es viele Künstler angesichts der drohenden Brotlosigkeit taten, und daß Staudte mit seinen drei DEFA-Filmen *Die Mörder sind unter uns, Rotation* und *Der Untertan* internationales Ansehen gewann wie kaum ein anderer deutscher Regisseur. Man bezeichnete ihn als ,,Wanderer zwischen zwei Welten'', als ,,Ost-West-Pendler''. Man warf ihm vor, er unternehme einen ,,gefährlichen Seiltanz zwischen Ost und West'' und einen ,,Tanz auf zwei Hochzeiten''. Staudtes Forderung, er wolle kein westdeutscher und kein ostdeutscher Filmregisseur sein, sondern ganz einfach ein deutscher, war, wie er selbst sagte, ,,offenbar utopisch''.

Der große internationale Erfolg des *Untertan* veranlaßte einen Teil der westdeutschen Presse, auf die Barrikaden des Kalten Krieges zu steigen. Staudte wurde als Protegé Goebbels hingestellt, als politisch unklarer Charakter, der weder zu ,,Recht'' noch zu ,,Freiheit'' eine echte künstlerische Beziehung unterhalte, sonst wäre er heute nicht den Ostherren wie damals den Herren des Dritten Reiches ein Untertan gewesen.(5) Diese Argumentation geisterte immer noch bis in die sechziger Jahre in der Presse herum.

1957, sechs Jahre nach Entstehung des *Untertan* , erteilte die Bundesregierung die Einfuhrgenehmigung für den Film. Der interministerielle Prüfausschuß, der Filme aus den sozialistischen Ländern für die Einfuhr sichtete, kam zu der Erkenntnis, daß *Der Untertan* nicht gegen § 93 des Strafgesetzbuches (Herstellung verfassungsverräterischer Publikationen) verstoße. Es wurden allerdings vorher erhebliche Schnittauflagen verlangt, und im Vorspann wurde die Figur des Diederich Heßling als Einzelfall deklariert.

Selbst noch bei der Vorführung von *Rotation* 1958 im westdeutschen Fernsehen gab es Proteste. Durch die Vorführung sah sich Dr. Walter Becher, MdL und Mitglied des Rundfunkrates, veranlaßt, auf die Gefahr hinzuweisen, daß sich ,,das deutsche Fernsehen als Plattform für bolschewistische Propaganda-Aktionen etabliert''.(6)

Staudte lief Sturm gegen die Produktionsbedingungen, die ihm die Adenauer-Politiker und Geldgeber diktierten. Es half nichts, daß er immer wieder beteuerte, er sei kein Kommunist, sondern er habe bisher nur bei der DEFA Gelegenheit gehabt, seine Themen unbeeinflußt zu gestalten. Aber in der Zeit des Kalten Krieges wurden Filme gebraucht, die die Remilitarisierung propagierten, die die Vergangenheit mit Heimatfilmen zu vertuschen suchten.

In Holland erregten Staudtes Filme, besonders *Der Untertan,* viel Aufsehen. Das niederländische Kultusministerium veranstaltete 1952 eine Staudte-Woche. Man bot ihm an, den damals erfolgreichen holländischen Roman von Pit Bakker „Ciske — de rat" zu verfilmen. Staudte, der nach dem Debakel von *Gift im Zoo* Gefahr lief, keine Aufträge im Westen mehr zu erhalten, willigte ein. Die Tatsache, daß Staudte im westlichen Ausland überhaupt noch einen Auftrag erhielt, ermutigte die Omega-Produktion, und sie ergriff die Gelegenheit, sich noch während der Dreharbeiten an die holländische Produktion anzuhängen. Staudte drehte in den gleichen Kulissen die Szenen mit den ausgewechselten deutschen Schauspielern nach. So entstanden zwei ganz verschiedene Fassungen. Eine holländische, die den Titel trug Ciske — *de rat,* und eine deutsche, auf die Staudte weniger Einfluß hatte, mit dem Titel *Ciske — ein Kind braucht Liebe.* Die holländische Fassung erhielt in Venedig 1955 den Silbernen Löwen für die Regie.

Der Film erzählt die Geschichte eines Kindes, das von der Mutter, den Behörden und Lehrern herumgeschoben wird. Es reagiert mit Trotz auf seine Umwelt, und man stempelt es zum geborenen Verbrecher. Ciskes Mutter behält den Jungen als Faustpfand, um von ihrem Mann, der sich von ihr trennen will, weiterhin Geld zu bekommen. Sie peinigt Ciske bis aufs Blut, bis er sie aus Versehen tötet. Ein verständiger Lehrer, der sich zu seinem Vormund machen läßt, hilft mit, daß Ciske wieder in die Gesellschaft eingegliedert wird, gegen den Widerstand und die Voreingenommenheit von Lehrern, Polizisten und Eltern. Der Film zeigt, was für schlimme Folgen Vorurteile und falsche Verhaltensweisen von Erwachsenen haben können. Er zeigt, daß ein Kind nicht für seine Eltern und Erzieher verantwortlich gemacht werden kann, wohl aber die Erwachsenen für die Reaktionen der Kinder auf ihre Erziehungsmethoden. Da es aber „gute" Eltern gibt, den Vater Ciskes, und „gute" Erzieher, wie den Lehrer, wendet sich am Ende alles zum „Guten". Sicher, man kann Staudte nicht für die Geschichte verantwortlich machen, wohl aber für die Regie — und da ist ein zartes verstocktes Kellerkind mit wachen Augen, und da sind genau die entsprechenden Milieus wiedergegeben — das muffige, mit Plüsch überladene Zuhause der Mutter, der aufgeräumte Wäscheladen der Tante, da ist die Erziehungsanstalt des Staates, die wie ein Gefängnis wirkt. Da ist das Gericht, vor dessen Schranken und aufgetürmten Akten Ciske hilflos und zerbrechlich wirkt. Würde das Buch genauer die Hintergründe und Zusammenhänge der Lage Ciskes zeigen und diese nicht nur auf eine psychologisierende Weise beschränken, dann wäre *Ciske — de rat* in eine Reihe zu stellen mit Staudtes besten Filmen.

Nachdem die Dreharbeiten von *Mutter Courage und ihre Kinder* bei der DEFA abgebrochen worden waren, beginnt die Zeit, in der Staudte nur noch in der Bundesrepublik arbeitet, da — wie Staudte selbst sagt — die DEFA inzwischen eigenen Nachwuchs herangezogen hatte.

1955 begann in der Bundesrepublik eine Reihe von Hauptmann-Verfilmungen, mit denen sich die Filmwirtschaft als Hort deutschen Kulturerbes Rang und Na-

Der junge Dick van der Velde und Jenny van Maerlant in *Ciske de Rat* (1955)

Der junge Dick van der Velde in *Ciske de Rat* (1955)

men schaffen wollte. Die BAVARIA-Filmkunst beauftragte Staudte auf ausdrücklichen Wunsch von Maria Schell, die Regie bei der vierten Hauptmann-Verfilmung zu führen: *Rose Bernd*. Der Film wurde als offizieller Beitrag der Bundesrepublik nach Cannes geschickt. Von der Presse wurde der Film mit Spannung erwartet. Ein Teil davon erhoffte sich ein Werk wie *Der Untertan* oder *Rotation*, ein anderer Teil meinte, die Arbeit an *Rose Bernd* könne für Staudte nicht mehr bedeuten, „als einen neuen Passierschein für den Westen damit vorzulegen".(7)

Staudte wischt den Hauptmannschen Gründerzeitplüsch weg, entrümpelt das Stück und transportiert die Handlung in das Wirtschaftswunder-Deutschland, in einen ungemütlich kahlen, modernen Gutshof, in dem Antiquitäten herumstehen. Leider ist es so, daß manche Figuren des Films auch wie Antiquitäten wirken, die zu wenig am Ballast der Gegenwart tragen. Vorneweg die Rose Bernd der Maria Schell. Man tut sich schwer, ihr die Naivität zu glauben, zu glauben, daß sie das Kind vom Gutsbesitzer auch haben will, daß sie die Karikatur eines Kleinbürgers, den Keil, heiratet, und sich vorzustellen, daß der Streckmann des Raf Vallone ihr nicht zu Füßen liegt.

Der Film ist wie die modernisierten Gründerzeithäuser, denen man in den fünfziger Jahren den Putz abgeschlagen hat — die Konstruktion und die Proportionen blieben doch die alten. Es reicht nicht, die Oberfläche zu verändern, Rose, ihren Vater und Keil als Flüchtlinge, als Umsiedler darzustellen, nicht aber auch die Situation der Flüchtlinge und die Lage der Großgrundbesitzer mit einzubeziehen. Nichts wird über sie gesagt, außer, daß der Vater bigott ist und Keil ein kleinbürgerlicher Streberling — aber dies ist nicht das Spezifische eines Flüchtlingsschicksals in der Bundesrepublik gewesen. Oder der Gutsbesitzer Flamm wird als Arbeitgeber nur im Verhältnis zu Frauen gezeigt, Rose und seiner eigenen, sonst weiß man nichts über ihn.

Während des ganzen Films sträubt man sich, sehen zu müssen, wie Rose auf jede erdenkliche Art ausgebeutet wird und wie sie sich immer mehr in ausweglose Situationen verstrickt, ohne etwas dagegen zu unternehmen. Erst ganz gegen Ende, in der letzten Szene, weicht der Druck von einem, denn man nimmt mit Erstaunen wahr, daß Rose endlich ihre Lage durchschaut — sie will, wie sie sagt, mit der Welt des Gutsherren nichts mehr zu schaffen haben. Sie wirft den in dieser Welt Lebenden Engstirnigkeit vor, Unwissenheit über das, was außerhalb ihres „klein Kämmerla" liegt. Doch man erfährt nicht, was Rose denn nun außerhalb erlebt hat, wie sie zu der richtigen, aber für den Betrachter des Films nicht nachvollziehbaren Haltung gekommen ist.

Die Abstraktion der Thematik bedingte für Staudte auch eine rigorose Vereinfachung des Bildes. Es ist einfach und klar. Die Menschen handeln in einer fast zweidimensionalen Welt — vor viel Wand, vor viel Himmel. Die Kamera bleibt starr, außer in der Sequenz, in der Rose mit Streckmann tanzt. Der Film wirkt sehr plakathaft, ein Stilmittel, das man erst später bei Godard sehen lernt. Dieser strenge Film ist sicher ein Novum in der damaligen Produktion gewesen, auch heute noch wirkt er — abgesehen von der Geschichte — in keiner Weise veraltet.

Nach diesem Film nahm die neugegründete UFA Staudte unter Vertrag. Der Film sollte „Legionäre" heißen, eine antikolonialistische Tendenz haben und im ganzen gegen den Krieg gerichtet sein, wie Staudte sagte. Dies aber entsprach nicht den politischen Vorstellungen der Bundesregierung, die „den neu zu errichtenden Konzern in ihrem Einflußbereich behalten" und „als Sprachrohr der Regierung Adenauer" wieder aufgebaut hatte. Die UFA sollte dem bundesrepublikanischen Film wieder „neue Geltung" verschaffen, und das „deutsche Ansehen im Ausland" fördern.(8)

Aus „Legionäre" wurde *Madelaine und der Legionär,* aus einem antikolonialistischen Film eine Liebesgeschichte. Die UFA verschaffte sich damit nicht einmal im Inland Geltung oder Geld, geschweige denn Ansehen. Es ist die Geschichte von drei Soldaten der französischen Fremdenlegion, die während des Algerienkrieges zu fliehen versuchen. Dabei schleppen sie eine patriotische Lehrerin mit. Die algerischen Widerstandskämpfer helfen den Legionären bei der Flucht. Die Lehrerin verrät die Algerier und ist erschrocken über die Folgen, die sie anrichtet, denn die Franzosen verhaften und erschießen wahllos die Einwohner der Altstadt von Algier. In der zweiten Hälfte des Films wird dann lang und breit ausgewalzt, wie den Legionären die Flucht gelingt oder mißlingt mit einer Liebesgeschichte zwischen einem der Legionäre und der Französin.

Die politische Brisanz des Films lag darin, daß es in jener Zeit unter Duldung von Adenauer immer noch Werber für die Fremdenlegion gab. Aber dies wurde völlig abgeschwächt durch Liebes- und Fluchtgeschichten, durch Patriotismus auf allen Seiten. Doch die Sympathien für die Araber waren selbst der französischen Regierung zu viel, der Film wurde in Frankreich nicht aufgeführt. Die Sympathien für die Araber in dem Film wurden ihm auch von einem Teil der Presse übelgenommen, denn „die Franzosen leben zu einem großen Teil in der dritten Generation dort" (Die Zeit). Natürlich kritisierte die Presse nicht die Haltung der Französin, die aus Patriotismus die Legionäre und die Widerstandskämpfer verrät.

Der Film hangelt sich von einem dramaturgischen Höhepunkt zum anderen, bezieht für diese und jene Seite Stellung. Es gibt in dem Film genau und realistisch inszenierte Sequenzen der Flucht aus Algerien. Gut ist die schauspielerische Leistung des verschlossenen Hans Messemer, während die Wandlung der Lehrerin, die Hildegard Knef spielt, nicht klar wird. Gerade dann, wenn die junge Lehrerin in Decors wie im *Untertan* lebt, das Bürgertum von Belfort wie Komparserie in Sonntagskleidern aussieht, wenn die Cote d'Azur gezeigt wird wie in einer amerikanischen Fernsehserie, wenn der ganze Film nach Geld und Ausstattung riecht, wie man bei einem in die Geschichte völlig unsinnig eingebauten Begräbnis sieht, dann kann man den Film heute kaum mehr schätzen.

Kanonenserenade war der zweite Film, den Staudte für die UFA drehte. Wieder sollte es ein Film gegen den Krieg werden. De Sica spielt einen wildgewordenen Kleinbürger, der auch mal Krieg spielen möchte. Das gelingt ihm nicht, zum Schluß versinkt sein Schiff und er inmitten seines Gemüses — eigentlich ist alles sehr lustig, wenn Krieg und Tod nicht so traurig wären. Politische Bezüge gibt es nur an der Oberfläche: der Antifaschist wandert pfeifend ins Gefängnis, die Faschisten gerieren sich wie Mussolini. Ideologische Wandlungen, wie die des Matrosen vom Nazi-Anhänger zum Antimilitaristen, fallen sozusagen vom Himmel. Und die ernstgemeinte Rede des Matrosen geht auch noch unter im Klamauk des ganzen Films. „Dem Spießer mitten ins Herz", sagte Staudte dazu, aber es fällt schwer, denn der Spießer de Sica ist einfach zu liebenswert, als daß seine falschen Taten jemanden ins Herz, geschweige denn in den Kopf gehen könnten.

Der Film ist formal einheitlicher als *Madelaine und der Legionär*. Es gibt Szenen, die in ihrem entlarvenden, satirischen Gehalt an den *Untertan* erinnern: zum Beispiel, als der Gemüsedampferkapitän auf das Kriegsschiff der Faschisten gerufen wird und die unendliche Hierarchie beim Militär bestaunt. Dieses wird schon arg veräppelt, deutlich wird auch die Anfälligkeit des Kleinbürgers für Uniform und Kriegsehren. Doch Staudtes Angriff geht in die falsche Richtung. Man kann nämlich den Film auch so interpretieren: Wer mit einem Gemüsedampfer Krieg spielt, der muß ja scheitern. Die auf den Arm genommenen Faschisten verstehen ihr Kriegshandwerk doch besser mit ihren bombastischen Waffen. Nach Staudtes Aussagen gab es für die Produktion kaum Geld, und er hat selbst keine Gage für die Regie erhalten. Der Film ist in Deutschland, wie er sagt, schlecht gelaufen; wahrscheinlich wegen der Verballhornung des Krieges.

Der Maulkorb wurde nach dem Roman von Spoerl verfilmt. Als Motto könnte darüber stehen: Eine Hand wäscht die andere, und jeder hat seine Schwächen. *Der Maulkorb* ist ein Ausstattungsfilm in wilhelminischen Interieurs, Herrenzimmern, Weinstuben, und auf dem Marktplatz gibt es eine Denkmalsenthüllung wie im *Untertan*. Aber alles wirkt wie Pappe, wie ein Aufguß dessen, was mit der „guten alten Zeit" bezeichnet wird. Alles das, was im *Untertan* mit Schärfe gezeichnet war, mit gesellschaftlichem Zusammenhang gesehen wurde, mit psychologischer Genauigkeit, wird hier wieder zurückgenommen. Die Obrigkeit ist gütig geworden, das Bürgertum hat seine kleinen Schwächen, und die Arbeiter sind Gauner, sympathische Idioten.

Nach vier Filmen in der Bundesrepublik ist Staudte das, was er am Ende des Krieges schon einmal war: ein Regisseur für leichte Unterhaltungskost, ein Regisseur für Filme des Eskapismus, diesmal Eskapismus vor der westdeutschen Wirklichkeit, vor der deutschen Vergangenheit. Er war nicht so naiv zu glauben, daß er mit den Geldern der UFA und damit auch der Deutschen Bank Filme nach seinen Interessen machen konnte: „Daß es mir mit keinem dieser Filme gelungen ist, das Klassenziel zu erreichen, liegt nach meiner Ansicht daran, daß es heute fast unmöglich ist, konsequent einen Stoff zu realisieren . . . Drehen könnte ich täglich. Die Produzenten laufen mir das Haus ein. Aber darum geht es mir ja nicht. Es muß ein Stoff sein, der sich lohnt. Ich habe einige solche Stoffe ,auf der Pfanne' – das Dilemma ist nur, daß den Produzenten meine Vorschläge zu riskant erscheinen (was ich ihnen nicht einmal verdenken kann) und daß wiederum ihre Vorschläge für mich unannehmbar sind. Das Problem ist eben: Wie bekomme ich gegen Produzenten und Verleiher – sozusagen mit Gewalt – einen Stoff unter? "(9)

Mit Gewalt ging es nicht, wohl aber mit Zufall: In den Göttinger Ateliers platzte eine Produktion, ein kostspieliges Atelier stand frei, man suchte jemanden, der mit einem Film einspringen konnte. Kurt Ulrich gab kurzerhand Staudte die Gelegenheit, sein Drehbuch *Rosen für den Staatsanwalt* zu verfilmen. Staudte hatte es im Auftrag Ulrichs mit Hurdalek zusammen geschrieben. Kurt Ulrich hatte wahrscheinlich durch den Erfolg von *Das Mädchen Rosemarie* (Thiele) den Mut, einen Problemfilm zu produzieren.

Rosen für den Staatsanwalt beginnt damit, daß der Gefreite Kleinschmidt zum Tode verurteilt wird, weil er zwei Schachteln Fliegerschokolade illegal erstanden hat. Kriegsgerichtsrat Schramm kämpft noch 5 vor 12 für den Endsieg seines Führers. Ein Tieffliegerangriff rettet dem zum Tode verurteilten Landser das Leben. 1959 ist Dr. Schramm ein ehrbarer Bundesbürger und — wie damals — wieder ein Rechtspfleger: er ist Staatsanwalt. Als Untersuchungsrichter im Prozeß gegen einen wegen antisemitischer Äußerungen angeklagten Studienrat verhilft er diesem zur Flucht. Als Zeichen für das Gelingen erhält er dafür einen Strauß Rosen. Er lebt in seiner Funktion als Staatsanwalt in Wohlstand und Ansehen, während Kleinschmidt als Straßenhändler durch Deutschland zieht. Als Dr. Schramm erfährt, daß Kleinschmidt in der Stadt ist, versucht er, ihn mit allen Mitteln, die einem Staatsanwalt zur Verfügung stehen, aus der Stadt zu jagen. Kleinschmidt setzt sich zur Wehr und stiehlt zwei Tafeln Schokolade. Er sitzt wieder auf der Anklagebank, und da spricht der mittlerweile in Panik geratene Staatsanwalt wieder das Todesurteil aus, diesmal aus Versehen, aus Hysterie. Der Staatsanwalt wird beurlaubt, Kleinschmidt bleibt in der Stadt bei einer früheren Freundin.

Am Beispiel eines Oberstaatsanwalts zeigt Staudte, daß die im Potsdamer Abkommen festgelegte Entnazifizierung offensichtlich nicht ganz bis in den Staatsapparat vorgedrungen war. Diese Tatsache provozierte Staudte, der — wie er sagt — nie einen Film gedreht hat, um zu provozieren, sondern immer nur deshalb, weil er provoziert worden ist. Affären, wie die des Studienrates Zind, der unbehelligt ins Ausland fliehen konnte, waren kein Einzelfall. Es provozierte Staudte, daß diejenigen, die im faschistischen Deutschland Recht sprachen — ein Recht, nach dem der illegale Besitz von zwei Tafeln Schokolade mit dem Tode bestraft werden konnte — immer noch Recht sprechen. ,,Was ist denn das aber auch für eine Anklage, die ich da zu vertreten habe . . . ein paar wegwerfende, übrigens sehr witzig formulierten Bemerkungen über die jüdische Rasse . . . Was soll denn aus diesem Lande werden, wenn diejenigen, die eines Geistes sind, sich gegenseitig ausrotten . . .'' rechtfertigt Staatsanwalt Dr. Schramm sein Tun.

Der Film zeigt, daß diejenigen, die damals zum Tode verurteilt werden konnten, wieder ihrer Existenz beraubt werden können , auch wenn man ihnen nur den Gewerbeschein wegnimmt, wie das Dr. Schramm tun läßt.

Dr. Schramm führt sich gut ein, als Kriegsgerichtsrat geht es ihm nicht um zwei auf dem Schwarzmarkt gekaufte Tafeln Schokolade, es geht ihm ,,um die Disziplin der Truppe'', es geht ihm darum, jede wehrkraftzersetzende Tendenz mit dem Tode zu bestrafen. Nach mehr als 20 Jahren ist er immer noch der gleichen Ansicht: ,,Das Todesurteil war nach dem Kriegsrecht völlig einwandfrei.'' Da ist nur ein kleines Kavaliersdelikt, er hat dummerweise damals in einem Fragebogen nicht angegeben, daß er Kriegsgerichtsrat war, aber — „wen geht das auch was an?".

In Staudtes vorhergehenden Filmen wirken sehr viele Szenen wie Aktionen in Pappe, hier aber sind sie bis in Detail genau gezeichnet: das Gericht aus der Gründerzeit mit modernisierten, renovierten Sälen der fünfziger Jahre, Dr. Schramms auf gediegen gemachte Wohnung, die Straßen mit Neubauten einer mittleren Kleinstadt. Dr. Schramm (Martin Held) hat das anmaßendkorrekte Auftreten eines Mannes in Position, hat die preußisch abgehackte Sprache eines Mannes mit Erziehung, der burschenschaftliche Männlichkeit zur Schau trägt, auch dann noch, wenn er in Panik gerät.

„Warum verdienst du eigentlich nichts, heutzutage, wo alle was verdienen? Bei dir stimmt doch was nicht!" wird Kleinschmidt von seiner ehemaligen Freundin empfangen. Und bei ihm stimmt auch was nicht. Er trägt sein Todesurteil immer noch mit sich in der Tasche herum und zeigt es vor; er ist immer auf Reisen. Er ist ein ehrlicher kleiner Mann, der nicht weiß, wie ihm geschieht. Mit krummem Rücken, schlenkernden Armen steht er im Wirtschaftswunder. Seine Freundin hat sich von der Kellnerin zur Gaststätteninhaberin hochgearbeitet; sie meint, am Wirtschaftsboom teilhaben zu können. Staudte läßt sie meistens mit einer Kasse unterm Arm herumlaufen; die Erlebnisse Kleinschmidts berühren sie nicht. Erst ganz am Schluß sieht sie ein, daß es sich besser zu zweit lebt, und es sieht so aus, als ob Kleinschmidt in die Gaststätte einheiratet.

Unter der Maske eines Biedermannes kommt bei Schramm, kaum verhüllt, eine faschistische Haltung durch, er weigert sich, aus der Vergangenheit Lehren zu ziehen. Das wird ihm ja auch nicht schwer gemacht, denn er ist wieder in Amt und Würden. Er verlangt zwar im Flüsterton die Soldaten-Zeitung, seine Leibgarde „Alte Kameraden" läßt er im Gericht verschwinden, Kleinschmidt aber will er mit ihnen vertreiben, die Presse ist für ihn ganz „links" und die „Internationale der Schmierfinken". Seine fette Frau schaut — dümmlich zwar — zu ihm auf, seine Söhne erzieht er nach dem Prinzip „quod licet jovi, non licet bovi".

Kleinschmidt wirkt heute etwas überzeichnet, etwas einfältig, er ist zu sehr ein Hanswurst. Man kann fast auf den Gedanken kommen, daß er selbst die Schuld für seine Lage trägt. Sein Kleinhändlerdasein ist ein wenig melodramatisch, unrealistisch. Er hätte ein „normaler" Mensch sein sollen, dann wäre die Grausamkeit der Gestalten, wie die des Dr. Schramm, eindringlicher geworden. Gelungen ist dies Staudte, wenn er ihn mit den Leuten seiner gewohnten Umgebung zeigt, mit anderen Richtern, mit dem Polizeibeamten oder in der Szene im Gericht, in der Dr. Schramm eine Zeugin verhört. Viel besser und genauer sind auch die Stammtischherren in der Gaststätte seiner Freundin, deren Empörung schnell verpufft, als Geld, Aufträge und Ansehen auf dem Spiel stehen.

Bei der Liebesgeschichte zwischen Kleinschmidt und Lissy muß man heute wegschauen. Aber es ist unverständlich, warum dies immer wieder Staudte zum Vorwurf gemacht wird.(9) Es ist bekannt, daß Staudte in allen seinen Filmen, die er

Walter Giller und Martin Held in *Rosen für den Staatsanwalt* (1959)

Walter Giller und Martin Held in *Rosen für den Staatsanwalt* (1959)

in Westdeutschland gedreht hat (außer in *Kirmes*), Konzessionen machen mußte, denn ein Film ohne bestimmte Kompromisse konnte in der Bundesrepublik Deutschland damals nicht produziert werden. Aus Kleinschmidts Bekanntschaft mit einer Kellnerin, die im Film nur als Nebenrolle fungieren sollte, wurde eine Gaststättenwirtin und eine Liebesgeschichte, ,,meinetwegen — der nackte Popo als politisches Agitationsmittel".(10)

Während der Dreharbeiten kam — wie Staudte sagte — ein Herr aus Wiesbaden von der FSK, der — nachdem er das Drehbuch gelesen hatte — Einspruch erhob mit der Begründung, der Film verstoße gegen einen Paragraphen des Grundgesetzes, nämlich den der Verächtlichmachung der Justiz, der Film komme so nie an die Öffentlichkeit. Daraufhin kam eine Szene herein, die laut Staudte ,,in einer Satire nichts zu suchen hat und demzufolge auch die schwächste ist, eine Szene, die zeigt, daß es in der Bundesrepublik auch integre Richter gibt, denen die Nazirichter ebenfalls Sorge machen".(12) Vergleicht man den Film mit dem *Mädchen Rosemarie,* so ist Staudtes Kritik klarer und deutlicher. Im *Mädchen Rosemarie* wird die doppelte Moral der Wirtschaftsbosse angegriffen, es ist eine ,,Dirnentragödie", aber im exotischen Milieu der Superreichen ein spektakulärer Mordfall. Im *Staatsanwalt* zielt Staudte auf Männer des öffentlichen Lebens, des Staates, Männer, die sich der Rechenschaft für ihr Tun entzogen haben, deren Weltanschauung unter dem Deckmantel biedermännischer, ehrbarer Bürgerlichkeit fortlebt. Staudte entlarvt die Hilflosigkeit und Resignation des deutschen Kleinbürgertums, dessen Haltung und Stillschweigen einen Vorschub für Korruption, Heuchelei und Ungerechtigkeit bedeutet.

Man kann Staudte nicht vorwerfen, er hätte aus diesem ernsten Stoff ein Drama machen sollen, er hätte keine Karikaturen auf die Leinwand bringen sollen, wie das die Presse tat mit der Absicht, durch formale Kritik den Inhalt und den Kern der Aussagen abzuwerten. Heute ist man erstaunt, mit wieviel Mut und wie konsequent Staudte gegen überlieferte faschistische Ideologie zu Felde zieht und wie genau er sie placiert. Nicht nur Staatsanwälte, sondern auch Minister waren ja auch einmal mehr oder weniger von diesem Gedankengut überzeugt.

,,Wenn ich auch nicht übermäßig große Hoffnungen hatte, daß dieses alte Eisen einen Produzenten finden würde, so habe ich doch die *Rosen für den Staatsanwalt* in Vertragsverhandlungen unermüdlich als mein Lieblingsthema gepriesen. Wie vorauszusehen, bekamen einige in bundesbürgerlicher Untertanentreue heiße Hände, andere kalte Füße . . . Dabei ist mein Film nichts anderes als die ironisch-kritische Behandlung eines Themas, das die Spalten unserer Tageszeitungen gefüllt und leider noch bisweilen füllen wird: des Dritten Reiches Erbteil — die Nazis in der Justiz."(13) Staudte zeigt einen Weg aus diesem Dilemma: sich zur Wehr zu setzen, sich seiner Abhängigkeiten bewußt zu werden und zu handeln. ,,Mein Ziel bei diesem Film war es, im Parkett die Überzeugung hervorzurufen: Es hat Sinn, sich gegen so etwas zu wenden."(14)

Der Verleih lancierte den Film als politische Sensation. Die Kritik war keineswegs so euphorisch wei beim *Untertan*, denn die Produktionsbedingungen wurden negiert: „Versöhnliche Satire", „Gehobene Mittelmäßigkeit", „Kleinkunstklamauk kaschiert die Tragödie", „Karikaturen im DEFA-Schnittmuster". Als er sich vor der Presse über die Kompromisse äußerte, zu denen er gezwungen worden war, schlug man ihm vor, lieber keine Filme zu drehen, oder dort zu drehen, wo man ihn nicht behindert hätte. Aber wo sollte Staudte dann drehen?

Bei der Vergabe des deutschen Filmpreises 1960 erhielt *Rosen für den Staatsanwalt* das Filmband in Silber, einen Preis erhielten auch Georg Hurdalek für das Drehbuch und Walter Giller für die Darstellung des Rudi Kleinschmidt. Ostentativ war Bundesinnenminister Gerhard Schröder bei der Preisverleihung nicht anwesend. Das Verhalten der Bundesregierung zur Filmwirtschaft war problematisch durch die übermäßige Einfuhr amerikanischer Filme, gegen die sich die Produktionsfirmen mit Recht zur Wehr zu setzen versuchten. Andererseits bestand Übereinstimmung zwischen Bundesregierung und Filmwirtschaft über die Förderung der Kino-Konfektion. Problemfilme waren in Westdeutschland in jenen Tagen nicht gefragt. Bei der Verleihung der Bundesfilmpreise 1959 hielt Prof. Benno von Wiese einen Vortrag, in dem er Filme „mit Tendenz" scharf angriff: „Mir scheint gerade jener Typus von Filmen anfechtbar, der mit Weltanschauungen zu sehr überfrachtet ist". Er empfiehlt den Unterhaltungsfilm . . . „er bleibe eine Oase in unserem so zweckmäßig organisierten Arbeitsleben. Ich gestehe, ich selber sehe mir einen gut gemachten Kriminalfilm oder eine unbeschwert verspielte Filmkomödie viel lieber an . . .".(15) Er vergaß dabei, daß in Westdeutschland fast ausschließlich Unterhaltungsfilme gedreht wurden. Die Bundesregierung und die Festredner sahen nicht, daß der deutsche Film mit diesen Forderungen immer tiefer in das „Dilemma des Provinzialismus" versank.

Beim Festival in Karlsbad erhält *Rosen für den Staatsanwalt* eine Auszeichnung. Doch es fehlte die Szene mit den „guten Staatsanwälten". Dadurch sei der Film tendenziös verstümmelt worden, schrieb man in der westdeutschen Presse. Daß Staudtes Film schon vorher durch diese Szene tendenziös verstümmelt worden war, übersah man vornehmerweise. Staudte wurde aufgefordert, seinen Preis zurückzugeben. Darauf antwortete er bitter: „,Deutsch sein und Charakter haben ist ein und dasselbe' sagt Dr. Schramm, der Nazirichter, in einer Szene meines Films *Rosen für den Staatsanwalt*. Jenes Films, für den ich in Karlsbad den 1. Hauptpreis des diesjährigen Festivals in Empfang nehmen konnte. Dies hätte ich nicht tun dürfen. Derart undeutsches Verhalten auf ehemaligem Protektoratsboden ist mir von den Hütern deutschen Wesens schwer angekreidet worden . . .". (16)

Staudte erregte immer wieder Mißfallen. Er gehörte nicht zu denjenigen Künstlern, die, wie viele nach dem Krieg, sich von der „schmutzigen Politik" abgewandt haben. Er schrieb, als sich die antisemitischen Ausschreitungen häuften, einen Offenen Brief an alle Tageszeitungen, den aber nur eine kleine linke Zeitung („Die Kultur") abdruckte. „Eine Demokratie lebt vom Anstand und dem Mut ihrer Bürger, Feigheit macht jede Staatsform zur Diktatur. Indem wir die Schuld der Vergangenheit von uns zu wälzen versuchen, machen wir uns erneut schuldig."(17)

Von diesem Thema handelt *Kirmes*. Staudte konnte den Film in der 1957 von ihm, Helmut Käutner und Harald Braun gegründeten Freien Film-Produktion realisieren. Die Regisseure hatten sich zusammengeschlossen, um sich gegenüber der Kassenschlager-Ideologie der kommerziellen Produktionsfirmen ein gewisses Maß an Freiheit in der Wahl der Stoffe und ihrer Umsetzung zu erlangen. *Kirmes* ist der erste und einzige Film von Staudte in der Bundesrepublik, an dem er ohne Einschränkungen arbeiten konnte, wie er erzählt. Er habe seine „bisherigen Westfilme nur gedreht wie die Kurbel an einem Leierkasten auf der Kirmes. Es waren nicht meine Stoffe. Es war nicht das, was ich sagen wollte . . . Mir blieb nur das Handwerk, die fachgerechte Inszenierung. Es hat hinter den Kulissen oft erregte Auseinandersetzungen gegeben, aber man hat mir nicht ein einziges Mal erlaubt, einen Film nach eigener Idee und eigenem Geschmack zu machen. Zwei Jahre lang habe ich vergeblich versucht, einen Produzenten für meinen Film *Kirmes* zu finden".(18)

In einem Dorf in der Eifel ist Jahrmarkt. Auf ein Plakat mit dem Kopf Adenauers und der Unterschrift ‚Keine Experimente – CDU' wird ein Zettel mit der Aufschrift „Kirmes" geklebt. Auf dem Jahrmarkt wird zufällig das Skelett eines Soldaten der Hitler-Armee gefunden. Die Honoratioren des Dorfes vertuschen die Umstände, unter denen der Soldat ums Leben kam. Da beginnt die Geschichte des Soldaten Mertens, der in den letzten Kriegstagen im Gutshof seines Vaters vor dem sinnlosen Morden Zuflucht sucht. Aber die Eltern bekommen Angst um das eigene Leben. Der Nächstenliebe predigende Pfarrer weist den Soldaten ab, man kommt dem sogenannten Deserteur auf die Spur. Die von dem NS-Ortsgruppenleiter Hölchert gerufene Gestapo foltert den in den Augen der Gestapo trotzdem schuldigen Pfarrer. Als eine amerikanische Truppeneinheit im Anrücken ist, fliehen die Bewohner, voran der NS-Ortsgruppenleiter Hölchert. Nur der Deserteur und eine französische Fremdarbeiterin verstecken sich im leeren Dorf, was zu einer etwas nebensächlichen Liebesgeschichte führt.

Jedoch, die Truppeneinheiten ziehen nur durch das Dorf, die Bewohner kommen zurück, und der NS-Ortsgruppenleiter beginnt wieder die Jagd auf den Deserteur, er droht mit Sippenhaft, Mord und Folter demjenigen, der ihn beherbergt. Noch einmal gelingt es Mertens, in das Haus seiner Eltern zu fliehen. Der Vater gerät in Panik, als die nazihörige Schwägerin den Flüchtling entdeckt. Mertens, von so viel Feigheit angewidert, erschießt sich und wird von den beiden in einem Bombentrichter verscharrt. Am Ende ist der NS-Ortsgruppenleiter wieder Bürgermeister, der die öffentliche Meinung bestimmt. Für ihn ist der tote Soldat immer noch ein Vaterlandsverräter, der ein ehrenvolles Begräbnis nicht verdient hat. Die sterblichen Überreste werden ohne viel Aufhebens beseitigt. Der ehrliche, zu schwache Protest der Mutter bleibt damals wie heute folgenlos. Man geht, als ob nichts geschehen wäre, wieder zum Rummelplatz, denn 15 Jahre danach hat sich immer noch nichts in den Köpfen der Dorfbewohner verändert; es gelten die gleichen Ehrbegriffe wie früher.

Kirmes knüpft thematisch an *Rosen für den Staatsanwalt*, an *Die Mörder sind unter uns* und an *Rotation* an. Es ist das Thema der Bewältigung der faschistischen

Vergangenheit der Deutschen. Es ist der Stoff, der die typischen Gestalten deutschen Kleinbürgertums zeigt, dessen Selbsterhaltung darauf ausgerichtet ist, sich um jeden Preis an Besitz und Position zu klammern.

Kirmes entstand nach dem Manuskript des Brecht-Schülers Claus Hubalek, mit dem Staudte auch das Drehbuch schrieb. Die Fabel des Films unterscheidet sich von der des *Staatsanwalts* darin, daß hier der Zufall als Mittel der Dramaturgie ausgeschaltet bleibt. So wird der Ablauf des Geschehens klarer und zwingender. Die Personen agieren in dem engen Raum eines kleinen westdeutschen Dorfes. Wird beim *Staatsanwalt* das Verhalten eines Biedermanns und seine Denkweise enthüllt, so geht *Kirmes* weiter und schildert das Verhalten der Honoratioren eines Dorfes angesichts des Todes. Die Metamorphose des Dr. Schramm vom Kriegsgerichtsrat zum Staatsanwalt kann man immerhin noch als Einzelfall betrachten, doch bei *Kirmes* kommt man nicht umhin, dies als „die noch immer wirksamen kollektiv-psychologischen Mechanismen der Feigheit, der Niedertracht und des politischen Opportunismus in der ‚geschlossenen Gesellschaft‘ eines kleinen westdeutschen Dorfes" zu sehen.(19) In dieser Gesellschaft werden die politischen Strukturen deutlich: der NS-Ortsgruppenleiter als Vollzugsgehilfe der Interessen des Staates, als Befehlsempfänger, und auf der anderen Seite die Unterordnung aller unter diese Ordnung. Durch Prolog und Epilog wird deutlich, wer die Herren damals waren und wer sie heute sind, wie also die gesellschaftlichen Verhältnisse waren und sind und wie sich daraus gesellschaftlich determinierte Verhaltensweisen entwickeln. Es ist dies also keine sozial-pychologische Deutung des Faschismus, wie Klaus Kreimeier in seinem Buch „Kino und Filmindustrie in der BRD" schreibt, sondern eine Deutung, die auf eine Widerspiegelung der politischen Wirklichkeit abzielt. Die Verhaltensweise dieser Personen ist nicht abzuleiten aus subjektiver Motivation, sondern aus den objektiven gesellschaftlichen und historischen Ursachen. „In einer unmoralischen Zeit gibt es", sagt Staudte, „für diese Art Menschen kein moralisches Verhalten." Eine weitere politische Funktion bekommt der Film durch die Rahmenhandlung; dadurch, daß er nicht mit der Aufdeckung des Falles aufhört, sondern die Verbindung zur Gegenwart gezogen wird, wirkt dies wie ein Appell an die Zuschauer, Schlüsse aus dem Dargestellten zu ziehen.

Der *Staatsanwalt* hat auch eine sehr dehnbare Moral, aber es fällt schwer, sich mit dem Helden oder dem Gegenspieler zu identifizieren, ja sogar sie als normale Menschen zu sehen, denn sie sind überzeichnet, was ja notwendigerweise zur Satire gehört. In *Kirmes* sind die Helden jedoch weitaus realistischer gezeigt. Im *Untertan* arbeitete Staudte mit den Mitteln der Symbolik, um den Kleinbürger und sein Denken zu zeigen. In *Kirmes* zeigt er mehr deren Gesichter, oder im Bildaufbau ist der Hintergrund ihrer Umgebung mit einbezogen, die Räume handeln mit. Ein weiteres Moment ist die Kamera, die das subjektive Erleben des geflohenen Soldaten vermittelt. Man wird so in dessen Lage gebracht und sieht die Menschen, die ihm eigentlich Hilfe bringen sollten, aus der Sicht des Opfers dieser Menschen, aus der Sicht der Machtlosen. Mertens fungiert nicht als aktiv Eingreifender, sondern er löst die Handlungen aus. Die Überleitung vom Prolog, der in der Gegenwart spielt, zur Vergangenheit geschieht nicht nur durch eine Überblendung; Staudte führt z.B. mit einer Parallelmontage von Luftgewehren bei der Kirmes und Maschinenpistolen bei der Erschießung eines Deserteurs darauf hin.

Am Ende dreht sich das Karussel auf der Kirmes, man hört „Kinder und Bundeswehrsoldaten zahlen die Hälfte", und es reißt einen mit, man wird fast schwindelig nach den statischen, manchmal starren Einstellungen. Eine wichtige Funktion haben die Plakate und Parolen an den Wänden. Sie stellen heute wie damals den historischen Bezug her. So sieht man eines „Deutschland dreigeteilt — niemals!", daneben den Schriftzug an der Wand „Atomtod droht". Die Schauspieler sind keine Stars im herkömmlichen Sinne; sie spielen genau und präzis, für Staudtes Verhältnisse fast naturalistisch, aber dies schafft Distanz. Die Geschichte geht in den Kopf. Unverständlich bleibt die Sequenz mit Mertens und der Französin. Warum gerade sie als Liebeshungrige dargestellt wird, die bei einem Bombenangriff mit einem deutschen Landser im Bett liegt, ist nicht einsichtig. Denn der Widerspruch zwischen dem verklemmten, verlogenen Verhältnis des Ortsgruppenleiters zur Lehrerin und dem Verhältnis der Französin zu Mertens würde auch ohne die Landsergeschichte, die dramaturgisch keine Funktion hat, klar.

Die negativen Helden der Dorfgemeinschaft entwickeln sich nicht, sie sind heute wie damals die gleichen, sie haben die gleichen Argumente, sie schweigen in der gleichen Situation, und sie resignieren nach einem schwachen Protest.

In keinem seiner in Westdeutschland gedrehten Filme klagt Staudte so deutlich den Faschismus und das Weiterleben seines Gedankenguts in der Restauration des CDU-Staates an. Er vermeidet die Satire, denn selbst jede Überzeichnung der Nazis bleibt hinter der Wirklichkeit zurück, wie Staudte schreibt: „Die Verteilung der Macht und der Gewalt an die aufgeblasensten Hohlköpfe war ein Symptom der Zeit. Hitler und seine Vasallen, in einem Dokumentarfilm heute betrachtet, sind von grausiger, unglaubhafter Lächerlichkeit. Nicht anders der Ortsgruppenleiter in *Kirmes*. Er ist ein Popanz, damals wie heute." *Kirmes* ist sicherlich eines der ganz wenigen Produkte der westdeutschen Filmindustrie, welches so deutlich, so kompromißlos gegen Krieg und Faschismus ist, welches so vehement für Humanität und Demokratie plädiert. „Angeklagt ist allein der Krieg, und gemeint ist, daß es nur e i n moralisches Verhalten gibt, mit aller Kraft gegen den Krieg zu sein. Den Anfängen wehren. Wenn es zu spät ist, gibt es nur noch Opfer. Opfer des Krieges sind nicht nur die Toten."(20)

1960 kommen immer noch Kriegsfilme auf den Markt — „Der Heldentod füllt noch immer die Kinokassen". Unter diesem Titel schrieb Staudte den oft zitierten Vortrag für die Université Radiophonic Internationale in Paris. Er klagt darin die Herren des Geldes an, die die Rehabilitation der Nazihelden betreiben, die Dramen, Filme und Tatsachenberichte fordern, in denen Nazis bestätigt wird, daß auch sie ihre großen inneren Konflikte hatten —, der „Wiedergeburt des Kriegsfilms, der dümmsten Verherrlichung eines scheußlichen Handwerks, sind Tür und Tor geöffnet . . . Das Sterben f ü r das Vaterland, f ü r die Kameraden, f ü r den Endsieg oder für was auch immer. Wobei es dramaturgisch natürlich ziemlich bedeutungslos ist, von wem dieses Vaterland gerade regiert wird oder in welcher politischen Verfassung es sich gerade befindet". Er fordert die Regisseure, Autoren und Schauspieler auf, sich zusammenzuschließen und nicht jeder billigen Spekulation Hilfestellung zu leisten: „N e i n sagen können, wenn sie n e i n meinen und bei aller Schwierigkeit nicht müde werden, das Gute zu wollen und es immer wieder − gewissermaßen als Konterbande − an den Zöllnern des schlechten Geschmacks und der Spekulation vorbeizuschmuggeln."(21)

Bei den Berliner Filmfestspielen 1960 erregte *Kirmes* Aufsehen. Schröders Staatssekretär Dr. Georg Anders spielte bei der Bundesfilmpreisverleihung − bei der auch *Rosen für den Staatsanwalt* prämiiert wurde − auf Staudtes letzte Arbeiten an: „Ich halte es für eine gefährliche Vereinfachung, Geschehnisse aus der nationalsozialistischen Zeit am verbrecherischen Wirken einzelner Personen aufzuzeigen, ohne zugleich das diktatorische Systems als solches darzustellen. Nicht minder gefährlich scheint es mir zu sein, unerfreuliche Begleiterscheinungen unserer Lebensform in einer so verallgemeinernden Weise zu schildern, daß die freiheitliche Demokratie als solche im Bewußtsein manchen Betrachters auf der Anklagebank erscheint."(22) Juliette Mayniel bekam den Silbernen Bären; Staudte sollte auch einen Preis bekommen, doch dies scheiterte gerade am Einspruch der deutschen Jury-Mitglieder. Man warf Staudte in *Kirmes* grobe Vereinfachung vor. In der Springer-Zeitung „Die Welt" wurde offen zum Boykott aufgerufen. *Kirmes* lief nicht lange in den Kinos, obwohl es Staudtes bester in der Bundesrepublik gedrehter Film ist.

Bald darauf tut das dann auch die „Neue Zürcher Zeitung" gleich in einer vierteiligen Serie. Mit Überschriften wie „Der Geist steht links" und „Parade für Ostdeutschland" soll der Leser zu der Erkenntnis kommen, daß „der Osten dem Westen in der Person Wolfgang Staudtes und in der Gestalt seines in der Breite wirksamen künstlerischen Werks ein trojanisches Pferd zum Geschenk gemacht hat" Staudte wird so als kommunistischer Unterwanderer der abendländischen Freiheit bezeichnet. „Ihn, der auf seine Gesinnung keinen Druck ausüben lassen will, hinderte diese Gesinnung aber nicht, seine Filme in den Dienst der kommunistischen Propaganda stellen zu lassen." Diese Behauptungen kamen unter den Gegebenheiten der CDU-Regierung, die ja das KPD-Verbot veranlaßte, Rufmord gleich. Martin Schlappner, der Autor, analysierte weiter, Staudte verberge unter seiner Zuneigung zu dem als positiver Held auftretenden kleinen Mann eine Humanitätsgesinnung, die aber nicht überzeuge, weil sie eine „Antigesinnung" sei, wie sein Antifaschismus oder Antimilitarismus. Er setzt in seiner Kritik das Deutschland Hitlers und das Deutschland, das sich eine demokratische Staatsform gegeben habe, kurzerhand gleich, und dies habe etwas Destruktives. Schlappner vergißt dabei, daß Staudte eben gerade diejenigen als destruktiv kritisiert, die genau dies tun, für die Vergangenheit und Gegenwart nahtlos und bruchlos ineinander übergegangen sind, die weder sich gegenüber noch der Gesellschaft Rechenschaft abgelegt haben, sondern nach dem Motto „Wir Deutschen, wir vergessen schnell" die Schuld den anderen, dem Ausland oder sonstwem zuschieben. Schlappners Argumentation wird von einigen Journalisten übernommen. Die Ausführungen

Walter Schmiedings, des Vorsitzenden der Arbeitsgemeinschaft der Filmjournalisten e.V., in seinem Buch „Kunst oder Kasse — der Ärger mit dem deutschen Film", stimmen sehr mit denen Schlappners überein. Joe Hembus in seinem „Der deutsche Film kann gar nicht besser sein" stellt wie Schlappner die Integrität Staudtes infrage, der ihm „einen gewissen Opportunismus seines Charkaters" nachzuweisen versucht.(23)

Staudte hat immer wieder geäußert, er könne nur Filme nach Stoffen drehen, die seinen Ideen entsprächen, Filme, auf deren Drehbuch er Einfluß oder die er geschrieben habe. Aufträge mußte er annehmen, und er bemühte sich, diese handwerklich gut zu machen. Ein solcher Film ist *Der letzte Zeuge* von 1960. Das Drehbuch haben R.A. Stemmle und Thomas Keck geschrieben. Der Film als Kriminalfilm verkauft, klagt die Methoden von Polizei und Justiz an. Eine Frau mit unehelichem Kind wird wegen Kindesmord festgenommen und angeklagt. Die Polizei geht mit Vorurteilen an die Aufklärung des Falles. Weil die Frau Beziehungen zu mehreren Männern hatte, traut man ihr auch Kindesmord zu. Ein Freund von ihr wird durch unbewiesene Behauptungen um seine Stellung als Arzt gebracht. Nur der Vater des toten Kindes, ein hochangesehener Fabrikant, wird aus dem Täterkreis ausgeschlossen, bis durch die Bemühungen eines Rechtsanwalts der letzte Zeuge durch seine Aussage den Mörder überführt. Das ist Geschäftsmann Rameil, Konzerndirektor und Spekulant auf das Vermögen seiner Frau. Das Kind von seiner Geliebten stand ihm zu Reichtum und Ansehen im Weg. Martin Held ist wieder ein vollkommener westdeutscher Biedermann. Die Motivation des Mordes wirkt konstruiert, doch man erkennt immerhin noch Staudtes Handschrift. Es sind Standesvorurteile, die blind für die Wirklichkeit machen, Kapital und Justiz sind freundschaftlich verbunden; so sorgt ein Landgerichtsrat für die diskrete Behandlung des Falles. Staudtes Einstellungen sind, wie auch in *Kirmes*, aus der Sicht der Unschuldigen, wie diese Justiz und Strafvollzug sehen. Der Film lag im Niveau weit über den Durchschnittsproduktionen. Er war der offizielle Beitrag in Cannes 1961. Er bekam auch das Prädikat „besonders wertvoll". Angesichts der Tatsache, daß ein Film wie *Kirmes* nur „wertvoll" bekam, und das auch erst nach zweimaligem Einreichen des Films, kann man mit Recht die Praktiken der Filmbewertungsstelle als fragwürdig bezeichnen.

1961 übernahm Staudte die Regie von John Olden zu *Die glücklichen Jahre der Thorwalds* nach einem Stück von Priestley. Elisabeth Bergner spielte die Hauptrolle. Danach drehte er seinen ersten Fernsehfilm *Rebellion,* 1962.

Dann wurde Staudte angeboten, Brechts *Dreigroschenoper* zu verfilmen. Staudte wollte den Stoff in eine moderne Version bringen. Die Bewohner des heutigen Soho protestieren, weil ihnen das Bürgertum die Geschäfte verdirbt, dazu führen sie als Agitationsstück die Dreigroschenoper auf. Doch Helene Weigel gab dazu ihre Einwilligung nicht. Staudte verfilmte dann genau die literarische Vorlage. Doch er traf mit der Wahl der Mittel nicht den Brecht'schen Stil. Es wurde mehr eine Bordell-Geschichte als eine Anklage gegen die Bourgeoisie, ihre Geschäfte und ihre Moral.

Das Stück wirkt wie eine abgefilmte Aufführung eines Subventions-Theaters mit zu aufwendigen Kulissen, zu aufwendigen, künstlich verschmutzten Kostümen und zu teuren Stars.

Staudte wollte „weniger die sozial-kritischen als die moral-kritischen Positionen" (24) betonen. Doch es gibt keine von gesellschaftlichen Bedingungen losgelöste Moral, und so mutet die Inszenierung an wie eine Ansammlung von Gags mit ambitioniertem Text. Der Film übernimmt nicht die von Brecht geforderten Titel, die „Totalaufnahmen der geistigen Schauplätze ganzer Abschnitte sein sollten, die den Film im Kapitel einteilen sollten, um den epischen Fluß zu gewährleisten" (25) Indem Staudte eine übergangslos ineinanderfließende Handlung wählt, wird das Stück seines Charakters beraubt. Staudte baut die Songs in den Film ein und setzt sie nicht vom Geschehen ab. „Indem er singt, vollzieht der Schauspieler einen Funktionswechsel. Nichts ist abscheulicher, als wenn der Schauspieler sich den Anschein gibt, als merke er nicht, daß er eben den Boden der nüchternen Rede verlassen hat und bereits singt."(25)

Die Darsteller brechen geradezu in Arien aus, und wenn sie fertig sind, geht es weiter, als ob nichts gewesen wäre.

In seinen früheren Filmen sind die Bilder Interpretationen von Geschehnissen, doch hier scheint dies ein lustlos abgefilmtes Stück in Kulissen zu sein. Anstatt daß alle Darsteller hinter der Fassade des braven Bourgeois ihre Ränke schmieden, fährt Staudte Operetten-Ganoven mit künstlich ausgefransten Kostümen auf, oder er läßt Curd Jürgens sich selbst darstellen. Der Pfarrer und der Polizeipräsident wirken nicht wie die Repräsentanten der kirchlichen und weltlichen Macht, die Hochzeit ist ein Kostümfest, bei dem sich ein Teil als Ganoven und ein Teil als Edel-Bourgeois verkleidet haben.

Die Charaktere der Gestalten sind durch die Schauspieler in eine andere Richtung gebogen worden. So sollte Peachum eigentlich ein berechnender Geschäftsmann sein und nicht ein polternder töpelhafter Pantoffelheld, wie Fröbe ihn spielt; und Polly, die ebenso geschäftstüchtige Tochter wie ihr Vater, für die auch Liebe ein Handel ist, agiert, als ob sie von allem, was um sie vorgeht, nichts begreift. Die Weill'sche Musik ist zu einem Potpourri von Hollywood-Streichern geworden. Das, was Staudte an Milieu, an psychologischer Genauigkeit in der Darstellung der Personen kann, ist hier ins Gegenteil verkehrt. „Das Milieu ist das gleiche, die Dialoge wurden beibehalten, aber statt der ätzenden, aggressiven Dialektik wurde das komödiantische Element hervorgehoben" steht im Programmheft. Das ist richtig — nur leider ist das komödiantische Element ganz und gar nicht mehr zu finden. Die *Dreigroschenoper* ist kein Staudte-Film, und ein Brecht-Stück ohne den Inhalt ist eben nicht einmal einen Groschen wert.

Der 1963/64 gedrehte Film *Herrenpartie* ist „eine satirische Attacke gegen politische Instinktlosigkeit deutscher Touristen in ehemals besetztem Gebiet. Auf der anderen Seite aber wendet er sich auch gegen betonierten Deutschenhaß, gegen Unversöhnlichkeit und späte Rache. Nicht nur die Täter, auch die Opfer haben eine Vergangenheit zu bewältigen, und wir, denke ich, haben alle Ursache, ihnen dabei zu helfen".(26) Ein Herrenkränzchen, ein Gesangsverein mit dem Namen „Liedertafel Neustadt", macht einen Ferienausflug nach Jugoslawien. Die Kleinstadt-Honoratioren geraten dabei wegen Treibstoffmangel in ein abgelegenes Gebirgsdorf in Montenegro, in dem 1942 während des Krieges alle männlichen Dorfbewohner von den deutschen Besatzungstruppen erschossen wurden. Sie sind die ersten Deutschen, die nach dem Krieg in das Dorf kommen. Als die Frauen erkennen, daß sie Deutsche sind, verweigern sie den Touristen jede Hilfe. Diese nisten sich jedoch in dem ehemaligen Berggasthof ein und glauben, die Frauen durch das Niederlegen eines Kranzes umstimmen zu können. Sie sind sich ihrer Blasphemie nicht bewußt und entrüsten sich, als die Frauen ihnen den Kranz vor die Füße werfen und sie zum Verlassen des Dorfes auffordern. Da brechen alte Erfahrungen wieder durch. Die Herren fühlen sich wie in „Feindesland", sie stehlen eine Ziege und veranstalten ein Festmahl, auf dem sie faschistische Wehrmachtslieder singen. Die Frauen, durch diese borniere Haltung provoziert, antworten mit der Zerstörung des Busses. Daraufhin verlassen die Männer das Dorf auf einem Weg über die Berge. Sie nehmen ein kleines Mädchen als Faustpfand mit. Der Sohn des Baurats, der als einziger Jugendlicher mitgefahren ist, durchschaut dies und schickt das Kind zurück. Die Frauen sprengen eine Brücke, und die Touristen sitzen in der Falle auf einem Felsplateau, wo die Deutschen damals die Geiseln erschossen haben. Ein Sturm zieht auf. Als sich die Kleinbürger der Gefahr, in der sie schweben, bewußt werden, kommt ihnen wieder die ganze Vergangenheit hoch. Sie fallen übereinander her und entlarven sich selbst als korrupt, feige und hinterhältig. Doch die Frauen beginnen angesichts der Gefahr, in die sie die Touristen gebracht haben, zu begreifen, daß auch sie ihre Vergangenheit bewältigen müssen.

Als die Polizei ins Dorf kommt, nehmen die Deutschen den Verlust des Busses auf ihre Kappe. Ein finanzieller Schaden entsteht ihnen nicht, denn Geschäftsleute, wie sie es sind, deklarieren so etwas als Versicherungsschaden. Sie haben von alldem, was ihnen passiert ist, nichts begriffen, schon gar nicht, daß dies mit ihrer und der Vergangenheit aller Deutschen etwas zu tun hat. Als sie abfahren, sagt Baurat Hackländer, Major a.D.: „Herr Pfarrer, wir Deutschen sind schnell bereit zu vergessen. W i r ja!"

Das Drehbuch schrieben Werner Jörg Lüddecke und A. Diclic, es war eine Co-Produktion der NEUEN EMELKA, München, und der jugoslawischen AVALA Produktion. Anlaß zur Gestaltung des Stoffes war das Verhalten deutscher Touristen im Ausland. Ursprünglich sollte nur diese Thematik behandelt werden. Doch durch Diskussionen mit dem Dramaturgen Selenić von der AVALA Produktion kam ein anderer Aspekt dazu. Wie es Angreifer in einem Krieg gibt, so gibt es Angegriffene. Diese, die Opfer, müssen auch lernen, die Vergangenheit zu bewältigen.

Der Aufbau des Films läßt die handelnden Personen in eine Ausnahmesituation geraten, die kein Ausweichen aus dem Konflikt zuläßt. Die Frauen folgen ihrem Gefühl des Hasses auf die Mörder ihrer Männer; sie wollen Rache nehmen an denen, die sich mitschuldig gemacht haben, sie wollen Vergeltung für das Unrecht, das ihnen angetan wurde. Staudte zeigt die Bauernfrauen statuarisch, er verzichtet auf eine psychologisierende Darstellung jeder einzelnen. Er zeigt die Motivation

Herrenpartie (1963/64)

Mira Stupića (Mitte) in *Herrenpartie* (1963/64)

der Anführerinnen, die Deutschen zu vertreiben; er zeigt, daß sie nicht vergessen können und wollen, was damals geschehen war. Auch hier, wie in *Kirmes,* handeln die Personen nicht „an sich", sondern ihr Handeln ist durch historische und gesellschaftliche Dinge geprägt worden. Das Gleiche gilt für die Gruppe der deutschen Touristen. Diese zu Hause hoch angesehenen Kleinbürger, diese Beamten und Kleinunternehmer, demonstrieren die Unwandelbarkeit des deutschen Spiessers und seiner Haltung zu der Vergangenehit eines anderen Volkes und zu seiner eigenen. Den sich befeindenden Gruppen der Bauernfrauen und ehemaligen deutschen Soldaten sind – als Vermittler – ein jugoslawisches Mädchen und ein deutscher Student gegenübergestellt. Sie zeigen den Weg zur Verständigung – jeder bei seiner Gruppe. Während die junge Jugoslawin die Frauen überzeugen kann, wird dem Studenten mit dem Entzug seines Monatswechsels gedroht.

Die Geschichte spielt in der steinernen, kahlen Berglandschaft Montenegros, in einem leer wirkenden Dorf, in dem tatsächlich im Krieg wegen eines toten deutschen Marinesoldaten fünfzig Geiseln erschossen wurden. Die Bäuerinnen tragen in dieser Region Jugoslawiens eine schwarze Tracht; so wirken sie wie Witwen und, gegenüber den Deutschen, fast wie klassische Tragödien-Gestalten. Man meint, stellenweise eine griechische Tragödie ablaufen zu sehen, wären da nicht diese Deutschen. Sie würden mit ihren Freizeithemden, ihren Shorts, ihren Rucksäcken, ihren Spazierstöcken und mit ihren Fotoapparaten vor dem Bauch in Deutschland niemandem auffallen. Doch hier wirken sie grotesk, als seien sie von einer anderen Welt. Dies wird unterstrichen durch die statische Kamera, durch den strengen Bildaufbau.

Die Schauspieler sind ihren Rollen entsprechend eingesetzt, sie schaffen, wie auch in *Kirmes,* Distanz zum Geschehen. Im ganzen Film ist die Mischung der Stilelemente von Satire und Tragödie konsequent durchgeführt, ausgenommen die Sequenzen im Badeort am Meer, in denen Jugendliche Twist tanzen und Deutsche im Mercedes herumfahren. Diese Szenen passen nicht in den Film, und man fragt sich, warum sie eingebaut worden sind. Auch Götz George, der Student, der klotzig wirkt und seine Argumente besserwisserisch anstatt überzeugend vorbringt, ist ein Fremdkörper.

Die Deutschen werden eingeführt als freundliche, joviale alte Herren, die aber schnell ihre Harmlosigkeit verlieren, wenn sie mit der Vergangenheit konfrontiert werden. Unter der Tünche der nach Demokratie klingenden Phrasen bewegen sie sich nach erstarrtem militärischem Habitus. In der ausweglosen Situation zerbricht ihre Kumpanei, vertuschte Verbrechen, Mitläuferschaft und Korruption treten hervor. Als die Gefahr vorüber ist, werden sie wieder zu den freundlichen alten Herren. Am Ende des Films, wenn die Deutschen abfahren, hat man das Gefühl, als ob sich Mondastronauten für ihre Rückfahrt zur Erde rüsten.

Auch heute noch ist es erschreckend, wenn man im Film diese Deutschen sieht, die man so gut aus den eigenen Erfahrungen kennt; und man ahnt, was dahinter stecken kann, wenn man heute noch die harmlos klingenden Sätze hört: „Stalingrad war ein nationales Unglück, und die Autobahnen des Führers sind nicht wegzuleugnen". Staudte geht es darum, die wildwuchernde geschichtslose Weltanschauung, den noch schlummernden Militarismus in der Geisteshaltung unserer Väter aufzudecken. Dies macht er mit den Mitteln der Satire, mit den Mitteln der Typisierung einzelner Gestalten. Das hat Staudte viele Feinde eingebracht. Man warf ihm vor, er habe die Touristen zu vordergründig gestaltet, so, „daß die burleske, überspitzte Karikatur unverbindlich bleibt und nicht geeignet ist, zeitkritische Bezüge verbindlich zu machen".(27)

Die Filmbewertungsstelle lehnte eine Prädikatisierung für den Film ab, unter anderem mit der Begründung, der Film sei stilistisch zu uneinheitlich. Man warf Staudte vor, die jugoslawischen Frauen kämen im Film besser weg als die Deutschen. Sollte er sie etwa — satirisch überhöht — als lustige Witwen zeigen? Die Erkenntnisse der FBW treffen durchaus zu, den Jugoslawinnen gehört unsere Sympathie, und der Film ist in der Tat stilistisch nicht einheitlich. Aber genau das hat Staudte ja bewußt gemacht. Warum dürfen denn unsere Sympathien nicht auf der Seite der Jugoslawen stehen, nach alldem, was sie während der Zeit der Okkupation mitgemacht haben? Die Argumentation der FBW, es sei nicht gut, wenn alle Sympathien auf der Seite der Jugoslawen stehen, tendiert eindeutig in die politische Richtung, wirkt wie eine politische Zensur, unter dem Deckmantel der Kritik an formalen Dingen wie der Uneinheitlichkeit des Stils. „Die Satire einer Welt gegenüber zu stellen, wo tatsächlich auch nicht der geringste Anlaß zu einer satirischen Betrachtung besteht, nämlich den Opfern der Nazis in Jugoslawien, hat mich gezwungen, diese beiden Stilelemente in einem Film — etwas, was man hier im allgemeinen zu vermeiden sucht — geradezu zu provozieren . . . Ich empfand es als eine ungeheuerliche Zumutung, von mir zu verlangen, daß ich den jugoslawischen Frauen mit ihrem tragischen Schicksal der Vergangenheit nun auch noch einen satirischen Unterton hätte beimischen müssen, damit die künstlerische Einheit in etwa gewahrt würde."(28)

Die Ablehnung der FBW trug auch dazu bei, den vollen Einsatz des Films in den Lichtspieltheatern zu behindern. *Winnetou* füllte damals besser die Kassen. *Herrenpartie* wurde wie *Kirmes* wenig gezeigt. Der Film wurde auch nicht als offizieller Beitrag der Bundesrepublik nach Cannes geschickt, wo er eigentlich laufen sollte. Der zuständige Ausschuß in Bonn lehnte das ohne Begründung ab. Nach Staudtes Äußerungen soll eines der Argumente dagegen gewesen sein, der Film beschmutze vor aller Welt das eigene Nest. „Ich finde, wir haben es sehr nötig, das neutrale Ausland wissen zu lassen, daß wir uns nicht mit den Schweinereien von damals identifizieren, daß wir das, was geschehen ist und jene, die daran schuld sind, verurteilen."(29)

Die Reaktionäre gingen damals wieder auf die Barrikaden: Die „Soldaten-Zeitung" konstatierte, wie Dr. Schramm, der Staatsanwalt, es nicht besser gekonnt hätte: „Das von Staudte gezeichnete männerlose Dorf ist eine Fiktion. Konstruiert, um antideutsche Selbstbesudelung inner- und außerhalb Deutschlands zu betreiben."(30) Eine „Arbeitsgemeinschaft für Heimatschutz" druckt ein Flugblatt mit einem gefälschten Brief Titos an Staudte. Dieses Flugblatt wurde vor der Premiere von *Herrenpartie* und während der Film lief, in Hamburg verteilt. „Und Sie werden sich schämen und vor lauter Vergangenheitsbewältigung die Bewältigung der Zukunft vergessen. Das bringt den Weltkommunismus seinem Ziel, die Bundesrepublik zu schlucken, ein ganzes Stück näher. Und darum bedaure ich, daß ich Ihnen nicht einen jugoslawischen Orden verleihen kann."(31) Und es gab sogar Demonstrationen vor den Kinos gegen diesen Film.

Staudtes letzte Filme kamen gegen die Karl-May-Welle nicht an. Die Filme waren ein finanzieller Mißerfolg. Staudte mußte wieder Aufträge annehmen. 1964 drehte er *Das Lamm*. Das Drehbuch, nach einer Novelle des evangelischen Schriftstellers Willy Kramp, hatte Frank Leberecht geschrieben. Es bekam eine Prämie von 200.000,— DM.

Ein Junge, der kaum Kontakt zu seinen Eltern und anderen Kindern findet, hat ein Lamm großgezogen. Die Eltern wollen es schlachten. Als sie sehen, daß ihr Kind an dem Tier hängt, wollen sie es leben lassen. Doch ein Werkmeister, der Vorgesetzte seines Vaters in der Eisenhütte, besteht darauf, das Lamm zu schlachten. Der Junge „soll das Einzige, was er hat, seine ‚Aufgabe', nämlich für das Lamm zu sorgen, aufgeben. Das kann er nicht einsehen. Die Begegnung mit der Realität bringt ihn zu der Einsicht, daß sein bisheriges abgekapseltes Verhalten innerlich und äußerlich eine Flucht war, daß er einen Weg in die menschliche Gesellschaft finden muß".(32) Der Junge begegnet der Realität, als er sich entschließt, das Lamm zu retten. Er besucht seinen Vater in der Eisenhütte, der am Hochofen arbeitet, er lernt ein frühreifes Mädchen kennen, ihr Vater ist Trinker. Sie begleitet ihn. Beide erleben merkwürdige Dinge: die Besitzerin der Eisenhütte schenkt dem Schaf ein goldenes Halsband, der Freund des Mädchens verfolgt die beiden und benutzt sie und das Lamm, einer reichen Dame, die gerade Ehebruch begehen will, einen Pelzmantel zu stehlen, bei einer Dorfhochzeit angelt sich das Mädchen einen anderen Freund mit Motorrad und verunglückt tödlich. Gleich nach dem Unfall wird der Junge von einem Rentnerehepaar mitten in der Nacht eingeladen. Er verläßt bald die Rentner und kommt am Morgen aufs Land. Dort lernt er junge Bauern kennen. Das Lamm rennt zu einer Schafherde. Der Junge kann plötzlich mit seinen Kameraden Fußball spielen.

Das Verdienst Staudtes an dem Film sind die Aufnahmen aus dem Ruhrgebiet, von der Arbeit an den Hochöfen, von Schuttbergen, von einem Flecken Wiese und dahinter eine Wand von Fabriken. Er zeigt Straßen in einstöckigen Bergmannssiedlungen, Arbeiterwohnungen und Villen der Reichen in dieser Gegend. Es gab in dieser Zeit keinen Film, in dem man das Ruhrgebiet so kennenlernt. Staudte hat — wie auch in *Ciske* — viel Mitgefühl für die Kinder, er zeigt die Erwachsenen mit viel Sympathie. Der Junge und das Mädchen spielen ihre Rollen sehr gut, nur man kann ihre Handlungen nicht deuten. Man versteht nicht, was der Junge nun aus der „Begegnung mit der Realität" gelernt hat. Er steht allem, was da vor ihm abläuft, mehr oder weniger taten- und hilflos gegenüber. Man versteht noch die Auseinandersetzung mit seinen Eltern, aber schon nicht mehr, was der betrunkene Vater des Mädchens für eine Funktion hat, was er in dem Jungen auslöst, oder die Frau Geheimrätin, die Eisenhüttenbesitzerin ist und die Rentner. Es ist die symbolträchtige Geschichte des Films, die man nicht verstehen kann, man kann sich auch nicht vorstellen, daß man die abstrakte „Botschaft" von Willy Kramp überhaupt in einen Film umsetzen kann: „Das Lamm ist der sichtbare Ausdruck dafür, daß die Welt nur durch das Leid der Schuldlosen bestehen kann."(32)

Reine Kino-Konfektion ist der Film *Ganovenehre*. Man glaubt, auf einem Faschingsball zu sein, bei dem Frauen Charleston-Kostüme tragen und die Männer in Anzügen aus der Jahrhundertwende herumlaufen. Die Gaunerkomödie, die in den Goldenen Zwanziger Jahren spielen soll, tut so, als habe es neben hübscher Prostitution und viel Eifersucht nichts anderes gegeben. Es gibt ganz vage Reminiszenzen an den *Untertan* — dann, wenn der Vorstand des Sparvereins „Biene" über die Vereinsehre Vorträge hält.

1968 gründete Staudte eine eigene Produktionsfirma: CINEFORUM. Das erste Projekt war *Heimlichkeiten*. Es wurde in Co-Produktion mit der bulgarischen Firma KINOCENTER—BOJANA realisiert. Es war die erste gemeinsame wirtschaftliche Zusammenarbeit im Bereich des Films mit Bulgarien. Deshalb wurde der Film mit 200.000,— DM von Bonn unterstützt.

Staudte entwickelte das Drehbuch zusammen mit dem Bulgaren Angel Wagenstein. Kurz vor Drehbeginn wurden in Bulgarien die Filmverantwortlichen durch andere abgelöst, die Neuen wollten das Drehbuch umändern. Ursprünglich sollte die Konfrontation von Ost- und Westdeutschen, die in Bulgarien Urlaub machen, gezeigt werden. Die Bulgaren verlangten, die Nebenrollen der Bulgaren im Film mehr in den Vordergrund zu stellen, wodurch die eigentliche Geschichte unklar wurde. Der Drehbeginn zögerte sich hinaus, der Film wurde nicht fertig. Staudte „stoppelte" dann für den Verleih die vertraglich festgelegte Länge zusammen.

Heimlichkeiten sollte die Probleme der Menschen aufzeigen, die durch die verschiedene Entwicklung der beiden deutschen Staaten entstanden sind. Ein westdeutscher Geschäftsmann und eine Laborantin aus Berlin-Schönefeld machen gemeinsam Ferien. Der Mann will sie zur Flucht animieren und kann nicht verstehen, daß sie nicht in den Westen kommen will, weil sie ihre Freunde und ihre Welt in der DDR habe. Er dagegen will nicht weg, weil er einen Job hat. Als eine Leiche gefunden wird, stellt sich heraus, daß alle Urlauber irgendetwas vor der Polizei zu verbergen haben. Der Film ist nach Staudtes Ansicht nicht gelungen. Der RANK Verleih startete den Film auch noch mit dem Attribut „romantisch-realistisch", er spielte die Produktionskosten nicht ein. Für den Verleih war dies ein geringer Verlust, für Staudte, den Produzenten, aber ein sehr erheblicher. *Heimlichkeiten* und *Das Lamm* waren von Bonn mit einer Prämie versehen worden, die zu niedrig war, um einen Film zu finanzieren und zu hoch, um sie verfallen zu lassen. Die Produzenten mußten für die ganzen Kosten aufkommen, der Verleih nicht. Auch interessierten sich die amerikanischen Verleihe nicht sonderlich für den Vertrieb, da sie es nicht zulassen konnten, daß der deutsche Film für sie ein Konkurrent auf dem europäischen Markt wurde.

Dann drehte Staudte *Die Herren mit der weißen Weste*. Ein Gesangsverein, der aus Pensionären besteht, beschließt, einen Gangster zu überführen. Die Justiz hatte ihn bis jetzt nicht zu fassen bekommen, den Pensionären aber gelingt es, den

Gangster, seine Braut und seine Bande zu entlarven. Diesmal sind die Sangesbrüder reizende alte Herren, die dem Recht zum Sieg verhelfen, nicht zu vergleichen mit den Sängern der *Herrenpartie*. Es überwiegen zahme Anspielungen auf westdeutsches Gangstermilieu. *Die Herren mit der weißen Weste* ist eben ein etwas zu „komödiantischer Film".

Ab Mitte der sechziger Jahre entwickelt sich in Westdeutschland der Junge Deutsche Film. Staudte gehörte nicht dazu, man ordnete ihn bei Opas Kino ein. Diejenigen, die zu den Jungfilmern gehörten, kamen nicht aus seiner Umgebung, bauten nicht auf seinen Erfahrungen auf. Staudte war mehr oder weniger ein Einzelkämpfer im deutschen Film, er war nicht Begründer einer Schule. Außerdem holte man sich die Vorbilder aus dem Ausland, vor allem vom französischen und italienischen Film. Auch dies ist eine Seite der deutschen Restauration nach dem Krieg: Statt aus der Vergangenheit Lehren zu ziehen, und sei es auch aus der Filmvergangenheit, lehnt man sie gleich voll und ganz ab. Staudtes Einschätzung des Jungen Deutschen Films: „Diese Filme, die von jungen talentierten Kräften geschaffen worden sind, haben einen grundlegenden Mangel — sie sind sehr oberflächlich. Sie kritisieren einzelne, unwesentliche Mängel, doch sie zeigen nicht die krankhaften Erscheinungen dieser Gesellschaft."(32) Er meint, daß diejenigen Filme, die gegen Schwächen und Fehler der Gesellschaft angehen, keine öffentliche Unterstützung und keine Preise erhalten würden.

Staudte hat nach *Herrenpartie* keine Filme mehr gemacht, die er — wie er selbst sagt — „machen wollte", deren Initiator er war, sondern lediglich Filme, die er „zu machen hatte". Bei Staudte überwiegen die Filme, die er zu machen hatte. „Man hat mich oft gefragt, wieso ich zwischen meinen politischen, meinen engagierten Filmen mal einen Film mache, der manchen weniger notwendig erscheint. Ich habe geantwortet, daß eigentlich eine solche Pause notwendig ist, denn nicht jedes Unbehagen, jede Veränderung, nicht einmal jeder Zorn läßt sich in einen künstlerischen Film ummünzen. Das Problem des Filmregisseurs und des Filmautors besteht doch darin, daß man — wie Brecht sagt — die Wut lange genug anhalten muß, um zu einem Film zu kommen, und es kommt in Westdeutschland dazu, daß man für diese Bekundung jemand finden muß, der sie finanziert." (33) Es ist zu hoffen, daß Staudtes Zorn mit der Arbeit an den vielen Filmen, die er heute für das Fernsehen macht, nicht versiegt. Es ist zu hoffen, daß sein Zorn auch mal wieder finanziert wird.

Anmerkungen

0) Damals, als ich engagierte Filme machte, in: Filmreprot Nr. 23/24, 30.12.1969
1) Undatiertes Manuskript aus dem Besitz Staudtes und Brief an Ulrich Seelmann-Eggebert, 21.3.52 (Kopie im Besitz Staudtes)
2) Der Spiegel, 12.12.51, Nr. 50, S. 35
3) Nacht-Express, zit. n. Filmblätter, Nr. 50, 14.12.51
4) Neues Deutschland, 12.12.53
5) Anonym: Ein Film gegen Deutschland: „Der Untertan", in: Filmpress, 1951, 3. Jg., Nr. 45, S. 27

6) fff Press, Nr. 17, 5.6.1958, S. 36
7) Karena Niehoff: Umständliches Flüchtlingsschicksal, in: Der Tagesspiegel, 28.4.57
8) Reinold E. Thiel, zit. n. Klaus Kreimeier: Kino und Filmindustrie in der BRD, Kronberg 1973, S. 180
9) Berliner Morgenpost, 16.1.59
10) Kreimeier, a.a.O., S. 174
11) Der Spiegel, Nr. 36, 2.9.59, S. 17
12) Ulrich Gregor: Wie sie filmen, Gütersloh 1966, S. 27
13) NF Pressesonderdienst, 2.9.59
14) Deutsche Filmkunst, Heft 2/1960, S. 61
15) Wolfgang Staudte: Rosen beschnitten . . ., undatiertes Manuskript im Besitz Staudtes
16) Benno von Wiese: Vom Nutzen und Nachteil des deutschen Filmsinns unserer Zeit, Filme 1959/61, Handbuch der katholischen Filmkritik, Düsseldorf 1963, S. 254 f
17) siehe auch: Neues Deutschland, 25.2.60
18) Dieter Wolf: Bekenntnis und Mahnung, in: Deutsche Filmkunst, Heft 10/1960, S. 388
19) Kreimeier, a.a.O., S. 232
20) Undatiertes Manuskript im Besitz Staudtes
21) Dr. Georg Anders: Stunde der filmkünstlerischen Bilanz, zit. n. Deutsche Filmkunst, Heft 10/1960, S. 339
22) Die Welt, 9.7.60
23) Martin Schlappner: Wolfgang Staudte oder die Enttrümmerung der Gehirne, in: Neue Zürcher Zeitung, 21.1.61, 28.1.61, 3.2.61, 11.2.61
24) Der Spiegel, Nr. 27, 1961, S. 58
25) Bertolt Brecht: Anmerkungen zur Dreigroschenoper, und Bertolt Brecht: Die Beule, ein Dreigroschenfilm, zit. n. Filmwissenschaftliche Mitteilungen, Heft 3/1964, S. 888
26) Wolfgang Staudte: Das eigene Nest beschmutzen, in: Film in Berlin, 3.7.1964
27) Karl Korn, zit. n. W.J. Lüddecke: Herrenaprtie, Berlin 1964, S. 95 f.
28) Künstler und politisches Bewußtsein, Filmwissenschaftliche Mitteilungen, Heft 1/1966, S. 119 f.
29) Inge Dombrowski: Bonn hat Nein gesagt, der Tagesspiegel, 3.5.1964
30) Undatiertes Flugblatt im Besitz Staudtes
31) zit. n.: Neues Deutschland, 25.10.64
32) Frankfurter Rundschau, 27.11.64
33) Kein Geld für die Wahrheit, in: Neues Deutschland, 13.8.67
34) Künstler und politisches Bewußtsein, a.a.O., S. 117

Egon Netenjacob

Warum Wolfgang Staudte kein Fernsehautor ist

Ein Versuch, eine zynische Frage zu beantworten

„Wolfgang Staudte, gibt's den noch? " Ein Bekannter, der sich auskennt, wer was im Kulturbetrieb zählt, stellte diese spöttische Frage, als ich ihm naiv und fröhlich sagte, daß ich über Staudtes Fernseharbeiten etwas schreiben wollte. Und ein anderer — durchaus interessiert — fragte sachlich, wie es möglich ist, daß der Regisseur des *Untertan* jetzt im Fernsehen Krimis dreht, die weiter nichts Ungewöhnliches an sich haben. In irgendeiner, nicht gleich formulierbereiten Form habe ich mich von Anfang an auch damit beschäftigt, denn für mich — ich schreibe seit zehn Jahren mit einer gewissen Regelmäßigkeit über Fernsehen und nur sporadisch über Kinofilm — war Staudte gleichfalls selbstverständlich immer noch ein Kino-Name, und das trotz einer inzwischen quantitativ recht ansehnlichen Liste von Fernseh-Arbeiten. Aber gerade das hat mich interessiert, und ich habe sofort akzeptiert. Abgesehen vom Honorar unter zwei Bedingungen: seine TV-Arbeiten noch einmal sehen und Wolfgang Staudte sprechen zu können. Ich war neugierig, denn ich vermutete, aus der distanzierten Sicht eines alten Kino-Mannes etwas über das Fernsehen in der Bundesrepublik hinzulernen zu können. Und eben wegen dieser Neugier schreibe ich den Aufsatz gern, nachdem ich nicht enttäuscht worden bin. Zugleich habe ich ein bißchen Angst: Da sind zwar zwei Literatur-Verfilmungen von herausragender Qualität. Aber mit Staudtes wichtigsten Kinofilmen und ihrer Bedeutung für den deutschen Nachkriegsfilm lassen auch sie sich nicht vergleichen. Es bleibt also nur, herauszufinden, warum jemand, dessen Filme wir bewundern, zwar seit Jahren für das Fernsehen arbeitet, aber kein Fernsehautor ist. „Wolfgang Staudte, gibt's den noch": die Beantwortung einer zynischen Frage verlangt Genauigkeit.

Streifzug durch Staudtes Fernseh-Oevre

Eine Kino-Industrie, die ihn tragen, seine Kreativität nutzen könnte, gibt es bekanntlich nicht mehr. Und die Frage, ob hier die Fernsehspiel-Abteilungen der verschiedenen Rundfunkanstalten Ersatz bieten können, ist ziemlich schnell zu verneinen. Mit der einen Ausnahme *Rebellion,* lange vor seiner eigentlichen TV-Zeit, hat Staudte nicht eines seiner eigenen Projekte realisieren können. Die Kontinuität liegt im Handwerklichen: Statt hundert Tagen Arbeit am *Untertan* zum Beispiel dreizehn mal elf bis dreizehn Tage an dreizehn Folgen des *Kommissar.*

Ein Überblick über Staudtes Arbeiten für das Fernsehen läßt sich nicht mehr dadurch geben, daß man in chronologischer Ordnung über einzelne, untereinander vergleichbare Filme schreibt und so für eine weitere Epoche Kontinuität herstellt. Man muß mehrere Gruppen von Arbeiten charakterisieren, die sich in Inhalten und Formen voneinander unterscheiden. Ich gehe im wesentlichen davon aus, was man als Zuschauer sehen kann. Die in fast allen Fällen für das Ergebnis entscheidend wichtigen Produktionsvoraussetzungen und -bedingungen muß ich nach dem hier gleichfalls publizierten Gespräch mit Staudte über diesen Gegenstand wohl nicht noch einmal nennen.

Der Kommissar, das ist: Ein seit fünf Jahren vielbeschäftigter freier Fernsehregisseur wird jeweils für eine oder zwei Folgen engagiert. Das heißt, er leistet Auftragsarbeit innerhalb einer Konzeption, die sich andere ausgedacht haben, und zu der er — inhaltlich — eine präzis zu benennende Distanz hat. Ein paar Folgen findet er dramaturgisch sehr gut. Er liefert sorgfältige, geschätzte Arbeit. Vielleicht wird man über gutes Handwerk hinaus ein paar Einstellungen entdecken, die etwas Besonderes haben. Etwa: Der von Herbert Reinecker, dem wahrscheinlich gewandtesten Schreiber der Bundesrepublik, mit einer sentimental verinnerlichten Humanität ausgestattete Kommissar Keller (gleich Erik Ode) steht dann tatsächlich einmal einen Moment lang in einer Totalen einsam in einem dunklen, traurigen Hinterhof, um sich — still — zu fragen, warum alle *Wie die Wölfe* (so heißt die Folge) hinter dem Geld her sind. Oder es entwickelt sich — in derselben Folge — aus einer schön ausgeleuchteten Großaufnahme mit Glas und Flasche eine trüb gestimmte Szene mit einem unglücklichen mordverdächtigen Alkoholiker (Horst Tappert). Da wird also durch eine kleine Fermate der Rhythmus variiert, wird durch Verstärkung der szenischen Stimmung das filmische Einerlei ein bißchen relativiert, zu dem ein Serienregisseur um der Einheitlichkeit der verschiedenen Folgen willen ja geradezu verpflichtet ist. Aber vielleicht ist es sogar schon übertrieben, auf solche feineren Besonderheiten in Staudtes Umgang mit Reineckers TV-Bestseller hinzuweisen. Sie sind durchaus immer organisch, beinahe unauffällig. Hier ist offenbar kein Regie-Star tätig, niemand, der zeigt, hier bin ich, ein Kino-Regisseur, der eigentlich Wichtigeres zu formulieren hätte. Staudte stellt keine Handschrift aus; er ist immer an der Sache orientiert. Gerade darin zeigt sich, so meine ich, die Kontinuität: Staudte war in seinen Kinofilmen und ist jetzt in seinen Fernseharbeiten nie ein Formalist. Formal Ungewöhnliches begründet sich stets aus sachlichem Engagement. Bezeichnenderweise kommt er in einem Gespräch über *Rebellion* ganz von selbst auf das formal hochstilisierte Finale zu sprechen. Es stamme fast ganz aus der Fantasie der Hauptfigur Andreas Pum. „Ich habe das vielleicht, mit dem Architekten zusammen, noch ein bißchen erweitert." Staudte ist ein realistischer Regisseur. Das zeigt seine Möglichkeiten, aber auch Grenzen, in den Stoffen und Themen, die ihm liegen.

Nach inhaltlichem Engagement zu fahnden, lohnt sich auch bei den größeren Kriminalspielen nicht sehr. Vielleicht mit einer Ausnahme, die innerhalb der gelegentlichen Versuche zu sehen ist, in die Unterhaltung mehr Realität einzubringen: Die *Tatort*-Folge *Tote brauchen keine Wohnung* (Bayerischer Rundfunk). Für Staudte war das, wie er mir sagte, auch ein Motiv für die Zusage. Es geht in diesem Kriminalfilm unter anderem um den Abbruch von Altbauwohnungen in

München. Es wird deutlich, wie ein Hausbesitzer, weit entfernt von Gedanken an die Sozialbindung des Eigentums, rücksichtslos seine Profitinteressen durchzusetzen versucht und dabei auch noch teilweise auf den Beistand der Behörden rechnen kann. Am Ende überwiegt dann allerdings — und durchaus auch in der Regie — das Vergnügen an den üblichen konventionellen Verfolgungs-Effekten. Die Grenzen sozilkritischen Eifers wurden auch in der leisen Besorgheit Verantwortlicher deutlich, es könnten zu viele Studenten-Parolen drin sein. Staudte beruhigte sarkastisch: ,,Da sind auch Straßengeräusche drüber, da hört man nicht so jedes Wort." Im Vergleich zum *Kommissar* waren die Arbeitsbedingungen hier ,,relativ großzügig". Es gab vorher produktive Diskussionen mit einem ,,nicht so eingefahrenen" Autor. — Dem teilweise gesellschaftskritischen *Tatort* steht allerdings auch eine politisch so problematische Kriminalarbeit gegenüber: *Verrat ist kein Gesellschaftsspiel* (ZDF 1972). Stellenweise erschien es mir wie eine reaktionäre Bewältigung von Baader/Meinhof, wie hier drei politische Attentäter, die sich mit ,,Genosse" anreden, sich auf der Flucht vor der Polizei gegenseitig des Verrats bezichtigen und schließlich sadistisch umbringen. Die fehlende Genauigkeit in der Darlegung der Motive, der völlig im Diffusen bleibende politische Standort schaffen wohl nur eine Projektionsbasis für Ressentiments. Auch der formale Reiz, eine Art John-Ford-Situation von Eingeschlossenen, macht es der fehlenden Konturierung der Figuren wegen kaum verständlich, warum Staudte sich auf diesen Stoff einließ. Ich vermute allerdings, daß es sich hier um das von Staudte erwähnte ,,politische Kammerspiel" handelt, bei dem er wegen ungenügender Mittel am liebsten den Vertrag zurückgegeben hätte. — Das Kriminalspiel *Nerze nachts am Straßenrand* (ZDF) von Bruno Hampel habe ich nicht gesehen.

Drei weitere, von Staudte inszenierte Spiele kann man vielleicht als Gruppe zusammenfassen: zwei in Mähren spielende ältere Bühnenstücke von Hermann Ungar: *Die Klasse* und *Die Gartenlaube* (1967 bzw. 1970, beide für den SFB) sowie ein Fernsehspiel, das ganz wie ein Bühnen-Einakter gebaut ist: *Die Person* von Manfred Bieler. Bei Bieler wird eine Person, die auf nichts reagiert (Valter Taub), sogleich zum verdächtigen Außenseiter, d.h. zum Gegenstand verschiedener Grade von Aggressionen, Frustationen, Ordnungs-Vorstellungen. — In den Ungar-Stücken kommt beide Male eine merkwürdige Diener-Figur vor, die — einmal mehr bedrohlich, einmal mehr komisch — mit der bürgerlichen Herrschaft abrechnet. ,,Klasse" scheint sich also auch auf die Gesellschaftsklasse zu beziehen, deren Produkt und deren Opfer zugleich der sensibel-neurotische Lehrer Blau ist (eine sehr schöne Rolle für Heinz Meier). Ich habe mir hier nur solche Klischees wie ,,bemerkenswerte, ruhige Aufmerksamkeit für die Personen" notiert. Und aus der etwas ferneren Erinnerung erscheint mir eigentlich nur noch der jugendbewegte Klassenausflug des Lehrers Blau bemerkenswert. Diese Filmbilder wirken gegenüber den Ampex-Aufnahmen wie beschwingt und befreit. Staudte ist eben kein Bühnen-Regisseur. Er bewegt nur mit den Passagen, wo er sich in Bildern ausdrücken kann und die Dialoge sich der Bewegung und dem Bildinhalt unterordnen.

Derselbe Eindruck aus den beiden Beispielen für das als Dauergenre fernsehtypisch sogenannte ,,Dokumentarspiel". *Der Fall Kapitän Behrens* (ZDF): Desertierte deutsche Fremdenlegionäre flüchten sich 1956 in Algier unter dramatischen Umständen auf ein deutsches Schiff. Der Kapitän muß seine Entscheidungen vor Gericht verantworten. Das ist, von dem Prozeßrahmen abgesehen, ein spannender Abenteuer-Film von Kino-Attraktivität, ein kleiner Vorgeschmack auf den *Seewolf. Mary Sklodowska-Curie* dagegen — ein Versuch, Vorgänge um die Entdeckung des Radiums einem breiten Publikum pädagogisch clever zu vermitteln — leidet als Film an seiner komplizierten Form. Das Dokumentarspiel enthält neben Elementen einer echten Dokumentation (z.B. tritt Professor Heisenberg auf) und einer historischen Spielhandlung noch eine Gegenwartsspielhandlung. Damit soll gleichzeitig noch die Form des Dokumentarspiels durchsichtig gemacht werden. Aber wie zumeist, wenn im Fernsehen das Fernsehen auftraucht, ist der Ansatz nicht hinreichend kritisch. Ein Spaß am Rande: wie Hitchcock taucht Staudte im Vorbeigehen einmal kurz im eigenen Film auf, als Professor.

Nun zu dem einzigen Stoff, den Staudte auf eigenen Wunsch hat anbringen, bearbeiten und inszenieren können, Joseph Roths Novelle *Die Rebellion* (NDR 1962). Im Gespräch das Warum zu ermitteln, ist gar nicht so leicht, denn Staudte liebt das Theoretisieren, das sich auf benennbare Gründe fixieren zu lassen, ganz und gar nicht. Seine Auseinandersetzung mit der Novelle sei sehr intuitiv gewesen, behauptet er. Er sei kein großer Leser. Vielleicht: Roths Sprache fasziniere ihn sehr. Bei soviel Allgemeinheit müßte es jeden Germanisten grausen. Insistiert man aber, so zeigt sich, daß hinter dem Rückzug auf das weite Feld der Intuition doch nicht die befürchtete Verschwommenheit steckt. Stattdessen kommt, aus einem Abstand von immerhin zwölf Jahren, doch die genaue Erinnerung an eine offenbar intensive Auseinandersetzung mit dem Stoff, an „diese Mischung von Ernsthaftigkeit und Humor, die zur Satire geformt wird, an dieses doch progressive Verhalten, zurückgedacht in die Wiener Vergangenheit . . .", und dann nennt er das Untertanen-Motiv „. . . dieser Mann mit dem Holzbein, der so stolz ist, daß er für das Bein einen Orden bekommen hat. Und dann seine Umwandlung zu einem polternden Attheisten und Revolutionär". Schließlich ist noch von der „fast unheimlichen Fantasie" dieser Hauptfigur Andreas Pum die Rede. So stellt es sich heraus, daß das Klischee von der faszinierenden Sprache nicht etwa nur Roths virtuosen Umgang mit Vokabular und Grammatik meint, sondern eben auch die sich in Syntax umsetzende sehr entschiedene und kritische Haltung; Präzision nicht als ein rein handwerklicher Wert, sondern eher: Humanität und Genauigkeit als Synonyme. Daß Staudte sich an dieser Stelle „eigentlich als sklavischer Interpret" verstanden wissen will, klingt nicht mehr wie ein Verzicht auf die eigenen produktiven Möglichkeiten. — Beim Ansehen gefällt mir sogar Josef Meinrad als Kriegsinvalide Andreas Pum. Ich mag ihm Unrecht tun: Wenn er einfache Leute spielt — ich komme unwillkürlich auf diesen Begriff —, schien mir manchmal die Virtuosität der Verstellung ins Schlichte, Naive, dubios. Da war etwas von dem heimlichen bürgerlichen Überlegenheitsgefühl, da wurde eher zur sentimentalen Teilnahme eingeladen statt zum kritischen Erkennen. Hier mag eine gewisse treuherzige Naivität als Eigenschaft einer Figur berechtigt sein, die ja daran stirbt, daß sie immer Erkenntnis verdrängt hat, daß sie zu spät die Interessenlage erkennt. Staudte machte mich auch auf den märchenhaften Zug der Novelle aufmerksam. Für Staudte besteht keine Versuchung, sich von dem märchenhaften oder satirischen Ton zum Unverbindlichen verführen zu lassen, wie man das so oft erlebt. Dazu ist sein antibürgerliches Interesse wohl zu ausgeprägt. Der großbürgerliche Kapitalist (Fritz Eckhardt), die kleinbürgerliche Witwe Blumisch (Erna Schickel), der gemütlichfreche Zuhälter und Schieber Willi (Hans Putz) haben, wie auch die anderen militärischen und zivilen Randfiguren, ihre klare Position. Selbstverständlich auch, daß Ida Krottendorf als Willis Freundin, die manchmal nachts zuverdienen muß, kein Dirnengehabe herzuzeigen hat.

Mit der zupackenden Direktheit des preußischen „Untertanen" hat dieses messerscharfe, aber feinziselierte satirische Gegenstück aus Österreich jedoch wenig zu tun. 1924 zu Papier gebracht, liefert es 1962 im Fernsehprogramm wohl nur für empfindsame Gemüter einen Beitrag zur Zeit. Aufzuregen vermögen die eher stillen Qualitäten politisch jedenfalls niemanden.

Vielleicht ist da doch das Konsumvergnügen vitaler, das 1971 im ZDF-Programm *Der Seewolf* den Fernsehzuschauern verschafft. In dieser vierteiligen Verfilmung von Jack Londons Abenteuerbuch zeigt sich, wie wohl sich Staudte als Action-Regisseur fühlt. Seine sehr verständliche, sinnliche Filmsprache, die sich niemals an ein elitäres Publikum wendet, sondern sehr allgemein verständlich ist, trifft hier auf ein populäres Genre und auf einen vitalen Autor. Eine ungewöhnlich starke Resonanz bei Presse und Publikum beweist den Erfolg. Am stärksten vielleicht daran abzulesen, daß — was sonst nur (im alten) Kino passiert — jemand mit einem Male zum Publikumsstar wird: Raimund Harmstorf in der Rolle des despotischen Kapitäns. Staudte kannte ihn übrigens schon aus einem der sechs Kurzkrimis, die er für das Westdeutsche Werbefernsehen drehte. Da ist ein so fröhliches Schwelgen in den Möglichkeiten dieser wilden See-Geschichte. Gleich das Schiffsunglück zu Anfang im wallenden Nebel mit den ins Wasser plumpsenden Pferden, Personen, Ladungen — obwohl mit begrenzten Mitteln hergestellt — muß man schon brillant nennen. Wie immer ist aber auch hier der Spaß an den Dekors nicht ein Wert an sich, sondern ist ganz in den Erzählfluß integriert. Die Bilder, die Geräusche auf der „Ghost", in dieser kleinen Modell-Diktatur auf See steckt doch auch noch — man vergleiche nur einmal mit den Karl-May-Filmen — ein gutes Stückchen Realität. Dabei ist auch wiederum die Position des Regisseurs zu merken: Wenn zum Beispiel der Sohn aus vornehmen Hause mit den Schulkameraden in feiner Kleidung in das Armenviertel von San Francisco hinabsteigt, findet sich dort eben keine Armen-Poesie, sondern es wird die unterschiedliche Position innerhalb der Gesellschaft in Bewegung, Gesten, Stimmen, umgesetzt. In der „Constantin"-Fassung fehlen diese, für das Verständnis des Ganzen unerläßlichen Rückblende-Szenen völlig (!).

Staudtes realistische Verfilmungen epischer Vorlagen haben eine besondere Qualität. Ich muß da an seinen Satz denken, er könne historisches und gesellschaftliches Gefälle gar nicht übersehen. Denn das sind wohl die beiden wesentlichen Kriterien: ein entschiedenes Interesse für die historische Situation, aus der der Stoff formuliert wurde und die Fähigkeit, die biographischen Umstände des Autors, seine Haltung, seine Psychologie genau zu erfassen. Wie im *Untertan* bleibt jeweils auch in der *Rebellion* und im *Seewolf* der Autor in wesentlichen, wörtlich zitierten Erzähl-Passagen präsent, die beim Zuschauen dann beinahe unauffällig werden, weil sich die Bilder und dann die Dialoge so selbstverständlich aus der Erzählhaltung entwickeln.

Zusätzliche Überlegungen

Ich weiß nicht, inwieweit dieser Streifzug durch Staudtes Fernseh-Arbeit die gestellte Frage schon teilweise beantwortet hat. Suchen wir also einen anderen Ansatz, um zu erklären, warum ein Regisseur vom Rang Wolfgang Staudtes keine Chance hat, seine Pläne zu verwirklichen. Die gute Arbeit einiger Fernseh-Dramaturgen wird, glaube ich, nicht geschmälert, wenn man den Satz, der deutsche Spielfilm finde im Fernsehen statt (er kam mit der Heimatfilm-Welle auf) im nachhinein für euphorisch hält. Er stimmt doch nur insofern — man erspare mir hier den ausführlichen Beweis — als internationale Kinofilme die TV-Programme füllen helfen. Mit seinem Massenausstoß und mit seinen sozialen Garantien allen für routinierte (oder festangestellte) Autoren ist das Fernsehen notwendig parasitär. Mit seinen Einnahmen von gebremster Werbung und geringen Gebühren kann es die Güter der Nation anscheinend nur zu Dumping-Preisen verramschen. Das Fernsehen lebt von dem, was sonstwo produziert wird, in der Literatur, auf dem Theater, im Kino. Das Fernsehen hat hierzulande nicht einen einzigen Autor von Rang hervorgebracht. Allein die Serie — Wolfgang Menge — bietet eine Chance, begrenzt von dem, was als Serie ankommt und zugelassen wird.

Da mag zum Beispiel u.a. ein Wolfgang Staudte berufen sein, mit zugleich populären und kritischen Filmen die Bundesrepublik international würdig zu vertreten. Das dumme deutsche Cineasten-Schicksal: Mangels einer potenten Kino-Industrie ist man im gegenwärtigen Kino nicht präsent. Die Nichtpräsenz im Kino wiederum ist für das parasitäre Fernsehen und seine Vertreter ein zureichender Beweis für mangelnde schöpferische Fähigkeiten, oder doch zumindest ein Anlaß zum Mißtrauen. Eine bloße Spekulation? Ich habe mit zwei Fernseh-Dramaturgen gesprochen, die mit Staudte Kontakt hatten. In beiden Gesprächen tauchte die Bezeichnung „Denkmal" auf. Einmal — typische Haltung eines Redakteurs aus dem interredaktionell noch nicht emanzipierten Vorprogramm — im Sinne einer Figur, an der man vor Bewunderung und Respekt nicht rührt. Das andere Mal — Selbstgefühl eines erfolgreichen Abendprogramm-Redakteurs — meinte es schon so etwas wie Versteinerung bei lebendigem Leibe, etwa gegenüber den eigenen vergleichsweise progressiven Ideen und Projekten. Beide Male jedoch war es eine sterile Haltung, die eine wirklich produktive Auseinandersetzung mit einer normalen sehr lebendigen Person verhinderte. Die Art, wie der Abend-Dramaturg mir Bernhard Wicki, weil eher ansprechbar für Anregungen, als das positivere Beispiel unter den Filmregisseuren der älteren Generation hinstellte, werde ich nicht so schnell vergessen. *Der Untertan, Rotation, Kirmes, Herrenpartie, Rosen für den Staatsanwalt,* das ganze, wenn man die Verhältnisse bedenkt, doch erstaunliche Oevre ergibt bei der Fernseh-Dramaturgie noch keine Vertrauensbasis. Wer an der Kulturbörse gegenwärtig nicht oder nicht hoch gehandelt wird, ist nicht präsent. Man verhält sich so — das allerdings keineswegs nur im Bereich Fernsehen —, als ob einmal vorhandene, doch strukturell verankerte Qualitäten ständig Gefahr seien, von der nächsten mehr oder minder modischen Zeitstimmung erledigt zu werden. (Man lese dazu den sozialpsychologischen Essay von Horst Eberhard Richter über „Brandts Sturz, ein Gruppenproblem".) Es fehlt der Sinn, auch etwa im Falle Staudte den Zusammenhang zwischen persönlicher Geradlinigkeit und wesentlicher Qualitäten der Produkte zu begreifen. Als ob es darauf ankäme, theoretisch passende Treatments zu basteln. Das Antriebsmittel ist viel zu oft noch das (zumeist unbewußte) Spiel mit der Existenzangst der Abhängigen. Und die sogenannten freien Autoren und Regisseure des Fernsehens gehören zu den Abhängigen. Ganz einfach, weil die — im Vergleich zu ökonomischen Absicherung der Festangestellten — erstaunlich niedrigen Honorarsätze Fernseh-Autoren zwingen, auf Angebote einzugehen.

Es hat mich übrigens sehr für Staudte eingenommen, daß er anders als fast alle TV-Abhängigen, die ich kennengelernt habe, souverän, völlig unsentimental und mit einem urbanen Spaß an der Direktheit formulierte. Auch das ist ein bewußtes Risiko. Staudte ist von beneidenswerter Selbstverständlichkeit. Zur Charakterisierung fielen mir zunächst lauter Paradoxa ein wie: ein intuitiver Intellektueller, ein pragmatischer Außenseiter, ein souveräner Angepaßter, ein egozentrischer Moralist. Daß man ihn spontan zwischen die Begriffe einordnet, positive und weniger schmeichelhafte, vielleicht hat das etwas damit zu tun, daß er sich eigentlich in der Praxis von jeher irgendwie zwischen die Stühle gesetzt hat. Dabei ist das, so scheint mir, eigentlich alles ganz einfach, wenn nüchterne praktische Vernunft, wenn Nichtkorrumpierbarkeit etwas Einfaches ist. Man muß ihn nur einmal über seine Filmlaufbahn sprechen hören, wie selbstverständlich und wie unideologisch da die Entscheidungen fallen. In den West-Sektoren ist der erste Filmstoff nicht anzubringen, also erreicht man es im Osten. Vom Wiederaufbau ist überall die Rede und schon ist für den eigenen Bedarf die eindeutigere praktischpolitische Metapher da: „Enttrümmerung der Gehirne". Der Beruf des Filmemachers, der nicht anpassungswillig ist, ist eine Einübung in Realität. So ist Restauration z.B. kein theoretischer Begriff, man nimmt sie sinnlich wahr an den Ablehnungen, Verdächtigungen, Diffamierungen und an der Art, wie Produzenten und sonstige Freunde in der Adenauer-Zeit vorsichtig werden jemandem gegenüber, der da oben als politisch unzuverlässig gilt.

Und so faßt Wolfgang Staudte in der neuesten Periode, pragmatisch und sogar heiter, das Fernsehen auf, wie es ihm begegnet, als eine überwiegend unpersönliche Institution, die ihre produktiven Kräfte ganz offensichtlich nicht optimal organisiert, die es immerhin ermöglicht, zu arbeiten.

Wolfgang Staudte über die Produktionsbedingungen seiner Filme

Am 13. Mai 1974 führten Heinz Kersten, Egon Netenjacob, Eva Orbanz und Katrin Seybold ein Gespräch mit Wolfgang Staudte in seiner Wohnung in der Westberliner Wulffstraße. Die Fragen wurden gestellt aus der Kenntnis der Filme und mit der Absicht, ein genaueres Bild von der Entstehung der wichtigsten Staudte-Filme zu gewinnen. Zum Inhalt seiner Filme, zu seinen Absichten und zu den fertigen Produkten äußert sich Staudte ungern. Dagegen hat er Spaß am Erzählen, wenn er zu den Produktionsverhältnissen bei der Herstellung seiner Filme befragt wird. Die folgenden Gesprächsauszüge sollen auch diese Freude am Erzählen widerspiegeln.

Frage: Als wir jetzt *Akrobat Schö-ö-ö-n . . .* und *Ich hab von Dir geträumt* gesehen haben, da fragten wir uns: wie konnten Sie sich damals, 1943/44, raushalten aus dem ganzen politischen Zusammenhang? Das ist sicher eine Frage, die Sie schon hundertmal beantworten mußten. Aber es gibt ja zunächst einen Staudte vor der DEFA, in der NS-Zeit. Wie kam der über die Runden?

Staudte: Ich habe zunächst so an die hundert Werbefilme gemacht für eine private Gesellschaft. Dabei wollte ich mich so unauffällig wie möglich über Wasser halten — nicht auffallen, das war mein Plan. Dann hat sich die Tobis bei mir gemeldet, da gab es eine Organisation „Nachwuchsförderung" oder so ähnlich. Für die machte ich vier oder fünf sogenannte Studiofilme. Die konnte ich ganz gut machen, die gefielen dort auch. Ich hatte ja einen Vorsprung vor den anderen Anfängern durch meine Werbefilme. Bei *Akrobat Schö-ö-ö-n . . .* hat zuerst keiner an mich gedacht. Die Tobis hatte den Charlie Rivel engagiert. Dann fand man keine Geschichte für ihn, und das war insofern ein bißchen kompliziert, weil er ja kein Deutsch konnte. Ich habe dann ein Exposé eingereicht und ein Drehbuch geschrieben, in dem Charlie Rivel eine fast stumme Rolle hatte. Der Film wurde von mir 1943 gedreht.

Frage: Sie haben damals beim Film auch als Darsteller gearbeitet.

Staudte: Das war mir gar nicht sehr angenehm, und ich habe immer genau kalkuliert: kann ich meine UK-Stellung halten oder nicht. Oft war es so, daß jemand anrief: Du hast morgen zwei Tage bei mir zu tun. Ich fand es völlig uninteressant, was da gedreht wurde. Bei *Jud Süß* war es etwas anders, da wußte ich sehr genau worum es geht, denn bei mir zuhaus hatten nächtelange Diskussionen mit Marian, Fernau, Stemmle und vielen anderen Freunden stattgefunden, ob man das machen kann oder nicht. Als der Anruf kam, stand für mich nicht zur Diskussion, ob ich spielen würde, denn wenn ich nicht gespielt hätte, wäre meine UK-Stellung kassiert worden, und dann hätte ich eine Rolle gespielt an der Front irgendwo.

Frage: Sie sagten eben, daß Sie mit anderen Kollegen diskutiert haben. Gab es für Sie überhaupt engere Kontakte zu anderen Regisseuren oder Schauspielern? Sie laufen immer so als ganz Einsamer durch alle Biografien oder Texte.

Staudte: Warum diese Gespräche gerade bei mir stattfanden, weiß ich auch nicht; ich kannte die Kollegen natürlich alle, und die älteren kannten mich, weil ja mein Vater hier in Berlin Schauspieler war. Er war mit vielen Leuten befreundet und vor der Machtübernahme auch gewerkschaftlich sehr engagiert. Sowas galt damals als ganz linke Sache.

Frage: Und Ihre Mutter?

Staudte: Die ist sehr früh gestorben, die hat nichts davon miterlebt. Mein Vater hat mir dann eines Tages gestanden, daß er in der Partei ist und auch begreiflich gemacht, warum. Er wollte damit bestimmte Aufführungen möglich machen und Tourneen mit arbeitslosen Schauspielern organisieren. Er hat das dann auch gemacht und immer für ein bestimmtes Stück eine Truppe zusammengestellt. Für das nächste Stück bildete sich dann wieder eine andere Gruppe. Es war eine Art Underground. Stücke wie zum Beispiel *Krach um Leutnant Blumenthal* hätten offizielle Theater damals nicht gespielt.

Frage: Das Kriegsende haben Sie in Berlin erlebt. Es heißt, daß Sie damals schon den Stoff für Ihren ersten Nachkriegsfilm, *Die Mörder sind unter uns,* ausgearbeitet hatten. Offensichtlich sind in diesem Stoff sehr viel eigene Erlebnisse eingeflossen?

Staudte: Ein eigenes Erlebnis war, daß ich mal einem SS-Obersturmbannführer, der ziemlich angetrunken war, in die Falle gelaufen bin. Das war im Großen Schauspielhaus. Ein Freund von mir hat da die Katine kommissarisch bewirtschaftet, und der hatte immer Cognac und Zigaretten und so was. Als ich mich da mal reintraute, waren ein paar angetrunkene SS-Leute drin. Einer von diesen Ärschen zog seine Wumme raus und hielt die mir vors Gesicht: „Du Kommunistensau, jetzt knall ich Dich ab". Die anderen haben ihn davon abgehalten, und er wurde auch wieder friedlich und sagte: „Wenn der Scheiß vorbei ist, dann kümmere ich mich wieder um meine Apotheke". Das war der Apotheker von der Ecke Friedrichstraße/Schumannstraße. Ich hab mich dann verkrümelt und gedacht, was wohl passiert, wenn ich den später mal erwische, denn es war ja klar, daß alles bald zu Ende sein würde. Ich hab ihn später nicht erwischt, denn er war dann tot.

Frage: Sie haben aus diesen Kriegserlebnissen und der Beobachtung der ersten Nachkriegsmonate ein Drehbuch geschrieben. Wie ging es weiter?

Staudte: Ich lebte damals im englischen Sektor und bin natürlich zuerst zu den Engländern gegangen, habe dann Kontakt mit den Franzosen aufgenommen und war dann bei den Amerikanern. Ich wollte den Film machen, ganz egal bei wem. Die Engländer waren nicht interessiert. Ich hatte zwar eine englische Lizenz für die „Wolfgang-Staudte-Film-Gesellschaft", aber kein Geld. Ich war sogar so naiv und habe in einer Zeitung inseriert „suche für Filmvorhaben 500 000 Mark." Aber es passierte nichts. Die Franzosen waren auch nicht interessiert. Und bei den

Amerikanern traf ich auf einen Filmoffizier, der hieß Peter van Eyck. Der guckte mich von oben herab an und sagte: „Wie war der Name? Staudte? In den nächsten fünf Jahren wird in diesem Land überhaupt kein Film gedreht außer von uns". Später wurde der van Eyck ziemlich angegriffen, weil er meinen Film abgelehnt hatte.

Frage: Und wie war es bei den Russen?

Staudte: Ich hatte dort das Drehbuch abgegeben und wurde vierzehn Tage später zum Kulturoffizier beordert. Der sagte: „Ja, das wird gemacht. Ich habe es genau gelesen" und gab den Zensurstempel. Dann fing er ein Gespräch mit mir an: „Eins ist natürlich unmöglich, das ist der Schluß. Wenn der Film ein Erfolg ist, und die Leute kommen aus dem Kino, dann gibt es Geknalle auf der Straße, und das kommt natürlich nicht infrage. Den Wunsch nach Rache, den können wir verstehen, aber es muß gesagt werden, daß das genau der falsche Weg ist. Überlegen Sie sich das". Ich sagte: „Sie haben vollkommen recht". Ich traf dann Ernst Busch und Friedrich Wolf, die sehr freundschaftlich und sehr nett zu mir sagten: „Den ersten Film machen wir". Wolf hatte schon das Drehbuch geschrieben, und die beiden standen auf dem Standpunkt, daß sie das moralische Anrecht auf den ersten Film hätten, denn sie hatten in der Sowjetunion gekämpft und alles durchgestanden, während ich hier im Lande geblieben war und nun den ersten Film machen wollte. Ihre Position war verständlich, nicht wahr? Sie fragten mich, ob ich ihnen helfen wolle, und ich habe dann mit einem Kameramann Aufnahmen in überfluteten U-Bahn-Schächten gemacht. Der Film von Wolf und Busch, *Die Kolonne Strupp,* wurde nie fertiggestellt. Ich habe dann mit der Arbeit an den *Mördern* begonnen . . .

Frage: Sie haben nach den *Mördern* einen Film für die DEFA gemacht, *Die seltsamen Abenteuer des Herrn Fridolin B.*, der auf einem Film von Ihnen aus dem Jahre 1944 basierte.

Staudte: Ja, die erste Fassung hieß *Der Mann, dem man den Namen stahl.* Das war eine etwas allgemeine Satire über die Bürokratie. Er wurde damals verboten. Das Material wurde in Babelsberg dann von den DEFA-Leuten gefunden, wir haben einige Szenen neu gedreht. Ich weiß darüber nicht mehr sehr viel, denn ich habe das als handwerkliche Fertigstellung empfunden. Damals bin ich ziemlich schnell an die Entwicklung des Stoffes zu *Rotation* gegangen. Bei den *Mördern* handelte es sich ja eigentlich um eine hektische, sehr eruptive Geschichte. Für mich war es wichtig, das zugrundeliegende Phänomen nun erst mal genauer zu klären und dafür eine begreifbare Formel zu finden. Außerdem beobachtete ich im Westen, wo ich ja lebte, eine beginnende Restauration, wo alles überwunden oder verdrängt wurde. So war es naheliegend, einen Film wie *Rotation* zu machen. Ich fand die Warnung wichtig, diesen Ungeist nicht wieder von vorne beginnen zu lassen. Das geht auch — was manche begriffen haben — aus dem Finale hervor, wenn das Paar nach links geht an der Gabelung, an der sich die Eltern für den anderen Weg entschieden hatten. Ich fand das sehr deutlich damals.

Frage: Gab es gegen den Film Einwände von Seiten der DEFA?

Paul Esser und Irene Korb in *Rotation* (1948/49)

Reinhold Bernt und Paul Esser in *Rotation* (1948/49)

Staudte: Ja, ich habe einen großen Krach mit der DEFA gehabt, sie haben den Film fast ein Jahr auf Eis gelegt, weil wir uns nicht einigen konnten. Es gab eine Szene, in der der Vater die Kriegsuniform seines Sohnes verbrennt und dazu sagt: „Das war Deine letzte Uniform". Ich fand es psychologisch und politisch richtig, daß er das macht, denn für das deutsche Volk kam es darauf an, zu erfahren, daß ein Mensch, der das alles erlebt hat, mit Sicherheit keine Uniform mehr anziehen will. Es war einfach eine Antikriegsdemonstration. Die anderen waren da hart und sagten, das Verbrennen der Uniform sei unmöglich, das könne als Symbol für alle Uniformen mißverstanden werden, und man wolle doch nicht die Uniformen der Roten Armee auch verbrennen. – Eine andere umstrittene Szene hatte mit der Olympiade zu tun. Sie sollte das Klima von 36 beschreiben und zeigen, daß sich das Ausland nicht von Hitler abgewendet hat und zu den Olympischen Spielen erschien. Ich sagte zu den Russen: „Was regt Ihr Euch denn über die Szene auf, Ihr wart doch damals nicht dabei" und die sagten: „Wir hatten keine gute Olympiamannschaft, wenn wir eine gehabt hätten, wären wir wahrscheinlich auch gekommen". Ich wollte den Einzug der Nationen zeigen und dann Durchblenden auf ein Hakenkreuz an der Jacke des Jungen. Im Text sollte kommen, daß er sich damit entschuldigt, daß er nicht allein kämpfen kann. Das alles sollte rausgeschnitten werden.

Frage: Haben Sie dann einen Kompromiß erreicht?

Staudte: Die Olympia-Szene wurde rausgeschnitten, die Uniform wurde im Bild verbrannt, der Satz „Das war Deine letzte Uniform" herausgenommen.

Frage: Rotation scheint am deutlichsten unter den ersten DEFA-Filmen den Bruch mit der UFA-Tradition zu vollziehen, und im ersten Teil hatten wir das Gefühl, daß da fast an eine proletarische Filmtradition angeknüpft wurde. Kannten Sie zur damaligen Zeit irgendwelche Filme von Piel Jutzi, Dudow usw.?

Staudte: Die kannte ich natürlich. Aber ich habe nicht bewußt daran angeknüpft. Vielleicht war es unbewußt, beim Schreiben kann das durchaus passiert sein, daß ich da Erinnerungsbilder gehabt habe irgendwelcher Art. Ich habe mich aber in erster Linie von der Geschichte leiten lassen.

Frage: Es gibt Szenen in *Rotation,* die an *Kuhle Wampe* erinnern.

Staudte: Als ich *Kuhle Wampe* gesehen habe, 1932, habe ich nicht daran gedacht, jemals einen Film zu machen. Da war ich auch politisch noch wenig bewußt. Als ich *Rotation* gemacht habe, habe ich eigentlich nicht mehr an *Kuhle Wampe* gedacht. Aber es gibt bestimmt plausible Beweisführungen gegen den Kapitalismus, die von Dudow verwendet worden sind und die auch bei mir auftauchen. Die gehören dann zum ABC, zum Beispiel die Geschichte von dem Kaffee oder dem Weizen, die ins Meer geschmissen werden, während die halbe Welt hungert.

Frage: Gab es überhaupt irgendwelche Vorbilder nach dem Kriege, an denen Sie sich orientieren wollten oder orientiert haben?

Staudte: Ja, wie war das mit den Vorbildern? Das ist eine Frage, die ich weder mit Ja noch mit Nein beantworten kann. Was die ersten Filme nach dem Kriege betrifft, so hatte ich nur politische Leitlinien, keine Formalen. Ich habe mit Sicherheit diese Filme nicht gemacht, um mich als Filmregisseur hervorzutun, sondern wirklich, um mit diesem unheimlich umständlichen Mittel Film politisch etwas auszusagen. Ich hatte überlebt, was konnte ich jetzt tun, um mich am Neubeginn zu beteiligen, nicht an der Restauration. Und da gab es eigentlich keine formalen Fragen. *Rotation* ist auch formal völlig uninteressant, der Film ist ganz lapidar gedreht. Man kann auch sagen, daß es bei der DEFA kaum persönliche Eitelkeiten oder Sperenzchen gab. Es gab bei der DEFA auch nicht den Ehrgeiz, einen Publikumserfolg zu haben, sondern es wurde beinahe steril politisch gedacht und gearbeitet.

Frage: Hat man denn bei all diesen Filmen, die — mit einem Schlagwort gesagt — der Umerziehung dienen sollten, nie überlegt, wie erreichen wir damit das Publikum? Wie kommt es an?

Staudte: Diese Überlegung war nur ein bißchen vorhanden, aber nicht so stark, denn das Publikum, an das man sich gewendet hat, war ohne Bemühung für diese Themen erreichbar. Da brauchte man sich nicht zu überlegen, wie kann man die Leute reinlocken. Das kam erst später, als die Trümmerfilme zur Serie wurden. Als dann die Leute langsam sauer wurden, begann man darüber nachzudenken, was müssen wir anders machen. In der Anfangsphase gab es solche Überlegungen nicht.

Frage: Die Figuren, die in *Rotation* gezeigt werden — gab es für die irgendwelche konkreten Vorbilder, zum Beispiel für den Vater, den Sohn, den Kommunisten, oder sind die aus allen möglichen Erfahrungen zusammengesetzt?

Staudte: Das sind keine Einzelfiguren, die stehen für bestimmte soziologische und politische Schichten.

Frage: Sie haben nach *Rotation* am *Beil von Wandsbeck* mitgearbeitet.

Staudte: Ja, da habe ich, zusammen mit Werner J. Lüddecke, das Drehbuch geschrieben. Ich hatte von der DEFA den Auftrag, den Film zu machen. Ich habe also zunächst den Roman von Arnold Zweig gelesen. Dann habe ich mich, trotz großer Bedenken, mit Lüddecke hingesetzt und das Drehbuch geschrieben. Und schließlich habe ich gesagt, ich mache den Film nicht, weil es mir nicht gelungen ist zu vermeiden, daß man zum Schluß mit dem Henker Mitleid hat. Das war mir schon beim Lesen des Romans passiert, und ich habe dieses Gefühl auch nicht aus dem Drehbuch eliminieren können. Dann ist Falk Harnack als Regisseur eingesprungen.

Frage: Können Sie uns etwas zur Vorgeschichte vom *Untertan* sagen?

Staudte: Ja, das war ganz ulkig. Ich fuhr zur Premiere von *Die Mörder sind unter uns* nach London, und ein englischer Kritiker, Hans Wollenberg, sagte hinterher zu mir: „Dieser Paulsen, daß ist ja eine unheimliche Gestalt, mit dem müßten Sie den ‚Untertan' machen". Damals kannte ich den Roman von Heinrich Mann überhaupt nicht. Als ich wieder zurück nach Berlin kam, habe ich leichtsinnigerweise zu den DEFA-Leuten gesagt: „Den ‚Untertan' müßte man machen, ein unheimlich guter Stoff, mit Paulsen". Und da sprangen die voll drauf an, aber die Rechte lagen in Amerika, und ich hab das erst mal aus den Augen verloren. Eines Tages hieß es, wir haben die Rechte erworben, Staudte macht als nächstes den „Untertan". Da habe ich schnell erst mal das Buch gelesen.

Frage: Wie sah damals eigentlich Ihr Vertrag mit der DEFA aus? Mußten Sie einen Film pro Jahr machen?

Staudte: Nein. Ich kam mit einem Projekt, das wurde dann besprochen und realisiert. Ich war ja nicht ein durchgehend engagierter Regisseur, mit mir wurden sozusagen Stückverträge gemacht.

Frage: Irgendwo ist zu lesen, daß es auch Jahresverträge mit Ihnen gab, zumindestens bis *Rotation.*

Staudte: Das stimmt, es gab solche Jahresverträge, aber nicht, um mich irgendwie zu binden, sondern wohl aus steuertechnischen Gründen, weil das günstiger für mich war. Neben den Sachen, die ich vorgeschlagen habe, wurden mir natürlich auch Stoffe angeboten. Zum Beispiel die *Geschichte vom kleinen Muck.* Ich war zuerst nicht sehr glücklich damit, denn ich wollte doch so richtige politische Filme machen, und dann kam sowas. Aber dann kriegte ich doch Freude daran, denn die Produktion wurde sehr großzügig behandelt. Ich konnte da den ganzen Orient in Babelsberg aufbauen lassen, das war wirklich wie in Hollywood und ist für mich heute überhaupt nicht mehr vorstellbar. *Die Geschichte vom kleinen Muck* soll später der Lieblingsfilm von Ho Tschi Min gewesen sein. Immer, wenn er Gäste hatte, ließ er offenbar den Film vorführen und hat sich unheimlich darüber gefreut.

Frage: Wie entstand das nächste Projekt *Leuchtfeuer*?

Staudte: Der Film war eigentlich geplant für eine westdeutsche Produktion. Die Geschichte habe ich geschrieben mit meinem Freund Lüddecke, der ein großer Kenner der christlichen Seefahrt war. Da fällt mir übrigens ein, daß ich für diesen Film tatsächlich im Kino die Anregung bekommen habe. Als junger Mann habe ich mal den Film *Die Männer von Aran* gesehen, der mich tief beeindruckt hat. Ich habe dann eine Geschichte entworfen, die zwar inhaltlich mit den *Männern von Aran* nichts zu tun hatte, aber in einem ganz ähnlichen Klima spielt. Der westdeutsche Produzent war begeistert, wir besichtigten schon Motive, und dann hieß es plötzlich, es wird nichts mit dem Film, wir haben kein Geld dafür, wir machen jetzt einen großen Zarah-Leander-Film. Damit lag die Sache auf Eis, und ich habe das Buch zur DEFA mitgenommen. Die fanden das sehr gut, wußten aber nicht, wie sie das drehen sollten. Durch einen westlichen Mittelsmann kam es dann zum Kontakt mit einer schwedischen Produktion, und die DEFA hat schließlich mit den Schweden coproduziert.

Frage: Wer hatte eigentlich die Idee, die *Mutter Courage* zu verfilmen?

Staudte: Die ersten Pläne für diesen Film sind, glaube ich, schon 1949 bei der DEFA entstanden. Brecht hat die Rechte für harte Dollars an die DEFA verkauft, weil er seinen Sohn in Amerika unterstützen mußte. Den Film wollte Brecht zu-

Leuchtfeuer (1954)

Leonhard Ritter in *Leuchtfeuer* (1954)

erst mit Erich Engel und Caspar Neher machen. Aber die drei kamen mit dem Projekt nicht zurecht, und das ganze blieb einige Zeit liegen. Zuerst wollten sie mich 1951 für die Sache gewinnen, aber da arbeitete ich gerade an *Gift im Zoo,* dann kamen sie von der Direktion der DEFA ein paar Jahre später wieder auf mich zu. Ich habe mich erst sehr gewehrt, weil ich die Schwierigkeiten kannte, die Engel gehabt hat bei der Zusammenarbeit mit Brecht. Dann hieß es, Du kriegst alle Rechte, und ich habe Bedingungen gestellt. Ich habe gesagt, ich mach das nur, wenn Brecht das Atelier nicht betritt. Das wurde akzeptiert. Dann habe ich mit Brecht zusammen ein neues Drehbuch geschrieben, und wir haben uns dabei blendend verstanden. Die DEFA-Direktion strahlte über das ganze Gesicht, weil die das nicht erwartet hatten. Aber dann kamen auch schon die ersten Konflikte. Ich wollte einen richtigen internationalen Film machen, in Cinemascope und Farbe, mit großer Besetzung. Das paßte Brecht nicht. Da konnte ich mich noch durchsetzen. So wurde die Signoret engagiert für die Rolle der Lagerhure, die Weigel für die Mutter, Geschonneck als Feldprediger, Bernard Blier als Koch usw. Mit unheimlicher Akribie haben wir Probeaufnahmen gemacht, die Ausstattung wurde mit viel Überlegung entwickelt, herrliche Kostüme wurden entworfen – die Vorbereitungen dauerten fast ein Jahr. Und dann endlich fing es an, dann kam eine Katastrophe nach der anderen, die Weigel hat Schwierigkeiten gemacht, und Brecht hat Schwierigkeiten gemacht. Ich hab mir gesagt, warum soll der nicht ins Atelier kommen, ist ja alles so fabelhaft, aber kaum war der da, tobte er herum und schrie. Er schrie routiniert, er schrie aus Freude am Formulieren. Er hat den Standpunkt vertreten: ,,Ich weiß gar nicht, warum so etwas gemacht wird, es gibt nur eine Inszenierung, und die läuft bei mir im Schiffbauerdammtheater." Ich sagte, nun wird es eine zweite geben, die ist für den internationalen Film geplant. In Dein kleines Theater kommen sowieso nur die rein, die reingehen können. Und im übrigen hättest Du Dir das vorher überlegen können und eine Kamera nehmen und das drehen, was da auf Deiner Bühne läuft. Wir machten erst mal weiter, wir hatten hervorragende Muster, im Team war Jubel, Trubel, Heiterkeit, da kam eines Tages die Meldung: Brecht hat das Drehen untersagt.

Frage: Konnte er das?

Staudte: Nein. Aber ich wußte ja nicht, was vorgefallen ist. Das dauerte erst mal vier oder fünf Tage, bis wir genaueres erfuhren. Brecht war nicht zu sprechen. Frau Weigel kam nicht, weil sie Waschtag hatte oder sowas. Der Brecht hatte uns einen Assistenten ins Team gesetzt – entweder war es der Wekwerth oder der Palitzsch – der war bei mir zweiter oder dritter Regieassistent, aber eigentlich war er als Spion da. Und der hat offenbar den Brecht angerufen und gesagt: ,,Herr Brecht, Sie müssen das unterbinden, ich habe jetzt die Komparserie gesehen, die ist unmöglich. Was der Staudte da macht, geht nicht." Ich kriegte dann nur die Mitteilung, daß nicht weitergedreht werden darf. Nach vier oder fünf Tagen stellte sich dann heraus, was bei mir unmöglich war. Ich hatte mit der Signoret einige Szenen gedreht und nebenan, in einem anderen Studio, wurde *Zar und Zimmermann* produziert. Und die Komparserie, die gerade frei war, kam zu uns ins Atelier, um der Signoret zuzusehen. Und Brechts Assistent hat die fremde Komparserie für die von der *Mutter Courage* gehalten. Solche Geschichten gab es mehrmals. Brecht sagte dann zwischendurch: „Es wird nicht synchronisiert, das ist unkünstlerisch". Aber es mußte natürlich synchronisiert werden. Ich wurde in der Sache sogar bei Ulbricht vorstellig, und der hat seinen Minister für kulturelle Angelegenheiten, den Johannes R. Becher, in Trapp gesetzt, aber der Brecht und die Weigel waren einfach stärker, da passierte nichts. Schließlich mußte die Signoret abreisen, weil sie andere Termine hatte.

Frage: Wieviel Prozent des Films waren denn abgedreht?

Staudte: 30 bis 35 Prozent. Die Beteiligten wurden alle ausbezahlt, ich kriegte auch mein Geld. Die Stimmung bei der DEFA war ziemlich gegen mich, aber das war völlig ungerecht, und ich war stocksauer auf die DEFA. Das ganze Projekt hat etwa 4,5 Millionen gekostet, und ich war ziemlich kaputt, weil ich fast zwei Jahre meines Lebens an eine Geschichte gehängt habe, die nichts geworden ist. Die Muster wurden bei der DEFA noch jahrelang gezeigt, wenn ausländische Gäste kamen. Palitzsch hat dann später die Theateraufführung abgefilmt.

Frage: Gab es nie wieder Arbeitskontakte zur DEFA, Versuche von Ihrer Seite oder von Seiten der DEFA?

Staudte: Nein. Der Grund, warum es zu keiner Zusammenarbeit mehr kam, hing wohl damit zusammen, daß es inzwischen bei der DEFA Nachwuchsregisseure gab, und die Zusammenarbeit mit westlichen Leuten reduzierte sich mehr und mehr. Das akzeptiere ich auch, aber es kann sein, daß es doch noch mal zu einem Projekt bei der DEFA kommt.

Frage: Wenn wir jetzt zu Ihren Filmen, die Sie in der Bundesrepublik gemacht haben, kommen, möchten wir in erster Linie über Produktionsbedingungen und über die politischen Beschränkungen etwas erfahren. Am besten fangen wir mit *Rose Bernd* an.

Staudte: Natürlich gab es in der Bundesrepublik sehr grundsätzliche Vorbehalte gegen mich, weil ich jahrelang bei der DEFA gearbeitet habe. 1955 habe ich in Holland den Film *Ciske – de Rat* gemacht, an den sich eine westdeutsche Produktionsfirma angehängt hat. Es wurde damals parallel eine deutsche Fassung gedreht. Für den holländischen Film habe ich beim Festival in Venedig den Silbernen Löwn für die beste Regie bekommen. Dieser Preis hat die Leute im Westen sehr verwirrt. Einige Vorurteile waren plötzlich nicht mehr wichtig, und man redete mit mir. Eines Tages kam ein Abgesandter von Maria Schell zu mir. Die mußte die Rose Bernd spielen und wollte mich als Regisseur haben. Das war etwas überraschend, und ich konnte mir gar nicht vorstellen, daß so ein ernster Stoff gefragt sein könnte. Dann habe ich zusammen mit einem Autor in München das Drehbuch geschrieben, und wir hatten schließlich auch ganz gute Produktionsbedingungen. Aus Amerika wurde ein Farbberater geholt. Ich konnte es auch durchsetzen, daß der Gutshof, auf dem die ganze Sache spielt, extra gebaut wurde, obwohl die Bayern doch genug Gutshöfe haben. Ich konnte auch sonst einiges experimentieren, die Arbeit war eigentlich ganz schön.

Frage: Dann kam *Madeleine und der Legionär*.

Staudte: Der Film ist ein typisches Beispiel alten UFA-Verhaltens und alter unverantwortlicher UFA-Praktiken. Es sollte ein Film werden, den ich sogar mit einigem Interesse machen wollte – wobei mein politischer Standpunkt ja klar ist. Der erste Titel war *Legionäre.* Die Tendenz des Films war antikolonialistisch geplant: Legionäre gleich Statthalter des kolonialen Regimes. Die Veränderungen kamen peu à peu. Der Film war zunächst überhaupt nicht bei der UFA geplant. Die wurde damals gerade gegründet und übernahm dann das Projekt. Damit begann eine völlige Verballhornisierung des Themas. Denn Frau Knef, der große neue UFA-Star, war wieder zurückgekommen und mußte unbedingt in diese erste Produktion rein. Natürlich war mir klar, daß man bei der UFA eigentlich keinen progressiven Film machen kann, aber es ist ja so, manchmal hat man Glück. Aber in diesem Fall hatte ich kein Glück. Es kam ein schlechter Film raus, an den ich ungern erinnert werde.

Frage: Erinnern Sie sich denn gerne an *Kanonenserenade?*

Staudte: Der hat mir wenigstens viel Spaß gemacht. Ich finde, das ist ein Antikriegsfilm, denn besser kann man den Krieg ja gar nicht auf den Arm nehmen, als das de Sica als Kapitän des Gemüsedampfers gemacht hat. Daß manches nicht ganz gelungen ist, hängt vielleicht damit zusammen, daß dauernd das Geld fehlte. Ganz zum Schluß, mit wenig Geld und viel Gnade, hat dann die UFA das Notwendigste finanziert. Und die haben da wahrscheinlich nur auf de Sica spekuliert. Der Film ist in Deutschland ziemlich schlecht gelaufen.

Frage: Worin sehen Sie die Ursachen für solche Mißerfolge?

Staudte: Die Ursachen sehe ich in der mediokren Situation des deutschen Films, in dieser provinziellen Mittelmäßigkeit, die nicht in der Lage ist zu begreifen, daß Film ein internationales Geschäft ist und nur als internationale Ware überhaupt rentabel sein kann. Die Leute wollten hier nur schnell ihr Geld machen, und gleich hinter Saarbrücken war für sie die Welt zu Ende. Das war für sie Ausland, das galt für sie als unerreichbar. So konzentrierten sie sich auf den Inlandsmarkt, und den haben sie dann auch ziemlich schnell ruiniert.

Frage: Wie war es möglich, daß Sie einen Film wie *Rosen für den Staatsanwalt* produzieren konnten?

Staudte: Der Film wäre nie gemacht worden, wenn nicht ein anderes, ziemlich oberflächliches, uninteressantes Projekt geplatzt wäre. Die Studios in Göttingen waren gemietet, aber es gab keinen Film dafür. Da hatte Ulrich – unser Produzent – sehr viel Mut, unser Drehbuch war fertig, ich konnte innerhalb von acht Tagen die Rollen besetzen, ich hatte auch das Glück, daß Martin Held frei war. Alles ging unheimlich schnell. Von außen war gar keine Gelegenheit, auf die Sache Einfluß zu nehmen. Das sind so die Glücksfälle, auf die ein politisch interessierter Regisseur lauert. Und manchmal hat er Glück.

Frage: Gab es bei diesem Film denn gar keine Einflüsse von außen?

Staudte: Doch, bei *Rosen für den Staatsanwalt* ist ein richtiger Eingriff erfolgt. Und zwar mußten wir eine Szene drehen, die ich nicht geschrieben habe und die mit einer politischen Satire überhaupt nichts zu tun hat, die auch ziemlich langweilig ist. In der Szene reden zwei Staatsanwälte sehr menschlich miteinander, und das soll dann aussagen, daß es in der deutschen Justiz auch gute Juristen gibt. Diese Szene haben wir eingefügt, nachdem ein Mensch aus der Kontrollecke Bonn oder Wiesbaden bei Kurt Ulrich aufgetaucht war und im Grunde den Abbruch der Filmarbeiten gefordert hatte. Der Ulrich hat mir dann diesen kleinen Kompromiß abgehandelt, aber ich glaube nicht, daß das eine wirkliche Abschwächung der Tendenz des Films ist. Auf jeden Fall konnten wir den Film sonst in der Weise fertig machen, wie wir es vorhatten.

Frage: Dann kommt als nächstes *Kirmes* — ein richtiger Staudte-Film?

Staudte: Ja, den Film konnte ich nun wirklich ohne Auflagen machen, weil er in der eigenen Filmproduktion entstanden ist. Ich hatte mich in der Zeit mit Helmut Käutner und Harald Braun zusammengetan und die sogenannte „Freie Film Produktion" gegründet. Wir wollten dort abwechselnd in größter Unabhängigkeit — neben den rein kommerziellen Produktionen — Sachen machen, die für uns besonders wichtig waren. Wir hatten dabei insofern Pech, als der Verleih, mit dem wir uns zusammengetan haben, „EUROPA—FILM", bald Pleite gegangen ist. Ohne solche Bindung an einen Verleih konnte eine Produktionsgesellschaft nicht bestehen. Das kann sie heute eigentlich auch nicht. Aber wir hatten da eben Pech, und das hat auch die Auswertung von *Kirmes* kolossal beeinträchtigt. Der Film hatte auf der Berlinale seine Premiere, und es gab da eine Riesendiskussion. Die Resonanz in der Presse war nicht positiv, aber eigentlich wollte ich ja auch Protest haben, und Einverständnis hätte mich ziemlich irritiert. *Kirmes* richtete sich doch genau gegen das, was damals betrieben wurde, nämlich Restauration. Eine echte Auseinandersetzung finde ich wichtig und fruchtbar. Aber die hat bei *Kirmes* zu wenig stattgefunden. Das hatte zum Teil mit der Situation des Verleihs zu tun und auch mit der Presse, die eben nicht sachlich geblieben ist, sondern alles ziemlich persönlich gefärbt hat.

Frage: Es wurde damals an dem Film kritisiert, daß die Position einiger Figuren nicht deutlich wird. Zum Beispiel die Französin — auf der einen Seite erkennt sie klar, was die Nazis machen, auf der anderen Seite handelt sie ziemlich emotional und bezieht keine eindeutige Position.

Staudte: Kirmes ist die Geschichte von Angst. Der Junge hat Angst, der Vater hat Angst, die Französin hat Angst, am wenigsten Angst hat noch die Mutter. Angst ist eigentlich das zentrale Thema. Und da konnte ich keine Heldin drin haben, weil die einfach in das Klima, in das psychische Klima von damals nicht reingepaßt hätte.

Frage: In Ihrem nächsten Film ging es wieder um die Justiz. Uns schien *Der letzte Zeuge* sehr präzise, aber im politischen Anspruch etwas flauer als *Rosen für den Staatsanwalt.*

Staudte: Das ist richtig. Ich habe den *Letzten Zeugen* ganz gern gemacht, aber der Stoff ist an mich herangetragen worden. Das Buch hat ein Hamburger Anwalt geschrieben. Gegen einen anderen Film damals, *Die glücklichen Jahre der Thor-*

walds, habe ich mich ziemlich gewehrt. Ich fand das Thema überflüssig. Zuerst hat John Olden da Regie geführt, der wurde dann krank, und ich habe den Film zu Ende gemacht. In dieser Zeit verstarb dann auch unsere Firma, nachdem mit ihr vorher noch *Rebellion* produziert worden war. Da gab es kein Risiko, weil das Fernsehen durch einen Auftrag dahinter stand.

Frage: Die Dreigroschenoper, die dann kam, fanden wir eigentlich ziemlich schrecklich. Wie sahen da die Produktionsbedingungen aus?

Staudte: Ich finde die *Dreigroschenoper* nicht so schrecklich. Aber die Produktionsbedingungen waren wirklich makaber. Das Projekt geisterte viele Jahre durch die deutsche Filmlandschaft. Die Weigel hatte die Rechte an Kurt Ulrich verkauft, und der kam zu guter Letzt zu mir. Ich habe ihm gesagt, daß ich die *Dreigroschenoper* machen würde, aber daß ich sie anders machen möchte, modern, ich wollte sie heute spielen lassen. Ich hatte mir mit meinem Mitautor, Günther Weisenborn, eine interessante Variante ausgedacht. Wir wollten die Bettler, die Huren und die Gangster im Soho von heute dagegen protestieren lassen, daß die Bourgeoisie ihnen die Jobs wegnimmt. Die Bürgerinnen bumsen genausoviel wie die Nutten und unterbieten die Preise, die Gangster werden von den Amateuren verdrängt, und die Bettler werden durch das Wirtschaftswunder in die Ecke gedrängt. Diese Gruppen kommen auf die Idee, aus Protest auf dem Marktplatz von Soho die „*Dreigroschenoper*" aufzuführen. Es sollte also ein Wechselspiel zwischen unseren Originalszenen und den Brechtschen Szenen geben. Das war in unserem Buch vielleicht noch nicht ganz ausgereift, aber alle fanden es wunderbar, ich auch, und so sollte es gemacht werden. Da tauchte dann Frau Weigel auf und erklärte, das käme überhaupt nicht infrage. Im Vertrag mit dem Produzenten stand tatsächlich, daß nur die Rechte für „die Verfilmung des Theaterstücks" erworben seien, also nicht der Stoff. Damit war ich an Händen und Füßen gebunden. Ich wollte aus dem Vertrag raus, aber das ging nicht. Das Projekt wurde dann erstmal verschoben, denn nach dem Mauerbau konnte man keinen Brecht-Film machen, aber 1963 ging es los. Ich habe das menschenmögliche daraus gemacht, und für mein Gefühl war auch Curd Jürgens die ideale Besetzung für den Mackie Messer.

Frage: Mußten Sie bei *Herrenpartie,* Ihrem nächsten Film, irgendwelche Konzessionen machen?

Staudte: Da habe ich gerne Konzessionen gemacht. Denn die hatten nichts mit den Deutschen zu tun, sondern mit den Jugoslawen. Bei *Herrenpartie* gab es vorher unheimlich viele Gespräche mit jugoslawischen Funktionären, weil das für die in gewissem Sinne auch ein progressiver Film war. Er zeigte ja eigentlich den Abbau des Partisanenkults, und das war für diese Gesellschaft ein ganz großes Problem. Der Stoff ging übrigens von konkreten politischen Anlässen aus. Ich habe das Drehbuch zusammen mit Lüddecke geschrieben. Die Arbeit an *Herrenpartie* hat mir wahnsinnig Spaß gemacht — das ist jetzt zehn Jahre her.

Frage: Wie ist es überhaupt zur Zusammenarbeit mit dem Fernsehen gekommen?

Staudte: Zuerst habe ich das Fernsehen überhaupt nicht gemocht, als Arbeitsmaterial. Ziemlich boshaft habe ich manchmal gesagt: Ich finde das immer so entsetzlich; man arbeitet mit erwachsenen Menschen, mit lebensgroßen Figuren. Und nachher sieht man das dann als Liliputaner-Schicksal wieder. — Als ich die Novelle *Rebellion* von Joseph Roth las, wußte ich, daß das kein Kinofilm sein könnte. Also habe ich einen Fernsehfilm gedreht. Nach *Rebellion* aber habe ich es lange Zeit abgelehnt, überhaupt für das Fernsehen zu arbeiten.

Frage: Wie kam es zur Meinungsänderung?

Staudte: Ich habe einen Film selber produziert, der durch merkwürdige Umstände ganz schlecht geworden ist. Und nachdem ich auch sehr viel Geld damit verloren habe, bestand für mich keine Frage mehr, ob ich noch Lust habe, Fernsehen zu machen. Zur gleichen Zeit ging auch die Filmwirtschaft — und damit die Film-Möglichkeiten — rapide herunter. Dann habe ich alles gemacht, was ich vertreten konnte, um meine Schulden abzuzahlen.

Frage: Da war Ihnen sicher nicht sehr gut zumute.

Staudte: Doch, da war mir sehr gut zumute. Wissen Sie, da habe ich einen Break gemacht. Das, was ich mir vorgestellt habe, habe ich gemerkt, ist nicht oder fast nicht zu realisieren. Ich habe dann Produzenten kennengelernt, die ich besonders gern mochte. Da war der leider verstorbene Herr Wessel, bei dem ich für das Westdeutsche Werbefernsehen eine Kriminalserie gemacht habe, was mir sehr viel Spaß gemacht hat. Die Vorlage hieß *Mörderglück,* ein Band englischer Kriminalgeschichten.

Frage: Warum hat es Ihnen soviel Spaß gemacht?

Staudte: Nachdem ich mich innerlich einmal umgestellt hatte, fühlte ich mich plötzlich befreit von allem. Und da ich nun mal ein richtiger Handwerker bin, habe ich das als Handwerk gesehen. Es war alles sehr schön: Es ist schönes Wetter. Die kleine Geschichte ist sehr gut besetzt. Die kleine Geschichte ist selbst sehr gut. Die Produktionsvoraussetzungen sind gut. Der Produzent ist nett. Wenn der Beruf nicht eigentlich sowieso Spaß machen würde, hätte ich ihn wahrscheinlich auch gar nicht durchgestanden bis jetzt.

Frage: Quantitativ der größte Komplex innerhalb Ihrer Fernseharbeit ist *Der Kommissar.* Ich kenne dreizehn Folgen dem Namen nach. Ich würde gern etwas genauer wissen, wie diese Arbeit war.

Staudte: Der Kommissar ist für die meisten Regisseure lukrativ. Der Produzent Helmut Ringelmann hat, abgesichert mit dem Sender, eine unheimlich intakte Produktion. Er nimmt einen ganz minimal in Anspruch, nur für das Notwendigste. Es gibt ein Gespräch über Besetzung. Er ist ein Mann, der — wahrscheinlich kühl kalkulierend — sagt, in jeder Folge muß eine interessante zentrale Figur drin sein. An der Crew um Ode herum kann er sowieso nichts ändern. Also kommen Gäste. Und da hat man es mit sehr guten Schauspielern zu tun. Es ist einfach rentabel, das bei ihm zu machen: Die Mitarbeiter suchen die Motive. Wenn man kommt, wird man schnell rumgefahren. Es ist alles schon gefunden, und übermorgen fangen wir an. Dann dauert es elf oder dreizehn Tage Drehzeit. Und auch da ist alles zur Stelle. Selbst der Architekt ist immer da. Das ist alles durchorganisiert.

In der Zwischenzeit arbeitet auch der Schneideraum. Die Drehzeit ist vorbei, und alles ist schon fast fertig am nächsten Tag. Und dann kann man sagen „Auf Wiedersehen".

Frage: Das ist ja wie ein Luxushotel mit perfektem Service.

Staudte: Genau. Vollkommen.

Frage: Aber das Vergnügen daran klingt auch ein bißchen zwiespältig.

Staudte: Es hat keinen Zweck, daran zu rühren. Es fängt schon damit an, daß ich nicht sagen kann, der Kommissar Keller, bei mir trägt er einen Schnurrbart. Die Vier sind also tabu für den Regisseur. Und die machen auch immer dasselbe. Es hat auch keinen Zweck, daß ich mit dem Ode arbeite. Ich komme noch mal darauf zurück, daß mir das Handwerk Spaß macht und ich diese Dinge künstlerisch nicht überbewerte. Ich arbeite schnell, ich arbeite intensiv, und ich möchte mich nicht länger als elf Tage am *Kommissar* aufhalten. Das ist einfach eine Frage der Rationalität. Ich habe 100 Tage gebraucht, um den *Untertan* zu machen. Und da hat mich auch vorher keiner gefragt, wieviel Zeit ich brauche. — Auch wenn ich einen Jack London zu machen habe, lasse ich mich nicht festnageln. Beim *Seewolf* war ich sieben Monate weg, einschließlich Vorbereitungen und Pannen.

Frage: Der *Seewolf* ist für Sie also ganz etwas anderes als eine Reinecker-Serie?

Staudte: Ich muß Ihnen — Sie wissen, daß ich einen Riesenerfolg mit dem *Seewolf* hatte? — dennoch sagen, ich selber wäre von mir aus nie auf die Idee gekommen, das zu machen. Ich finde das — brav. Aber für einen Regisseur ist es selbstverständlich trotzdem fabelhaft. Mit den Kumpels rauszufahren und warten, wann ein Sturm kommt. Oder auf dem Schienenstrang: das haben die fabelhaft gebaut. Und es war heiß, die Sonne schien, es waren vierzig Grad. Die Natur hat auch so schön mitgespielt: das macht alles Spaß.

Frage: Sie sind also keineswegs unzufrieden mit der Fernseharbeit?

Staudte: Ich kann mich nicht beklagen. Ich habe unheimlich viel zu tun. Ich habe mehr zu tun, als ich arbeiten kann. Aber es kommt noch etwas hinzu: Ein Erfolg, den man als Filmregisseur hat oder den man in irgendeinem anderen Beruf hat, bringt einen weiter, sagen wir ruhig, auch äußerlich weiter, mit Geld. Der Spielraum wird größer, der Vertrauenszuschuß der Produzenten erweitert sich. Man kriegt dann eine Position, so wie ich sie im Film eben hatte. Alle meine Filme, mit zwei oder drei kleinen Ausnahmen, waren meine Filme. Und im Fernsehen ist es mir nur mit einem einzigen Stoff gelungen, das war *Rebellion*. Und da kam auch noch der Satz: „Das hatten wir übrigens auch vor". Und dadurch ist es dann vielleicht auch nur gelungen.

Frage: Wie sehen Sie den Unterschied zwischen Ihrer Film- und Ihrer Fernseharbeit?

Staudte: Die Situation ist auch wieder eine reinwirtschaftliche oder, wenn Sie so wollen, eine gesellschaftlich-strukturelle. Es gibt keinen Aufstieg im Fernsehen. Es gibt nur die Möglichkeit, sich zu bewähren und weiter Arbeit zu bekommen.

Man muß, um leben zu können, in Kontinuität arbeiten. Es ist nicht so, daß ich auch nur eine einzige Mark mehr bekomme, weil ich den *Seewolf* gemacht habe. Es ist nicht einmal eine Art von mehr Wertschätzung zu verzeichnen. Es ist völlig egal, ob das ein Erfolg ist oder kein Erfolg ist. Wenn eine Struktur so ist, dann können Sie gar nichts anderes machen als es professionell durchzuziehen. Da gibt es keinen Applaus, keine emotionalen Dinge, die ein Schauspieler eigentlich dringend braucht; und ich weiß nicht, ob ein Regisseur sie nicht eigentlich auch braucht. Es gibt zwar noch einen Händedruck des Produzenten. An den letzten erinnere ich mich noch gern: er hat mir eine Flasche Whisky in die Hand gedrückt — aber sonst: es ist ein völlig steriles Dasein. Es gibt auch keine produktive Unterhaltung mit den wirklichen Produzenten, die ja in den Sendeanstalten sitzen. Es ist wie bei Kafka. Da reduziert man oder wird reduziert als Vollstrecker. Da ist dann mal wieder irgendeine Sache zum Tode verurteilt, und dann kommt der Henker und haut sachgemäß die Rübe ab. Und wenn er mal danebentrifft, dann wird man sagen: der köpft so schlecht, den nehmen wir nicht mehr. — Wenn man wenigstens in der Lage wäre, sich selbst zu artikulieren, nicht durchweg immer — das geht natürlich nicht — aber mal, einmal irgendwann. Aber das ist ausgeschlossen. Man muß die Wünsche erfüllen wie in einem Handwerksbetrieb. Und wenn einer kommt und sagt, ich will einen Ausziehtisch haben, einen vierteiligen, dann ist das eben der *Seewolf.*

Frage: Aber Sie haben doch sicher Vorschläge an die Rundfunkanstalten geschickt. Wie ist es Ihnen mit diesen Projekten ergangen?

Staudte: Es ist mir in keinem Falle, trotz aller Bemühungen, gelungen, irgendwann und irgendwo, meinetwegen auch mit Ausblick auf eine ferne Zukunft, ein eigenes Projekt durchzubringen. Sie können mir glauben, daß ich das nachweisbar sicher fünfmal versucht habe, mit Schreiben an Intendanten, mit Einreichungen bei Redakteuren, in Gesprächen. Die sollten dann einfach klipp und klar sagen, wir haben gar nicht die Möglichkeit, Ihnen Produktionszeit zur Verfügung zu stellen für Ihre Ideen, weil unsere eigenen Ideen oder unsere Einkäufe mediokrer Serien bereits auf Jahre hinaus das Programm füllen.

Frage: Sie sehen also strukturelle Gründe . . .

Staudte: Was mich an der Struktur ärgert ist, daß in den Fernsehanstalten alles schon vorprogrammiert ist auf ein, auf zwei Jahre im voraus. Da sind die Redakteure. Die müssen — das ist ihre Aufgabe — das Programm voll machen. Wenn jetzt irgendetwas passiert — es entsteht etwas, oder man versucht sich selber mit einer Angelegenheit dazwischenzuschieben, die einem am Herzen liegt, gibt es überhaupt keinen Platz dafür. Die Struktur in den Rundfunkanstalten ist, fast möchte ich sagen, eine monotone Autonomie. — Mir hat einmal ein Redakteur gesagt: ihm werden Sachen zugeschickt, und wenn er sie aufmacht, betet er zu Gott: Hoffentlich ist das nicht etwas Gutes. Denn selbst, wenn es was Gutes wäre, würde es auch nicht gemacht werden, denn das breite Mittelmaß ist so reichlich vorhanden. — Selbstverständlich gibt es Ausnahmen.

Frage: Einer Ihrer Fernsehfilme ist auch ins Kino gekommen, *Der Seewolf.* Was sagen Sie zu der Kinofassung?

Staudte: Die ist schlecht geworden, finde ich. — Die Transformation eines für das Fernsehen gemachten Films für die Kino-Leinwand ist eigentlich bisher noch niemals gelungen. Und die ist auch sehr, sehr schwer. Das hängt auch ein bißchen mit der Prüderie des Fernsehens zusammen.

Frage: Dieser Begriff überrascht mich zwar nicht, aber ich würde ihn gern von Ihnen erläutert hören.

Staudte: Das Fernsehen von den Anstalten an bis herunter zu den Produzenten und die dazwischengeschalteten Redakteure und wer sonst das Sagen hat, denken in anderen Kategorien als ein Film-Produzent. Sie müssen Rücksicht nehmen auf den Partei-Proporz innerhalb des Hauses, der gewisse Dinge a priori formt oder einengt, die Artikulation stört. Dann denken sie an den anonymen Fernseh-Betrachter vom Altersheim bis zur APO. Und vor allem denken sie nicht unbedingt, was der Filmproduzent primär tut, an die Attraktion. Der sagt, ich muß mein Kino voll bekommen. Die wissen jetzt schon, wieviel Fernsehteilnehmer sie haben. Prüderie ist: eine möglicherweise vorhandene Attraktion wegen der genannten Rücksichten zu beschneiden. Sie findet — ich rede auch vom Sex — allenfalls statt, wenn einem die Augen schon zufallen. — Das hängt auch mit den Menschen zusammen, die dort entscheiden, die eine Position bekommen haben, die es in einem Kulturdasein normalerweise gar nicht gibt. Und diese feste Position wollen sie unter keinen Umständen verlieren, denn wenn sie mehrere Jahre da gewesen sind, sind sie unkündbar und pensionsberechtigt. Schon aus dieser Struktur heraus ist Bravheit garantiert.

Frage: Wie kommen Sie als Regisseur mit dieser hierarchisch strukturierten Kulturbürokratie, die ja den Ministerien nachgebaut ist, zurecht?

Staudte: Die Erfahrungen mit der Bürokratie der Anstalten machen eigentlich mehr die Produzenten als die Regisseure. Mein Hauptthema ist eigentlich — wenn Sie von der Bürokratie sprechen — eine Literatur-Bürokratie. Das heißt, es wird in den Anstalten notwendigerweise geplant. Bei dieser Planung ist von denen, die produzieren und die inszenieren, kein Mensch dabei. Das findet statt auf Konferenzen mit Redakteuren, Direktoren und sonstigen Leitern: die machen das. Und zwar zum großen Teil nach den freiliegenden Kapazitäten. Das heißt, um ein Beispiel zu sagen: Es gibt einen Stoff, der unbedingt nach einer richtigen Verfilmung schreit, sagen wir mal nach einer ganz realistischen Verfilmung an Original-Schauplätzen. Wenn aber nun ein Atelier freisteht, etwa in Hamburg, dann ist es ganz gleichgültig, ob das vertretbar ist oder nicht: der Film kommt in ein Atelier. — Oder: ich bin sicher mehr ein Filmregisseur als ein Ampex-Regisseur. Das ist ganz unentscheidend, da wird Ampex gemacht. Und wenn sie das entschieden haben — in den meisten Fällen erst kurz bevor es realisiert werden soll, das ist unter Umständen erst ein Jahr später — dann geht man auch nicht mehr davon aus, wer das am besten machen kann, sondern welcher Regisseur gerade frei ist, innerhalb einer bestimmten Kategorie.

Frage: Mir hat mal jemand gesagt, das Schlimmste an der Produktionskette seien nicht Autoren, Regisseure, Redakteure, sondern die der bankrotten Filmindustrie entstammenden Produzenten.

Staudte: Das ist nicht meine Erfahrung. Das Schlimmste sind die Sendeanstalten. Die drücken und sparen wo sie können, weil sie sagen, sie müssen sparen. Ich kann das nicht untersuchen. Aber wenn ich die Gebäude sehe, und wenn ich das unheimlich viele Personal sehe, das da auf lebenslänglich herumgeistert, dann habe ich auch nicht das Gefühl, daß das Geld wirklich in die Produktion gesteckt wird. Das mag sein, wie es will: was mich interessiert, ist nur die falsche Planung, die direkt an mich herankommt, mit der ich mich auseinandersetzen muß und wo ich manchmal einfach nicht die Qualität erreiche, die notwendig ist. Ich habe zum Beispiel in Hamburg eine Geschichte gemacht, mit der ich beinahe baden gegangen wäre. Mit diesen technischen Mitteln, die diese Riesenanstalt Mainz mir für ein politisches Kammerspiel, wenn Sie so wollen, das außerdem auch nicht sehr gut war, zur Verfügung stellte, da hätte ich eigentlich sagen müssen: ,Meine Herren, lassen Sie mich!" Ich hatte aber schon einen Vertrag. Aus Mainz kommt — das ist wegen der umstrittenen Steuerschulden sehr aktuell — ,,Sie müssen sparen, sparen, sparen". Oder ein anderer Fall. Da bekam ich zum Beispiel ein Drehbuch, ,,Peter Schlehmihl" von Chamisso. Kurz danach besuchte mich der verantwortliche Redakteur, der, da gleich hohe künstlerische Ansprüche formuliert waren, fragte, was meiner Ansicht nach die Produktion kosten würde. Ohne es kalkuliert zu haben, nur aus der Erfahrung heraus, sagte ich: bei den technischen und künstlerischen Anforderungen etwa 1,3 Millionen. Die Abteilung hatte nur 600.000 Mark kalkuliert. Da man mich vorher veranlaßt hatte, mit Kameraleuten und Schauspielern bindend zu sprechen, fühlte ich mich natürlich mit der Anstalt in einem Vertrag. Es kam zu einer Auseinandersetzung, und ich sagte: besorgen Sie noch 700.000 Mark, dann können wir weiterreden. Man hatte kein Geld und zog das Projekt zurück. Ich mußte einen Anwalt bemühen, um wenigstens einen Teil meiner Honorarforderung erstattet zu bekommen. — Zwei Jahre später wurde der Film von einem anderen Regisseur gemacht und kostete: 1,3 Millionen Mark.

Frage: Ist der Kampf mit einer Technik, die den Hammer quasi mit Dienstschluß fallen läßt, eine generelle Schwierigkeit bei der Fernseharbeit?

Staudte: Ich selber habe in allen Fällen, wo ich mit der Ampex gearbeitet habe, die Erfahrung gemacht, daß von einer Stelle, die es überhaupt mit Sicherheit nicht übersehen kann, einfach Termine gesetzt werden. Und die Crew des Ü-Wagens fährt programmgemäß ab. Die sind ganz pünktlich bei einer politischen Bundestagsdebatte, die sind pünktlich auf dem Fußballplatz und fahren nach dem Spiel auch pünktlich wieder weg und machen dann — wie ich das in einem Fall erlebt habe — Kunst, aber fahren in der Kunst dann genauso pünktlich wieder ab, wenn's auf ihrem Programm steht. Dann reißen sie die Kabel raus, und man muß, wenn man nicht untergehen will, diesen Zeitpunkt erreichen. Es gibt wirklich Fälle, wo der arme Kollege nicht fertig geworden ist. Das Gesetz ist da die Technik, nicht der Regisseur. Wenn die für das Einrichten ihrer Kameras 'ne Stunde mehr brauchen, sagt kein Mensch etwas. Aber wenn der Regisseur eine halbe mehr braucht, dann ist er es gewesen. Es ist einfach notwendig, eine Toleranz einzubauen. Schauspieler sind Menschen. Eine Besetzung ist nicht immer so, daß alles wie am Schnürchen funktioniert. Auch ein Regisseur ist nur ein Mensch; es gefällt ihm etwas nicht, oder er kommt mit einer Sache nicht sofort zu Rande. Diese Zeit muß da sein. Und sie ist in den seltensten Fällen da, einfach weil Leute darüber verfügen, die es offenbar noch immer nicht gelernt haben, daß das, was sie dann letzten Endes empfangen, von Menschen gemacht wird. Und zwar von Menschen, die neben der eigentlichen Herstellung auch noch Ambitionen entwickeln. Entwickeln müssen, denn wenn sie nicht ein bestimmtes Ziel erreichen, sind sie weg vom Fenster. Und zwar durch die gleichen Herren, die fordern und sagen, das ist nicht gut geworden, den nehmen wir nicht mehr, oder: der Schauspieler war so nervös, den wollen wir nicht mehr haben.

Vielleicht wird eines Tages die deutsche Filmsituation mal wieder ein bißchen besser. Obwohl ich das nicht glaube. Mit den Sex-Filmen, damit ist ja nichts zu machen. Und so schmalspurig, wie hier alles angefangen wird, kann man den internationalen Markt nicht erobern. Einen riesigen Fehler macht übrigens auch die Regierung. Diese albernen 200.000 Mark für Drehbücher ergeben ja groteske Situationen. Da gibt es so Glücksvögel, die haben jetzt schon für drei Stoffe je 200.000 Mark, dürfen die Summe aber nur für den Stoff verwenden, der jeweils genannt ist. Und jetzt laufen sie wie die Irren herum und suchen die restlichen 800.000 Mark. Das ist von einer Dußligkeit in der Struktur und in der Organisation, daß man nur froh sein kann, wenn man solch eine Prämie nicht bekommt. Jetzt soll ja die Filmförderung Abhilfe schaffen. Darauf bin ich sehr neugierig.

Frage: Sie sehen offenbar sehr deutlich, das scheint mir in kaum einer Ihrer Produktionen verwischt zu sein, die Klassen der Gesellschaft.

Staudte: Das ist die geringe Bemühung, die einem politisch engagierten Regisseur übrigbleibt. Wenn er in die Situation gesetzt wird, Aufträge zu erfüllen, sucht er natürlich die Lücke. Außerdem ist es eine Frage der Schulung. Ich bin einfach nicht imstande, historische oder gesellschaftliche Gefälle zu übersehen.

Frage: Ihre nicht nur rationale, sondern auch emotional antibürgerliche Haltung spürt man irgendwie an dem Vergnügen, mit dem Sie solche Positionen zeigen. Hat das bestimmte persönliche Erfahrungen zum Hintergrund? Ist daher das Wort „Spießbürger" solch ein Reizwort für Sie?

Staudte: Nein. Ich habe da keine Zwänge und traumatischen Vorstellungen zu überwinden. Woher das stammt, das weiß ich nicht. Das kann aus dem unheimlich verspießten Dritten Reich kommen . . . Es ist richtig, daß zum Beispiel in der Adenauer-Ära diese geradezu makabre Lust am Restaurieren mich natürlich — auch privat — in eine Distanz zur heutigen, zur Bonner Bourgeoisie gebracht hat. Und muß das einen Anstoß haben? Ist der nicht gegeben? Dieses Bonner Debakel um die Affäre Guillaume zum Beispiel, das ist doch die Bourgeoisie, wie sie im Buche steht. Oder hören Sie sich doch die Debatte um den Paragraphen 218 an.

Frage: Hat Ihre Haltung auch mit dem Kontrast des Künstlers zur Gesellschaft zu tun?

Staudte: Sicher auch. Ich weiß nicht. Wenn ich — ich habe mal Automobil- und Flugzeugbau studiert — Ingenieur geworden wäre, und ich wäre bei Heinckel angekommen oder bei den Dornier-Werken, wäre ich wahrscheinlich auch deformiert worden. — Ich bin nicht in der Kirche — Katholizismus oder Protestantismus findet nicht statt. Aber mir fällt zum Beispiel jetzt ein, daß ich noch konfirmiert worden bin. Daß meine Mutter gesagt hat, „Du, so'n blauen Anzug kauf ich dir gar nicht". Ich war der einzige, der in die Konfirmation mit einem grünen Anzug kam. Und so war das eigentlich durchweg.

Frage: Gibt es Menschen, die Sie sehr beeinflußt, persönlich sehr beeindruckt haben?

Staudte: Da muß ich überlegen. — Sie werden ziemlich erschrecken, wenn ich Ihnen sage, daß ich die Frau in der Haftanstalt aufgesucht habe, die in der ganzen Presse idiotischerweise als „Banklady" eingegangen ist. Das würde ich so gerne mal lesen oder mal gerne schreiben: die Geschichte einer Eskalation, die Geschichte einer Frau, die mit wirklich leidenschaftlicher gesellschaftlicher Anteilnahme Zustände verändern und bessern wollte, sicher nicht immer mit legitimen Mitteln, die also zum Schluß eine Bank überfallen und etwa 40.000 Mark da geholt hat. Ich habe sie besucht, weil ich das Urteil in empörender Weise ungerecht fand. Zur gleichen Zeit wurde irgendsoeine Nutte aus der Gesellschaft, die versucht hat, ihren Mann umzulegen, echt freigesprochen. Und diese Überzeugungstäterin, da ist keiner umgebracht worden. Nichts ist passiert, es ist nicht einmal ein Schuß abgegeben worden. Ich habe nichts helfen und nichts nützen können. — Daß ich mit ihr gesprochen habe, das hat mich schon beeindruckt: das erste Mal, daß ich wieder einem Menschen gegenüber saß, der in seinen Worten und seinen Handlungen so absolut konsequent ist.

zu Rotation

Als schon im Jahre 1948, also nur drei Jahre nach der bedingungslosen Kapitulation, im öffentlichen und politischen Leben die ersten Anzeichen einer hemmungslosen Restauration sichtbar wurden, als man erst zaghaft, dann immer unverhüllter die Rehabilitation der faschistischen Führer und Generäle betrieb, die ersten Soldatenzeitungen an den Kiosken auftauchten, der alte nationalistisch-reaktionäre „Stahlhelm-Bund" protestlos von der Bonner Regierung sanktioniert wurde – als man in öffentlichen Kundgebungen von der „deutschen Schmach" sprach, womit man nicht etwa die eigene faschistische Vergangenheit, sondern das Trauma der Wehrlosigkeit, der verlorenen Ostgebiete und die Saar meinte –, in dieser Zeit schrieb ich das Szenarium zu dem Film *Rotation*.

Ich habe in diesem Film versucht, mich gegen die verhängnisvollen Tendenzen der Gegenwart zu stellen – die Entwicklung des politischen Alltags gleicht erschreckend der Zeit nach dem ersten Weltkrieg –, ich habe versucht aufzuzeigen, wie es zu der unfaßbaren Katastrophe kommen konnte, um mitzuhelfen, daß es nicht in Zukunft zu einer noch größeren Katastrophe kommt. Zu viele sind heute schon wieder bereit, den gleichen Weg, der Europa erschüttert hat, noch einmal zu gehen.

Genau wie in *Rotation* sind die Zeitungen angefüllt mit infamen Verleumdungen, historischen Verfälschungen und Kreuzzugsparolen gegen den Osten. Auch der Schauprozeß gegen die Kommunistische Partei in Karlsruhe fehlt nicht. Und heute wie damals ist in Deutschland die Zahl der Unbelehrbaren groß, die noch immer glauben, „unpolitisch" sein zu können. Deshalb zeigt *Rotation* die Geschichte eines braven und tüchtigen Mannes. Auch er will nichts damit zu tun haben, auch er ist unpolitisch und wird mitschuldig.

Mein wichtigstes Anliegen aber mit diesem Film war es zu zeigen, wohin die „Politik der Stärke" geführt hat. Damals wie heute entbrannte der Kampf um die Wiederbewaffnung. Damals waren es nur hunderttausend Mann! Heute sind es ja nur zwölf Divisionen. Das Hunderttausend-Mann-Heer aber war der Anfang der hitlerischen Wehrmacht.

Die Regierungen der Länder, die den Pariser Vertrag ratifizierten, müssen sich darüber klar sein, mit welchem Deutschland sie dieses Bündnis schließen. An der Spitze der zwölf Divisionen, die sie einhandeln, zum großen Teil gegen den Willen ihres Volkes, stehen des Teufels Generäle. Es könnten nur die gleichen Männer sein, die schon einmal den faschistischen Überfall auf die Länder Europas kommandiert haben; denn die, die sich weigerten, sind nicht mehr am Leben. Die zwölf Divisionen aber bestehen aus revanchelüsternen Militaristen und unbekehr- und unbelehrbaren Elementen oder aus einer Jugend, die gegen ihren Willen und gegen ihre Überzeugung in den Militärdienst gepreßt werden soll.

Wird die politische Schlacht gegen einen wiedererwachenden Militarismus gewonnen, dann kann auch die Vision eines dauerhaften Friedens reale Wirklichkeit werden.

Deutsche Filmkunst, Heft 2/1955

Offener Brief an die westdeutsche Presse

Das plötzlich gezeigte Entsetzen der Öffentlichkeit und der Regierung gegenüber den antisemitischen Ausschreitungen kann doch kaum Heuchelei sein. Dann aber ist es ein Zeichen gefährlicher politischer Ignoranz, unentschuldbaren Verkennens der bundesdeutschen Wirklichkeit. Zweifellos hat die gegenwärtige Regierung nach der Liquidation des tausendjährigen Reiches eine schwere moralische Hypothek übernehmen müssen. Aber indem sie sich zur Staatsführung gedrängt hat, trägt auch sie allein die Verantwortung dafür. Sie mußte wissen, daß unser Volk in seiner Mehrheit dem Nationalsozialismus erlegen und seinen Führern teils willig, teils widerwillig bis in die tiefste nationale und menschliche Entwürdigung gefolgt war. Die Macht des deutschen Faschismus ist nicht von innen besiegt, sondern von außen zerschlagen worden. Krieg aber ist kein Argument gegen Gesinnung. Auch kein verlorener. Wo aber sind die nazistischen Kräfte geblieben, denen die halbe Welt ausgeliefert war?

In steigender Tendenz hat eine Kette politischer Instinktlosigkeiten unserer Staatsführung die latent schlummernden Kräfte antidemokratischer und antihumaner Gesinnung erweckt und ermutigt. Die Quittung dafür ist die Weihnachtsnacht in Köln. Wenn zum Beispiel die Öffentlichkeit darüber informiert wird, daß der Bundeskanzler einem verurteilten Kriegsverbrecher bei seiner Entlassung aus dem Spandauer Gefängnis ein Begrüßungstelegramm schickt, wenn eine durch unsere Schuld sehr kleine jüdische Gemeinde in Berlin aus allzu begreiflicher Verletzbarkeit gegen das Auftreten von Werner Krauss protestiert und die Polizei mit Wasserwerfern und Gummiknüppeln gegen die Demonstranten angeht, dann ist damals schon *mehr* als nur menschliches Taktgefühl niedergeknüppelt worden. Einige Jahre später wurde Werner Krauss mit dem Bundesverdienstkreuz ausgezeichnet. Wenn der Regierungschef selbst sich in geradezu mythischer Germanentreue vor Minister stellt, die in Folge ihrer Vergangenheit besser, und sei es auch nur mit Rücksicht auf den Ruf der jungen Bundesrepublik, in der Anonymität der großen und kleinen Helfershelfer Hitlers geblieben wären, wenn faschistische Organisationen und rechtsextremistische Parteien erlaubt, die Kommunistische Partei trotz ihrer zahlenmäßigen Bedeutungslosigkeit aber verboten wird, wenn man die historische Schuld der Vergangenheit zu ignorieren versucht, aber laut Kanzlerwort uns wieder mit einem neuen katastrophalen Sendungsbewußtsein ausstatten will, dann darf man sich nicht wundern, daß sich die Schuldigen von gestern legitimiert fühlen und in ihren reaktionären Ansichten oftmals bestätigt durch eine Regierung, die demokratisch vom Volk berufen wurde.

Daß wir die Opfer des nationalsozialistischen Angriffskrieges als Heimatvertriebene offiziell bezeichnen und mit dieser Formulierung schon die Schuld an diesem Unglück auf das unmenschliche Verhalten anderer Nationen abzuwälzen versuchen, gehört ebenfalls zu der Kategorie politischen Unverstandes, zur Manifestation des historischen Irrtums. Wie sehr das politische Klima langsam aber sicher in den Jahren nach totaler Kapitulation verseucht wurde, geht aus der bizarren Tatsache hervor, daß der Bundestag auch nur zu erwägen wagte, ob es statthaft sei, die Orden und — das Wort ist gefallen — Ehrenzeichen eines durch und durch kriminellen Krieges zu tragen. Nach der Debatte war es statthaft. Und Orden werden heute getragen, die man sowohl für die planmäßige Vergasung von Juden wie für den Überfall auf ein fremdes Land erhalten haben konnte.

Ich bin nach meiner Meinung gefragt worden, hier ist sie. Eine Demokratie lebt vom Anstand und dem Mut ihrer Bürger. Feigheit macht jede Staatsform zur Diktatur. Indem wir die Schuld der Vergangenheit von uns zu wälzen suchen, machen wir uns erneut schuldig. Ich halte es für wichtiger, in der Gesamtheit den Erscheinungen der Restauration entgegenzuwirken, als Jugendliche besonders hart zu bestrafen für Sünden, die weiß Gott nicht außerhalb unserer Verantwortung liegen.

Die Kultur, Nachdruck in: Neues Deutschland, 25.2.1960

zu Rosen für den Staatsanwalt:

„Deutsch sein und Charakter haben ist ein und dasselbe" sagt Dr. Schramm, der Nazirichter, in einer Szene meines Films *Rosen für den Staatsanwalt*. Jenes Films, für den ich in Karlsbad den ersten Hauptpreis des diesjährigen Festivals in Empfang nehmen konnte. Dies hätte ich nicht tun dürfen. Derart undeutsches Verhalten auf ehemaligem Protektoratsboden ist mir von den Hütern deutschen Wesens schwer angekreidet worden.

In einigen Berliner Zeitungen, besonders im ABEND und im TAG, konnte ich nachlesen, wie man sich als deutscher Regisseur im Ausland verhält. Etwa so:

Das festlich geschmückte Kino ist bis auf den letzten Platz gefüllt. Die Jury tritt auf. Einundzwanzig Herren nehmen auf der Bühne Platz. Es sind Engländer, Franzosen, Russen, Tschechen und Deutsche aus Ost und West dabei. Den Vorsitz hatte ein Holländer. Sie hatten insgesamt etwa 400 Filme gesehen und bis tief in die Nächte hinein diskutiert. Kein Wunder, daß sie blaß und übermüdet aussahen. Als Dank für ihre Arbeit erhielten sie anhaltenden Applaus. Hier schon fiel mir die Würdelosigkeit einiger westdeutscher Journalisten auf, die gedankenlos mitapplaudierten. Ich rührte natürlich keine Hand. Dann kam der Minister für Kultur auf die Bühne und einige Herren des Festivalkomitees. Die tschechische

Nationalhymne erklang. Alles erhob sich von den Plätzen. Einen Augenblick wurde ich schwach. Ich dachte in verwerflicher Sentimentalität, du bist Gast dieses Landes, alle sind hier sehr freundlich zu dir und ich wollte weiter denken, an das Unrecht, das diesem Volk einmal geschehen ist . . . aber da, eben noch zur rechten Zeit, dachte ich an den TAG, der einst kommen wird und auch an den ABEND, der täglich in Berlin erscheint und blieb stolz sitzen. Kaum hörbar, aber doch männlich summte ich das Deutschlandlied in mich hinein.

Dann hielt der Minister für Kultur eine Ansprache, die ich nicht verstehen konnte, die mir aber eine Dolmetscherin übersetzte. Sie saß neben mir, und irgendwer mußte ihr mal eine sechsstellige Zahl in ihren rechten Arm gebrannt haben. Sie sah gesund und rosig aus und war immer guter Laune. Kann also nicht schlimm gewesen sein, damals. Schlimm aber war, was man mir angetan hatte.

Man hatte die Stirn gehabt, aus meinem Film eine kleine Szene herauszuschneiden. Ich hätte es sicher nie erfahren, wären nicht einige Tage zuvor ein paar westdeutsche Berichterstatter mit der Miene vornehmer Kondolenzbesucher an meinen Tisch getreten und hätten geflüstert: „Sie müssen protestieren!" Ich sagte spontan: „Natürlich. Wogegen? "

„Sie dürfen sich das unter gar keinen Umständen gefallen lassen!" „Nein. Unter keinen Umständen! Was? "

Und so erfuhr ich, was sie so empörte. Ich wagte einzuwenden, daß man ja auch die Filme von Chabrol, Wolf und Leiser in der Bundesrepublik geschnitten hätte. Filme wie *Schrei wenn Du kannst, Sterne, Mein Kampf.* Und daß die herausgeschnittene Szene absolut nichts am Sinn des Filmes ändern würde. Der Film zeige doch nach wie vor, daß es Nazis in der Justiz gibt und daß man sie entfernt, wenn man sie entdeckt. Ja, wenn diese umstrittene Szene erklären würde, wie sie überhaupt erst in die Justiz gelangt sind, – aber nicht einmal das . . .

Einer nach dem andern rückte von mir ab. Verachtung im Blick.

„Die Szene zeigt, daß man sich höheren Orts große Sorgen um die Zustände in der bundesrepublikanischen Justiz macht und daß man sehr bemüht ist, diese Zustände zu ändern", belehrte mich einer noch im Abgehen. Ich gab mich geschlagen. „Gut, ich werde protestieren!" Gleich darauf saßen alle wieder an meinem Tisch, und einer sagte: „Zu einem ausländischen Filmfestival gehört ein deutscher Protest. Das war in Cannes so und in Venedig! Das ist Tradition."

Undatiertes Manuskript aus dem Besitz von Staudte, nicht veröffentlicht

zu Kirmes

Unbewältigte Vergangenheit und nicht eingelöste historische Schuld haben offenbar einen traumatischen Zustand erzeugt, der bei der Behandlung eines Themas aus jüngster Vergangenheit keine andere Definition und keinen anderen kritischen Standpunkt zuläßt als den der Anklage.

Der Film *Kirmes* aber ist in keiner Hinsicht Anklage. Die Geschichte könnte im Dreißigjährigen Krieg ebenso spielen wie in einem beliebigen, sozialen Notstandsgebiet. Überall dort könnte er spielen, wo kollektives Schicksal den Einzelnen moralisch überfordert. Weltliteratur, Geschichtsschreibung und Gegenwartsdramatik vermitteln uns in den weitaus meisten Fällen das Schicksal, die Konflikte und das Verhalten besonderer Persönlichkeiten, keine Helden, keine Widerstandskämpfer, keine guten und auch keine schlechten Menschen. Sie sind nur Produkte der Angst, Opfer des ethischen Widerspruchs zwischen Krieg und Christentum, in ihrer moralischen Kraft überfordert von einer unmoralischen Zeit. So ist *Kirmes* nicht Anklage, sondern Plädoyer.

Und so ist es auch zu verstehen, daß man

„in dem gesamten Film keine einzige Menschengestalt antrifft, die in relativ positiver Art den Standort verkörpern könnte, von dem ein solcher Angriff mit Fug und Recht geführt werden könnte und sollte."
(Zitat der Filmbewertungsstelle)

Ich sehe keinen Angriff darin, unter vielen Menschen auf einem Kirmesplatz auch ein paar Bundeswehrsoldaten zu zeigen. Sie gehören unleugbar zu unserem Gegenwartsbild.

In den wenigen Filmmetern des Anfangs eine „böswillige Identifikation" mit dem Dritten Reich zu sehen, läßt die Objektivität der Bewertung in zweifelhaftem Licht erscheinen, um so mehr, als sie kurzerhand mit einem „harten Schnitt" argumentiert, wo eine übernormal lange Zeitblende die Rahmenhandlung einleitet.

Das Verhalten aller Beteiligten nach dem Auffinden des Skeletts in unserer Gegenwart kann nur retrospektiv beurteilt werden unter dem Aspekt menschlichen Versagens. Jeder hatte, um das Leben dieses jungen Mertens zu bewahren, sein Möglichstes getan. Das Möglichste aber hatte nicht gereicht. Und so suchen sich alle, nicht nur der Vater, „mit allgemeinen, abwehrenden und ausweichenden Redensarten" zu beschwichtigen. Weder in religiösen noch in menschlichen Bezirken kann es eine Beantwortung der Frage nach der Schuld geben. Aber es gibt die berechtigte Annahme, daß der Tote in Wahrheit ein unbekannter Soldat ist. Diese Möglichkeit enthebt auch den Dorfgeistlichen „Jeder Maßnahme kraft seines Amtes", und es scheint mir kaum ein „Zerrbild der Gegenwart" zu sein, wenn auch er eine Vergangenheit ruhen lassen will, in der sich keiner bewähren konnte.

Was die Kritik an der Figur des Ortsgruppenleiters betrifft, so ist dazu zu sagen, daß fast jede Art von Überzeichnung noch hinter der Wirklichkeit zurückbleiben muß. Die Verteilung der Macht und der Gewalt an die aufgeblasensten Hohlköpfe war ein Symptom der Zeit. Hitler und seine Vasallen, in einem Dokumentarfilm heute betrachtet, sind von grausiger, unglaubhafter Lächerlichkeit. Nicht anders der Ortsgruppenleiter in *Kirmes*. Seine Worte sind Parteiphrasen, die um so polternder werden, je unsicherer er selbst wird. Er vertritt in dem Eifeldorf die Macht, die auch ihn beherrscht, die auch ihn treibt. Aber die Dorfbewohner streiten sich mit ihm, sagen ihm Wahrheiten, die sich nicht jeder an seiner Stelle hätte gefallen lassen. Er sagt bei solcher Gelegenheit mehrmals: Wenn ich jetzt tun würde, was meine Pflicht ist . . . Aber er tut es nie. Er fuchtelt einmal mit der Pistole herum, er schlägt einmal die Fremdarbeiterin, und als die Uniform gefunden wird, ruft er die Gestapo ins Dorf. Er ist ein Popanz, damals wie heute.

In der Begründung der Bewertungsstelle taucht immer wieder das Wort Anklage auf, um dann zu folgern, daß diese Anklage nicht entsprechend künstlerisch oder psychologisch behandelt wurde. Angeklagt allein ist der Krieg. Und gemeint ist, daß es nur e i n moralisches Verhalten gibt, mit aller Kraft gegen den Krieg zu sein. Den Anfängen zu wehren. Wenn es zu spät ist, gibt es nur noch Opfer. Opfer des Krieges sind nicht nur die Toten.

Welche Worte der Dorfgeistliche, der den Deserteur vier Tage versteckt gehalten hat, in seiner bohrenden Angst findet und einem jungen Bauern gegenüber für richtig hält, mag theologisch unzureichend sein, wichtig ist nur, daß man empfindet, er ist in unabwendbarer Gewissensnot. Er ist ein Opfer des Krieges.

Und so auch die anderen. Die Eltern, die Wirtsleute, die Schwägerin, die Annette.

Daß der Film Aggressionen erzeugt, ist mir verständlich, daß diese aber bei einem von Amts wegen geschulten Zuschauerkreis zu sicher unbewußten Unterstellungen und Mißdeutungen geführt haben, macht das Ersuchen um nochmalige Prüfung des mir vorliegenden Entscheids unabwendbar.

„Es ist zum Beispiel doch wohl einigermaßen unwahrscheinlich, daß ein Vater, der seinen Sohn plötzlich im Keller als Deserteur findet, sich erst einmal mit seinem Sohn betrinkt."
(Zitat der Filmbewertungsstelle)

Von „plötzlich" kann keine Rede sein. Jedes Kind weiß heute, daß eine bestimmte Zeit vorausgegangen sein muß, wenn man nach einer langen Überblendung mitten im Dialog einer Szene beginnt. Daß der Vater mit seinem Sohn trinkt, – nicht sich betrinkt – hat eine unübersehbarer Ursache. Er versucht, seinem Sohn die Gefahrlosigkeit seines elterlichen Asyls vorzugaukeln, er trinkt sich Mut und Hoffnung zu, er macht den Versuch, die aufkommende Angst zu bändigen. Dieser Versuch scheitert. Als der Vater sich selbst aufgibt, verläßt der Sohn das Elternhaus.

Man muß schon ein Halbgott sein, wenn man nicht bereit ist, sich mit dem menschlichen Versagen angesichts von Folter und Tod zu identifizieren.

Dem Regisseur Staudte ist nicht der Drehbuchautor zum Verhängnis geworden, sondern die Drehbuchautoren, die durch die Erfindung des Übermenschen, des Helden, des Retters in der Not eine liebe Filmgewohnheit gemacht haben. Auf Kosten der Wahrheit, aber zum Behagen des Beschauers. *Kirmes* aber will nicht Behagen, wohlgefällige Selbstbetrachtung, sondern Selbstbesinnung. Die leidenschaftlich geführten Diskussionen, die er bei den wenigen Aufführungen bisher hervorgerufen hat, waren Streitgespräche um moralische Positionen. Und genau das habe ich mir von meiner Arbeit erhofft.

Undatiertes Manuskript aus dem Besitz von Staudte, nicht veröffentlicht

zu Herrenpartie

Das eigene Nest beschmutzen?

Als der Krieg glücklich verloren war, da war das eigene Nest hoffnungslos verdreckt von oben bis unten. Und da kein revolutionäres Großreinemachen stattfand, wurde der Dreck versteckt, so gut es ging, aber er blieb im eigenen Nest.

Es gab kollektive Schuld, aber keine kollektive Reinigung. Dafür gab es Beschäftigung anderer Art. Das Nest zerfiel in zwei Teile und mit ihm auch die gemeinsame historische Verantwortung. So hatte jeder Teil die einmalige Gelegenheit, sich über den Schmutz im anderen Teil so heftig zu empören, daß er zur Beseitigung des eigenen wenig Zeit fand.

Die aber, die sich diese Zeit dennoch nahmen und den Dreck aus den eigenen Ecken hervorzukehren suchten, es waren gottlob nicht wenig, mußten oft auf den Dank des Vaterlandes verzichten und erfahren, daß ihr politisches Reinlichkeitsbedürfnis eben von jenem Kommentar begleitet wurde, der der Anlaß zu diesen Zeilen ist: Der beschmutzt ja sein eigenes Nest!

Schon bald, nachdem der Film *Die Mörder sind unter uns* uraufgeführt war, tauchte, wenn auch noch vergleichsweise zaghaft, dieser Vorwurf gegen mich auf. Heute weiß ich, daß der sorgenvolle Einwand vorwiegend von denen kam, die befürchten mußten, selbst zwischen Besen und Schaufel zu geraten.

Daß nach zwanzig Jahren die Mörder noch immer unter uns sind, aus Zuchthauszellen spazieren, Bundesverdienstkreuze erhalten, auf Ministersessel gesetzt werden, besagt doch nichts anderes, als daß noch immer Schmutz im eigenen Nest ist, der beseitigt werden sollte.

Wer sich aber dieser gewiß nicht immer dankbaren Arbeit unterzieht, erregt mancherorts Mißfallen auf seltsame, oft bedenkliche Art.

Er wird angesehen als fremder Vogel aus fremdem Nest, der schadenfroh krächzt: Seht, wie schmutzig euer Nest ist! Dabei ist es sein eigenes Nest und so auch sein eigener Schmutz.

Was nun aber jene betrifft, deren hastig renoviertes Nationalbewußtsein ins Wanken gerät und die sorgenzerfurcht über die „provisorischen" Landesgrenzen blicken, denen ist mühelos nachzuweisen, daß Filme wie *Rosen für den Staatsanwalt* oder *Kirmes*, die ich zu verantworten habe, dem deutschen Ansehen im Ausland mehr Achtung eingetragen haben als jene hoffnungslosen Versuche, deutsche Schuld in tragische Verstrickung umzudeuten.

Aber selbst der arme Heinrich Mann mußte es sich gefallen lassen, daß vor dem *Untertan* ein Titel lief, der etwa besagte, daß das Ganze nicht so böse gemeint sei und es sich hier gewissermaßen um die Darstellung eines Einzelfalles handele. Spießbürgerliche Bedachtsamkeit, nicht das eigene Nest zu beschmutzen, hat hier zu bewußter Verfälschung geführt. Auch Hitler war ein Einzelfall. Aber sein Ungeist hat Europa in Brand gesetzt. Und von der idiotischen Ideologie des „Herrenmenschen" bis zur überheblichen Phrase wilhelminischer Prägung vom deutschen Wesen, an dem die Welt genesen sollte, ist nur ein kurzer Weg zurück.

Politische Filme sind ein Stück Geschichtsdarstellung der Gegenwart. Sofern sie Kunst sind, werden sie parteiisch sein, herausfordernd und subjektiv, aber immer teilnehmend und besorgt um den Zustand des „eigenen Nestes".

Der Film *Herrenpartie,* der als deutscher Beitrag an den Start geht, ist ein solcher Film. Eine satirische Attacke gegen politische Instinktlosigkeit deutscher Touristen in ehemals besetztem Gebiet. Auf der anderen Seite aber wendet er sich auch gegen betonierten Deutschenhaß, gegen Unversöhnlichkeit und späte Rache. Nicht nur die Täter, auch die Opfer haben eine Vergangenheit zu bewältigen, und wir, denke ich, haben alle Ursache, ihnen dabei zu helfen. Daß es solche Instinktlosigkeit hierzulande gibt, kann bei einer Handvoll Spießbürgern wohl nicht bezweifelt werden, wenn Minister Reden halten können, die politisches Porzellan so laut zerschlagen, daß man das Scheppern selbst im Pentagon noch hört!

Sicher sind es nicht die Filme, die das eigene Nest beschmutzen.

Film in Berlin, Offizielle Festspielzeitung der XIV. Internationalen Film-Festspiele, Nr. 8, 3.7.1964

zu Akrobat Schö-ö-ö-n . . . (1942/43):

Ernst Jerosch
„Akrobat schö-ö-ö-n . . ."
Alhambra, Kurfürstendamm

Der Ausruf Charlie Rivels, der dem Film den Titel gab, wurde weltberühmt. In seiner kindlichrührenden Begeisterung ist er so etwas wie ein Motto, das man über alles echte Clowntum setzen könnte, denn er drückt unmißverständlich und bezwingend die ganze Freude am artistischen Spaß aus, er ist der „Schlachtruf" des komischen Mannes in der Manege, der durch seine eigene Freude an der Kunstfertigkeit auch den anderen Freude macht.

Wer allerdings gedacht hat, hier eine Art von biographischem Film zu finden, wie man ihn einst von dem großen Clown Grock drehte, der ist im Irrtum. Obschon die Lebensgeschichte von Charlie Rivel, der ja aus einer alten spanischen Zirkusfamilie stammt, sicherlich manch Interessantes hergegeben hätte, verzichtete man darauf, um statt dessen die Legende vom Aufstieg des kleinen Clowns zu erzählen, und dabei wird — sehr hübsch und zart — ein ganzes Stück menschlicher Komödie sichtbar, so wie der Clown in seinem Narrengewand ja auch nichts anderes ist als ein Zerrspiel, in dem sich das Tun der Menschheit spiegelt.

Wolfgang Staudte, Autor und Spielleiter zugleich, vermied alle ausgetretenen Pfade, er wagte den Schritt zur Filmlegende und schuf mitunter Stimmungen von bezwingendem Reiz, wobei es dann im Grunde unerheblich ist, wenn hier und da im Gang der äußeren Handlung ein paar Stilbrüche auftauchen. Jeder Mut zum Experiment scheint uns für die Entwicklung einer Filmkunst unendlich viel wertvoller als eine noch so gekonnte Dagewesenheit und, so gesehen, muß dieser Film zu den bemerkenswertesten Erscheinungen der Spielzeit gerechnet werden.

Der Inhalt ist schnell erzählt: In einer Dachkammer haust der kleine Artist Charlie zusammen mit seiner Freundin und Partnerin Monika. Ein Stück echtester Bohème entrollt sich vor unseren Augen, bis Monika eines Tages von einem großen Varieté als Partnerin eines weltberühmten Tänzers und Sängers engagiert wird. Für Charlie dagegen bleibt nur die Rolle des Bühnenarbeiters und Nachtportiers übrig. Nun beginnt der Kampf des kleinen Mannes gegen die Tücken des Zufalls und die Kabalen der Großen. Wie ein reiner Tor durchkämpft er siegreich alle Stadien des Mißgeschicks und besiegt sogar eines Tages seinen schlimmsten Widersacher, den Kraftmenschen Roto, der ihm ständig bitterböse nachstellt. In den Nächten aber, wenn der kleine Charlie ganz allein im großen Theaterhause ist, probiert er seine Nummer. Gespenstisch rauscht um Mitternacht der Bühnenvorhang auseinander, und vor den leeren Reihen exerziert Charlie seine Trapeznummer, die immer besser und besser wird und der Vollendung entgegenreift. Da, eines Tages, als sich Charlie vor dem leeren Haus verbeugt, ertönt Applaus von Geisterhänden. Es ist eine junge Artistin, die sich eingeschlichen hat, um am nächsten Morgen gleich als erste den Oberregisseur zu treffen. Sie wird nun Charlies neue Partnerin, nachdem ihn seine Monika verlassen hat. Und eines Tages ist es so weit: eine berühmte Artistengruppe hat abgesagt, und der Direktor will den Versuch machen, Charlie als neue Attraktion in die entstandene Lücke zu schieben. Aber wieder kommt der Widersacher Roto und schlägt den kleinen Mann fast bis zur Unkenntlichkeit zusammen. Um seinem Schicksal zu entgehen, verkleidet sich Charlie bis zur absoluten Unkenntlichkeit. Es entsteht die berühmte Rivel-Maske. Durch einen Zufall wird bei dem großen Schlußbild der Revue plötzlich die Drehbühne in Bewegung gesetzt, und Charlie dreht sich mit seiner Partnerin unvermutet ins Blickfeld der Zuschauer. Schon denkt der Direktor: alles ist verpatzt! Da kündet ihm ein donnernder Applaus des Publikums den Erfolg, den die Charlie-Nummer hat. Die Vorstellung ist gerettet. Und Charlie auch. Selbst halb von Sinnen vor Begeisterung, tritt Charlie vor den Vorhang und bricht in jenen Ruf aus, der aller Meinung so eindeutig zusammenfaßt:

Akrobat schö-ö-ö-n . . .

Der Spielleiter Wolfgang Staudte legte, obwohl ursprünglich selbst Schauspieler, den Film nicht vom Schauspielerischen her an, sondern vom Bildeffekt und vom Artistischen, eingedenk der Tatsache, daß sein Hauptakteur ja nicht Schauspieler, sondern Artist ist. Dabei gelingen ihm und seinem hervorragenden Kameramann Georg Bruckbauer Szenen von starkem Stimmungsgehalt und Bilder von absoluter Originalität. Man erinnere sich nur der einleitenden Szenen in der Dachkammer und des fast mystischen akrobatischen Tanzes zur Baßgeigenbegleitung auf dem Dach. Sie könnten aus einem Montmartre-Roman stammen. Großartig auch die nächtlichen Proben Charlies im riesigen Bühnenraum. Einzelne Einstellungen, wie z.B. der senkrechte Blick auf den sich hebenden Theatervorhang mit den darunter sich drehenden weiten Röcken der Balletgirls, sind überraschend neuartig und dürften Schule machen. Merkwürdigerweise kommt dann die eigentliche Rivel-Nummer, die den Abschluß und Höhepunkt bilden soll, nicht ganz so zur Geltung, wie wir sie von der Bühne her kennen. Hier sind dem zweidimensionalen Bild eben Grenzen gesetzt, die man nicht überschreiten darf.

Charlie Rivel selbst gibt den kleinen Clown mit überhöflicher Bescheidenheit, ohne dabei in die schmierige Gestikulation etwa eines Chaplin zu verfallen. Der Menschheit ganzer Jammer und der Menschheit ganzes Glück wird in diesem kleinen Artisten sichtbar, der außer seinem „Akrobat schö-ö-ö-n!" während des ganzen Films nur die zwei Worte zu sprechen hat. „Kommen Sie." Dabei vermißt man die Sprache nicht, weil diese Figur schon vom Drehbuch her sehr geschickt ganz auf die stumme Geste angelegt ist. Seine beiden Partnerinnen sind die gewandte und temperamentvolle Klara Tabody, die mit den hübschen Beinen beredter scheint als mit der Stimme und die reizend ausschauende Käthe Dyckhoff, die in diesem Milieu sehr hübsch das im Grunde bürgerliche Denken der Artisten sichtbar werden läßt. Karl Schönböck gibt mit parodistischer Laune einen mondänen Gesangs- und Tanzstar, der seine angeborene Schüchternheit aus Reklamegründen hinter dem Exterieur eines Wüstlings verbergen muß. Ein Kraftmensch von fast dämonischer Gewalt ist Fritz Kampers, der seine in anderen Rollen immer wieder durchbrechende Gutmütigkeit diesmal erstaunlich echt mit einem eitlen Kraftmeiertum und einer bedrohlichen Bösartigkeit vertauschte. Hans Junkermann spielt in der letzten Rolle seines Lebens die Karikatur eines Varieté-Direktors wieder mit jener Noblesse, die wir an diesem großartigen Chargenspieler von je schätzten. Ferner sieht man H.H. Schaufuß als Inspizient, der die ganze Welt des Varietés für ein Irrenhaus ansieht. Henry Lorenzen als Direktionssekretär, Adolf Ziegler als Regisseur, Oskar Höcker als Bühnenmeister, Werner Scharf und Nina Raven als Artisten, Karl Kahlmann als Diener und Edgar Pauly als Pförtner.

Die Filmbildner Erich Grave und Hans Luigi bauten sehr phantasievolle Szenerien. Ihr Dachatelier ist ein Meisterstück stimmungsvoller Dekorationstechnik, und auch die Bühnenausstattungen zeugen von Geschmack und Phantasie. Eine ausgezeichnete Musik, auf die wir noch an anderer Stelle zurückkommen, schrieb Friedrich Schröder, der Vielgewandte und für Film und Brettl heute Unentbehrliche. Assistent des Spielleiters war Erich Frisch. Der Film entstand in der Herstellungsgruppe und unter der Produktionsleitung von Werner Malbran, der sich bereits vor Jahren mit dem unvergessenen „Tobis-Trichter" als origineller Produktionsleiter einen Namen schuf und hier nun seinen ersten großen Spielfilm starten konnte.

Niemand wird behaupten wollen, daß mit diesem Film nun bereits ein durch und durch vollendetes Werk geschaffen wurde. Dazu ist vieles darin noch zu sehr Experiment, manches sogar wohl nur andeutender Versuch. Eins aber wird man ihm immer lassen müssen: dieser Film ist keine Konfektionsarbeit, keine Dutzendware, sondern eine ehrliche Bemühung, neue Wege zu gehen und Anregungen zu geben. So gesehen kommt ihm ein Wert zu, der gar nicht hoch genug einzuschätzen ist, und deshalb sollten wir denen, die den Film schufen, dankbar sein.

Film-Kurier, 7.12.1943, Nr. 1467

Werner Fiedler
Der philosophische Pinguin
Tobis-Film „Akrobat Schö-ö-ö-n . . ." in der Alhambra, Kurfürstendamm

Auch die Filmpremieren haben wieder eingesetzt — mit *Akrobat Schö-ö-ö-n . . .*

Mancher mag vielleicht die Stirn runzeln über einen Clown-Film in diesen grimmig-ernsten Zeiten. Unnötigerweise, denn Charlie Rivel ist ja keiner jener billigen Spaßmacher, bei denen man den Witz vor lauter Purzelbäumen nicht sieht und die die Clownsmaske brauchen, um ihren Mangel an Humor dahinter zu verbergen. *Akrobat Schö-ö-ö-n . . .* ist ein heiterer Philosoph, des „Nun gerade", ein Pechvogel, der sich zum Spaßvogel durchmausert, ein geduldiger Dompteur, der die Tücke des Objekts bändigt.

Wer ihm den Philosophen nicht glauben will, soll sich nur in seiner seltsamen Behausung umsehen, die der Film uns zeigt. Es ist ein Bodenraum, zugleich Wohn- und Studierstube, Küche und Schlafzimmer. Eine Schaukel hängt da, jenes Instrument, an dem man Darwins Abstammungslehre anschaulich demonstrieren und das stammväterische Bedürfnis, sich von Ast zu Ast zu schwingen, in beschränktem Raume befriedigen kann. Auch ein Drahtseil ist durch die Stube gespannt, auf dem unser Philosoph mit unbewegtem Gesicht wie auf dem schmalen Grat zwischen Tragik und Komik, auf der Wasserscheide zwischen Ernst und Spaß zu balancieren pflegt. Auch die Fragwürdigkeit der Begriffe a priori und a posteriori führt er uns höchst eindrucksvoll vor, indem er sein Frühstücksgeschirr auf die bloße Tischplatte stellt und dann erst das Tischtuch darüber deckt, das an den richtigen Stellen genau ausgesparte Löcher aufweist, aus denen Teller, Kanne und Brotbüchse gebrauchsfertig hindurchragen.

Der Film beginnt mit einem rechten Ohrenschmaus. Da hockt ein spitzwegartiges Männlein unterm Bodenfenster, es knetet und massiert mit zärtlicher Inbrunst die Luft im faltenreichen Balg einer kleinen Concertina, so daß sie wohlbehaglich aufstöhnt und wohltönend seufzt und jubiliert. Als der Kaffeekessel mit verheißungsvollem Pfeifgeräusch einstimmt, wandert der Wohllautkneter auf dem Drahtseil zum Herd, kramt aus dem Küchenkasten zwischen Hanteln und Kopfhörer das Eßbesteck heraus, deckt dann den Kaffeetisch nach der erwähnten sinnreichen Methode und macht sich daran, ein Ei in die Pfanne zu schlagen. Da fällt sein Blick auf eine Zauberfibel und sogleich macht er sich an die Übung, das Ei verschwinden zu lassen. Das gelingt ihm so glänzend, daß er es nicht mehr wiederfindet, während das Fett in der Pfanne in Qualm und Rauch aufgeht.

Noch vielerlei Mißgeschick hat dieser geschickte Tölpel mit der zarten Seele in diesem Tobis-Film zu bestehen, ehe ihm das heißersehnte Glück lächelt und bis er im Rampenlicht einer Varietébühne stehen darf. Zunächst stolpert er als Bühnenarbeiter, dann als Nachtwächter von einem Unheil ins andere. Das Hübscheste dabei ist, daß er die ganze Zeit schweigt. Dafür legt er all seine Gefühle in seinen berühmten Auswurf, sein seelenvolles „schö-ö-ö-n". Nur wenn er in Clownskleidung wie ein Pinguin daherwatschelt und seine grotesken Trapezkunststücke vorführt, zwitschert er aufgeregt in unartikulierten Tönen vor sich hin.

Neben manchen anderen hübschen Einfällen des Drehbuchautors und Spielleiters Wolfgang Staudte wirkt ein Szenchen geradezu wie ein freundliches Gleichnis: wenn Onkel Charlie ein Kleinkind hütet und es auf dem Kopfe stehend mit allerlei liebem, kleinem Unfug unterhält — denn er wendet sich ja überhaupt mit seinen unschuldigen, die Tatsachen auf den Kopf stellenden Späßen an das Kind im Menschen. Es sind nicht die komplizierten Scherze voller dialektischer Hintergedanken, mit denen er wirkt, es ist das schlichte, noch unverschüttete Verhältnis zu den Menschen und zu den Dingen, aus denen seine rührende Komik erwächst.

Wenn Charlie Rivel fehlt, wird der Film langatmig. Das, was neben seinen Auftritten an Handlung aufgebaut ist, wirkt wie eine Kulissenwelt mit Seelenattrappen. Man hofft immer wieder, daß der Akrobat in das Revue-Exerzieren hineinstolpert oder in das ausgedehnte Liebesduett, um mit seinem Riesensaxophon das

Seelengetöne der beiden Liebesleute heiter zu überdröhnen. Doch er läßt uns lange zappeln, ehe er eingreift, aber dann wird's wieder schö-ö-ö-n.

Clara Tabody tanzt und steppt mit bezauberndem Temperament; sie ist mit der Sohle ausdrucksstärker als mit der Seele, doch daran ist die reichlich konstruierte Liebeshandlung schuld. Denn die Wandlungen ihres Partners Karl Schönböck vom affektierten Star (der ihm dann aber von ihr gestochen wird) zum gefühlvollen Liebhaber ist nicht ganz glaubwürdig. Aus dem geplagten Inspizienten (der, nicht ohne Grund, das ganze Revuetheater für ein Irrenhaus hält) macht H.H. Schaufuss eine liebenswerte Erscheinung. Fritz Kampers biegt als Kraftmensch Roto dicke Eisenstangen sinnig zur Herzform zusammen und huldigt auch sonst einer ziemlich gewalttätigen Liebe. Der Film gibt Gelegenheit, uns noch einmal vor dem trefflich charakterisierenden Spiel von Hans Junkermann zu verneigen, der einen zerfahrenen Theaterdirektor mit Ladehemmungen im Gehirn macht. Auch alle anderen zeigen sich bei guter Laune und bei gutem Können.

Deutsche Allgemeine Zeitung, 3.12.1943, Nr. 576/77

zu Die Mörder sind unter uns (1946):

Walter Lennig
Ein Film der deutschen Wirklichkeit
Zur Uraufführung des Defa-Films „Die Mörder sind unter uns"

Wie sehr waren wir bereit, diesem ersten großen deutschen Film nach dem Zusammenbruch ein freundliches Willkommen sogar dann zu bereiten, wenn er hätte erkennen lassen, daß es sehr große Schwierigkeiten gewesen sind, die bei seiner Herstellung zu überwinden waren. Notdürftig hergerichtete Ateliers, unzulängliche technische Ausrüstung, große Besetzungsschwierigkeiten, und was es davon noch alles geben mag, was vielleicht nur der engste Zirkel genau weiß — alle diese erschwerenden Umstände nicht zu würdigen, wäre ja fast einer unsachlichen Betrachtung gleichgekommen! Gerade aber nach dieser Richtung bereitete uns dieser Film eine besonders freudige Überraschung, denn von all diesen Schlacken war er frei. Mit solch beispielhaftem Elan ist hier gearbeitet worden, daß sozusagen mit einem einzigen Sprung der Anschluß an die einstige große deutsche Produktion gewonnen wurde, die dem deutschen Film Weltgeltung verschafft hatte. Wir dürfen dieser Leistung bereits internationales Format zuerkennen. Deswegen ist hier ein befreites Aufatmen berechtigt, eine geradezu ungestüme Freude über dieses Gelingen.

Unsere Freude gilt auch dem Umstand, daß hier ein Zeitfilm gelungen ist, der jenes andere Deutschland politisch unterstreicht. Dieses um innere Klarheit und die moralische Überwindung eines Dezenniums voll Verbrechen und abstoßender Selbstverblendung bemühte Deutschland präsentiert sich hier mit einer Leistung, der man schon den Rang einer entscheidenden Etappe zuerkennen darf. Würde und Haltung sind erkennbar und dokumentieren, daß neue seelische und geistige Ordnungsfaktoren über die chaotischen Aspekte die Oberhand gewinnen. Daß im Hinblick auf das Zeitstück zunächst der Film dem Theater den Rang abgelaufen hat, muß man als Tatsache registrieren, ohne daran gleich weitgehende Konsequenzen anzuknüpfen.

Daß dieser Film jedem Deutschen etwas zu sagen hat, steht außer Zweifel. Wir möchten diese Feststellung sogar erweitern und sagen: Ein guter Deutscher ist förmlich daran zu erkennen, ob und wie er von diesem Film gepackt wird. Damit ist zugleich alles über seinen Wert festgestellt.

Wolfgang Staudte, von dem auch das Buch stammt, hat die Regie geführt, Friedel Behn-Grund und Eugen Klagemann standen an der Kamera. Man muß diese Männer zusammen nennen, denn ihr Anteil an der künstlerischen Gesamtqualität dieses Films dürfte schwer gegeneinander abzugrenzen sein. Der Film ist episch angelegt, seine besondere Spannung resultiert nicht so sehr aus der Handlung als aus dem dichten seelischen Gefüge, das alles und jedes einbezieht, was auch Bestandteil unserer eigenen Situation ist. Wir sehen scharf gezeichnete Charaktere, die aber trotzdem von einer Allgemeingültigkeit sind, daß sie wie Typen durch unseren Ruinenalltag schreiten. Allein an dieser Aufgabe wäre vielleicht schon eine mindere Regiebegabung gescheitert. Diese Menschen werden bei den alltäglichsten Verrichtungen gezeigt, aber vor einem Fond, der jedem Tun eine besondere Bedeutung verschafft. Das Sich-wieder-Aufrichten aus der entsetzlichsten Niederlage spricht als gegenwärtiges Bewußtsein aus jedem Blick und jeder Geste. Gewiß, das Leben geht auch als solches weiter, aber es bezieht seine Impulse aus einer neuen geistigen Ausrichtung, die alten Reserven sind restlos aufgezehrt. Hier wird bewiesen, daß man nicht mehr so weiterleben kann wie früher.

Der Film zeigt das mit seinen spezifischen Mitteln. Er reißt den Zuschauer von seinem festen Platz, er wirbelt ihn durch die Kameraeinstellungen und konfrontiert ihn stets mit dem erregtesten Ausdruck, mit der pointiertesten Ballung. Ein Mann geht die Treppe hinauf, wir verfolgen ihn von unten und von oben, wir sehen, wie bei den verschiedensten Menschen das Echo der Schritte und die knarrende Treppe die verschiedensten Reaktionen auslösen, erleben unmittelbar, wie vielfältig sich Ursache und Wirkung in der äußersten zeitlichen Gerafftheit überschneiden — das kann nur der Film! Nur der Film kann Licht und Schatten zu gleichberechtigten Mitspielern machen, kann damit eine gespenstisch-zittrige Aura um Ruinen und zum Himmel starrende Giebel legen und schwarze Silhouetten tanzen lassen, als trüge jeder Lemuren in sich, die der schneidende Riß der Zeiten ins Sichtbare gezerrt hat. Ein Film braucht bloß ganz Film, ganz im Einklang mit sich selbst zu sein, um alle Ismen, so gelehrt und anspruchsvoll sie sich auch geben mögen, wie ein törichtes Spiel mit Begriffen erscheinen zu lassen.

Es würde ins Uferlose gehen, wollte man von den technischen Glanzstellen dieses Films auch nur die einprägsamsten erwähnen. Einer der Höhepunkte vielleicht das glückhafte Schreiten des jungen Paares durch die ruinenstarrende Einsamkeit, über die Wolken ziehen, wie über etwas, was nur noch Landschaft ist, über die sich ein kreszendierendes Leuchten legt, als sei schon das Licht allein etwas Hoffnung Verheißendes. Ein anderer Höhepunkt: Das jähe Rückblenden bei der Weihnachtsfeier 1945: drei Jahre vorher . . . auch das, diese blutbedeckte Weihnacht von 1942 irgendwo in Polen war Wirklichkeit und — ist es noch immer! Dieser bestürzende Stoß aus einer falschen Sentimentalität in ihre schaurige Folie verursacht einen fast physischen Schmerz.

Deutsche Wirklichkeit, unser aller Wirklichkeit, beklemmendes Schreiten durch unsere verhangene seelische Landschaft!

So dicht, bezüglich und typisch bei aller charakteristischen Kontrastierung ist der Film, so gleichberechtigt seine menschlichen und dinglichen Faktoren, so geschlossen ensemblehaft im akkordhaften Zusammenklang von Licht, Ton und Bewegung, daß es beinahe als Vergeßlichkeit erscheinen mag, die menschlichen Akteure erst beiläufig am Schluß zu nennen. Ernst W. Borchert spielt den mit sich selbst zerfallenen Arzt Dr. Mertens bis an die Grenzen seiner darstellerischen und stimmlichen Mittel. Hildegard Knefs herbverhaltene Erscheinung war vielleicht die beste Wahl, die Staudte für diese Rolle treffen konnte. Ihr Spiel war eine schöne Mischung von zupackender, unsentimentaler Sachlichkeit und einer bemühungsvollen Liebe. Nicht minder ausgezeichnet die forsche Selbstsicherheit, mit der Arno Paulsen den Fabrikbesitzer und gewesenen Hauptmann der Reserve Ferdinand Brückner wiedergab, den Mann, der am Schluß sein verlogen-klägliches „Ich bin doch unschuldig!" hinausschreit, obwohl er Dutzende unschuldiger Menschenleben auf dem Gewissen hat. Aber sie alle, Erna Sellmer, Elly Burgmer, Marlise Ludwig, Robert Forsch, Albert Johannes und wen das Programm sonst noch nennt, waren ihrer Aufgabe gewachsen, weil sie ein kundiger und leidenschaftlich bemühter Regisseur sorgfältig ausgewählt und geleitet hat. Wenn wir am Schluß ganz beiläufig feststellen, daß tonlich Wünsche offenblieben, daß einige beherzte Schnitte dem ersten Drittel des Films wohlgetan und daß bisweilen eine etwas subtilere Kontrastierung nicht nur die Tendenz beschwingt, sondern auch die Folie noch gültiger schraffiert hätten, dann ist damit nur ausgedrückt, was die Väter dieses Films noch viel besser wissen werden: daß es kein Ausruhen auf Lorbeeren gibt und schon gar nicht auf den ersten.

Nicht der einzelne darf richten — damit entläßt uns dieser denkwürdige Film — sondern das ganz Volk soll Gericht halten. Erst wenn die innere Selbstbefreiung, diese echte Sühne gelungen ist, wird echte Freiheit wieder möglich sein. Wir sagten es schon: Auf diesem Wege, dessen Spalier eine ganze abwartende und beobachtende Welt ist, darf dieser Film den Rang einer Etappe beanspruchen.

Berliner Zeitung, 17.10.1946

Werner Fiedler
Der Weg durch die Trümmer
Impressionen aus dem neuen deutschen Film

Die Kamera krallt sich fest an Trümmern, schafft erschreckend schöne Ruinenlandschaften. Sie krallt sich fest an zertrümmerten Schicksalen, schafft großartig düstere Seelenlandschaften. Die Elemente dieses Films sind nicht Licht und Schatten, sondern Schatten, deren lastende Schwärze durch die paar zaghaft matten Glanzlichter noch vertieft werden. Schlagschatten erschlagen immer wieder die aufglimmenden Hoffnungsschimmer.

Ungeheuer malerische Wirkungen entstehen. Der Treppenflur: Ein Schacht von gestuften Dunkelheiten. Das Menschengesicht: Ein Trümmerfeld von Hoffnungen. Abgründe klaffen hier und dort. Eine Hauswand stürzt ein — Erwartungen brechen zusammen. Wolken türmen sich über Ruinen — schwere Erinnerungen verfinstern ein Antlitz. Man stolpert, tastet, taumelt umher zwischen Bildern und Sinnbildern. Schatten werden zu bizarren Fratzen, zu Zerrbildern des Klatsches. Ein Kruzifix wird zum Gewehrständer entweiht. Manches erinnert an unheimliche Gesichter Goyas, die Kamera schafft düster bewegte Graphik: Kunst klagt an. Grimmige Satire fletscht die Zähne. Die Frühstücksstulle des gedanken- und gewissenlosen Spielers ist eingewickelt in einer Zeitung mit der furchtbaren Schlagzeile „Zwei Millionen Menschen vergast". Und er läßt sichs schmecken, der Spießer! — Die schiefe Ebene, auf die die Menschen geraten sind, wird gelegentlich atembeklemmend betont durch die schräggestellte Kamera. Hart prallen Gegensätze aufeinander. Über ein Soldatengrab zwischen Trümmern rieselt eine fade Schlagermusik aus dem benachbarten Bumslokal, das Stöhnen eines todkranken Kindes wird überblendet vom Kreischen animierter Weiber.

Der Mann, der den Film *Die Mörder sind unter uns* schuf, aus dem diese Impressionen stammen, gleicht dem Menschen, der da schwer durch die Handlung stapft. Er geht nichts aus dem Wege, er macht sichs nicht leicht und geht nicht die bereits glattgetretenen Pfade. Dem auf Unterhaltung eingestellten Publikumsgeschmack macht er keine Zugeständnisse. Die Aufgabe ist ihm zu unerbittlich ernst, die ihm hier am ersten deutschen antifaschistischen Film zufällt: Abzurechnen, wachzurütteln, aufzuräumen, Seelenschutt beiseite zu schaffen und vor allem, die neue deutsche Haltung zu dokumentieren. Sie ist groß, diese Aufgabe, und schwer.

Kein Wunder, daß Wolfgang Staudte der Atem etwas schwer dabei geht. Und daß auch die Handlung etwas annimmt von dem müden, schleppenden Gang der Hauptfiguren. Es sei an die bereits in der gestrigen Nummer erfolgte Besprechung und Skizzierung des Inhalts erinnert. Es ist die Geschichte eines Arztes, der vom Kriege seelisch versehrt, seine furchtbaren Eindrücke durch Schnaps wegzuspülen sucht, bis ein junges Mädchen, das aus dem KZ heimkehrt, ihn mit ihrer behutsamen und beharrlichen Liebe allmählich dem Leben wiedergewinnt.

Daß sich Wolfgang Staudte, der für Buch und Regie verantwortlich ist, nicht in allzu billigen Optimismus flüchtet, verdient besonderen Dank. Aber unter dem zwingenden Ernst der Aufgabe gerät ihm manches zu düster. Dabei entgehen ihm die schüchternen Sonnenblicke, die rührend zarten Idylle zwischen Trümmern, das tapfere Lächeln, das Kinderlachen, das derb aufmunternde Kraftwort, die fröhliche Unverschämtheit — alles Symptome echten Berlinertums.

Es war nicht nur Stöhnen und Tingeltangelmusik, die dieses Berlin nach der Kapitulation beherrschte. Zur Leitmelodie dieser Tage gehörte das beglückende

Stakkato, das aus allen Winkeln und Trümmern hervorklang, das beharrlich über der ganzen Stadt lag, dieses unverzagte, unermüdliche Klopfen und Hämmern und das Scheppern von Scherben, die beiseitegeschafft wurden. In dem Film *Die Mörder sind unter uns* ist nichts von diesen hellen Momenten des Wiederbeginnens. Die Hausbewohner klatschen nur oder warten und sterben über diesem Warten. Und die Faust des Arztes krallt sich fast ständig um ein Schnapsglas oder den Revolver; die einzige Szene, da er aktiv wird und einem röchelnden Kind mit dem Küchenmesser ein Stück Gasrohr als Kanüle einsetzt, ist nur quälend und ist übrigens auch medizinisch ein allzu beunruhigender, fragwürdiger Noteingriff.

Der Film läßt eigentlich ungeklärt, ob dieser Mann nun wirklich durch die schöne standhafte Liebe der Frau ernsthaft zurückgefunden hat, zu dem wichtigen Helferamt des Arztes. Denn leider wurde der entscheidende Auftritt durch Schnitte zerstört, in dem wir erfahren sollten, daß er eine eigene Praxis eröffnet. So läßt der Film manche Frage offen. Aber eine und für uns die wichtigste Frage beantwortet er mit schöner Entschiedenheit: Daß die deutsche Filmkunst mit vielversprechender Besessenheit und hohem künstlerischen Ernst berechtigt und in der Lage ist, ihre friedliche Position zu beziehen, zu behaupten und auszubauen.

Neue Zeit, 17.10.1946

F. L. (d. i. Friedrich Luft)
„Die Mörder sind unter uns"

Dieser erste deutsche Film nach dem Kriege ist mit allen Bleigewichten der Zeit behängt. Schon so schnell in eine neue Produktion zu gehen, war für die DEUTSCHE FILM A.G. ein Wagnis in jeder Beziehung. Im Technischen stellten sich der Kamera immer wieder Schwierigkeiten in den Weg. Die gezeigte Kopie war technisch nicht besonders gut. In der Neuen Staatsoper zu Berlin, in welcher der Film in sehr festlichem Rahmen anlief, mußte eine Kinoprojektion erst mit Mühe eingebaut werden, da der russische Sektor der Stadt über kein Uraufführungstheater verfügt. Auf dem Programmheft erscheint der Name des Hauptdarstellers nicht, denn erst bei Beendigung der Arbeiten stelle sich heraus, daß eine grobe Fälschung des Fragebogens bei ihm vorlag. Hemmnisse und Schwierigkeiten auf der ganzen Strecke.

Man hat sich ein sehr schweres Thema gestellt: Das Leben in der Stadt Berlin unmittelbar nach Ende des Krieges. Wie die Menschen eines angebombten Hauses in der Trümmerwüste aufzuatmen beginnen oder in volle Verzweiflung verfallen. Geschäftemacherei niedrigster Art kontrastiert mit dem anständigen Beginnen kleiner Handwerker. Die drückende Atmosphäre, das Schwebende und Unausweichliche jener Tage — Wolfgang Staudte, Drehbuchautor und Regisseur, hat sich und uns an Deutlichkeit nichts erspart. Die Kamera geht mit einer fast wütenden künstlerischen Verbissenheit an die Trostlosigkeit jener Wochen. Kein Lichtstrahl, der Aufatmen oder Hoffnung schöpfen ließe, fällt auf die Bilder. Das Panorama der Verwüstung wird grimmig erfaßt und ist vom Kameramann Friedel-Behn-Grund oft in erschütternden Bildern eingefangen.

Erst spät kommt der Film an sein Thema. Ein Mann tänzelt über die Trümmer, ein Ausbeuter und schneller Verdiener, ein falscher Biedermann und trügerisches Vorbild des Aufbaus. Er stampft eine kleine Fabrik aus der erschütterten Erde und schwimmt wieder oben. Ein Vorbild rühriger Energie. Doch ein Untergebener aus den Jahren in Polen erkennt ihn. Vor wenigen Jahren gingen noch andere Worte aus diesem Munde, und ein Befehl war darunter, der ein ganzes polnisches Dorf mit Frau, Greis und Kind in Tod und Asche jagte. Der Mörder ist wieder unter uns.

Ihn jagt nun der frühere Untergebene. Diesen großen Mord will er rächen. Zweimal wird er an dem rächenden Schuß gehindert, bis ihm die liebende Frau die Waffe privater Sühne endgültig aus der Hand nimmt und das Opfer, den Mörder, der allgemeinen Entsühnung zuführt.

Ein bleischweres Thema, gleich schwer genommen. Aber es sind Passagen darunter, die so effektvoll und künstlerisch angepackt sind, daß während der Vorführung Beifall einbrach. Staudte hat die optische Vortrefflichkeit so besessen angestrebt, daß ihm dabei für ganze Strecken der Ablauf der Handlung verlorenging. Der Film ist oft quälend. Hinter fast jeder Einstellung hebt sich deutlich der Zeigefinger einer gewollten Symbolik, so daß das Bild des Ganzen der Unzahl der Sinnbilder zum Opfer fällt. Gerade bei einem ersten „Versuch über die Gegenwart" wäre Klarheit und unerbittlicher Gedankengang vor allem am Platze gewesen. Zu künstlerischen Experimenten wird später noch Zeit sein.

Trotzdem tat es wohl zu beobachten, wie der deutsche Film schon bei seinem ersten Versuch sofort „seinen Stil" finden wollte. Für den Anfang künstlerisch zu hoch zu greifen, wie es hier geschah, ist ehrenvoller und führt eher zum Ziel als der breite Weg der Routine, den man hier so überernst und gewissenhaft vermied.

Die Neue Zeitung, 18.10.1946

Th. K. (d. i. Theodor Kotulla)
Wieder in Deutschland
„Die Mörder sind unter uns"

Gemessen an dem, was aus dem deutschen Film später geworden ist, kann man von seinem ersten Nachkriegswerk, Staudtes *Die Mörder sind unter uns,* sagen, daß es kein so schlechter Anfang gewesen ist. Gemessen aber auch an den filmästhetischen Eruptionen, die sich zur selben Zeit anderwärts ereigneten (in Italien zumal, aber selbst in Hollywood), wird man sich die Beschränktheit dieses Erstlings unweigerlich eingestehen müssen.

Staudte läßt 1945 einen heimgekehrten Arzt, Dr. Mertens (Borchert), mit einem Schuldkomplex durch die Trümmer von Berlin wanken. Er bewohnt in einem baufälligen Haus zwei notdürftige Zimmer und sucht Vergessen beim Alkohol. Im Krankenhaus, wo er wieder Arbeit zu finden hofft, erleidet er beim Anblick Kranker einen seiner Nervenzusammenbrüche. Durch die Begegnung mit zwei anderen Menschen erlebt er eine Art Heilung. Zunächst muß er feststellen, daß er die Zimmer einer KZ-Insassin (Knef) belegt hat. Sie kommt zurück, putzt die Wohnung, geht augenblicklich wieder ihrer Beschäftigung nach — sie ist Werbezeichnerin — kümmert sich um den Verzweifelnden und liebt ihn. Doch sein Zustand verschlimmert sich eher, nachdem er festgestellt hat, daß sein totgeglaubter militärischer Vorgesetzter, Brückner (Paulsen), als strebsamer Fabrikant und Familienvater, weiterlebt. Seit Brückner in Polen unschuldige Geiseln, darunter Frauen und Kinder, hat erschießen lassen, leidet Mertens unter seiner Neurose. Mertens will Brückner schließlich erschießen, wird aber von dem Mädchen daran gehindert. Dadurch ist das Paar sozusagen dem Leben wiedergegeben. Brückner, hinter den Gitterstäben seines Fabriktores fotografiert, beteuert jammernd seine Unschuld: er hat gar nicht begriffen, warum ihn jemand hat richten wollen.

Wolfdietrich Schnurre, damals Filmkritiker der „Deutschen Rundschau", hat im Anschluß an die Uraufführung im Novemberheft 1946 dieser Zeitschrift die wesentlichen Schwächen des Films zur Sprache gebracht. Er nennt ihn eine symbolträchtige Ausrede: „Das Wichtigste des ganzen Films, die Bestrafung des Mörders Brückner, (versank) im Symbolischen. Man hätte sich hier weniger vom künstlerischen Gefühl, als vom Verstand leiten lassen und dem Dr. Mertens erst einmal zu einem den Angeklagten mitbelastenden Zeugen verhelfen sollen. Und dann hätte notgetan, in einem glasklaren Gerichtsverfahren zu zeigen, wie mit diesen Mördern unter uns heute verfahren wird." Schnurre verweist weiter darauf, daß ja auch Mertens ein Mörder sei, denn er habe nichts unternommen, als Brückner seinen Massenmord ausführte. Dagegen wird man festhalten müssen, daß Staudte dies keineswegs abstreitet: daß es ihm offensichtlich nicht nur um die juristische Unterscheidung zwischen Kriegsverbrecher und Mitläufer zu tun gewesen ist: das ganze Verhalten von Mertens spricht dafür, wie schuldig er sich weiß. Unbehaglich zumute wird einem allerdings bei der Läuterung des Helden: „ein Dämmerstündchen am Hals der Geliebten" ist in der Tat eine billige Buße. Und auf noch mehr des „Kintoppmäßigen" hatte Schnurre seinen Finger zu richten: wieder mal geht es um „Schicksale" sogenannter besserer Leute, eines Intellektuellen, einer Künstlerin, eines Besitzbürgers. Von den KZ-Jahren sieht man dem Mädchen auch nichts an: weil Frauen so zu sein haben, ist sie dem Mann vom ersten Tag an eine treusorgende Stütze.

Staudtes Drehbuch läßt sich auf durchaus fragwürdige Klischees deutscher Filmtradition zurückführen: auf das des passiven Helden vorab, der gegen die Schläge des Schicksals allein Kräfte des Gemüts einzusetzen weiß. Das seelisch Gequälte und Verwundete der Personen wird optisch dann immerhin konsequent zu einem angestrengten filmexpressionistischen Ausdruck gebracht. Es entsteht eine Trümmerlandschaft, die nicht veristisch gesehen wird, sondern gesucht, schattenhaft, unterbelichtet, verkantet. In ihr wirft der Mensch seinen Schatten voraus, ja, verschmilzt mit ihm. Er spricht textlich wie phonetisch gekünstelt; er murmelt oder zischelt und er schreit auf. Obendrein hat Staudte ein Lieblingsmotiv, das mit dem Hauptthema in keinem zwingenden Zusammenhang stand, eingebaut (später, in *Schicksal aus zweiter Hand*, 1949, sollte es sich zu einem ganzen Film auswachsen): die skurriltraurige Nebenhandlung um den alten Uhrmacher, der bei einem gezierten Stehkragenastrologen sich vergeblich Hoffnung auf die Rückkehr seines vermißten Sohnes einzuhandeln sucht.

Wie ehrlich Staudte auch gesinnt war, die Mittel, mit denen er der neuen Problematik beizukommen trachtete, waren anachronistisch; zum Teil waren sie noch in ausgesprochenen Nazi-Filmen verschlissen worden. Auch durch ins Äußerste getriebene Übersteigerungen waren sie nicht mehr nutzbar zu machen. In seinem forcierten Manierismus war dieser erste „Trümmer"-Film zugleich unweigerlich ein Schlußpunkt: der unüberhörbare Aufruf, daß die neue Realität einen neuen Stil erforderte. Darin lag sein Wert. Daß es diesen neuen deutschen Film bis heute nicht gegeben hat, ist sicherlich am allerwenigsten die Schuld von Wolfgang Staudte. (. . .)

Filmkritik 1960, Nr. 1

Wolfdietrich Schnurre (in einer Sammelkritik)

Wir wußten es: der erste deutsche Film würde zwei große, einander feindliche Aufgaben zu erfüllen und – in der Lösung – einander zu nähern haben: Auf der einen Seite die Forderung nach künstlerischer Gesetzmäßigkeit als der Wertskala schöpferischen Neubeginns; auf der anderen: Aufzeigen des deutschen Standpunktes der Welt gegenüber. Beides ist in dem DEFA-Film *Die Mörder sind unter uns* versucht worden. Aber statt die Tendenz dem Künstlerischen gleichzusetzen und beides aufeinander abzustimmen, ließ man das Tendenziöse vom Künstlerischen überwuchern und was entstand, war eine symbolträchtige Ausrede. Hier hätte klarer geantwortet werden müssen: was muß ich tun, wenn mir ein Mensch begegnet, von dem ich weiß, daß er im Kriege unsagbare Greuel beging? Wer glaubt mir ohne Zeugen meine Beschuldigung? Und vor allem: wo hört der Zwang kriegsbedingter Verhältnisse auf – und wo beginnt das Verbrechen? Was ist mit jenem Offizier, der befahl, das Dorf einzuäschern, weil ein Teil seiner Bewohner Partisanen waren? Was ist mit jenem Scharfschützen, der aus sicherem Versteck 40 russische Soldaten erschoß? Und was endlich mit ihnen, den Tausenden, die im Nahkampf Mann gegen Mann, einen anderen Menschen töteten, weil sie selbst sonst getötet worden wären? – Die Mörder sind unter uns? Wer sind denn die Mörder? Nicht wir alle, die wir Gewehre trugen? Warum soll das Lebens eines Jünglings, eines blühenden Mannes, wie sie im Kriege millionenfach, von heldischen Phrasen verbrämt, hingeschlachtet wurden, wertloser sein als das von Kindern und Frauen? Die Mörder sind unter uns? Wir sind die Mörder.

Auch Dr. Mertens, der sich im Film zweimal zum Urteilvollstrecker aufwerfen wollte, ist der Mörder. Denn er ließ das Blutbad am Weihnachtsabend zu. Er schlug resignierend die Hacken zusammen, als er sah, daß sein Einspruch nichts fruchtete. Er tat, was wir alle taten: er kapitulierte vor der Gewalt. Er zuckte die Schultern und ließ schutzlose Frauen und Kinder hinmorden, ohne auch nur den

Versuch einer Rettung unternommen zu haben. Und ausgerechnet diesen schuldig-„unschuldigen" Durchschnittsdeutschen setzte man uns als rehabilitierten Haupthelden vor.

Hiervon abgesehen, versank das Wichtigste des ganzen Films, die Bestrafung des Mörders Brückner, im Symbolischen. Man hätte sich hier weniger vom künstlerischen Gefühl als vom Verstand leiten und dem Dr. Mertens erst einmal zu einem den Angeklagten mitbelastenden Zeugen verhelfen sollen. Und dann hätte notgetan, in einem glasklaren Gerichtsverfahren zu zeigen, wie mit diesen Mördern unter uns heute verfahren wird. So aber stand am Schluß dieses Films statt einer präzis formulierten Antwort ein schwerlastendes Fragezeichen.

Photographiert war er streckenweise vollendet. Selten verbiß sich eine Kamera mutiger ins Dunkel. Licht taugte nur zur Kontrastierung. Um was es ging, war der Schatten. Aus gekippten Bildeinstellungen, unbelichteten Gestalten und zäher Symbolik gelangen Behn-Grund und Klagemann so eine Unsumme krauser, im einzelnen künstlerisch durchaus hochwertiger Bilder, deren Überfülle jedoch der Cutter nicht gewachsen war.

Die Regie Staudtes war schwach. Es geschah nichts. Der Handlungsablauf verdickte. Die Schauspieler gingen ungeführt und verloren sich in Großaufnahmen. Borcherts Maske konnte die Kamera nichts anhaben; aber der jungen Hildegard Knefs Gesicht sollte zu schade sein für diesen Raubbau. Im übrigen haftete selbst diesem Streifen noch manches Kintoppmäßige an: Man zeigte uns wieder den Intellektuellen. Die Konflikte des Arbeiters, des Angestellten lohnen anscheinend nicht die Verfilmung. Immer noch haben nur Künstler und Akademiker „Schicksale". Immer noch sind die heutigen jungen Mädchen im Film nichts als Zeichnerinnen, Gouvernanten oder Modeschöpferinnen. Die Seelenkrisen der Arbeiterin scheinen sich als ungeeignet zum Verfilmen erwiesen zu haben. Außerdem kommt man nicht aus dem KZ nach Hause und setzt sich schon am zweiten Tag aufbaufreudig ans Zeichenbrett. Außerdem waren die Nerven eines Mädchens zu jener Zeit nicht so stark, daß es nicht auch seinerseits einmal losgeschrien hätte. Das durfte auch hier nur der Mann. Und der Frau blieb, wie immer im Film, nichts als der Rehblick verwundeter Empfindsamkeit. Außerdem hat man nach jahrelanger KZ-Haft nicht drei oder vier gebügelte Garderoben im Schrank. Außerdem genügt zum Entschluß, den Schritt vom versoffenen Doktor zum ernsthaften Chirurgen zu wagen, nicht ein Dämmerstündchen am Hals der Geliebten.

Dennoch: es war ein tapferer Anfang, trotz allem. Die nächsten deutschen Filme werden beweisen, ob das hier gegebene, ernsthafte Versprechen gehalten zu werden vermag.

Deutsche Film-Rundschau, 5.11.1946, Heft 8

zu Die seltsamen Abenteuer des Herrn Fridolin B. (1947/48):

Hannelore Holtz
Der seltsame Film von Fridolin

Wenn ein Ochse sagen könnte, daß er ein Ochse sei, so wäre er bekanntlich kein Ochse. Der Spießer, sich seiner Muffigkeit wohl bewußt, hört auf, ein Spießer zu sein. Und Bürokraten, die silberne Paragraphen auf ihren aktenstaubigen Kragenspiegeln tragen und sich zur Denkmalseinweihung für St. Bürokratius versammeln — solche Bürokraten haben das, was der Bürokratie eben gerade fehlt: die Erkenntnis. Ergo: sie sind keine Bürokraten mehr. Denn das ist ja das Groteske, Schaurige, Zermürbende bei den Bürokraten: sie bilden sich ein, weiter nichts als korrekt und pflichttreu zu sein, und sie würden den Vorwurf der Bürokratie voller Empörung zurückweisen. Von dieser Seite gesehen, liegt Wolfgang Staudtes neuer DEFA-Film *Die seltsamen Abenteuer des Herrn Fridolin B.* also schon schief.

Nun könnte man immerhin glauben, daß eine Parodie auf den Bürokratismus dennoch einen Lustspielfilm ergäbe. Dieser Film zeigt aber das Gegenteil. Wenn es jemals eines Beweises bedurft hätte, daß sich nur das Gute parodieren läßt, dieweil das Schlechte schon selber Parodie ist — hier ist er. Die bürokratische Maschinerie, ins Monumentale übersteigert, wirkt nur noch böse und erdrückend, aber nicht mehr belustigend. Und eine zweistündige Paragraphenreiterei, ein fast unablässiges Verweilen in den regaldurchzogenen Kathedralen des Beamtenstaates, der ständige Kampf des gestempelten, aber toten Papiers gegen das ungestempelte, aber lebendige Leben — das ist zuviel der konzentrierten Bürokratie.

Ausgerechnet ein so begabter Filmmann wie Wolfgang Staudte mußte nun aus etwas, das eine Kabarettszene, ein Filmgag, gewesen wäre, einen abendfüllenden Film zimmern. Wir haben einen „Film ohne Titel" — hier ist ein Film ohne Handlung. Denn dieses Drehbuch ist kein Drehbuch — es ist höchstens insofern eines, als sich dem Zuschauer zuletzt die flimmernde Leinwand vor Augen dreht. Die pseudoabenteuerliche Geschichte des Herrn Biedermann, dem ein betrügerischer Doppelgänger Namen, Papiere und Ruhe stiehlt, diese Geschichte ist allzu verworren.

Auch Friedl Behn-Grund, dieser bewährte Meister an der Kamera, kann da nichts retten, so originell und einfallsreich er diesen Kuddelmuddel auch fotografiert hat. Es gibt ein paar amüsante Szenen — mehr ist nicht drin. Bei den Darstellern liegen Paul Henckels und Franz Stein mit mehreren Nasenlängen an der Spitze.

Mußte Staudte diesen Film unbedingt starten? Ein unverbindliches Schildbürgermärchenland ist sein Schauplatz. Wir warten aber auf den ganz unallegorischen Lustspielfilm aus Berlin anno 1948.

Nacht-Express, 10.3.1948

Die seltsamen Abenteuer des Herrn Fridolin B. (1947/48)

Die seltsamen Abenteuer des Herrn Fridolin B. (1947/48)

Hans Ulrich Eylau
Satire im luftleeren Raum
Staudtes ,,Seltsame Abenteuer des Herrn Fridolin B. " uraufgeführt

Die Phalanx der Paragraphenreiter, mit spritzigen Federhaltern bewehrt, steht wankend, aber sie steht. Der Amtsschimmel wiehert, teils aus Zorn, teils vor Vergnügen. Er grinst sozusagen wie ein Honigkuchenpferd. Mit bärtigen Beamtenwitzen sollte er abgeschossen werden. Aber Lächerlichkeit tötet nicht, stellt sich heraus. Er hat es wieder einmal überstanden.

Außerdem ein heilsames Lachen wäre uns (und dem deutschen Film) nötiger als das tödliche Gelächter. Aber das gedeiht nur auf dem Humusboden einer gut genährten menschlichen Substanz, und die fehlt leider ganz und gar bei diesem neuen DEFA-Film. In die sture Mauer, durch die das Reich der Bürokratie für ewige Zeiten von der lebendigen Welt getrennt erscheint, eine Bresche der Heiterkeit zu schlagen — welch löbliches Beginnen! Aber Wolfgang Staudtes Husarenritt findet im falschen Gelände statt: Was er erobert, ist bestenfalls das nebelhafte Terrain feuilletonistischen Witzes, aber weder die blühende Landschaft wärmenden Humors noch der blutige Kampfplatz der vernichtenden Satire.

Das soll nicht heißen, daß es nichts zu lachen gäbe in der Geschichte dieser beiden Fridolins namens Biedermann, des braven Schneiderleins und des bösen Heiratsschwindlers, die sich ob ihrer (auch nicht auf ganz ehrliche Weise zustandegekommenen) Namensgleichheit im Dickicht des Paragraphengestrüpps dermaßen hoffnungslos verheddern, daß jeder Versuch, die Handlung nachzuzeichnen, von vornherein zum Scheitern verurteilt ist. Durchaus im Gegenteil: Was ihnen amtlicherseits zustößt bei ihrem strebenden Bemühen, sich zu ver- oder zu entheiraten, ist recht lustig garniert und geistreich aufgeputzt, so daß die Komik mancher Situationen unwiderstehlich zündet. Zudem hat Staudte — als Autor wie als Regisseur — mit viel Liebe und Sorgfalt gearbeitet, hat eine geradezu verschwenderische Fülle von Einfällen und Gags aufgeboten, hatte in Friedl Behn-Grund einen Operateur, dessen Kamera jeden dieser Einfälle zu voller Wirkung brachte, dazu in Herbert Trantow einen Komponisten, dessen Musik so spritzig pointiert ist wie der virtuose Schnitt, die raffinierten Montagen und Überblendungen dieses Films, der technisch seit Kriegsende der gekonnteste ist, der ein deutsches Atelier verließ.

Aber im ,,Gekonnten" erschöpft er sich, und das macht ihn letztlich doch enttäuschend. Enttäuschend vor allem, wenn man zurückblickt auf Staudtes ersten Nachkriegsfilm *Die Mörder sind unter uns,* der bei mancher Neigung zum formalistischen Experiment doch seine große und erschütternde Wirkung aus dem menschlichen Gehalt zog. Im *Fridolin B.* aber beherrscht die Form nicht nur das Thema, sie ist zum Thema selbst geworden. Die Satire, ohne den kleisnten realistischen Halt, überschlägt sich und bricht das Genick. Im Grunde sitzt der Zuschauer unbeteiligt vor dem Geschehen auf der Leinwand, weil es sich, von jeder Wirklichkeit und Gegenständlichkeit abstrahiert, im luftleeren Raum abspielt. Eine ganze Heerschar ausgezeichneter Darsteller — wir nennen Axel v. Ambesser und

Ilse Petri (manchmal mit noch nicht ganz beherrschten Grethe-Weiser-Tönen), Paul Henckels, Aribert Wäscher, Ernst Legal, Franz Stein und Ruth Lommel — vermag nicht zu verhindern, daß die Übersteigerung ins Groteske als alleiniges Konstruktionsprinzip auf die Dauer lähmend und ermüdend wirkt. Stilbrüche wie der Paragraphensong am Ende unterstreichen das noch. Was sehr hübsch wäre für eine präzise zurechtgeschliffene Kabarettszene von höchstens zehn Minuten, verpufft, wenn man es auf der Kilometerlänge des Filmbandes breitwalzt. Auch aus dem besten Feuilleton wird kein Roman, wenn man es aufbläst. Das Ganze bleibt ein manchmal amüsanter Spaß, doch abendfüllend ist er keineswegs.

Tägliche Rundschau, 12.3.1948

E. C.
Groteske ohne Anmut
Ein neuer DEFA-Film am Friedrichshain

Eine einzige Szene hat dieser Film, die wirklich komisch ist. Da steht Axel v. Ambesser, Schneider, Biedermann und Opfer einer bürokratischen Verwechslung, in seinem eigenen Schneideratelier und läßt sich das gestreifte Häftlingskleid zumessen, denn sein Dorf hat noch nie einen Gefangenen gehabt, und aus der Zelle treibt man erst die Ziege aus. Aber das ist auch das einzige. Die DEFA hat schon mehrfach versucht, die Nöte dieser Zeit von der komischen Seite zu nehmen: es ist noch jedesmal ein Zerrbild daraus geworden, brutal und ohne die Anmut, die versöhnt. Heiterkeit in peinlichen Gänsefüßen. Dieser Streifen von den *Seltsamen Abenteuern des Herrn Fridolin B.* möchte gern die Bürokratie persiflieren. Aber der Amtsschimmel ist ein friedliches Haustier gegen den ungeschlachteten Pegasus des Filmdichters, der all die spärlichen Pointen unter seinen Hufen zerstampft.

Wolfgang Staudte hat das Drehbuch geschrieben und Regie geführt, und er hatte da einen Stoff für ein sogenanntes Zeitstück, wie man ihn sich besser nicht wünschen kann, eben die Bürokratie. Aber er hat weder den Mut, in der Gegenwart zu bleiben, noch die Grazie, sich eine aparte Vergangenheit zu erfinden, und so torkeln seine Figuren durch den luftleeren Raum der Groteske.

Das Programmheft gibt in rührender Chronologie die Handlung wieder, wie man sie im Film nicht sieht: denn auf der Leinwand ist die Story eine Folge von Witzblattbeamten in Großaufnahme, durch Kalauer in Wort und Bild verbunden und mit einigen Gags (Drehschemel, überdimensionale Aktenwände und Paragraphentanz) durchsetzt, die nach einer Viertelstunde abgenutzt sind. Die Darsteller waren Axel von Ambesser, Hubert von Meyerinck, Paul Henckels und Aribert Wäscher und, noch schematischer, die Frauen: Ilse Petri, Ursula Kriegk, Ruth Lommel. Sie zeigten alle, daß man im luftleeren Raum der Groteske nicht atmen kann.

Der Abend, 10.3.1948

109

zu Rotation (1948/49):

Herbert Ihering
Mit Sauberkeit der Gesinnung
„Rotation" im Babylon und in der Kastanienallee

In zwei Kinos gleichzeitig wurde der Wolfgang Staudte-Film *Rotation* uraufgeführt: im Babylon und in der Kastanienallee, wo die DEFA als eigenes Theater das Haus übernommen hat, in dem früher die Volksbühne spielte. Die Eröffnungsvorstellung, durch eine Rede des Defa-Direktors Sepp Schwab eingeleitet, fand vor einem Parkett von Arbeitern, Künstlern und Schriftstellern statt, zu denen aus Dänemark Martin Andersen Nexö gekommen war.

Wolfgang Staudte, der Regisseur des inzwischen auch im Ausland berühmt gewordenen Films *Die Mörder sind unter uns,* der als erste große Filmpremiere nach 1945 in der Staatsoper uraufgeführt wurde, hat sich auch in diesem Film ernsthaft mit der Zeit, in diesem Fall mit den letzten zwanzig Jahren, auseinandergesetzt. Es ist ein Film über Jahrzehnte hinweg, wie *Die Buntkarierten,* ein Arbeiterschicksal. An der Rotationsmaschine in der Zeitungsdruckerei steht Hans Behnke. Dreht sich auch die Entwicklung der Menschheit immer auf derselben Stelle? Ist alles nur eine Wiederholung des Gleichen? Dagegen muß sich der Mensch wehren.

Aber sehen wir von dieser etwas billigen Symbolik ab. Wenden wir uns den Realitäten zu, die der Film zeigt. Stimmen sie? Nicht immer, denn die Jahre vor 1933, die Jahre der Arbeitslosigkeit sind ungenau dargestellt, sind romantisiert und sentimentalisiert. Es fehlt die klare verzahnte, zwingende Story, die Geschichte, die Fabel, die für die Zeit steht, es sind Momentbilder und diese ohne Härte und Kraft. Es werden Folgen, aber nicht Ursachen gezeigt.

Trotzdem gehört Wolfgang Staudte zu unseren besten Filmregisseuren. Wohltuend auch hier der Ernst seiner Arbeit und die Zugehörigkeit zum Stoff und zum Thema, die Sauberkeit der Gesinnung. Staudte arbeitet nicht, wie viele andere, ein übliches Handlungsschema auf Zeit und Gegenwart um. Eher ist das Gegenteil der Fall. Er sieht Menschen und Konflikte der Zeit und setzt sie nicht klar auf den Grund einer überzeugenden Handlung. Einzelne Bilder sind besonders in der rücksichtslosen Darstellung der Nazizeit außerordentlich. Es gibt eine aufwühlende Szene: ein SD-Chef schaltet beim Verhör das Radio ein. Beethoven wird gespielt. Er sagt ergriffen: „Fünfte Symphonie!" und dabei geht das Verhör mit allen seinen Gemeinheiten weiter, und der Sohn verrät den eigenen Vater.

Der Wert des Films, der für den Frieden nach innen und den Frieden nach außen arbeitet, liegt noch anderswo. Wolfgang Staudte versucht hier die schauspielerische Tradition, die vor 1933 die „Gruppe junger Schauspieler", Wangenheims „Truppe 1931" und die „Junge Volksbühne" begannen, für den Film fortzusetzen. Damals gab es Schauspieler, denen man einen Arbeiter nicht nur in einer menschlichen Situation glaubte, sondern auch in seiner Handhabung und im ganzen Umkreis seiner Tätigkeit. Reinhold Bernd kommt aus dieser Welt. Hier hat er in der Rolle des sozialistischen Arbeiters und Illegalen Kurt Blank wieder seinen glaubwürdigen Ton gefunden. *Rotation* ist einer der wenigen Filme, in denen kein Schauspielergesicht beleidigt und neue Gesichter Typen prägen konnten. In Nazirollen eindringlich Theodor Vogeler, Werner Peters und Walter Tarrach. Paul Esser, der aus Düsseldorf ans Deutsche Theater kam, fügt sich in seiner ersten Filmrolle gut in die Wirklichkeit. Er gibt den Arbeiter Hans Behnke, einen anständigen Kerl, der aber in der Nazizeit aus Sorge für seine Familie schwach wird und sich später wiederfindet. Esser hat Kraft, Ernst und Humor, trägt nicht theatralisch auf und ist für den Film ein Gewinn. Auf eins muß hingewiesen werden: wenn Esser im Zuge mit vielen Arbeitern geht, wenn er sich in Ensembleauftritten bewegt, bleibt sein Gang betont: Er hebt sich ab, darf es aber nicht. Er muß selbstverständlich und unbetont unter der Menge gehen. Das sind nicht Kleinigkeiten. (. . .)

Berliner Zeitung, 18.9.1949

H. H. (d. i. Hannelore Holtz)
Erstes DEFA-Filmtheater eröffnet
Wolfgang Staudtes ,,Rotation"

(. . .) Der große schauspielerische Gewinn des Films ist Staudtes Hauptdarsteller Paul Esser, der den Rotationsmeister mit überzeugender Schlichtheit gestaltet. Dieser Mann steht als Typ wirklich für Millionen: der gutmütige, fleißige Durchschnittsmensch, der nichts als in Ruhe leben will, ordentlich, anständig und sauber. Esser trifft den Ton großartig, oft mit leisem, etwas verlegenem Humor, mit ergreifender Verhaltenheit am Schluß, da er den Sohn, der als Hitlerjunge den eigenen Vater denunzierte, wiedersieht. (Und hier müßte der Film enden, der Schluß ist ein wenig angeklittert und schwächt ab.) (. . .)

Nacht-Express, 17.9.1949

Paul Schallück
,,Rotation"
Zehn Jahre verspätet, aber immer noch aktuell

(. . .) Das ist exemplarisch ersonnen und exemplarisch getroffen und erreicht in dem Augenblick erschütternde Durchschlagskraft, da der Vater seinen Jungen bittet, ihm zu verzeihen. Es ist ein Jammer, daß dieser Film bei uns nicht wenigstens nachgeahmt wurde. Selbstverständlich, daß er heute in der Ostzone nicht mehr gezeigt werden darf. *Rotation* ist für unsere politische Gegenwart und unser geistiges Klima notwendiger als fast die gesamte Filmproduktion Westdeutschlands nach 1945. Hier wird mit Ernst und Gründlichkeit die noch immer notwendige Auseinandersetzung begonnen.

Zudem ist *Rotation* ein wirklich künstlerischer Film, der es mit den italienischen Neorealismen seiner Zeit aufnehmen kann. Das Drehbuch hat Transparenz und Struktur, die Kamera erhebt selbst kleinste Gesten zu schicksalhafter Bedeutung, und das Schauspielerteam, allen voran Paul Esser, hätte einen ganzen Sack voll „Oskars" verdient. Woran liegt es, daß Wolfgang Staudte im wunderwirtschaftlichen Westen kein ähnliches Werk auf die Leinwand hat bannen können, weder was die geistige, noch was die künstlerische Potenz betrifft? Liegt es halt doch an diesem ominösen Wunder?

filmforum Nr. 3, März 1958, S. 6

Karl Andreas Eppenhagen
Mitläuferproblematik im Film
Bemerkungen zu dem DEFA-Streifen „Rotation"

Was Mittwoch nacht in einer Pressevorführung („Urania", Hamburg) mit allzuviel Vorschußlorbeeren angekündigt wurde — als ob die eingeladenen Journalisten und Filmfachleute sich nicht selbst ein Urteil bilden könnten — ist ein Film, der nicht etwa, wie sein Titel vermuten lassen könnte, die Zeitung zum Thema hat. Er ist nämlich, wie schon so viele Filmtitel vor ihm, höchst symbolischer Natur und meint die „Lügenpresse" im Dienst des Nationalsozialismus, die damalige Propaganda überhaupt, die den kleinen Mann, das Volk erst reif gemacht haben. Der Held der Fabel ist schließlich auch ein Symbol: Rotationsmeister im „Völkischen Beobachter", steht er als kleiner Mann für alle seiner Art: ein hochanständiger Mensch, ein ganzer Kerl und deshalb — für den Kommunismus wie vorherbestimmt; denn dieser, der Kommunismus, wird hier als das antinazistische Element schlechthin dargestellt, von irgendwelchen bourgeoisen Demokraten erfährt man nichts. Der Mann konnte, wie es den kleinen Leuten damals so erging, nicht umhin, Pg. zu werden, wenn er seine Stellung nicht verlieren wollte.

Und damit wird jener Punkt im Film erreicht, an dem sich der Pferdefuß der politischen Tendenz bemerkbar zu machen beginnt; hier setzt die Problematik dieses Films ein, der sich bislang als ein künstlerisches Dokument zu geben versprach. Er ist jedoch nicht, was er zumindest in erster Linie sein sollte, ein absichtsloses Kunstwerk, wenngleich er zum Teil von starker Intensität der schauspielerischen Leistung und mit tiefem Sinn für die Effekte eines erbarmungslosen Realismus photographiert ist. Vielmehr ist er in erster Linie ein politisches Tendenzwerk; die Kunst nimmt hier den Rang ein, der ihr bisher noch in jeder Diktatur zugewiesen wurde: der politischen Propaganda zu dienen.

Rechtfertigte Harlans *Jud Süss* künstlerisch das nazistische Verbrechen gegen die Menschlichkeit, so bucht *Rotation* dieses Verbrechen zu Lasten des Nazismus. Der Nazismus und seine Untaten sind historische Fakten geworden und der Film hätte lediglich diese mit seinen künstlerischen Mitteln heraufbeschwören und als Realitäten moralisch-menschlich von sich aus wirken lassen sollen, weil die Erschütterung durch das Werk nur künstlerisch stichhaltig ist, wenn sie im Menschlichen liegt. Das hat denn auch die Photographie mit gutem Erfolg besorgt, während in der Fabel der erwähnte Pferdefuß steckt: der zu rehabilitierende kleine Pg., seinen menschlichen Qualitäten nach eigentlich Kommunist und nach anfänglichem Zögern auch zur Hilfeleistung für eine kommunistische Untergrundbewegung bereit, kann nunmehr, wie der Film es im Grunde demonstriert, unbeschadet des verzeihlichen Fehltritts von einst in die mütterlichen Arme der SED sinken.

Das ist die hintergründige, unausgesprochene Tendenz des Films, und mit ihr geht sein politisches Moment in das künstlerische über: dieser Mann, eine Seele von Mensch und ein geschworener Feind der Nazis, wird ohne seelische Konflikte ein braver „Mitläufer", der sich freilich sein Teil denkt, aber um Weibes und Kindes willen Augen und Ohren verschließt. Es geht umgekehrt auch für den Familienvater ohne inneren Konflikt ab, sich für die illegale Sache überreden zu lassen, die die kommunistische ist. Und dann, was künstlerisch am schwächsten ist: der Konflikt, den es bedeutet, nach Kriegsende den Sohn, der den Vater ans Messer der Nazis geliefert hat, in die Arme zu schließen, wird umgangen zugunsten eines mageren Happy-Ends: der Vater lebt dennoch, und auch dem Verräter ist heute verziehen. Dieser Schluß ist künstlerisch schwach. Hier merkt man die verstimmende Absicht am deutlichsten, und es ist klar, daß der Film um jener Tendenz willen die sowjetrussische wie die sowjetdeutsche Zensur hat passieren dürfen. Dafür hat man die ebenfalls aus dem Film sprechende Parallele zwischen dem nazistischen Gestern und dem kommunistischen Heute in Kauf genommen; die Sätze über die Zukunft, die die Vergangenheit nicht wiederholen dürfe, klingen wie eine Parodie angesichts der Tatsache, daß die Erben jener Widerstandsleute, deren tragisches Schicksal der Film sich angelegen sein läßt, längst für die gespenstige Wiederkehr jener Vergangenheit gesorgt haben.

Die Welt, Ausgabe Hamburg, 25.5.1950

Wolfgang Staudtes „Rotation"

Rotation ist eines der künstlerisch interessanten Werke der frühen DEFA-Produktion, die sich damals noch bemühte, hin und wieder frei von Tendenzen zu arbeiten oder wenigsten diesen Eindruck zu erwecken. Da ertönen noch keine Propaganda-Phrasen von der „Befreiung" durch die Russen, keine SED-Fanfaren, keine FDJ-Gesänge. Es ist ein antinazistischer Film, wie er ähnlich auch im Westen hätte gedreht werden können. Er schildert das Schicksal eines anständigen und unpolitischen Mannes: Arbeitslosigkeit in den zwanziger Jahren, wirtschaftlicher Aufstieg im Dritten Reich, halb widerwillig Eintritt in die Partei, später, wiederum halb widerwillig, Mitarbeit an geheimen Flugblättern, Verrat durch den eigenen Sohn, einem ehrlich hitlergläubigen Buben, Verhöre, Haft. Nach dem Kriegsende Heimkehr des irregeführten Sohnes und versöhnlicher Ausklang. Wolfgang Staudtes optische Gestaltung brilliert mit kühnem und dennoch maßvollem Avantgardismus: Großaufnahmen, Überblendungen, Montagen, rhythmische Rasanz und gleichwohl souveräne epische Ruhe. Nur wenige deutsche Nachkriegsfilme haben die Kraft und die Klarheit dieses erstaunlichen Werkes erreicht.

Süddeutsche Zeitung, 11.9.1950

Reimar Hollmann
Alte Filme neu gesehen
„Rotation"
Die montierte Wahrheit

Als er sieht, wie die jüdischen Hausbewohner auf den Lastwagen verfrachtet werden, schließt der Maschinenmeister Hans Behnke sein Fenster und zieht den Vorhang zu. Ein deutscher Kleinbürger, typisch und gleichsam stellvertretend für Millionen seinesgleichen, riegelt sich ab vor der Wirklichkeit — eins von den aggressiven Symbolen, die dieser 1949 entstandene, im Bundesgebiet bislang nur in wenigen Filmclubs gezeigte und nun von dem mutigen Münchner ACCON-VERLEIH ins Gilde-Programm lancierte Film Wolfgang Staudtes setzt.

Rotation ist, sozusagen, die melancholisch-optimistische Bilanz einer Aera, da der Untertanengeist regierte. Melancholisch, weil die Haltung der sympathisch gemeinten Hauptgestalt Passivität ist, die zur Mitschuld wird, optimistisch, weil im Schlußausblick die vorher fanatisierte jüngere Generation die Hoffnung ausdrückt, Wiederholungen der Schrecknisse seien verhinderbar.

Staudtes Hang zur Versöhnung, der sich schon in seinem ersten und bedeutenden Nachkriegsfilm *Die Mörder sind unter uns* abzeichnete und der sich, nach den Nachhutgeplänkeln mit *Rosen für den Staatsanwalt* und *Herrenpartie,* im *Lamm* endgültig in der Kapitulation vor kapitalistischem Denken verloren hat, wird auch in diesem Film evident. Der Denunzierte verzeiht dem Denunzianten, der sein eigener Sohn ist. Er hat ja nicht verhindert, daß der Junge im Hitlerjugend-Denken aufwuchs. Alles verzeihen heißt, alles unter den Tisch fallen lassen. So ist, 15 Jahre später, Staudte selber geworden.

Die Rotationsmaschine, die Zeitungen mit Schlagzeilen ausspuckt, ist Sinnbild dafür, daß die Welt sich dreht und im Grunde nicht weitergeht — ein sonderbares Sinnbild übrigens für einen DEFA-Film, der ja doch den Fortschrittsgedanken zu verkünden hat, was er dann allerdings nur angeklebt kommentatorisch tut (siehe die Anmerkung über den Optimismus der jüngeren Generation oben). Zwei Staudtes wohnen, ach, in einer Brust.

Zu Staudtes Hauptstilmitteln gehören die Parallelmontagen, die Assoziationsüberblendungen. Sein Wahrheitsbegriff resultiert aus Kontrasten, und auf diesem Gebiet ist er immer konsequent geblieben. Ein Motiv, das er immer wieder aufgreift, ist die politische (und damit moralische) Schizophrenie der Deutschen. Was in Roman und Drama Hermann Broch („Die Schuldlosen"), Max Frisch („Stiller") und Arthur Miller („Zwischenfall in Vichy") angespielt haben, rückt Staudte ins Zentrum seiner Filme.

In *Die Mörder sind unter uns* schmückte der Hauptmann seinen Weihnachtsbaum und ließ unterdessen Geiseln erschießen. In *Rotation* delektiert sich ein SD-Chef während eines makabren Verhörs an Beethovens Fünfter Symphonie. In *Rosen für den Staatsanwalt* rezitiert der Mann, der unterbewußt noch im Frieden für die Todesstrafe plädiert, vor der Familie am Abendbrottisch mit Tremolo Matthias Claudius' „Der Mond ist aufgegangen".

Es ist leicht einzuwenden, das sei eine allzu gängige Art, deutschen Geisteshabitus darzustellen. Gewiß, Rosselini hat es in *Rom, offene Stadt* ähnlich gemacht − ein deutscher Offizier hört Schubert, indes seine Gefangenen ausgepeitscht werden −, John Frankenheimer in *Der Zug* − ein deutscher Offizier setzt ein Dutzend Menschenleben auf Spiel, um eine Bildergalerie zu retten −; aber die Wiederholung allein ist kein Beweis, daß es so nicht stimmt.

Bedenklicher ist, daß in dem Film *Rotation* andere Dinge nicht stimmen. Der Film führt ins Jahr 1925, und die zunehmende Arbeitslosigkeit wird in den grellen Blickpunkt gerückt. Aber da verschweigt Staudte (zusammen mit Erwin Klein selbst Drehbuchautor) überall die Voraussetzungen und führt nur die lauten Ergebnisse vor. Da redet nicht nur der engagierte Kommunist raschelnde Leitartikel, sondern vor allem der kleine Unpolitische, und wenn das ironisch gemeint sein sollte, so wird es jedenfalls als das nicht verständlich.

Staudte hat im *Untertan* die vergleichsweise zielsicherste, treffendste Satire geliefert, die der deutsche Film, zumindest zwischen 1945 und 1965, aufzuweisen hatte. In *Rotation* bleibt er viel zahmer. Seine Liebe zu Bertolt Brecht − die sich später in der *Dreigroschenoper* als einigermaßen unglücklich erweisen sollte − betätigt er hier, indem er ein paar Songs in die Hochzeitsfeier knallt, eine Hochzeitsfeier übrigens, die der Verlobung in Brecht/Dudows *Kuhle Wampe* nicht eben unähnlich sieht.

Als Gesellschaftskritiker ist er von allen Regisseuren in den beiden Deutschland bis dato wohl immer noch der wesentlichste geblieben. In der DDR gab es wohl Kurt Maetzig, Erich Engel, Konrad Wolf und eine Reihe anderer, aber alle mit vereinzelten Leistungen. Staudte ist der einzige, dem man nachsagen könnte, er habe die Sozialanalyse und -polemik auf sein Programm geschrieben. Staudte hat seit 1945, ganz anders als etwa Käutner und Liebeneiner, keinen Film gedreht, ohne sich irgendwie zu engagieren.

Irgendwie − damit ist aber auch schon eine Menge gesagt. Staudte engagiert sich irgendwie, nie jedoch ganz. Er bekommt es fertig, ganze Schlachten im falschen Saal zu schlagen, so wie in der *Herrenpartie*. Er bekommt es aber ebenso fertig, Sanftmut zu üben, wo Zorn von ihm erwartet werden dürfte, wie im *Lamm*. Kurt Hoffmann hat im *Haus in der Karpfengasse* alles an Zeitkritik gegeben, was ihm billigerweise abverlangt werden durfte, wenn anders man seine Registratur akzeptieren wollte. Staudte hingegen bleibt seit langem unter dem, was er selbst voraussetzt.

Kirmes, von den späteren Filmen Staudtes vielleicht einer der ehrlichsten, zeigte die Neigung des Regisseurs zum Plakativen. Sie ist auch schon in *Rotation* unleugbar. Staudte arbeitet mit Synonymen. Optisch wie akustisch. Da läßt er einen bildhübschen blonden Jungvolkknaben agieren, der Steinhoffs *Hitlerjunge Quex* entnommen sein könnte, da wird vor den Fenstern geschmettert „Es zittern die morschen Knochen", da schlüpft ein siegesungläubig gewordener NS-Führungsoffizier in schlotternde Zivilhosen.

In merkwürdiger Distanz dazu dann die behutsame, zurückhaltende Führung der Darsteller, Paul Esser, Irene Korb und Reinhold Bernt vorweg, die sich schlicht ins Milieu zurückdrängen lassen und den Beinahe-Dokumentar-Charakter, den montierten Wahrheitsgehalt dieses Films unterstreichen.

Film, Heft 10, Oktober 1965, S. 45

zu der Untertan (1951):

Herbert Ihering
„Der Untertan"

Wieder hat Heinrich Mann dem deutschen Film einen neuen Auftrieb gegeben. Wieder hat eines seiner Werke bewiesen, daß der Film kühne, inhaltsreiche und typische Stoffe braucht, um mit der künstlerischen Erneuerung auch die Publikumswirksamkeit zu verstärken. Als aus „Professor Unrat" *Der blaue Engel* wurde, konnte sich der Film noch an die Story von der „Künstlerin Fröhlich" halten und damit auf das beliebte „filmeigene" Gebiet zurückfinden. Dieser mit Emil Jannings und Marlene Dietrich schauspielerisch üppig besetzte und hervorragend gespielte Film verleugnete zwar nicht die Kritik am selbstgerechten Schultyrannen Professor Rat, den seine Schüler Unrat nannten, aber er glaubte doch einer populären Umdeutung nicht entraten zu können, indem er einen Heinrich-Mann-fremden Bajazzoschluß anhängte. *Der Untertan* verzichtet durchaus auf solche Erweichungen und gibt klar und unerbittlich den satirischen Angriff auf die Untertanenseligkeit der wilhelminischen Zeit.

Wolfgang Staudte hat es sich nicht leicht gemacht. Der Roman verzichtet im Grunde auf das erzählende Element, also auf die an sich und für den Film notwendige Fabel. Er drängt das Leben Diederich Heßlings, des Fabrikantensohnes aus der kleinen Stadt Netzig, immer wieder in prägnante, satirisch zugespitzte Situationen, deren epischen Zusammenhang die Zeit selbst liefert. Und welchen Zusammenhang! Dem plüschenen Kitsch der Bürgerstube und ihrer klavierseligen Sentimentalität entspricht die sadistische Prügelerziehung. Der Geprügelte wird später selbst prügeln. Kneipe, Mensuren und Kasernenhof sind die nächsten Stationen, bis Diederich Heßling nach dem Tode seines Vaters von seiner Fabrik Besitz ergreift und nun der Untertan die Arbeiter als Untertanen behandelt. So geht es weiter durch alle Stationen der Feigheit und des Hochmuts bis zu jenen Szenen der Knechtseligkeit, als Diederich Heßling beim Besuch Wilhelms des

Zweiten in Rom den Absperrungsring durchbricht und begeistert neben dem Wagen des Kaisers herläuft: Auge in Auge sich gegenüber der Kaiser und sein Untertan!

Dieser DEFA-Film kommt im rechten Augenblick; politisch und künstlerisch. Denn in welchem deutschen Roman wurde schärfer jener Untertanentyp entlarvt, der sich immer wieder für Militär und Krieg mißbrauchen läßt. Der Film führt die Entlarvung optisch weiter. Ein Gesicht, ja ein Nacken, ein Auge, ein Mund können eine ganze Menschengruppe, einen Stand, eine Klasse entlarven. Die Großeinstellungen, der Wechsel der Einzel- und Gesamtaufnahmen, von den genialen sowjetischen Regisseuren Eisenstein und Pudowkin als bild-dramaturgisches Mittel in den Film eingeführt, sind von Staudte und seinem Kameramann Baberske hier selbständig und in richtiger, sinndienender Anordnung verwendet. Dadurch erst werden die vielen satirischen Situationen und Simplizissimus-Karikaturen möglich.

Dieses zu sagen und im folgenden auf die Schauspielerführung im *Untertan* hinzuweisen, ist heute besonders nötig, weil manche mit einem Film schon zufrieden sind, wenn er nur im Stoff und Thema fortschrittlich ist. Sie vergessen dabei, daß gerade die fortschrittliche Wirkung stärker wäre, wenn, wie z.B. in dem wichtigen Film *Die Sonnenbrucks,* die Schauspielerführung dem Inhalt entsprochen hätte. Die Besetzung war auch dort vortrefflich. Aber es ist nicht Fachsimpelei, sondern nur ein Beweis, wie wichtig ein Volksfilm genommen wird, wenn auf die Unzulässigkeit mancher Filmregisseure gerade in der Abstimmung und dramaturgischer Führung der Schauspieler hingewiesen wird. Denn diese Unzulässigkeit trübt und verwischt den Inhalt. *Der Untertan* liefert den Gegenbeweis. Hier entsprechen sich Bild- und Wortregie, und der künstlerische Erfolg ist auch der politische Erfolg.

Wie schwierig hatte es dabei etwa Werner Peters, der den Untertan von einer Spitzensituation in die andere führen muß. Er machte das ausgezeichnet. Er war der richtige Typ für die Rolle. Aber er verließ sich nicht darauf. Er gestaltete, er variierte. Er hat wie auf der Bühne auch im Film große Möglichkeiten. Charakteristisch gegen ihn abgesetzt ähnliche Untertanentypen: Hans-Georg Laubenthal als Mahlmann, Axel Triebel als Major Kunze, Georg August Koch als Medizinalrat. Wieder eine andere Schicht vertreten meisterhaft Ernst Legal als Pastor Zillich, Paul Esser als Regierungspräsident von Wulkow. Dagegen die Anständigen: Eduard von Winterstein als alter Achtundvierziger, Raimund Schelcher als sein Sohn, Friedrich Maurer als Fabrikant Göpel und Fritz Staudte als Amtsgerichtsrat Kühlemann.

Das ist Regie, die Rollen nicht nur im Typ richtig zu besetzen, sondern auch im Fluß zu halten und vor Erstarrung zu bewahren. Auch das ist geglückt, trotz der zugespitzten Situationen, besonders gut in den Frauenrollen: Sabine Thalbach als kleinbürgerliche Agnes Göpel, Blandine Ebinger als Frau von Wulkow, Carola Braunbock als Schwester Heßlings, Renate Fischer als Guste Daimchen.

Der Untertan (1951)

Werner Peters in
Der Untertan (1951)

Nur zwei Unklarheiten bleiben übrig: Napoleon Fischer, der schwankende, korrupte Arbeiter, ist für den Zuschauer nicht genügend akzentuiert, und der Vertreter einer jungen protestierenden Arbeitergeneration bleibt zu sehr im Hintergrund.

Heinrich Mann hat zum zweiten Male dem deutschen Film einen Anstoß gegeben und diesmal entscheidend. Wir könnten und müßten noch mehr Schauspieler nennen, die alle gut waren. Warum? Weil ein Dichter wie Heinrich Mann Ansprüche stellte, ein Regisseur und Drehbuchverfasser wie Wolfgang Staudte diese Ansprüche nach der gesellschaftskritischen und künstlerischen Seite mit seinem Kameramann richtig verstand, an die Schauspieler weitergab und diese wiederum durch Drehbuch und Regie in ihrem besten Teil bestätigt wurden. *Der Untertan* hat Maßstäbe gesetzt. Sie müssen angewendet werden.

Berliner Zeitung, 4.9.1951

Hermann Müller
„Der Untertan"
Wolfgang Staudtes Film warnt vor Militarismus und Nationalismus

(. . .) Es gibt eine große Schwäche des Films, die auch die Schwäche des Romans ist. Die kämpfende Arbeiterklasse, die auch um die Jahrhundertwende bedeutende politische Erfolge errang, wird nicht gezeigt; sie wird im wesentlichen durch einen opportunistischen Stadtverordneten vertreten. Aber bestand etwa die Sozialdemokratische Partei Deutschlands ausschließlich aus Napoleon Fischers? Und ebenso findet das progressive, wahrhaft nationale deutsche Bürgertum, das neben den tobenden Heßlings gleichfalls existierte, keine Wiedergabe.

Heinrich Mann schrieb keinen Gesellschaftsroman, der exakt wertet. Es kam ihm weniger darauf an, einen differenzierten Überblick zu geben, als vielmehr dem Hauptfeind Schläge zu versetzen. Er gab. — trotz der Schwächen — gerade mit dem *Untertan* ein leuchtendes Beispiel politischer Einsicht und Verantwortungsbewußtseins des deutschen Bürgertums.

Muß man aber heute in einem Drehbuch die Proportionen des Romans minutiös übernehmen? Es wäre möglich gewesen, die positiven Kräfte der deutschen Geschichte stärker hervorzuheben. Um so mehr, als über die politische Überzeugung des verstorbenen Dichters kein Zweifel besteht, und im Roman selbst z.B. Züge einer wahrhaft nationalen Gesinnung beim alten Buck gezeichnet sind, der einmal auf die Bemerkung Heßlings: „Aber wir haben doch, dank den Hohenzollern, das einige Deutsche Reich", erwidert: „Wir haben es nicht. Denn wir müßten, um unsere Einigkeit zu bezeugen, einem eigenen Willen folgen können; und können wir's? Ihr wähnt euch einig, weil die Pest der Knechtschaft sich verallgemeinert! Das hat Herwegh, ein Überlebender wie ich, im Frühjahr einundsiebzig den Siegestrunkenen zugerufen. Was würde er heute sagen? "

Trotzdem — *Der Untertan* ist einer der bedeutendsten Nachkriegsfilme. 1918 hetzte die Reaktion gegen den Roman. 1951 verbietet Bonn die Aufführung des

Films im Heidelberger Filmklub. Angst steckt dahinter. Die Angst, die Menschen in Westdeutschland könnten ihre Heßlings erkennen, die heute wieder nationalistische und militaristische Haßgesänge leiern. Sie versuchen, den fortschrittlichen deutschen Film zu unterdrücken, und Wolfgang Staudte mußte von Westdeutschland zu uns kommen, um seine dringende Mahnung mit diesem Werk aussprechen zu können. Daß er nicht nur Dank und Anerkennung der deutschen Werktätigen gewann, zeigt die Auszeichnung des *Untertan* in Karlovy Vary mit dem „Preis für sozialen Fortschritt".

Neues Deutschland, 2.9.1951

Wolfgang Joho
Der Untertan ist nicht ausgestorben
Zu dem neuen DEFA-Film „Der Untertan"

(. . .) Die DEFA hat hier ohne Zweifel ein echtes Filmkunstwerk geschaffen. Aber eines bleibt kritisch zu untersuchen: wird einem nach Millionen zählenden Publikum genügend klargemacht, daß es sich hier nicht nur um eine längst vergangene und darum nur noch lächerlich wirkende und erheiternde Angelegenheit aus Großvaters Tagen handelt, sondern — bei allem Wandel der Situation — um eine Sache, die auch uns Heutige angeht und nachdenklich stimmen muß? Wird der Beschauer des Films gezwungen, nicht nur Tränen zu lachen über diese Untertanen von einst, sondern auch das gespenstige, aber heilsame Bewußtsein in sich aufsteigen fühlen, hier vollziehe sich mehr als unwiderrufliches Vergangenes? Das Drehbuch konnte und durfte dem gewählten und gegebenen Vorbild von Heinrich Manns Roman keinen Zwang antun und mußte sich damit begnügen, behutsam da, wo die Schwäche des Romans liegt, nämlich bei der Charakterisierung der Arbeiterschaft, die Akzente etwas zu verschieben. Dies geschah. Aber Regisseur und Mitarbeiter haben sich manchmal zu sehr verlocken lassen, das Satirische zu überdrehen, aus einigen Gestalten überdimensionale Kasperlefiguren zu machen und sich keinen möglichen „Gag" entgehen zu lassen. Was ist die Folge? Das Zuviel an Persiflierung vermindert die erzieherische Wirkung und birgt die Gefahr in sich, daß bei einem erheblichen Teil des Publikums die Gestalten und ihre Handlungen nicht als bittere und grausige Realität genommen werden, sondern als Klamauk, Mordsspaß, als etwas fast schon Surreales. Die Überbetonung der „Gags" führt zuweilen hart an die Grenze der Filmartistik, d.h. zur Form, die sich selbständig macht. Die negativen Gestalten des Films können in ihrer Überspielung dem Auge und Sinn des Beschauers leicht als eine Galerie von Wahnsinnigen erscheinen, statt, wie es notwendig ist, als gefährliche und noch heute aktuelle Repräsentanten imperialistischer Ideologie. So wird zuweilen die unheimliche Parallele zur Gegenwart verwischt, der Zuschauer amüsiert sich köstlich über diese Großväter mit Schnurrbart und Stehkragen und wird zu wenig an die Enkel gemahnt, die unter anderer Hülle ähnliche Gedanken verbergen. Alles Lob dem

Reichtum an Einfällen und dem Bemühen der Darsteller — aber hier wäre Dämpfung am Platz, wäre weniger mehr gewesen. (. . .)

Der Sonntag, Berlin (DDR), 9.9.1951

Ein Film gegen Deutschland
Wolfgang Staudte im Dienste kommunistischer Kulturpolitik

(. . .) Inzwischen haben wir uns Staudtes neuesten Film angesehen. Er heißt *Der Untertan* und ist nach dem gleichnamigen Buche von Heinrich Mann gemacht worden. Es wird berichtet, daß in Heidelberg ein Filmgremium der ersten Garnitur deutscher Filmjournalisten und der Herren Harald Braun, Dr. Johannes Eckardt, Professor Dr. Geiler, Helmut Käutner, Wolfgang Liebeneiner, Curt Oertel und Roman Brodman von der „Tat" (Zürich) darüber in Verzückung geraten sei. Wir nennen diese Herren ausdrücklich bei Namen, um ihnen Gelegenheit zu geben, zur Sache öffentlich Stellung zu nehmen. Sie werden nämlich ebenso vollzählig von der kommunistischen Presse Deutschlands und der Welt als Kronzeugen dafür aufgerufen, daß Staudtes neuester Film ein „Meisterwerk" der Filmkunst sei. Tatsächlich haben es sich eine stattliche Reihe westdeutscher Zeitungen den Rhein herab und die Donau hinauf in ihrer politischen und künstlerischen Instinktlosigkeit nicht nehmen lassen, erstens Wolfgang Staudtes „Lektion über Recht und Freiheit" naiv nachzubeten und zu kommentieren und zweitens den Film *Der Untertan* als eine filmische Offenbarung zu preisen.

Der neue Film von Staudte setzt dem deutschen Spießer und Untertan der wilhelminischen Epoche in der Tat ein peinliches und in mancher Hinsicht verdientes Denkmal. Der Film enthält eine Reihe origineller Einstellungen, ein halbes Dutzend guter Simplizissimus-Witze und recht komische Offiziers-, Bürger- und Kleinstadt-Typen aus der Zeit vor dem Weltkriege. Fast 3000 Meter verwendet Staudte in dieser Absicht in ewigen Wiederholungen und Abwandlungen, um seinem Publikum klarzumachen, wie er den Deutschen in der Welt dargestellt sehen möchte. Nach den ersten 500 Metern ist jedoch die Spannkraft dahin; nach den zweiten 500 Metern wird die Geschichte ärgerlich. Es gibt freilich auch einiges zu lachen: z.B. über die versoffenen Studenten, über die dämlichen Offiziere, die gespreizten Bürger, die jämmerlichen Beamten, die albernen Kriegervereine, die schwatzhaften Tanten, die robbenden Rekruten, die dünkelhaften Stabsärzte und die lächerlichen Stammtischbrüder. Dagegen sind die im Film mitwirkenden Arbeiter und Mitglieder der Freisinnigen Partei ehrliche, anständige, brave, bescheidene und wirklich vernünftige Menschen. Nur das Geld und die Macht sind auf der Seite der Dummköpfe. So kann man's natürlich auch machen. Und Wolfgang Staudte aus der Schule von Joseph Goebbels macht es leider so. Im Lande Wolfgang Staudtes sind nunmehr allerdings Geld und Macht in den Händen ganz anderer Leute. Und was die damit anfangen, ist bekannt — offenbar allein dem Regisseur Staudte nicht. (. . .)

Werner Peters in
Der Untertan (1951)

Werner Peters und
Renate Fischer in
Der Untertan (1951)

Es ist kaum zu glauben, aber leider wahr, daß ausgerechnet aus der deutsche_ Ostzone die Welt mit einem Film über das Thema *Der Untertan* beliefert wird. Fast könnte man vermuten, die Initiatoren dieses törichten Filmes seien von der Absicht ausgegangen, die Zustände der Vergangenheit in ihrer Jämmerlichkeit darzustellen, um die Gemeinheit ihrer eigenen Methoden zu verschleiern. Schließlich ist von den „lächerlichen" Offizierstypen jener Zeit wenigstens das eine zu sagen, daß sie zum Unterschied zu den GPU-Offizieren der DEFA-Aera noch nicht wußten, was ein Genickschuß ist. „Bravo", rufen da unsere klugen Filmjournalisten von Heidelberg, und am Wilhelmsplatz in Berlin schlagen sich die neuen Herren vor Vergnügen über diesen gelungenen Coup auf die Schenkel und dekorieren den Regisseur Wolfgang Staudte zum Nationalpreisträger. Der Mann hat diese Auszeichnung im Geiste der Bolschewisierung der Welt in der Tat verdient. (. . .)

Filmpress, Nr. 45, 1.12.1951, S. 3–4

Wilfried Berghahn
Deutschenspiegel für Ost und West
Zu dem DEFA-Film „Der Untertan"

Wolfgang Staudte durfte im vorigen Jahr auf den „Filmkunst-Tagen" in Heidelberg seinen DEFA-Film *Der Untertan* (nach Heinrich Mann) nicht zeigen. Inzwischen ist natürlich doch eine Kopie mehr oder weniger illegal nach Westdeutschland gelangt, und wenn man Glück hat, bekommt man sie im kleinen Kreise zu sehen. Der Rezensent hatte Glück. Was er sah, war ein filmisches Meisterwerk. Das ist gewiß eine höchst anstößige und wenig dankbare Feststellung, denn sie wird zu Unbehagen bei den kulturellen Kreuzfahrern führen, Entrüstung im nationalen Lager provozieren und im ostberliner Propagandaministerium Beifall finden. Eine schiefe Situation! Man muß das in Kauf nehmen.

Auch Wolfgang Staudte sitzt heute zwischen den Stühlen. Im Westen sperrt die Bundesregierung jedem Produzenten, der ihn verpflichtet, die Bürgschaft, und im Osten wird er kaum noch frei arbeiten dürfen, denn *Rotation* war bereits zu „formalistisch", erst recht *Der Untertan*. „Hart an der Grenze der Filmartistik", hieß es in offiziösen Rezensionen.

Tatsächlich gibt es nur wenige Filme, die ein ähnliches Feuerwerk optischer Einstellungen abbrennen wie dieser. Die eine charakteristische Einstellung wird durch die nächste abgelöst, Gag folgt auf Gag, Pointe auf Pointe. Das ist Artistik, doch indem man es feststellt, sagt man auch, daß der Regisseur sein Handwerk beherrscht. Kein Artist kann es sich leisten, einmal daneben zu fassen, sonst liegt er mit blutigen Knochen in der Manege. Artistik heißt Präzision. Staudte hat sie, denn er weiß, was er will: Heinrich Manns Satire verfilmen, ohne Kompromisse nach rechts oder links zu machen. Das Drehbuch schrieb er selbst (wie er das bisher immer tat) und hielt sich eng an den Roman. Er suchte die kräftigsten Episoden heraus, übernahm Dialogstücke möglichst wörtlich und fügte außer der letzten Einstellung nichts hinzu.

So entstand der karikaturistische Bilderbogen vom Leben des Diederich Heßling, Untertan seines Vaters, seiner Lehrer, seines Corps, seines Hauptmanns, seiner Frau, seines Regierungspräsidenten und — Höhepunkt des Films — seines Kaisers. Eine überdimensionale Marionette, die an den Fäden ihres eigenen Minderwertigkeits-Bewußtseins zappelt, die nach oben buckelt und nach unten tritt, den hohlen Kopf voller Bierdunst, nationaler Phrasen und Vermehrungsgelüste, die Hände an der Hosennaht.

Man mag Staudte im Westen vorwerfen, daß dieser Figur die menschliche Tragik fehlt, daß er unterlassen habe, ihr seelische Problematik zu geben und im übrigen historische Gerechtigkeit in den Stoff hineinzutragen. Schon Heinrich Mann lag es fern, so auch Staudte; genauso, wie er sich weigerte, dem „heroischen Kampf der Arbeiterklasse", der im Roman keine Rolle spielt, Tribut zu zollen, was man drüben übel vermerkte. Die eine wie die andere Reaktion jedenfalls bekundet wenig Verständnis für die spezifische Wahrheit der Karikatur und den Wirklichkeitswert des Zerrspiegels. Nichts anderes ist dieser Film (freilich in künstlerischer Vollendung), und nichts anderes will er vom ersten Bild an sein. Es wäre völlig verfehlt, ihn für ein naturalistisches Abbild der Epoche zu halten. Staudte begegnet dem von vornherein mit allen Mitteln filmischer und darstellerischer Stilisierung. Optisch frappant wird das, wenn die Kamera eine Kommers-Szene durch große Biergläser hindurch beobachtet und in der Verzerrung die atavistische Fratze solcher Gebräuche offenkundig macht. Wenn deshalb die letzte Einstellung den Schauplatz des vorangegangenen Bildes in Trümmern zeigt und der Sprecher ein So-endet-es spricht, dann ist das nicht ein aufgepappter Propaganda-Schluß, sondern das unausbleibliche Ende mit Schrecken dieses grotesken Spektakels vom deutschen Ungeist.

Werner Peters, in der Bundesrepublik ein unbekannter Name, spielt den Heßling. Wahrscheinlich hat Werner Krauß in der Rolle eines anderen Untertanen, des Kanzlierats Maske aus dem hervorragenden Stummfilm *Die Hose* nach Sternheim, bei der Auffassung der Rolle Pate gestanden, denn es gibt weitere Berührungspunkte zwischen den Werken. Zumindest hatten beide dieselbe Vorlage in den Karikaturen des „Simplizissimus". In strammer Haltung und Stechschritt, mit Kaiser-Wilhelm-Schnurrbart, aufgerissenen Augen, deutschem Haarschnitt und prallem Gesäß in der zu engen Hose geht Heßling durch seine große Zeit. Die Figur ist nicht bösartiger als sie grotesk ist. Und für Augenblicke, etwa wenn Heßling mit seinen eigenen Phrasen von einem anderen abgefertigt wird, läßt der Regisseur etwas von jener unheimlichen Beklemmung sichtbar werden, die immer unter der Oberfläche des Grotesken lauert.

Der Kamera-Mann hat den charakteristischen Blickwinkel für diese Welt gefunden: Schräg von oben sieht das Objektiv auf den Untertanen herab. Doch soviele filmische Effekte sich Staudte auch erlaubt, er verwendet sie nie zu einem anderen Zweck, als seine literarische Vorlage in adäquate Bilder zu übersetzen. Wenn er etwa im blanken Messing einer pathetisch ins Bild ragenden Trompete eine Gruppe Rekruten, die gerade dressiert wird, sich spiegeln läßt, so ist das nicht nur ein optischer Gag, sondern der präzise bildhafte Ausdruck jener typischen Mischung von heroischem Pathos und kindischer Lächerlichkeit, die den Militarismus auszeichnet. Den Schock, den Heßling empfängt, als er von einem Hauptmann angeschrien wird, den er entgegen dem Reglement angesprochen hat, überträgt der Regisseur auf die Zuschauer, indem er auf eine Halb-Totale der beiden unmittelbar eine Großaufnahme des explodierenden Mundes des Hauptmanns folgen läßt.

Natürlich ist es etwas anderes, ob man solche und ähnliche Situationen beschreibt oder sie zeigt. Das Bild pointiert. Deshalb wohl führte der Regisseur einen Sprecher ein, der auf den Höhepunkten der Handlung, jedesmal dann, wenn das Bild zu stark wird, die Reaktion des Publikums in ironischen Kommentaren auffängt. Man kann das mit Brecht „Verfremdung" nennen; eine interessante und bisher kaum praktizierte Funktion des gesprochenen Wortes im Film. Großartig in jener Szene, als Diederich in Rom neben dem Wagen des Kaisers herläuft! Er brüllt Hurras und schwenkt den Hut; die Kamera sieht von oben herab und zeigt vom Kaiser nur die Pickelhaube, die sich langsam zur Seite neigt „. . . und sie sahen einander an, der Kaiser und sein Untertan . . . und Seine Majestät hat genickt." Das sind Bilder von einer Dichte des Ausdrucks, wie man sie im deutschen Film seit langem nicht gesehen hat. Die Absichten des Regisseurs wie des Autors sind darin vollkommen realisiert worden. Überhaupt dürfte es schwer sein, heute einen deutschen Regisseur zu finden, der Staudte den Rang ablaufen könnte. Doch der Film wurde bei der DEFA gemacht, die Satire vom Untertanen gerade in der Sowjetzone gedreht. Ist das etwa ein Einwand? Daß nur die Kostüme verwandelt sind, die Untertanen aber überlebt haben, wird man auch in den Kinos hinter dem Eisernen Vorhang bemerken. Im übrigen stelle man sich einmal die Gesichter der westdeutschen Produzenten vor, wenn jemand wagen sollte, ihnen einen solchen Stoff anzubieten.

Frankfurter Hefte, 9.9.1952, Nr. 9, S. 712—713

B. K.
Das untertänige Publikum

Die letzten Jahrzehnte des vergangenen neunzehnten Jahrhunderts und die ersten Jahre des zwanzigsten bis zum Krieg sind überall in der weißen Welt ein bombastisches Zeitalter gewesen. Die überschüssige Kraft, die sich in einer langen Friedenszeit angestaut hatte, türmte sich in monumentalen Bauwerken auf. Berlin stellte seinen Reichstag und seinen Dom ans untere und ans obere Ende der ‚Linden', in der alten Stadt Rom, die zweitausend Jahre lang für die Würde in der Architektur zuständig gewesen war, wurde am Fuße des Kapitols dem Victor Emanuel jenes abscheuliche Denkmal gesetzt, das nach dem Witzwort amerikanischer Touristen eher einem wedding-cake, einem überdimensionalen Hochzeitskuchen gleicht; bis in das ferne Indien trugen die weißen Herren die steinernen Zeugnisse ihres Übermuts. Man hatte — auch damals — um mit einem modernen Schlagwort zu reden, seine „Mitte" verloren. Nicht nur die Verdünnung aller Impulse ins Abstrakte hinein, sondern auch ihre krampfhafte Zusammenballung in Pomp und Schwulst zeigt ja einen Verlust des Maßes an.

Wir Deutschen, die wir zu einer übertriebenen Selbstkritik viel mehr neigen, als uns selbst und manchem mißgünstigen Beobachter bewußt ist, haben für das Bombastische jener Epoche das Wort vom wilhelminischen Stil geprägt. Heute sprechen wir es nur noch mit spöttisch gekräuselten Lippen aus. Aber wir vergessen dabei, daß dieser Wilhelminismus damals eine internationale Zeitkrankheit gewesen ist. Wie hätte es auch anders sein sollen in einer schon eng zusammenrückenden, immer gleichförmiger werdenden Welt? Es gibt nun aber Leute, die uns gern glauben machen möchten, der Deutsche sei an allem schuld. Zu ihnen gehört der Filmregisseur Wolfgang Staudte, dessen Film *Der Untertan* — nach Heinrich Manns bekanntem Roman angefertigt — soeben von Ostberlin her in die westdeutschen Kinos gelangt ist.

Der Film ist ebenso glänzend in der Form wie unwahr und betrügerisch im Geiste. Der Sinn, den Heinrich Mann einst seiner aktuellen Satire mitgab, wird heute, nach einem Abstand von vierzig Jahren, aufs frechste entstellt und umgedreht. Denn heute sind ganz andere Gewalthaber aktuell als der wilhelminische Feldwebel und der Regierungspräsident mit Jägerhut und Rauschebart. Unsere Landsleute in der Zone wissen das auch ganz genau. Sie haben den Film, als er dort vor fünf Jahren gezeigt wurde, als ein geschicktes Ablenkungsmanöver erkannt, mit dem sich die Pankower Diktatoren auf Kosten der wilhelminischen Großväter loskaufen wollten. Durch den aufgefrischten Hohn des verblichenen Heinrich Mann sollte das Nationalgefühl ein weiteres Mal beschämt und geknickt und der in effigie entblößte Bürger dem neuen Tyrannen gefügig gemacht werden. Der geschärfte Blick der Staatssklaven jenseits der Elbe hat das sogleich herausgefühlt und ist auch darum auf die raffinierte Lockspeise nicht hereingefallen.

Anders in Westdeutschland, wo der Film jetzt mit fünfjähriger Verspätung eintrifft und ein auf ästhetische Rafiinements gedrilltes Publikum auf die Schlummerrolle der politischen Faulheit gebettet, bereitwillig dieser zweiten und unvergleichlich frecheren „demokratischen Umerziehung" applaudiert. Unvergleichlich frecher darum, weil hier die Geschichtslüge und die absichtsvolle Unterbrechung des Nationalgefühls von Deutschen selbst angeboten wird und nicht von den Gegnern im Kriege, die immerhin durch Unkenntnis und ihre Position ebenfalls als Gegner entschuldigt waren. Was mag wohl ein Besucher aus Leipzig oder Magdeburg denken, wenn er dieses westliche Kinopublikum, dem eigenen Wohlstand gedankenlos hingegeben und seiner schon überdrüssig, hier Beifall klatschen und den Stiefel küssen sieht, der ihm ins Gesicht getreten hat?

Genau das: den Stiefel lecken, der ihn tritt, hat Heinrich Mann einst seinem jämmerlichen Diederich Heßling, dem „Untertan" der wilhelminischen Ära, vorgeworfen. Denkfaul dienstbeflissen, von eilfertigen Filmkritikern angeführt, tun die demokratischen Heßlinge von heute in Stuttgart, Hamburg und anderswo das Gleiche wie jener klassische Untertan und merken es nicht einmal. Offenbar ist der westliche Bürger eher geneigt, den Splitter in seinem eigenen als den Balken im östlichen Auge zu erkennen. Daß der Stresemann-Film von Bonn her mit einem langen bis in die Ateliers hineinreichenden Pinsel retuschiert war, hat er zwar gemerkt und hat auch recht gehabt, daran Anstoß zu nehmen. Warum setzt aber diese Aufmerksamkeit aus, wenn Pankow die Geschichte mit Knutenhieben verfälscht?

Christ und Welt, 28.3.1957, Nr. 13

E. S.
Der „Untertan" im Westen
Oder: Die Verfolgungsjagd auf uns selbst

(. . .) Heute nach fast einem halben Jahrhundert wird jene alte satirische Vorlage in den ostzonalen Ateliers, die unter der höheren russischen Regie stehen, dazu benutzt, weiter Substanzkritik an unserem Volke zu betreiben − an dem, was Obrigkeit war, die man mit Halunken oder Schwachsinnigen gleichsetzt, an der Kirche, der Schule und dem bürgerlichen Stand, der uns als Pack und Gesindel vorgeführt wird. Es ist eine andere Sache, wenn ein Schriftsteller wie Heinrich Mann innerhalb seiner Zeit mit offenem Visier, in welcher Art auch immer, Kritik an Umwelt und Zeitgenossen übt, als wenn seine Kritik zur Funktion einer politischen Absicht von Leuten gemacht wird, die in einer ganz anderen Konstellation ganz anderes im Schilde führen. Und nun wird die Gleichung gezogen, die von der früheren friderizianischen Zeit über Bismarck über die wilhelmische Ära bis in das Verfallsjahr 1945 reicht. Es ist die Gleichung, die man uns damals − nicht nur die Russen allein waren es − gern vorgerechnet hat und die deutsche Ursünde bloßlegen und mit solchen Filmbildnern unmißverständlich belegen soll: servil und kriegswütig und nichts anderes zu sein.

Es ist schwer zu entscheiden, worüber wir uns mehr wundern sollen: über den Masochismus der Westdeutschen, die derartige Szenen betrachten und darüber lachen, oder über die Gefälligkeit, mit der andere Deutsche im Osten einen Auftrag ausführen, den die englische Sprache „Charaktermord" nennt. Dieser Film ist nur ein anderes Denkmal der systematischen Zerstörung an territorialer, kultureller und sozialer Vernichtung unserer Substanz, die man wohl gern von unserer östlichen Hälfte auf die westliche übertragen möchte. Wie bußfertig der Deutsche nach Zeiten falscher Überschwenglichkeit sein kann, hat er hinlänglich bewiesen. Hier scheint uns ein Beispiel dafür vorzuliegen, wie dumm er auch sein kann. Es gibt keinen Austritt aus der Geschichte − so sehr auch manche intellektuellen Versuche des jüngsten Jahrzehnts dahinzielten. Es lassen sich aber auch die Väter aus jener wilhelminischen Zeit nicht verleugnen, so sehr wir hier dazu aufgefordert werden. Sie sind unser Teil. Sie sind unsere Geschichte, unser nun kleiner gewordener Besitz, der nicht immer so jämmerlich gewesen ist. Den Untertanenkomplex und die liebedienerische Sorgfalt vor den Autoritäten, die Heinrich Mann in den Wilhelminismus verlegt, entdecken wir eher dort, wo man sich so eilfertig vor den stalinistischen Direktiven verbeugt und uns zur Verfolgungsjagd auf uns selbst −

127

in „rein künstlerischem Sinn' natürlich — einlädt. Wir meinen nicht, daß es sich lohnt, sich noch nachträglich zu einer solchen Sinnesart zu bekehren.

Deutsche Zeitung, 30.3.1957

Die Fruchtbarkeit des bösen Blicks

(. . .) Im „Professor Unrat" nahm sich Heinrich Mann einen bestimmten Typ aufs Korn und geißelte an dessen Gestalt Einzelzüge der wilhelminischen Gesellschaft. Im „Untertan" gewinnt seine Sicht an Tiefenschärfe und Weite: der Roman wird zur totalen Karikatur der deutschen Untertanengesellschaft. Die „Denunziation des Inhumanen" (Theodor W. Adorno — Anm. d. Red.) erreicht epochale Ausmaße und gewinnt prophetische Perspektiven. Heinrich Mann beendete das Manuskript zwei Monate vor dem Ausbruch des Ersten Weltkrieges. Man staunt nachträglich darüber, was der Autor alles an der Wurzel erahnte: den Ausbruch des Krieges, ja die ganze Hölle des Nazismus, von dem ihm damals wohl „der Begriff und nur die Anschauung nicht" fehlte, wie er später sagte. Die ersten Leser mögen noch gelacht haben, wenn auf einer Wahlversammlung Diederich Heßling und seine Clique den sarkastischen Zuruf: „Den Umsturz kastrieren Sie auch!" mit gröhlender Begeisterung bestätigen. Da uns solches Lachen vergangen ist, mußte Staudte auch das Ende seines Films historisch weiterführen.

Bei Heinrich Mann treibt der Regen, der in die schwülstige Denkmalszeremonie niedergeht wie die Hand Gottes, den Diederich in das Sterbezimmer des alten Buck, des gescheiterten Revolutionärs von 1848. Der erblickt Diederich und stirbt. Darauf eine Angehörige: „Er hat etwas gesehen! Er hat den Teufel gesehen!" Der Teufel, dessen Anblick dem Sterbenden den Rest gibt, hat inzwischen Geschichte gemacht, die Geschichte der beiden Weltkriege und der KZ-Lager. Was also wäre logischer als Staudtes Schlußeinstellungen: Klatschnaß verbeugt sich Diederich, im Wolkenbruch von allen allein gelassen, tief vor dem Denkmal Wilhelms „des Großen", dem Symbol der Macht. Überblendung in den tobenden Gewitterhimmel; die Melodie der „Wacht am Rhein" geht über in die Erkennungsmelodie der „Sondermeldungen" des „Großdeutschen Rundfunks" und der NS-„Deutschen Wochenschau". Letztes Bild, Totale: die Ruinen des Marktplatzes von Netzig, nur das Denkmal ist unversehrt, zu seinen Füßen räumen Frauen den Schutt weg. Die Stimme des Sprechers mahnt, nie wieder welcher Macht auch immer Gelegenheit zu geben, auf den Untertanen in uns zu spekulieren.

Staudte hat offensichtlich mit Fleiß die Filmgeschichte studiert und ihre Errungenschaften sich zu eigen gemacht (er ist der einzige unter unseren Regisseuren, von dem man das sagen kann). Er versteht sich auf Murnaus Kammerspiel-Intensität ebenso wie auf „caligaristischen" Bild-Expressionismus und auf die Montagekunst der frühen Russen. Für solche Vielseitigkeit legen auch seine anderen Filme Zeugnis ab, hier aber kommt sie erst zu ihrem vollen Recht: Sie versetzt ihn in die Lage, jenen „Umschlag der ins Extrem gesteigerten naturalistischen Mittel in den expressionistischen Ausbruch" zu leisten, den Adorno Heinrich Mann zuschreibt.

Man kann das durch den ganzen Film verfolgen: Er beginnt im naturalistischen Stil des frühen G.W. Pabst, mit einer langsamen Fahrt durch das bürgerliche Wohnzimmer, über Stilleben, Statuetten und Konsölchen hin bis zum Bild des Babys auf dem Eisbärfell; auf die episch-deskriptive Fahrt folgt unmittelbar die expressive Montage der Kindheitsbilder: der strenge Vater, die verbitterte Mutter, die nationalistischen Lehrer – gipfelnd in dem grotesken Chorus der Klasse, die die Kriege rezitiert, die „die Hohenzollern siegreich beendet haben". Dergleichen wiederholt sich noch mehrmals, etwa wenn die Kasernenhofschleiferei naturalistisch geschildert wird, dann aber vom Hauptmann, an den Diederich ungefragt das Wort richtet, nur das unterm Schnauzbart grimassierende Maul sichtbar ist, aus dem unartikuliertes Grollen, Gewitterdonner und Pferdewiehern kommt. Und wie sinnvoll, die zürcher Episode (Hochzeitsreise) in minutiösem Naturalismus auszuführen, der dann mit der anschließenden römischen Episode (Kaiserbesuch) in einem Montage-Expressionismus à la Eisenstein umschlägt: die Kürassierstiefel des Kaisers, wie sie die blumenbestreute Treppe herabschreiten; die Borsalinos der Italiener, durch die sich der Jägerhut des Deutschen vordrängt; des Kaisers Helm und die Mütze des königlichen Zwerges nebeneinander in der Staatskalesche; Heßling, rennend und hurraschreiend, von der Kamera durch die Räder der Kutsche aufwärts erfaßt; des Kaisers Kopf, wie er sich ihm huldvoll zuwendet, bis die Bartspitze sichtbar wird; Heßling im Laufen erstarrend, gebückt, den Hut ehrfurchtsvoll gereckt.

Staudtes Naturalismus ist freilich nie der malerische Naturalismus von Cléments Gervaise, das Umkippen ins Expressionistische ist in ihm stets angelegt durch strenge Stilisierung der Bewegung (der Kamera wie der Darsteller), vor allem aber durch die Ironie – der Situation, der Perspektive und des musikalischen Kommentars. Zum Beispiel, wenn die Kamera die kneipenden Neuteutonen durch den kreisenden Bierstiefel erfaßt und so die zerhackten Visagen vollends zur Fratze erstarren läßt, oder wenn die Rekruten beim „Knie – beugt!" im blitzblank gewienerten Trompetenhals sichtbar werden. Hier wird die „Denunziation des Inhumanen" filmisch nachvollzogen: das Bild des erniedrigten Menschen wird sichtbar nur noch durch die Symbole der Macht und ihrer Instanzen.

Staudtes Annahme, daß der autoritäre Ungeist von einst noch keineswegs überwunden sei, verdient gewiß keinen Widerspruch – die Filme selbst, die westlichen *Herrscher ohne Krone* und die östlichen *Führer seiner Klasse,* bezeugen es. Fraglich ist nur, ob die Satire, die sich an die Symptome des Autoritätskults von 1914 hält, dort noch den Autoritätskult von 1957 trifft, wo die Symptome sich gewandelt haben. Nicht immer glückt es Staudte, im Bild des wilhelminischen Untertanen die bleibenden Züge des Typus zu zitieren, vieles sinkt ab ins Unverbindlich-Kabarettistische – die Revueszene hätte auch von Käutner sein können! Niemand wird den heutigen Untertan noch erkennen in dem Klosettpapier-Fabrikanten, der seine Ware mit patriotischen Sinnsprüchen bedruckt.

Daß er sich von den „subversiven" Tendenzen Heinrich Manns keinen Deut hat abhandeln lassen, weder im Sinne der bürgerlichen Restauration noch des „Sozialistischen Realismus", hat Staudte natürlich den Mißmut beider Seiten eingetragen: die pankow-treue Kritik warf ihm „Formalismus" vor und vermißte die „positive Rolle des Proletariats", und die westdeutschen Feuilletonisten bemängeln „das Fehlen jeglichen Funkens von Menschlichkeit" (Gunter Groll). Die einen wünschten sich ein plattes Klassenkampfdrama, die anderen genau jenen „selbstgerechten versöhnlichen Humor", mit dem *Der blaue Engel* die Denunziation entschärfte. Von nicht geringer Ahnungslosigkeit zeugt es auch, wenn man Staudte und Mann vorwirft, sie verwehrten dem Untertan das Format eines tragischen Helden. Wo das Böse derart Gestalt gewonnen hat, daß die Wirklichkeit das Zerrbild weit hinter sich gelassen hat, käme die Katharsis der Entschuldigung gleich.

Wie aktuell die Aussage des Films ist, beweist seine Aufnahme in der Bundesrepublik: selbst der Verleih fühlte sich gedrängt, von der politischen Seite seines Films vornehm abzurücken: er „hält das künstlerische Format des Films für so ungewöhnlich, daß er dem westdeutschen Publikum nicht vorenthalten werden sollte, einerlei, wie man zu seinem Inhalt stehen mag"! Und so möchte es denn auch die etablierte Kritik wissen: „ein fragwürdiger, böser, humorloser Film", wenn auch „fraglos ein Kunstwerk" (K. Hebecker). Die hoffende Erwartung desselben Kritikers „das Publikum dürfte diese Einstellung teilen", scheint sich indessen nicht zu erfüllen: die Besucher des münchner Uraufführungskinos bedachten die mahnenden Schlußworte des Sprechers in den meisten Vorstellungen mit spontanem Beifall!

Filmkritik, Nr. 5, Mai 1957, S. 67–69

zu Die Geschichte vom kleinen Muck (1953):

Susanne König
„Die Geschichte vom kleinen Muck"
Ein DEFA-Märchenfarbfilm

Eine rechte Weihnachtsfreude bereitete die DEFA mit dem neuen Farbfilm *Die Geschichte vom kleinen Muck*, den Nationalpreisträger Wolfgang Staudte nach dem gleichnamigen Märchen von Wilhelm Hauff drehte. Peter Podehl und Wolfgang Staudte schrieben das Drehbuch.

Der Film versetzt den Zuschauer in die Welt des Orients. Der kleine Muck, der Held des Märchens, ist durch seine Mißgestalt Gegenstand des Gespöttes der Kinder wie auch Erwachsener. Eines Tages gelingt es ihm eine höhnende Kinderschar ins Haus zu locken, die Tür zu verschließen und behende auf ein hohes Regal zu flüchten.

Die aufgeregten Kinder protestieren gegen die Gefangennahme. Aber erst müssen die Rangen eine lange Geschichte anhören, die phantastische Geschichte seines Lebens:

„Vor vielen Jahren war ich noch ein kleiner Junge wie ihr . . ." Die Kamera folgt nun den abenteuerlichen Erlebnissen des kleinen Muck. Als Sohn eines alten Gelehrten wächst der kleine Muck, von der Liebe seines Vaters umgeben, auf. Er ist ein richtiger Träumer. Einmal streifte der Junge tagelang durch die Stadt. Als er endlich heimkommt, erfährt er vom plötzlichen Tode seines Vaters. Die habgierigen Verwandten raufen sich schon um das kärgliche Erbe. Weil sie von ihm das Versteck angeblich vorhandener Schätze nicht erfahren können, peinigen sie den Kleinen. Aber Muck kann entkommen.

Völlig auf sich allein gestellt, zieht Muck aus, ,,den Kaufmann, der das Glück verkauft", zu suchen. Nach einem langen Marsch durch die trostlose Einsamkeit der Wüste gelangt er zu der widerlichen Hexe Ahavzi, die ihn als Sklaven zur Pflege ihrer unzähligen Katzen behalten will. Durch die Hilfe einer Katze findet er einen zierlichen Wanderstab und reichbestickte Pantoffeln. So kann er aus der demütigenden Gefangenschaft entfliehen. Die Wunderkraft der Pantoffeln führt ihn in rasender Geschwindigkeit durch das Land. Nach einem siegreichen Wettlauf gegen den Oberleibläufer des Sultans tritt er an dessen Stelle. Kurze Zeit sonnt sich Muck in der Gnade des Despoten, aber sehr bald bekommt er die Heimtücke der kriecherischen Höflinge zu verspüren.

Zum Schluß des Märchens läßt Muck Pantoffeln und den Stab, der Gold findet, in der Wüste vom Winde verwehen. Er hat erkannt, daß das wahre Glück durch keinen Zauber zu gewinnen ist, sondern nur durch ehrliche fleißige Arbeit.

Die ewige Sehnsucht der Menschen nach dem Glück ist im Hauffschen Märchen wie im Film das einfache Thema, und die blühende Phantasie der Volksdichtung gibt der Geschichte ihren eigenen Reiz. Die Drehbuchautoren Peter Podehl und Nationalpreisträger Wolfgang Staudte haben den humanistischen Gehalt des Märchens gegenüber der Hauffschen Fassung vertieft, ohne sich etwa von der Fabel selbst zu lösen.

Wie bei Hauff ist die eigentliche Geschichte des kleinen Muck in eine Rahmenhandlung gebettet. Während bei Hauff ein Vater seinem Kind die wundersame Geschichte erzählt, legten sie die Filmautoren dem altgewordenen Muck selbst in den Mund. Das gab dem Regisseur die Möglichkeit, der Rahmenhandlung eine bedeutendere Rolle beizumessen und dem Zuschauer damit die Atmosphäre des Orients zu vermitteln.

Bei Hauff ist der altgewordene Muck ein wohlhabender Sonderling; der Leser erfährt jedoch nicht, woher eigentlich sein Reichtum kommt. Im Film dagegen erwirbt sich Muck seinen beschiedenen Lebensunterhalt durch unermüdliche Arbeit, der Quelle des menschlichen Glücks.

Bei der Schilderung der Kindheit des kleinen Muck äußert sich bei Hauff ein den deutschen Märchenerzählern häufiger Hang zum Pessimismus. Nicht genug, daß der arme Krüppel Zielscheibe für den Spott der Nachbarn ist, nicht genug, daß er von ihnen wie ein Aussätziger behandelt wird — verleiht er auch dem Vater abstoßende Züge. Unserem Fühlen und Denken entspricht der im Film gestaltete Vater wesentlich mehr: der sich um das Wohl seines unglücklichen und mißgestalteten Kindes sorgt.

Charles Hans Vogt in *Die Geschichte vom kleinen Muck* (1953)

Thomas Schmidt in *Die Geschichte vom kleinen Muck* (1953)

Der Film zeigt uns den kleinen Muck als aufgeschlossenen und hilfsbereiten Jungen. Durch das aufmerksame Beobachten der Eigenheit der Pantoffeln, des Zauberstabes und der Zauberfeigen erkennt er selbst ihre Kraft, während dem kleinen Muck des Märchens diese Erkenntnisse auf wunderliche Weise im Traum zufallen. Der in Ungnade gefallene Muck fleht bei Hauff um Gnade – im Film entläßt ihn der Sultan, weil Muck ihn aus einer lächerlichen Lage befreite: Bei einer Probe der Wunderpantoffeln muß der Sultan unaufhörlich durch die Säle laufen.

Diese kritische Gegenüberstellung zugunsten des Films darf nicht als Herabsetzung der durchaus feinfühligen Erzählerkunst Wilhelm Hauffs aufgefaßt werden. In der volkstümlichen Dichtung widerspiegeln sich die Sehnsüchte der einfachen Menschen.

Wir kennen heute den Weg zum Glück für die gesamte Menschheit, mit dem auch alle früheren Utopien erfüllt werden. Das berechtigt die Künstler, den humanistischen Ideengehalt auch des Märchens zu bereichern. Dieser Verpflichtung wurden Peter Podehl und Wolfgang Staudte auch in den Motiven gerecht, die sie der Fabel frei hinzufügten. Mit glücklicher Hand haben die Filmautoren das Streben der Völker nach Frieden zum Ausdruck gebracht. Das Entsetzen über die Schrecken des drohenden unnötigen Krieges stärkt die Tatkraft des Volkes. Zugleich gelang Wolfgang Staudte eine treffliche Satire auf vergangene und gegenwärtige Hierarchien.

Zu unmotiviert wirkt allerdings die frei eingefügte Gestalt des „guten" Prinzen Hassan (Gerhard Hänsel) und die Liebesgeschichte der Prinzessin Amarza (Silja Lesny).

Der im Agfa-Color-Verfahren hergestellte Film zeugt vom hohen Leistungsstand unserer Filmtechnik. Die farbige Wiedergabe versetzt in eine echte Märchenstimmung. Nationalpreisträger Robert Baberske bewies wiederum als Kameramann sein großes Können.

Im Gelände von Babelsberg die Märchenwelt Bagdads erstehen zu lassen, war keine leichte Aufgabe. Erich Zanders Bauten vermittelten den orientalischen Zauber in erstaunlicher Echtheit. Die Kostüme von Walter Schulze-Mittendorf sind in der Mehrzahl gelungen. In ihrer Vielfalt und Pracht verstärken sie die eigentümliche Atmosphäre. Bei den Kostümen der weiblichen Darsteller stört die Tendenz, klassisch-griechische Motive zu verwenden.

Sowohl der alt gewordene Muck (Johannes Maus) als auch der kleine Muck (dargestellt von dem Schüler Thomas Schmidt) werden ihrer Rolle voll gerecht. Die rührende Hilflosigkeit des alten Muck, seine weise Güte und tiefe Menschlichkeit ist überzeugend dargestellt. Unbefangen spielt der talentierte Thomas Schmidt seine dankbare Rolle; mit ihm erlebt der Zuschauer die Fährnisse und Abenteuer des kleinen Muck, als befinde er sich selbst in der Märchenwelt.

Die Abgefeimtheit und Genußsucht des Sultans und seiner Leib- und-Magen-Ramudschins spielten Alwin Lippisch, Nationalpreisträger Werner Peters, Wilhelm Hinrich Holtz, Richard Nagy und Gerhard Frickhöffer als Exponenten eines verrotteten Regimes. Die Regie geriet hier etwas zu sehr an die Karikatur, was nicht recht mit der Märchenstimmung harmonierte. Gut gelungen sind der Läufer Murad (Harry Riebauer) und der Stadtwächter (Friedrich Gnass).

Keine Kleinigkeit war es offensichtlich, das Temperament einer quicklebendigen Schar märkischer Jungen und Mädchen in die richtigen Bahnen zu lenken. Leider ist es nicht restlos gelungen, den Berliner Dialekt aus den Dialogen zu verbannen.

Mit Spannung und Begeisterung nehmen Kinder und Erwachsene diesen Filmstreifen auf. Ohne erhobenen Zeigefinger wirkt er erzieherisch, das gute Beispiel wird zwanglos dargeboten und weckt den schlummernden Willen zum positiven Handeln. Der tiefe humanistische Gehalt regt die Erwachsenen zu ernstem Nachdenken an.

Neues Deutschland, 30.12.1953

W. J. (d.i. Wolfgang Jacob)
Das Weihnachtsgeschenk der DEFA
„Die Geschichte vom kleinen Muck"

(. . .) Die größte Kunst des Regisseurs, des Kameramanns und der Schauspieler sehen wir vielmehr darin, daß sie den gefährlichen und naheliegenden Stilbruch zwischen dem Märchenhaft-Unmöglichen und den durchaus realistischen Szenen vermieden und beide Elemente zu einer Einheit verschmolzen haben. Aller orientalisch bunten Verkleidung, Architektur und Maske aus der Zeit „Es war einmal" (oder besser „Es war niemals") zum Trotz, erleben wir sowohl in den besonders gelungenen Szenen aus der traurigen Jugend des kleinen Muck, wie auch in manchen Bildern vom Sultanshof, ein Stück sehr konkrete und drastische Wirklichkeit, wie sie sich, unter veränderten Umständen, in der gar nicht märchenhaften Welt des realen Lebens abspielt. Das Märchenhafte umkleidet diese Wirklichkeit nur wie ein hauchdünner Schleier und läßt den Beschauer keinen Augenblick vergessen, daß es Menschen sind, die hier agieren und nicht Panoptikumfiguren. (. . .)

Sonntag, Nr. 52, 27.12.1953

H.U.E. (d.i. Hans Ulrich Eylau)
DEFA-Weihnachtsgeschenk
„Die Geschichte vom kleinen Muck"

(. . .) Das Märchen ist auf eine neue Art lebendig geworden; es atmet jetzt Geist vom Geiste unserer Zeit, und es ist doch ein ganzes und echtes Märchen geblieben. Nur so sollte man literarische Stoffe für den Film bearbeiten, wenn es überhaupt nötig ist, sie zu bearbeiten, daß ihnen keine Gewalt angetan wird. Nichts von dem, was Podehl und Staudte der Hauffschen Dichtung hinzugefügt haben, widerspricht ihrem Wesen und ihrer Absicht — es ist nicht von Hauff, doch könnte es von ihm sein.

Genauso in seinem Sinne hat Erich Zander die prächtige Architektur eines bunten und üppigen Märchenorients errichtet, in dem nun Wolfgang Staudtes Regie ein wechselvolles und wirbelndes Leben entfaltet, das in den Bildern des Kameramannes Robert Baberske zu einer bisher selten so vollkommen erreichten Harmonie von Farbe und Bewegung kommt. Dafür bleibt der Film merkwürdigerweise schauspielerisch etwas unergiebig. Staudte hat an die Stelle individueller Charaktere eher Typen gesetzt, und nur wenige Darsteller kommen innerhalb der Typisierung zu einer echten persönlichen Note. Ohnehin haben es die „richtigen" Schauspieler schwer, mit den glänzenden Kinderaugen ihres jüngsten Kollegen Thomas Schmidt zu wetteifern, wenn er mit heiligem Ernst im kleinen Gesichtchen sein Glück in der Welt auf dem falschen Wege sucht. (. . .)

Berliner Zeitung, 24.12.1953

Gero Gandert
„Die Geschichte vom kleinen Muck"
Die DEFA auf den Pfaden gängiger Kino-Unterhaltung

(. . .) Die Autoren mußten das fragmentarisch-komprimierte, mit blassen Charakteren ausgestattete Märchen in vielen Einzelheiten abwandeln, neue Figuren und Begebenheiten hinzuerfinden, um eine klar motivierte Handlung zu entwickeln. Bei dieser Gelegenheit setzten sie der Fabel sozialkritische Lichter auf: Im Sultanschloß wird geschlemmt und gepraßt, und der kleine Muck befreit eine Sklavin, verhindert einen Krieg (den der Fürst gegen das Nachbarreich plant, „weil dort die Sonne eher aufgehe"). Man mag einwenden, Podehl und Staudte seien in ihrem Bemühen, der Fabel zeitbezogene Akzente zu geben, über das Ziel hinausgeschlossen. In der Tat besitzt der Film mehr Zeit- als Märchenatmosphäre, aber er ist keineswegs ein Tendenzfilm im negativen, üblichen Sinne.

Regie (Staudte) und Kamera (Robert Baberske) glänzen durch virtuose Beherrschung der technischen Mittel, raffinierte Fahrten, Unschärfe-Blenden und optische Tricks. Obwohl das Bestreben erkennbar wird, die Farben sinnvoll einzusetzen und knallige Kontraste zu vermeiden, kann dieser (Ost-)Agfacolor-Streifen infolge unterschiedlicher Farbqualität mit derzeitigen bundesdeutschen Color-Produktionen kaum konkurrieren — selbst wenn man für seine dezente Rotstichigkeit das Kopierwerk verantwortlich macht. (. . .)

Film-Telegramm, Nr. 4, 26.1.1954, S. 13

zu Leuchtfeuer (1954):

Herman Müller
„Leuchtfeuer"
Ein DEFA-Film

Grundgedanke und Konflikt in Wolfgang Staudtes neuem Film, zu dem er mit dem Hamburger Werner Jörg Lüddecke das Drehbuch schrieb, bestehen darin, daß Menschen, von der Gesellschaft gezwungen, erbärmlich zu leben, verleitet werden, auch erbärmlich, menschenunwürdig zu handeln, sich aber dann doch noch besinnen. Zugleich wird angedeutet, wie man sich wehren kann, ja wehren muß, um der Bedrohung durch die kapitalistischen Verhältnisse zu entgehen und sie zu besiegen: durch die Solidarität.

Die Fischer einer einsamen Insel geraten während der Herbststürme in große Not. Das Ausfahren ist unmöglich, sie verlieren ihren Lebensunterhalt. Kein Mensch kümmert sich um sie. Die Lebensmittel schwinden, Haß, Zwietracht entstehen unter den Hungernden und Frierenden bei der Jagd nach Strandgut. Ein junger Fischer und eine der Frauen versuchen trotz des Sturmes auf dem Festland für alle einige Habseligkeiten zu verkaufen, um dafür Lebensmittel zu erstehen. Niemand will für ihre Sachen Geld geben. Währenddessen wird auf der Insel die Not immer größer. In den Köpfen der Fischer spukt die Erinnerung, daß in der Vergangenheit einmal ihr Leuchtfeuer erlosch und ein dadurch strandender Frachtdampfer ihnen kostbare Lebensmittel bescherte. Lauernd umkreisen sie den Leuchtturmwärter, um zu versuchen, auf diese Art und Weise ihre Not zu lindern. Nach inneren Kämpfen schaltet der Leuchtturmwärter tatsächlich das Licht ab. Statt des erhofften Frachtdampfers läuft aber ein Schiff mit Kindern bei ihnen auf. Im letzten Augenblick besinnen sich die Fischer auf ihre Menschenpflicht, sie retten die Schiffbrüchigen. Aber nicht nur der Dampfer wird ein Opfer der Wellen, das kleine Segelboot, das nach Lebensmitteln ausfuhr, zerschellt ebenfalls in den Klippen. Sein Laderaum war mit Lebensmitteln gefüllt, die die Matrosen eines Dampfers, als sie von der Not der Fischer hörten, durch Überstunden verdienten und verschenkten.

Die starke Wirkung des Filmes beruht vor allem auf der außerordentlichen Kraft der Schilderung und der Eindringlichkeit, die der Kameramann Nationalpreisträger Robert Baberske ihr verleiht. Das düstere Bild der windumtosten Insel, das sorgenvolle Ausharren der Menschen in den immer kälter werdenden Stuben, der Streit um ein angeschwemmtes Stück Holz, bei dem sich Kameraden an die Kehle springen und zum Messer greifen, der in der Not unternommene gefahrvolle Versuch, bei Sturm auszufahren, die Umgebung des Leuchtturmwärters mit dem blechernen Knacken des rotierenden Scheinwerfers — das ist mit scharfem Blick für Stimmungsgehalt und Spannung erfaßt. Am gelungensten und ergreifendsten, um die Situation der Fischer künstlerisch in einer Epidosde auszudrücken, ist die Geschichte des kleinen Jungen, der mit dem Segelboot zum Festland fährt. Am

Weihnachtsabend sammelte er auf dem verlassenen Jahrmarkt Tannengrün und schmückt in der Kajüte den bescheidenen Weihnachtsstrauß. Als er die beiden Inselleute heimkommen hört, zündet er die Kerzenstummel an und setzt die Mundharmonika an die Lippen. Aber die Töne ersterben. Enttäuscht und niedergeschlagen, wie sie sind, beachten die Erwachsenen seine liebevollen Vorbereitungen gar nicht. Mit ihren trüben Gedanken beschäftigt, zerstören sie gedankenlos das ärmliche Geschenk.

Die Grausamkeit der kapitalistischen Gesellschaft, die die Menschen verkrüppelt, hat hier vollendet Ausdruck gefunden und bildet ein gelungenes Teilstück zu diesem Gedanken in dem großen Bogen der Handlung. Das soll deswegen hervorgehoben werden, weil hier konsequent jede Deklamation und jede Sentimentalität vermieden ist, die in unseren Filmen manchmal für Kunst oder zumindest für anwendbar gehalten werden.

Es gibt noch andere derartig gelungene Szenen. Zum Beispiel die Gestalt des Negers auf dem großen Frachtdampfer, in der in wenigen Bildern ein gütiger, sich seiner eigenen traurigen Jugend erinnernder Mensch vor uns steht, als er dem kleinen Fischerjungen gegenübersteht. Oder die Begegnung mit dem betrunkenen Viehhändler im Wartesaal des Weihnachtsabends, der sich Geld bündelweise in die Tasche stopft, während die beiden Fischersleute an seinem Tisch nicht wissen, was sie in den nächsten Wochen essen sollen.

Diese künstlerischen Qualitäten des Filmes können aber nicht verdecken, daß das angeschnittene Problem nicht umfassend dargestellt und gelöst wurde. Er ist auf die moralische Verurteilung und die Andeutung des allgemein richtigen Weges beschränkt. Die Solidarität trägt zufälligen Charakter. Was machen die Fischer, wenn sie das nächste Mal in dieselbe Lage kommen? In welcher Richtung müssen sie handeln? Der Film würde noch stärker wirken, wenn diese Fragen nicht offen blieben.

Keine platte politische Zweckdramaturgie, die den Boden der Wirklichkeit verläßt, wird damit gefordert, aber hier hat der Film seine Begrenzung, die sehr stark an den abseitigen Handlungsort und die Konzentrierung auf die Atmosphäre dieses kargen Fleckens Erde geknüpft ist.

Das große Schauspieler-Kollektiv wurde von der Regie unseres Erachtens etwas zu sehr von den bedrückenden Vorgängen überschattet geführt, so daß die Menschen teilweise schemenhaft wurden. Die Schauspieler spielten geschlossen und eindrucksvoll. Aus der langen Liste der Darsteller seien nur Gertrud Seelhorst, Leonhard Ritter und Horst Naumann genannt. Eine gut dem Stoff angepaßte Musik schrieb Herbert Windt.

Leuchtfeuer ist in Zusammenarbeit zwischen der schwedischen A.B. PANDORA-Produktion, Stockholm und der DEFA entstanden. Die internationale Zusammenarbeit ist also nicht nur möglich, sondern sie führt auch zu künstlerischen Erfolgen. Es ist traurig, daß wir im eigenen Land immer noch nicht die Zusammenarbeit zwischen den Filmschaffenden aus Ost und West haben.

Neues Deutschland, 8.12.1954

Carl Andrießen
Staudtes „Leuchtfeuer"

(. . .) In diesem Staudte-Film sind alle, aber wirklich alle wesentlichen Gedanken des Filmthemas in Handlung aufgelöst und werden vollständig aus der Handlung evident. Es wird sogar sehr wenig im Film gesprochen. Aber jede Gestalt des Films, jedes Motiv dient ohne Anflug von Konstruktion der Klärung einer schwierigen geistigen Problematik: Not und Notwehr, Unzulänglichkeit oder Verbrechen, Recht oder Unrecht. Die Genauigkeit, mit der Staudte die sozialen und psychologischen Determinanten einer unseligen Tat setzt, kann man getrost, meine ich, dem Format der Justizfilme André Cayattes gleichsetzen, wiewohl im Staudte-Film der Justizfall vor Gericht erst als Folgerung zu behandeln wäre.

(. . .) Das zwischenmenschliche Klima, das der Film schildert, das Verhältnis der Fischer und ihrer Frauen zueinander, der Festlandbewohner zu den Menschen der Insel, der Matrosen zu den Fischern ist so dicht und zutreffend, wie man es beispielsweise in Anna Seghers berühmter Erzählung „Der Aufstand der Fischer von St. Barbara" ebenfalls findet, eine Erzählung, die im gleichen Milieu unter gleichen Menschen handelt.

Staudtes Film hat zweifellos einen — sicher beabsichtigten — Symbolgehalt. Symbole können leicht verblasen sein und stoßen oft auf Skepsis. Aber das Symbol dieses Films wächst aus einer genau gezeichneten realen Umwelt. Dieses Leuchtfeuer ist ein schönes humanistisches Symbol, sein Verlöschen bedeutet im wirklichen Sinne des Films und im übertragenen Sinne ein Verhängnis. (. . .)

Die Weltbühne, Nr. 49, 8.12.1954, S. 1545

Me.
Harte Schicksale im Leuchtfeuer
Wolfgang Staudtes neuer Film uraufgeführt

(. . .) Wer aber ist schuld daran, daß diese Menschen zu Verbrechern werden? Wer trägt die Schuld an ihrer materiellen und seelischen Not? Dieses Problem wirft der Film auf, ohne die Ursachen dieser Not, die Wurzeln dieses Unheils freizulegen.

Durch den Schauplatz der Handlung hat er sich von vornherein gegen die Geschehnisse der Umwelt abgeschirmt. Zweifellos sind gesellschaftskritische Ansätze spürbar, wenn z.B. die Verzweifelten mit ihren letzten Habseligkeiten eine waghalsige Fahrt zum Festland unternehmen und dort erfolglos ihre Ware feilbieten, wenn verständnislose Städter sie mit schönen Redensarten hinauskomplimentieren und ihr scheinbares Mitgefühl sich als pure Heuchelei enthüllt.

Arme Matrosen sind es, die den Mutlosen schließlich helfen. Hier sind die Anknüpfungspunkte zu einer kritischen Auseinandersetzung mit der Armut gegeben. Ein Weg der Lösung ist angedeutet, doch fehlt die unmittelbare Verknüpfung zu dem Geschick der Inselbewohner, das nur eine abseitige und nicht deutlich skizzierte Erscheinungsform des kapitalistischen Wirtschaftssystems darstellt.

Die eigentliche Aussage des Films bleibt also auf die menschlichen Seelenbezirke beschränkt. Staudte zeigt uns, zu welchen Untaten der Mensch in seiner Not fähig ist. Er führt dies an besonders markanten Beispielen aus dieser nicht alltäglichen Lage vor Augen. Aber an der Wirkung des Films wird erkennbar, daß es sich hier doch um einen wenig charakteristischen Sonderfall handelt.

Neue Zeit, 9.12.1954

-g.

Drastische Selbsthilfe

(. . .) Obwohl man in der Inhaltsangabe des Programmheftes versucht, dem Film politische Tendenzen zu unterschieben, ist die Arbeit frei von jeglicher Politik. Auch am Drehbuch mitbeteiligt, schuf Staudte eine äußerst eindrucksvolle Kombination von Kultur- und Spielfilm. An der schwedischen Küste wird das Schicksal von Inselbewohnern geschildert, die durch heftige Winterstürme vom Festland abgeschnitten und dem Verhungern nahe sind. Ihre einzige Rettung sehen die verzweifelten Menschen darin, die Feuer im nahegelegenen Leuchtturm zu löschen, um ein mit Nahrungsmitteln beladenes Schiff zum Stranden zu bringen. Aus diesem Stoff schuf Staudte ein Werk von höchster Dramatik, das durch die Mitwirkung einer Fülle profilierter Typen, im Gegensatz zu dem Gros der sonstigen DEFA-Produktion, beachtliches technisches und künstlerisches Niveau erhielt und das offensichtlich als Austauschobjekt gedacht ist.

Der Kurier, 8.12.1954

zu Rose Bernd (1956):

Erstarrte Welt – oder: Der zuendegedachte Naturalismus

(. . .) *Rose Bernd* ist ein befremdender Film. Der eine Satz, auf den hin er gedacht und inszeniert ist, kommt erst ganz gegen Schluß. Auch bei Gerhart Hauptmann im ursprünglichen Stück steht er im fünften Akt. Dort ist er beiläufig, ein Satz unter anderen; in Staudtes Film hingegen die Quintessenz: „O Jees, ei ein kleen Kämmerla lebt ihr mitnander! Ihr wißt nischt, was außern der Kammer geschieht!" So heißt es im Stück. Bei Staudte klingt das härter, hochdeutscher und abgetan für immer: eine erstarrte Welt wird konstatiert, gefangen in ihren Vorurteilen und Stereotypen wie zwischen vier kahlen Wänden. Als der Herr Gutsbesitzer Flamm seine ehemalige Magd und Geliebte Rose Bernd noch einmal auf die Spielregeln der Gesellschaft festlegen will, ist nur noch eine kurze wegwischende Replik nötig, etwa des Sinnes: Mit Ihrer Welt, Herr Flamm, habe ich nichts mehr zu schaffen. Beileibe kein großer Protest, kein Aufschrei, kaum eine dramatische Geste, sondern etwas längst fälliges: ein Anachronismus wird beiseite geschoben und ein Gehäuse verlassen, dessen Enge bedrückend ist. Das letzte Bild zeigt von oben gesehen den im quadratischen Karree umbauten Gutshof. Durch die einzige Öffnung, eine überbaute Durchfahrt, verläßt das Mädchen den Hof.

Erst vor diesen letzten Metern des Films klärt sich das Befremden auf, und man begreift, die Beschränktheit der vier Wände den ganzen Film hindurch gesehen und sich daran gestoßen zu haben — optisch und thematisch! Das fängt bei der Kamera an. Ihre Starrheit ist beklemmend. Abgesehen von einer großen Ausnahme, über die noch zu reden sein wird, scheint sie sich nirgends zu bewegen. Das ist zwar eine Täuschung, denn es gibt drei oder vier Fahrten, aber sie sind so minimal gehalten, daß man sie kaum wahrnimmt. Sonst nur starre Bilder. Wenn die Personen herauslaufen, erfolgt ein harter Schnitt, kein Schwenk, der die Bewegung aufnehmen und verfolgen könnte. Am liebsten setzt Staudte sogar im nächsten Bild noch eine kontradiktorische Bewegung dagegen und hebt so alle dynamischen Potenzen auf.

Besondere Bedeutung, um die Starre der dargestellten Welt sichtbar zu machen, kommt der Architektur (Hans Berthel) zu. Staudte verlegt zunächst einmal einen Teil der Szenen, die bei Hauptmann ausdrücklich im Freien spielen, in Innenräume oder den geschlossenen Gutshof. Zwischen Hof und Außenwelt ist außerdem noch — obgleich architektonisch unverständlich — eine Mauer aufgebaut, die der Baggerführer Streckmann jedesmal zu überwinden hat, wenn er Rose aufsucht. Die Innenräume selbst werden bewußt als etwas Umbautes, Räumliches aufgefaßt und der Bildausschnitt so gewählt, daß fast immer mitten im Bild eine Ecke erscheint. Architektur und Dramaturgie spiegeln sich dabei offensichtlich, denn den zwei zusammenstoßenden Wänden entspricht ein Dialog, der — getreu seiner dramatischen Herkunft — fast ausschließlich Gegensätze aufeinanderprallen läßt.

Um den Raumeindruck noch zu verstärken, wurde die Möblierung möglichst sparsam gewählt. Vom vollgestopften naturalistischen Bühnenbild, das Hauptmann einst vorschrieb, ist kaum etwas übriggeblieben. Mit dem Fortschreiten der Handlung wird die Dekoration immer karger und abstrakter. Es ist vor allem auf die weißgekalkten Wände und harten Schatten in der Stube des alten Bernd zu verweisen, auf den leeren, rein geometrischen Korridor im Gerichtsgebäude und darauf, daß sich die letzten Szenen im Gutshaus nur mehr auf dem kahlen Flur abspielen. Bewohnte Welt scheint es nicht mehr zu geben.

Das thematische Äquivalent ist offensichtlich, denn so abstrakt wie die Stube des alten Bernd ist seine Weltanschauung. Dasselbe gilt für die letzten Argumente, die im Hausflur des Gutsbesitzers Flamm gewechselt werden und stärker noch für die Gerichtssphäre. Um das Äußerste an Erstarrung und Kälte zu kennzeichnen, verlegt Staudte außerdem das Ende der Handlung in den Winter.

In diesem Zusammenhang ist auch die Farbe wesentlich, die alle Versuchungen zu atmosphärischer Milieuschilderung von vornherein ausschaltet und erheblich

Maria Schell und Raf Vallone in *Rose Bernd* (1956)

Maria Schell in *Rose Bernd* (1956)

distanzierend wirkt. Kühle Tönungen, weiße, grünliche, bläuliche, herrschen vor, und gegen Schluß sieht man fast nur noch ein kaltes Blauweiß.

Glücklicherweise hat das alles mit Symbolismus wenig zu tun. Vielmehr ist Staudte auf dem Wege über den Marxismus durch die Schule der hegelschen Ästhetik gegangen. Die innige Dialektik zwischen Thematik und Form, dergestalt, daß die eine immer die andere reflektiert, thematisches formal wiederkehrt und in gewissen Grenzen auch die Form thematisch wird, kennzeichnet seine Filme. Daher datiert die Verlegenheit, die Reihe seiner Werke als kontinuierliche Entfaltung eines einmaligen und immer identischen Regieentwurfes zu beschreiben. Obgleich sie natürlich erhebliche Gemeinsamkeiten aufweisen, erscheint mit jedem neuen Film ein neuer Stilzug. Es ist dies negativ gedeutet das, was man ihm gelegentlich als Eklektizismus vorwirft. Aber eine solche Kennzeichnung, die durch eine allzu idealistische Ästhetik provoziert wird, trifft den Sachverhalt nur unzureichend. Staudte hat in der Tat keinen „Stil", den er auf jedes Objekt anwenden könnte, sondern läßt sich von jedem Thema, ja von jeder szenischen Situation ihre spezifische Gestaltung abverlangen. Deshalb sind seine Werke weniger Selbstdarstellung eines individuellen Lebensgefühls als Dialog mit dem Objekt — kritischer Dialog!

In der *Rose Bernd* bewahrt ihn diese Tugend davor, denselben Fehlern zum Opfer zu fallen, an denen die anderen Hauptmann-Verfilmungen der letzten Jahre gescheitert sind. Sowohl in den *Ratten* wie im *Fuhrmann Henschel* wurde versucht, das „Milieu" zu modernisieren, aber die innere Form der Milieutragödie beizubehalten. Das war eine ästhetische Naivität — ganz abgesehen von der gesellschaftlich-politischen Seite der Sache — denn zum Milieu gehört wesensmäßig, daß es nicht auswechselbar ist. Menschen, die einer bestimmten Umwelt verhaftet sind und eben daran zugrundegehen, verlieren die psychologische Glaubwürdigkeit und damit ihre dramaturgische Bedeutung, wenn man sie ihres Grundes zu leben und zu sterben beraubt. Wer heute Gerhart Hauptmann verfilmt, hat deshalb nur zwei Möglichkeiten: entweder ihn weiterzuführen, bis die Milieutheorie ganz auf der Strecke bleibt, oder ihn streng naturalistisch zu rekonstruieren. Staudte hat den ersten Weg gewählt. Er hat das „Milieu" nicht verändert, sondern hat es abgeschafft und dementsprechend die Rollen umgeschrieben. Zwar ist das nicht bis in alle Einzelheiten hinein gelungen, aber im ganzen erstaunlich weitgehend.

Ursprünglich war die Handlung in einem schlesischen Dorf um die Jahrhundertwende angesiedelt. Staudte und Walter Ulbrich, die zusammen das Drehbuch schrieben, verlegen sie in die Gegenwart der Bundesrepublik. Der alte Bernd und seine Tochter Rose sind als Flüchtlinge auf den Hof des Herrn Flamm gekommen. Streckmann avancierte vom Dreschmaschinen-Maschinisten zum Baggerführer. Aber im Grunde ist das schon eine zu konkrete Bestimmung. Sie wird zwar auch im Film gegeben, doch nicht so buchstäblich genommen, daß daraus eine neue Umweltstudie folgen müßte. Aus dem Flüchtlingsstatus ergibt sich nichts für die Probleme der Handlung. Auch der Gutsbesitzer wird nicht primär als Träger seiner sozialen Funktion gesehen. Der Film läßt sich nicht entgehen, den jeweiligen gesellschaftlichen Status klarzustellen, aber es gibt keine durchgängige soziale Determination mehr. Das hat zur Folge, daß die verschiedenen Figuren des Stücks auseinanderfallen und jede eine eigene Welt zu repräsentieren beginnt. Nur dadurch, daß sie alle — jede für sich — einen Anspruch auf das Mädchen Rose geltend machen, prallen sie aufeinander und geraten in Konflikt. Wenn man es soziologisch interpretieren will, hat Staudte hier so etwas wie die Dramaturgie der pluralistischen Interessengesellschaft gefunden.

Der Baggerführer Streckmann hat im Grunde nichts mit dem Gutsbesitzer Flamm zu tun. Da gibt es kein Abhängigkeits-, nicht einmal mehr ein Arbeitsverhältnis wie im Stück. Zwischen dem alten Bernd und August Keil herrscht Fremdheit, um so mehr, als der Alte es nicht bemerkt. Um alle anderen Personenbeziehungen, soweit sie nicht das Mädchen einschließen, steht es ähnlich; gelegentlich wird ausdrücklich darauf hingewiesen, wie beispielsweise zwischen August Keil und Flamm in ihrem ersten Gespräch. Man denke auch vor allem an das Verhältnis zwischen Flamm und seiner an den Rollstuhl gefesselten Frau, die immer nur durch Türen und Wände hindurch mitbekommt, was geschieht. Daß der Italiener Raf Vallone den Streckmann darstellt, bringt in diesem Zusammenhang einen physiognomisch höchst passenden Fremdheitsakzent in Spiel. Konsequent wäre gewesen, ihn auch thematisch zum Italiener zu machen, was ohne Schwierigkeiten möglich wäre.

Ein noch wesentlicheres Moment, um den Auseinanderfall der Lebensbereiche zu unterstreichen, bietet die Sprachgestaltung. Notwendig mußte im Film der schlesische Dialekt, der im Stück allen Figuren gemeinsam ist, auf Rose und ihren Vater beschränkt werden. Staudte nutzt das aus, wo immer auf diese Weise Trennendes unterstrichen werden kann. Er hütet sich aber — offenbar bewußt — davor, den Dialekt naturalistisch genau zu bringen, denn das hieße wieder „Milieu" zitieren und stilisiert genauso wie bei der Architektur.

Angelpunkt der Konzeption ist sowohl im Stück wie im Film das Mädchen Rose. Während sie freilich auf der Bühne noch als das — wenn auch leidende — Subjekt der Handlung erscheinen kann, sie ist im Film vollends zu ihrem Objekt geworden, an dem sich der erotische Interessenstreit entzündet und sich die Männer „die Schuhe abwischen". Alle umstellen sie mit Forderungen und Vorurteilen, die gleicherweise berechtigt und unberechtigt sind und zwischen denen sie sich hilflos verfangen muß. Die einen wollen mit ihr schlafen, die anderen, daß sie auf die Bibel schwört oder Liebe zeigt. Überall Wände! Nur ein einziges Mal, für einen kurzen Augenblick, gelingt es ihr, sich Luft zu machen, als sie dem betrunken bettelnden Flamm aus dem Bett springt und auf den Tanzboden läuft. Es ist dies die einzige Szene, in der die Kamera in heftige Bewegung gerät und der Zuschauer in Taumel versetzt wird. Um so jäher das Ende, um so unausweichlicher dann die Gefangenschaft!

Rekapitulieren wir noch einmal die Charakteristik dieses Films, so ergibt sich: Auflösung des einst verbindenden Umweltkontinuums („Milieu"); Auseinanderfall der gesellschaftlichen Funktionen bis zur völligen Entfremdung untereinander; Erstarrung der hoffnungslos vereinzelten Positionen und ein hohes Maß von

Abstraktion in den Beziehungen der Menschen (prototypisches Beispiel: der alte Bernd). Daß das keine bloß stilistische, sondern eine soziologische Dokumentation ist, liegt auf der Hand. Genauso beschreibt die Kulturphilosophie unsere moderne Gesellschaft. Wenn man dann noch bedenkt, daß diese Kritik einmal im Naturalismus ihren ersten künstlerischen Ausdruck gefunden hat, muß der Versuch, sie aus einer Gestaltung jener Jahre heraus weiterzudenken, in hohem Maße einleuchtend erscheinen.

Hätte Staudte eine andere Hauptdarstellerin gehabt, wäre *Rose Bernd* wahrscheinlich ein Meisterwerk geworden von derselben Statur wie *Der Untertan*, wenn auch von ganz anderer Art. Maria Schell vermag ihm Publikumswirksamkeit zu sichern — er hat sie nötig, wenn er hier im Westen Fuß fassen will! — viel mehr aber nicht. Sie hat in ihren letzten Filmen versucht, das Klischee des „Seelchens" zu sprengen. Das ist nicht ganz ohne Erfolg geblieben. Was sie indes noch nicht gelernt zu haben scheint: daß Lachen und Weinen zwei verschiedene Dinge sind und daß es dazwischen eine Fülle von Nuancen gibt. Erst im letzten Teil des Films, wenn sie um keinen Preis mehr kichern darf, vermag sie zu überzeugen. Glücklicherweise sind die übrigen Rollen so vorzüglich besetzt, daß die Einbuße im ganzen nicht sehr groß wirkt. Käthe Gold spielt die gelähmte Frau Flamm, die ihr Leben im Rollstuhl verbringen muß. Ihr Aktionsradius ist äußerst beschränkt — wie sie ihn ausnutzt, unvergleichlich. Dasselbe gilt ohne Abstrich von Hannes Messemer, der den verklemmt-schwächlichen August Keil und seine penetrante Ergebenheit in alles und jedes darzustellen hat. Arthur Wiesner gibt einen fanatisch-beschränkten Bernd. Leopold Biberti (Flamm) und Raf Vallone (Streckmann) wären bei Hauptmann fehl am Platze. Die für den Film umgeschriebenen Rollen hingegen erfüllen sie genau. Wolfgang Staudte gehört zu den wenigen deutschen Filmregisseuren, die aus Schauspielern etwas herauszuholen verstehen. Es gilt von ihrem Spiel, was von dem ganzen Film gesagt werden kann, daß es einem Realismus gehorcht, der durch die Abstraktion hindurchgegangen ist.

Filmkritik, Nr. 4, April 1957

Klaus-Norbert Scheffler
Eine wirtschaftswunderliche „Rose Bernd"

Kein Film der vergangenen Spielzeit wurde in Westdeutschland von Kritik und Publikum mit mehr Spannung erwartet als Wolfgang Staudtes *Rose Bernd*. Warum? Man hielt Staudte für einen Regisseur, der in besonderem Maße darum bemüht ist, in seinen Werken der Realität nachzuspüren und sie transparent werden zu lassen. Man erhoffte sich von ihm eine werkgetreue Verfilmung des Hauptmannschen Stückes. Man erwartete einen Film, der — ähnlich wie *Der Untertan* — ein Stück deutscher Geschichte, eine Landschaft und ihre Menschen erstehen ließ. Man spekulierte darauf, daß Staudte es sein könne, der das langerwartete und herbeigesehnte soziale Drama für den westdeutschen Film schug. Staudte schlugen allgemein (von den Regierungstreuen abgesehen) Sympathien entgegen: persönlich wie künstlerisch. (. . .)

Das Hauptmannsche Schauspiel ist handlungsarm und dialoggeladen. Seine Gestalten erleben eine innere Entwicklung, die nur aus einer feinen Charakterzeichnung sichtbar zu machen ist, die nicht nur routinierte, sondern diffizile, zu innerlichem Spiel befähigte Schauspieler erfordert. Es ist in eine Zeit gelegt, die für uns der fernen geschichtlichen Vergangenheit angehört, nämlich die des Einbruchs der modernen Technik in das so verträumte deutsche Land und der dämmernden Herrschaft Preußens und seiner Junker. Es spielt zudem noch in einer Landschaft, in der besonders eigenwillige, bodenständige Menschen lebten, für die lange eine mystisch-schwärmerische Glaubenswelt der einzige Ausweg aus der harten Fron des Tages schien, nämlich dem Joch des preußischen Militärdienstes und der Ausbeutung durch die Grundbesitzer. Die Rebellion gegen diese überkommenen Mächte klingt bei Hauptmann an. „Leuteschinder" schallt es Vater Bernd, dem ehemaligen herrschaftlichen Aufseher, der seine gute Stube mit Militärbildern schmückt, entgegen. „Rose Bernd" gibt einem Regisseur aber die seltene Gelegenheit, ein Stück deutscher Geschichte und deutschen Lebens in atemberaubender Dichte heraufzubeschwören und transparent zu machen, auf die Gegenwart zu beziehen und schon durch die Akzentsetzung zu zeigen, wie das scheinbar so Vergangene noch in unseren Tagen in Westdeutschland spukt und leider sogar noch lebt.

Staudte und sein Drehbuchautor Walter Ulbrich „modernisierten" Hauptmanns Stück. Sie rissen es aus seiner Zeitbezogenheit heraus und verlegten es in die westdeutsche Gegenwart. Derartige Modernisierungen bekannter Bühnenwerke, Romane und Novellen sind in Westdeutschland seit geraumer Zeit Mode. Sie offenbaren den Verlust seiner Einstellung zu den großen Dichtern und Schriftstellern der Vergangenheit, mit denen man vor Europäertum, Kosmoplitismus und amerikanischem Lebensstil nichts mehr anzufangen weiß. Sie haben sich außerdem für politische Demagogie geeignet erwiesen, wie in jüngster Zeit die Galsworthy-Modernisierung „Die Letzten werden die Ersten sein" wieder einmal demonstriert hat. Mit der Modernisierung der „Rose Bernd" fiel natürlich all das, was Hauptmann zur Zeichnung seiner Charaktere an zeitbezogenen Einwirkungen und Begründungen motivierend heranzog. Die Gestalten des Films haben mit denen des Schauspiels im wesentlichen nur die Namen gemeinsam. (. . .) Aus der geschundenen, in ihrer Gesellschaftsordnung hilflosen Magd Rose wurde eine recht verdorbene, jazztanzende Haustochter. Der skrupellose Erbscholtiseibesitzer Flamm, der seine gesellschaftliche Macht als Arbeitgeber dazu ausnutzte, seine Magd Rose in sein Bett zu zwingen, wandelte sich in einen vom Schicksal hart betroffenen, bemitleidendswerten und gutmütigen Musterbauern. Aus dem Leuteschinder Bernd wurde ein weltferner Bibelforscher. Ähnliche Verflachungen mußten sich alle Personen des Hauptmannschen Schauspiels gefallen lassen. Aus der unbarmherzigen Zeichnung einer überlebten, verderbten Ordnung wurde eine bunte Visitenkarte wirtschaftswunderlichen Aufschwungs, wurde sogar eine, wenn auch in Worten nur kurz anklingende, so doch in der Gesamtkonzeption nicht zu übersehende Propaganda gegen den „Osten". Gesellschaftskritik unerwünscht. Dafür darf der Zuschauer dann erleben, daß der gute Großgrundbesitzer, bei dem Rose nach ihrer „Vertreibung" Unterkunft und Arbeit fand, ihr ein Kalb schenkt, damit sie den Anfang für ein kleines eigenes Hofwesen hat. Und das wird im Film zu einer Zeit gezeigt, da in Westdeutschland ein Kampf des Großgrundbesitzes um die kleinen landwirtschaftlichen Besitztümer eingesetzt hat, Hunderte von Kleinbauern von Land und Hof gejagt werden und ein elendes Leben fristen müssen. Dafür wird dem Zuschauer vorgegaukelt, daß sich der Drucker August Keil in Westdeutschland sogar ein Lieferauto kaufen konnte, wo doch jedes Kind weiß, wie schlecht es der überwiegenden Mehrheit der „Vertriebenen" geht.

Da man auf die Hauptmannsche sozialkritische Aussage verzichtete und nun irgendetwas einen Film ja ausmachen muß, griff man auf das zurück, was nach Ansichten der westdeutschen Filmproduzenten das beste Geschäft garantiert: die Erotik.

Diese Darlegungen vermögen kaum die tiefe Enttäuschung der westdeutschen Kritiker und des westdeutschen Publikum über Staudtes peinliche Fehlleistung wiederzugeben. (. . .)

Deutsche Filmkunst, Heft 9/1957

Wilhelm Asche
„Rose Bernd" — expressiv

(. . .) So zeigen sehr viele Bilder dieses Bavaria-Farbfilms die Neigung, sich vom natürlichen Fluß des Dialogs zu lösen, um sich als Sinnbilder mit dem Wort zu vereinen: halb angeschnittene Profile, Köpfe und Gestalten vor leerer Wand oder hohem Himmel, statuarische Gruppen — und dazu die entscheidenden Sätze. Auch wo es nicht so expressiv zugeht, sind die Interieurs völlig entrümpelt, die wenigen Requisiten meistens als Zeichen für Begriffe gesetzt. Alles ist, angefangen bei Streckmanns böse knatterndem Motorrad und seinem Greifbagger, der wie ein Krake oder eine Riesenspinne lauernd vom Nachthimmel hängt, bis zum Vogelbauer und zum Rollstuhl sinnfällig ins tönende Bild gebaut. Nun, das läßt sich bei Shakespeare besser an als beim naturalistischen Gerhart Hauptmann.

Mit den Farben ist man sehr geschickt umgegangen, sie haben fast immer ihren wohlüberlegten Aussagewert, nur ganz gelegentlich trumpfen sie einmal etwas stark auf. Der schlesische Dialekt ist selbstverständlich verschwunden, bis auf einen Rest (Vater Bernd und Rose) den vertriebenen Schlesiern, überlassen. Er klingt perfekt, aber synthetisch, zumal auch die fremde Landschaft, ziemlich unbestimmten Charakters, nicht recht ins Spiel kommt.

Um trotzdem auf Gerhart Hauptmann zurückzukommen: seinen schlesischen Gestalten wurde durch die zeitliche und räumliche Verpflanzung, vor allem aber durch die expressive Bildbetonung doch ziemlich viel Blut abgezapft, so daß sie nicht mehr aus ihren menschlichen Trieben heraus, sondern von filmdramaturgischen Impulsen leben. Und der Eros, der bei Hauptmann so rustikal übers Feld und durch die Stuben wuchtet, spielt hier seine Rolle als Anstifter mit gebremstem Elan.

Die Zeit, 7.2.1957, Nr. 6

Will Wehling
Traurig aber nicht tragisch

Um es vorweg zu sagen: von der Regie, der Kameraarbeit und der dramaturgischen Verwendung der Farbe aus betrachtet und zum Teil auch in der Schauspielerführung überragt der deutsche Cannes-Beitrag die drei vorausgegangenen Hauptmannverfilmungen der letzten Jahre um Längen. Drehbuchautor Walter Ulbrich (*Unter den Brücken, in jenen Tagen*) hat da zweifellos eine sehr diskussionsreife Filmvorlage geschrieben, mit dem Mut gegen falsch verstandene Werktreue und dem deutlich spürbaren Bemühen, bei aller Ehrfurcht vor dem dramatischen Dichterwort dem bewegten Bild zu geben, was es verlangt. Leider aber ist Ulbrich auf diesem Wege nicht konsequent geblieben. Er schreckte letztlich davor zurück, die filmische *Rose Bernd* ganz den Eigenständigkeiten und Eigengesetzlichkeiten des Films anzupassen. Jedenfalls ist die Sprache des Films immer da fesselnd, erregend, wo sie, angeglichen an den klug berechneten Wechsel von Totalen, Halbnahaufnahmen und Großaufnahmen, dem Vokabular des Drehbuchautors entspringt. Aber dann folgen lange, wörtlich übernommene Hauptmann-Monologe und Dialoge, die der Bühnenwirksamkeit entsprechen: der Film wird zur Bühne, man glaubt die Rampe zu sehen. Dann die Überbleibsel des Schlesischen! Für den Flüchtling Bernd und seine Tochter Rose. Auch hier wieder bleibt der Dialekt, der im dramatischen Bühnenspiel dichterisch überhöhte Dialekt, wie so oft schon ein dramaturgisch nicht gelöster Fremdkörper in dieser zeitbezüglichen Anlage des Filmthemas. Wobei allerdings auch stellenweise diese Zeitbezüglichkeit durch Musikbox, knatternde Motorräder und Baggerkräne ein wenig zu sehr nach Veräußerlichung schmeckt.

Überhaupt das Milieu! Uns will scheinen, daß Walter Ulbrich zu wenig die Umwelt als mithandelnden und mitbestimmenden Akteur einsetzte, man spürt auch bei der Inszenierung von Staudte kaum den Einfluß der Umwelt auf die Reaktionen der Agierenden. So bleibt das Schicksal der Rose Bernd letztlich privat, losgelöst vom sozialen Raum, ein isolierter Fall — nahe dem Zufälligen. Das nimmt dem „Fall" das im ersten Drittel anklingende Tragische, nicht zuletzt auch durch den „versöhnlichen" — wenn auch diskret angedeuteten — Ausgang, der den Zuschauer ahnen läßt, daß Rose und August Keil doch noch „zusammen kommen". Es bleibt ein trauriges, keineswegs aber tragisches und ausweglose Ereignis, das private von Zeit und Raum losgelöste Lebensbild einer Magd, deren natürliche Triebhaftigkeit und daraus resultierende schuldlos-schuldige Verstrickung uns letztlich kalt lassen, weil uns Autor und Verleih die letzte Konsequenz schuldig bleiben, die der Regisseur manchmal anklingen läßt: das unweigerliche Scheitern der Rose Bernd in einer egoistischen, selbstgerechten Umwelt, das Scheitern in einem alttestamentarischen Heim, in dem die frommen Aussprüche des weltfremden Vaters den einzigen Schmuck darstellen und jeglichen Frohsinn ersticken.

Der größte Aktivposten dieses Filmes scheint in der dramaturgischen Funktion der Farbenscala zu liegen. Hier lassen uns Regisseur Staudte und sein Kameramann Klaus von Rautenfeld oft die Unausgeglichenheiten und Inkonsequenzen des Drehbuchs vergessen. Wie hier farblich differenziert wird und erstaunliche Zwischentönungen fern aller dekorativen und naturalistischen Wirkung dramaturgisch spürbar werden, das ist für den deutschen Farbfilm fast einmalig. In der bacchantischen Tanzszene Rose-Streckmann etwa, wo die Kamera mittanzt und die Farbwerte durcheinanderquirlen, das Rot sich steigert zur hektischen Ekstase, abschwillt, um sich dann mit anderen Farbtönen zu einem wilden Farbentanz zu vereinen. Oder in herrlichem Gegensatz dazu die Tanzepisode Rose-August in einem riesigen, abgedunkelten, bunt dekorierten Wirthaussaal, wo die wenigen Sonnenstrahlen sich brechen auf dem bunten Flitter der Girlanden und Papierschlangen. Da wird die Farbe zum Ausdruckselement, die Regie zur feinsinnigen Farbregie. Immer dort, wo ihm Drehbuchautor Ulbrich (durch knappe Dialoge) gestattet, die Handelnden mit dem Objektiv zu umkreisen, sie in Großaufnahme heranzuholen, um sie im nächsten Augenblick in Totale in weitere Ferne zu rücken, wo er Kamerafahrten einsetzt, wird Staudtes Regie packend und elementar.

Dann aber — erstaunlich für Staudte, es fiel uns bei keinem seiner bisherigen Filme auf — sobald lange Dialoge folgen, wirkt die Kamera wie einbetoniert. Dann inszeniert Staudte auch „bühnengemäß", in der Führung der Darsteller, in dem Einsatz ihrer Bewegungen und ihrer fast auf Galeriewirkung abgestimmten Mimik. Das ist fast immer in den Szenen mit Artur Wiesner (Vater Bernd) der Fall. Im Gegensatz dazu der ebenfalls filmungewohnte Hannes Messemer: verhalten spielend, andeutend und nicht ausspielend als August Keil. Sehr behutsam geführt auch Käthe Gold, vielleicht ein wenig zu weit entfernt von der Landfrau Flamm. Der Schweizer Leopold Biberti (ebenfalls Filmdebütant) überzeugend vor allem in seiner verstockten Biederkeit, die zum Egoismus führt. Ein dunkles Gesicht am Rande, das haften bleibt: Christa Keller als Motorradweibchen.

Raf Vallone als Streckmann allerdings ist eine glatte Fehlbesetzung. Erstens nahm man ihm seine Stimme (warum nicht dann gleich Lukschy als Streckmann, wenn er schon spricht?), und dann haben ihn Drehbuch und Regie zu einseitig charakterisiert. Das Zwielichtige, das in der Anlage der Rolle „drin" ist, bleibt unerwähnt; Vallone bleibt als eleganter Verführer typenhaft und wird nicht wesenhaft.

Was Frau Schell angeht, so erschien sie besser geführt als von Clement in *Gervaise*, weit besser als von ihrem Verlobten in *Liebe*. Aber im letzten wird ihre hintupfende, fast möchte man sagen impressionistische Spielweise der im Drehbuch vorgeschriebenen Rolle nicht gerecht. Sie durchdringt ihre Rolle nicht, ihre Interpretation bleibt bei allen singulären Höhepunkten im Traurigen stecken.

filmforum, Nr. 5, 1957, S. 5

zu Rosen für den Staatsanwalt (1959):

Die Mörder sind über uns

Der Hausherr, der den Kinobesuchern in den vorhergegangenen Szenen als führertreuer Kriegsgerichtsrat vorgestellt worden ist, eröffnet das Familienfrühstück mit einer Rüge: „Früher hätte das drei Tage geschärften Arrest gegeben . . .“ Sein halberwachsener Sohn, dessen Langhaarschnitt den Zorn des Vaters herausgefordert hatte, muckt auf: „Früher!“

In diesem Augenblick wird die traute Kaffeerunde gesprengt. Der Bote eines Blumengeschäfts gibt „für Herrn Oberstaatsanwalt Dr. Schramm“ ein Rosenbukett ab mit der Bemerkung: „Von einer Dame.“ Die Haartrachtdebatte schlägt sogleich in einen Ehezwist um; Mutter Schramm fordert — Taschentuch vorm Mund, Tränen in den Augen — so lange Aufklärung, bis ihr Mann gesteht:

„Also schön, die Dame heißt Zirngiebel. Nun weißt du es.“
„Die Frau vom Studienrat Zirngiebel? “
„Ja.“
„Du lügst, Wilhelm! Gegen den Mann führst du eine Anklage, und die Frau soll die Rosen schicken? “
„Ich lüge nie! Der Studienrat ist geflohen. Die Rosen sind das Zeichen dafür, daß er über die Grenze ist.“

Der Pädagoge habe, so erklärt der Oberstaatsanwalt seiner Frau weiter, doch nur am Biertisch „ein paar wegwerfende — übrigens sehr witzig formulierte — Bemerkungen über die jüdische Rasse“ gemacht.

Diese Anspielung auf die Flucht des Offenburger Studienrats und Judenfressers Ludwig Zind lieferte den Titel — *Rosen für den Staatsanwalt* — des zeitnahen Films, den der Berliner Spezialist für filmische Gesellschaftskritik, Wolfgang Staudte (*Die Mörder sind unter uns, Der Untertan*), in der vergangenen Woche fertigstellte. Noch vor einem halben Jahr hatte freilich nicht einmal Staudte selbst geglaubt, daß der Film, den der NF-Verleih jetzt als „unheimlich aktuelles“ Werk ankündigt, jemals über das Rohkonzept hinaus gedeihen würde. Der Regisseur bedachte den Entwurf damals mit dem Randvermerk: „Gedanken zu einem Film, der nie gedreht wird.“

So veranschaulicht die Chronik der unverhofften Verfilmung denn auch all die Widernisse, denen sich ein dem Kompromiß abholder deutscher Regisseur bei der Fertigung eines zeitkritischen Kinostücks gegenübersieht. Wenn er erreichen will, daß wenigstens Bruchstücke seiner ursprünglichen Absichten den Prozeß der Kommerzialisierung überdauern, muß er einen aufreibenden Abwehrkampf gegen die fortwährenden Eingriffe der Produzenten und Verleiher ausfechten und zumindest Teilsiege ertrotzen.

Eingedenk dieser Tatsache hatte Staudte eigentlich schon kapituliert, ehe ihm beim Sammeln von Zeitungsnotizen das Sujet des Staatsanwalt-Films einfiel. Im

Frühjahr schrieb er die Idee nieder — „für nichts anderes als die Schublade". Doch da geschah etwas, was der im Umgang mit Filmfirmen erfahrene Regisseur heute als „Wunder" bezeichnet. Der Dramaturg Dr. Manfred Barthel entdeckte den Entwurf auf Staudtes Schreibtisch und nahm ihn „nur zum Scherz" mit.

Erstaunlicherweise fand Barthels Chef, der *Schwarzwaldmädel*-Produzent Kurt Ulrich, Gefallen an dem Stoff — „Das war das zweite Wunder" (Staudte) —, brachte das Manuskript zum EUROPA-Verleih und pries es als Vorlage für einen „billigen Experimentierfilm", der nur 900 000 Mark kosten sollte. Diese Summe erschien den Verleih-Herren gerade noch akzeptabel.

Als Staudte jedoch den Drehplan aufstellte und einen Kostenanschlag von 1,3 Millionen Mark errechnete, war das Projekt wieder heimatlos. Soviel wollten die EUROPA-Verleiher für ein politisches Thema nicht mehr riskieren. „Schließlich haben die ihr Soll an Zeitkritik erfüllt und immer Pech mit solchen Sachen gehabt", erläuterte Barthel den Rückzug der Film-Europäer. Und Staudte ergänzte: „In *Unruhige Nacht* hatten sie sich die Pfarrer vorgenommen und Geld damit verloren. Dann war mit *Der Mann, der sich verkaufte* die Presse dran — wieder minus. Und nun sollte die Justiz an die Reihe kommen — das war einfach zuviel.

Kurt Ulrich ließ sich nicht beirren. Er reichte Staudtes Filmkonzept unverdrossen bei anderen Verleihfirmen ein und bot es sogar — Staudte: „Was mich zutiefst erschreckt hat" — der UFA an. Erst nach dreimonatigem Vagabundieren konnte Stoffhändler Ulrich Mitte Juni bei der „NEUEN FILM" (NF) in München verschnaufen: *Rosemarie*-Verleiher Horn kaufte ihm den Filmstoff ab.

Staudte hatte unterdessen eingesehen, daß er gewisse Einschränkungen werde erdulden müssen, wenn er sich die Möglichkeit, „eine aktuelle Realität und Tatsache an den Mann zu bringen", nicht verscherzen wollte. Er reduzierte seine Kalkulation auf eine Million Mark und erklärte sich bereit, einigen Änderungswünschen der Geldgeber nachzukommen: „Ich verstehe ja, daß die ihr Geld wiederhaben wollen."

Der Regisseur war während der Vorbesprechungen zu der Einsicht gelangt, daß er seine Staatsanwalt-Geschichte nicht als „ernsten, dramatischen Film", sondern „als komisches Debakel unserer Zeit" anlegen mußte. Er war jedoch entschlossen, seine politischen Kampf-Argumente „als Konterbande" auch in eine komödienhafte Filmstory einzuschmuggeln.

Die Hauptfigur des reaktionären Juristen, die Staudte nach dem Motto „Die Mörder sind über uns" entworfen hatte, blieb unangetastet. Einige Randfiguren dagegen änderten ihre Charaktere. Auf Wunsch des Verleihers ließ Staudte beispielsweise von Drehbuchschreiber Hurdalek eilends eine Nebenrollen-Kellnerin zur entkleidungsfreudigen Gasthaus-Wirtin umgestalten. Sein Kommentar: „Meinetwegen — der nackte Popo als politisches Agitationsmittel."

Produzent Ulrich, der die Spaßmacher Neuss und Müller für den Film engagiert hatte, kam plötzlich auf die Idee, die „teuren Komparsen" müßten unbedingt auch als Chanson-Sänger auftreten. Staudte: „Die beiden sagten selbst: ‚So einen Käse wollen wir nicht singen‘, und da habe ich sie einfach nach Hause geschickt."

Anfang Juli erschien dem Produzenten und dem Verleiher das politische Drehbuch endlich ausreichend mit Lustspiel-Effekten abgesichert. Staudte konnte in Göttingen mit den Aufnahmen beginnen — nach einem „aufgelockerten Drehbuch", das seiner Meinung nach immerhin noch „die aktuelle Realität" beinhaltet.

Der Film schildert zunächst, noch vor dem Textvorspann und der eingeklinkten Zirngiebel-Zind-Szene, wie der Kriegsgerichtsrat (Martin Held) gegen den Gefreiten Kleinschmidt (Walter Giller) wegen Schwarzhandels mit zwei Tafeln Fliegerschokolade das Todesurteil erwirkt. Mitten in die Hinrichtungsszenerie platzen jedoch die Bomben amerikanischer Tiefflieger, so daß der Gefreite der Exekution entkommt.

Vierzehn Jahre später verschlägt es den ambulanten Händler Kleinschmidt in eine westdeutsche Mittelstadt, in der Ex-Kriegsgerichtsrat Schramm als angesehener Oberstaatsanwalt amtiert. „Der Junge hat keine Rachegefühle", erläutert Regisseur Staudte, „und er fühlt sich auch nicht politisch beauftragt. Er hat vielmehr Angst vor der Erscheinung des anderen und geht ihm aus dem Wege."

Auch Schramm, der eben durch Manipulationen mit dem Haftbefehl dem Antisemiten Zirngiebel zur Flucht verholfen hat, bekommt Angst. Er begegnet dem Straßenhändler, dessen Gesicht ihm zwar bekannt vorkommt, den er aber nicht sofort identifizieren kann. Der Staatsanwalt wähnt sich verfolgt, und als ihm schließlich bewußt wird, wer Kleinschmidt ist, glaubt er, der ehemalige Todeskandidat sei nur gekommen, um sich zu rächen. Schramm versucht deshalb, den Straßenhändler kraft seines Einflusses aus der Stadt weisen zu lassen. Ohne Erfolg.

Kleinschmidt reagiert schließlich auf die Schikanen mit einer Kurzschlußhandlung: Er zerschlägt eine Schaufensterscheibe und stiehlt zwei Tafeln Schokolade, weil er glaubt, in einem Gerichtsverfahren das alte und das neue Unrecht zur Sprache bringen zu können. Staudte: „In dem Prozeß entlarvt sich der mit allen Abwässern gewaschene Nazi und pensionsberechtigte Staatsbeamte — er liest die ‚Deutsche Soldatenzeitung‘ — durch eine Hysterie, die seinem schlechten Gewissen entspringt."

Oberstaatsanwalt Schramm überrascht nämlich das Gericht zunächst durch die Milde seines Plädoyers, das sich wie eine Verteidigungsrede zugunsten des angeklagten Schokoladendiebs anhört. Er beendet seine Rede jedoch mit einer psychologischen Fehlleistung, die auf den Ereignissen des Jahres 1945 beruht: Schramm beantragt, „den Angeklagten zum Tode zu verurteilen".

Verlautbarte der NF-Verleih: „Kaum hatten die Dreharbeiten . . . begonnen . . ., da veröffentlichte ein bekanntes deutsches Nachrichtenmagazin einen Parallelfall. Im Film wurde die Urteilsvollstreckung durch einen Tieffliegerangriff verhindert; in der Wirklichkeit vernichtete ein Bombenangriff die Prozeßakten. Im Film amtiert der ehemalige Kriegsgerichtsrat . . . als angesehener Oberstaatsanwalt; in der Wirklichkeit bekleidet der ehemalige Oberkriegsgerichtsrat den Posten des Präsidenten des Landwirtschaftssenats im Oberlandesgericht Celle."

Weiter NF: „Im Film wird der Oberstaatsanwalt beurlaubt und ein Disziplinarverfahren gegen ihn eingeleitet; in der Wirklichkeit beantragte der Senatspräsident nach Veröffentlichung seines Vorlebens ein Disziplinarverfahren gegen sich und bat, einen Erholungsurlaub antreten zu dürfen."

Wenngleich die Filmleute fortan für Staudtes Werk mit dem vom SPIEGEL aufgerollten Fall Wöhrmann warben, hatte der Regisseur auch während der restlichen Dreharbeiten immer noch Einflüsterungen zu widerstehen, die auf eine Entschärfung des Films abzielten. Produzent Ulrich verlangte immer wieder: „Dämpfen, dämpfen! Um Gottes willen nicht zu scharf." Staudte solle doch Rücksicht auf das deutsche Publikum nehmen, „das wir schließlich nicht beleidigen können."

Der Spiegel, Nr. 36, 2.9.1959

Alexander Wien
„Rosen für den Staatsanwalt"

Die westdeutschen Filme *Das Mädchen Rosemarie* und *Wir Wunderkinder* bestätigen die Wirksamkeit der Satire in der gesellschaftlichen Auseinandersetzung. Sie ließen erkennen, welche vielfältigen Möglichkeiten zur Aufdeckung schwer überschaubarer, weil vertuschter oder verworrener politischer Erscheinungen und Vorgänge innerhalb der kapitalistischen Ordnung gerade der Film besitzt. Die von Thiele und Hoffmann noch tastend und zögernd angewandten satirischen Stilformen und -mittel hat Wolfgang Staudte in seinem neuen Film *Rosen für den Staatsanwalt* nuancierter und schärfer eingesetzt.

Rosen für den Staatsanwalt macht von Anfang an keinen Hehl daraus, ein politischer Film zu sein; er verpackt seine Zeitkritik also nicht mehr in eine Prostituiertentragödie oder in die sich über Jahrzehnte hinziehende Lebensgeschichte eines komplizierten Intellektuellen. (. . .)

(. . .) Wolfgang Staudte hat an dem Zustandekommen dieses mutigen Films entscheidenden Anteil. Er war es, der auf Grund von Pressemeldungen über westdeutsche Justizskandale (insbesondere über den Fall des antisemitischen Studienrates Zind aus Offenburg, der nach seiner Verurteilung ins Ausland fliehen konnte) ein Treatment schrieb und eine Produktionsgesellschaft für diesen Stoff gewann. Ihm gelang es im harten Ringen mit dem Verleih, eine Aufweichung des Themas und der Aussage zu verhindern. Unter seiner Regie konnte Martin Held aus dem Oberstaatsanwalt Dr. Schramm einen modernen „Untertan" machen. Die von ihm geschaffene Gestalt besitzt über den engen Justizbereich hinaus Aussagewert. Er gestaltet einen typischen Nazi im Wirtschaftswunderland. Staudte gelang mit *Rosen für den Staatsanwalt* nach einer Pause, in der nur abwegige oder belanglose Werke entstanden, endlich wieder ein großer Wurf. Wodurch zeichnet sich der Film besonders aus? Er weist auf das Vorhandensein ehemaliger faschistischer Terrorrichter im westdeutschen Justizapparat hin. Er entlarvt deren nach wie vor unveränderte Gesinnung. Hart ist die Anklage, schonungslos die moralische Verurteilung.

Es ist formal bestechend inszeniert. Aufbau und Durchführung des Themas sind beispielhaft. Die Stilmittel der Satire wurden entscheidend weiterentwickelt. Das Anliegen des Films ist − im Gegensatz zu den vorangegangenen satirischen Streifen − sofort erkennbar. Die schauspielerischen Leistungen sind − jedenfalls, was die wichtigsten Gestalten angeht − überdurchschnittlich.

Dennoch sollte man zwei grundsätzliche Mängel nicht übersehen: Eine Liebesgeschichte lenkt gelegentlich das Interesse der Zuschauer von der Haupthandlung ab. Man verzichtete nicht einmal auf eine höchst überflüssige Nackedei-Szene und die in westdeutschen Filmen scheinbar unentbehrliche Dessousschau. Die Aufnahme derartigen erotischen Beiwerks wurde vom Verleih gegen die Pläne Staudtes erzwungen. Staudte beugte sich den diesbezüglichen Wünschen, um das ganze Projekt nicht scheitern zu lassen. (. . .)

Der Film arbeitet nicht deutlich genug heraus, daß der Fall „Oberstaatsanwalt Dr. Schramm" in Westdeutschland kein Einzelfall ist, sondern daß es tausende Schramms im bundesdeutschen Justizapparat gibt. So entspricht auch das schnelle Ende des Nazistaatsanwalts im Film, an dem ein Landgerichtspräsident und ein Generalstaatsanwalt regen Anteil nehmen, nicht der gesellschaftlichen Wahrheit. Die Erfahrung hat gelehrt, daß den Schramms in Westdeutschland auch nach ihrer Entlarvung gar nichts oder nur wenig geschieht. Konnte der Film in diesem Punkt aber die volle Wahrheit aussprechen? Wir bezweifeln das, denn er wurde ja im Staate Schramms hergestellt und soll in ihm vorgeführt werden. Staudte ging bis an die Grenzen des Möglichen. Ein wahrhaftigerer Streifen kann unter den augenblicklichen Bedingungen in der Bundesrepublik nicht hergestellt werden.

Sonntag, 22.11.1959, Nr. 47

E. P. (d.i. Enno Patalas)
„Rosen für den Staatsanwalt"

(. . .) Wer Wolfgang Staudte durch seine DEFA-Produktionen, vor allem *Rotation* und *Der Untertan*, kannte, mußte durch seine letzten westdeutschen Hervorbringungen enttäuscht werden. Nach *Madeleine und der Legionär*, *Kanonenserenade* und *Der Maulkorb* schien es, als sei Staudte im Kampf gegen die iedeologischen Kontrollinstanzen der Industrie endgültig unterlegen. Nicht nur legten diese Filme den Regisseur auf Themen fest, in denen sein Talent für Kritik und Satire sich nicht entfalten konnte: er selbst schien paralysiert.

Diese pessimistische Meinung wird man nach *Rosen für den Staatsanwalt* korrigieren dürfen. Der Film zeigt Staudtes besonderes Talent in alter Kraft, fast jede Sequenz beweist die Originalität seiner optischen Erfindung, die Weite seiner filmischen Klaviatur, seine Passion und sein Engagement. Das ist umso erstaunlicher, wenn man weiß, welche Auflagen und Eingriffe der Regisseur sich gefallen lassen mußte.

(. . .) Niemand wird — nach den Fällen Zind, Budde, Wöhrmann usw. — behaupten können, daß diese Geschichte der Glaubwürdigkeit entbehre. Allerdings ist die Frage angebracht, ob der Film den Ernst der Sache genügend ins Bewußtsein hebt. Er enthält hundert treffende Details, die nicht nur die Gestalt des Oberstaatsanwalts, sondern auch die der Opportunisten, die dessen Wirken erst ermöglichen, nachdrücklich denunzieren. Da ist beispielsweise der Ladenbesitzer, der, am Biertisch über die Vergangenheit des Staatsanwalts aufgeklärt, solange empört ist, bis die „Frau Oberstaatsanwalt" in seinem Laden einen größeren Einkauf tätigt. In Szenen wie dieser — das Verhalten des Mannes wird im selben Maße freundlicher, wie die von der Registrierkasse angezeigte Summe emporschnellt — bewährt sich Staudtes Talent, in Details die Summe seiner kritischen Einsichten jäh aufblitzen zu lassen. Um Nuancen zu grotesk wirkt freilich das deutschnationale Gebaren des Anwalts, zumal Martin Held seine Rolle zu einer schauspielerischen Bravourleistung ausgebaut (hat). Immerhin würde dieser Eindruck revidiert, wenn seine objektive Gefährlichkeit zum Schluß deutlich würde.

Genau da aber versagt der Film: statt den Anwalt in Amt und Würden zu belassen, wie es der Wirklichkeit und der immanenten Logik des Films entspräche, kommt er zu Fall. Das Grauen, das für einen Moment aufscheint, wenn Schramm-Held „die Todesstrafe" fordert, wird weggewischt durch den fröhlichen Trubel, der darauf ausbricht. Wieviel wirkungsvoller wäre es gewesen, wenn Kleinschmidt an sich gehalten und nach der Haftentlassung still die Stadt verlassen hätte, dieweil der Ex-Blutrichter im Amt geblieben wäre!

Das wäre auch ein passender Schluß für die Nebenhandlung gewesen, die so mit einem blassen Happy-End schließt. Diese Nebenhandlung, die Staudte ursprünglich von der Produktion auferlegt wurde, läßt sich sonst sehr glaubwürdig an: Kleinschmidt war eigentlich in die Stadt gekommen, um da eine alte Bekannte zu treffen, eine frühere Kellnerin, die sich zur Besitzerin eines kleinen Restaurants mit Pension emporgearbeitet hat. Wie diese erfolgreiche Person den „Versager" Kleinschmidt wohl verachtet, zugleich aber wegen jener Eigenschaften liebt, die seinen Erfolg verhindern, das ist von Staudte mit feinem Empfinden ins Bild gesetzt und bildet eine sinnvolle Ergänzung der Haupthandlung.

Das formale Raffinement dieses Films steht dem der thieleschen *Rosemarie,* die darob so sehr gepriesen wurde, keineswegs nach, wobei hier aber Gummilinse, Kontrastschnitt, stilisierte Einstellungen nie — oder doch nur selten — sich selbständig machen. Seit Jahren ist dies der erste bundesdeutsche Film, bei dem das Vergnügen an der brillanten Form zusammenfällt mit der Lust an der Einsicht, die er vermittelt.

Filmkritik, Heft 11, November 1959

MR (d.i. Martin Ruppert)
Flucht nach Ägypten
oder: „Rosen für den Staatsanwalt"

Die Sünden der Vergangenheit den Überlebenden und der jungen Generation ins Bewußtsein zu rücken, kann heilsam sein. Es kommt auf die Methode an.

Georg Hurdaleks Film, nach einer Idee des Regisseurs Wolfgang Staudte, macht zwar den Versuch einer positiven „Aufarbeitung" jener dunklen Epoche, die noch in unsere Zeit hineinreicht, aber er durchsetzt die Wirklichkeit mit so viel kabarettistischen Gags und schillerndem Humbug, daß die gute Absicht — falls sie überhaupt vorhanden war — zum Treppenwitz wird.

Ein „Bösewicht" von Staatsanwalt, Typ: Deutsche Eiche, wird durch einen Zufall entlarvt. Der Film stellt ihn an den Pranger, aber das Publikum begegnet ihm nicht mit Verachtung, sondern mit gelassener Heiterkeit. Der düstere Hintergrund der flotten Story ist mit Karikaturen, Spaßmachern, attraktiven Frauenbeinen und mit Details aus der Folge „Trautes Heim" raffiniert übermalt. Unterhaltung um jeden Preis. Justitia zwinkert schelmisch mit den Augen . . .

(. . .) Wolfgang Staudtes Regie hat den Film, trotz guter Besetzung, nicht aus der Zone gehobener Mittelmäßigkeit retten können. Kleinkunstklamauk kaschiert die Tragödie. Martin Helds Staatsanwalt neigt zur Parodie, Walter Gillers Kleinschmidt zur Clownerie. Neuß, Müller und Werner Finck servieren Brettl-Witze, so daß die beiden seriösen Rollen, der Landgerichtspräsident (Paul Hartmann) und der Generalstaatsanwalt (Wolfgang Preiß) geradezu deplaciert erscheinen.

Die vier im Schatten des forschen Anklägers aufziehenden Lederwams-Nazis sind Karikaturen im DEFA-Schnittmuster. Bei ihrem Anblick kann selbst Staudte nicht glauben, daß die Mörder unter uns sind.

Frankfurter Allgemeine Zeitung, 19.11.1959

Walter Bittermann
Dornige Rosen für den Staatsanwalt
Notizen zu einer Filmsatire

„Wenn einen der Haß nicht schöpferisch macht, dann ist es besser, gleich zu lieben." Jonathan Swift, Englands Kronzeuge der Satiriker, hat diese Maxime notiert; vermutlich in einer schöpferischen Pause. Der Satz hat es in sich, besitzt nach wie vor die Kraft, zu scheiden: Satiren, die seine Säure nicht anfrißt, zerfressen ihren Stoff zurecht.

Wolfgang Staudte hat den Swift-Test schon einmal heil überstanden. Sein Reifezeugnis als Filmsatiriker: *Der Untertan.* Es sah zwischendurch so aus, als wolle er das Abitur verleugnen. Aus dem Abgang wurde ein Aufschwung, Staudte lieferte Dutzendware, aber schließlich muß er sich, betroffen durch die Zirkulationsstörungen, seine satirische Ader massiert haben.

Rosen für den Staatsanwalt heißt sein neuer Film. Möglicher Untertitel: „Der Untertan als Obertan". Kurzum, Staudte ist von seinem Haß gegen Heinrich Manns Sinnfigur nicht losgekommen. Brauchte er auch nicht, darf man einräumen, denn es ist wieder ein produktiver, findiger Haß. Findig, weil Staudte scharf nachweisen konnte, daß sich das meise deutsche Erbgut, überdeckt zwar, weiterentwickelt hat.

(. . .) Wer das (die Inhaltsangabe, d. Red.) so liest, könnte womöglich einwenden, nicht nur Parzival Kleinschmidts Wesen, sondern auch die ganze Story sei doch wohl etwas dünn geraten, zumal das Drehbuch von Georg Hurdalek zu Anfang wie zum Schluß mit unwahrscheinlichen Vorkommnissen arbeitet. Nun will ich nicht bestreiten, daß Staudte seine nicht eben vollfette Idee so hat auswalzen lassen, daß er dann die dünnen Stellen mit Einlagen füllen mußte, die als hochgezwirbelte Kabarettnummern auch in anderem Zusammenhang stehen könnten. Andererseits geht gerade von diesen hinterhältigen Ausdrucksstudien eine bissige Lebendigkeit aus, die nicht zuletzt den klischierten Partien zugutekommt. Ansonsten rettet des öfteren der Dialog das Banale, und umgekehrt klemmen schöne Banalitäten den Geist der Satire ein.

Was die Handlung zu wünschen übrigläßt, macht die Kamera (Erich Claunigk) spielend wett, und wenn man erst Staudtes Menschenführung zu würdigen anfängt, verschwindet jeder Einwand. Walter Giller hat bislang meist in platten Hanswurstiaden herumgefuhrwerkt. Man kennt ihn nicht wieder, so geht er in dem Rudi Kleinschmidt auf. Sein Schlendergang, seine Bewegungen, das Gesicht: eine verhaltene, nie überzogene Figur, um Facetten bereichert, die das Drehbuch kaum ahnen läßt. Ingrid van Bergen, den Münchner Brettlfreunden als rauhkehlige Sexchansonette vertraut, wurde von Staudte ebenfalls überraschend gezügelt und machte aus der geschäftstüchtigen Lissy ein annähernd glaubhaftes Vollweib. Martin Helds Oberstaatsanwalt ist noch um drei Atmosphären höher verdichtet. Gewiß, eine Bombenrolle, wie man so sagt, aber Held hat eben nicht nur aufgeräumt ins komödiantische Fressen gehauen, sondern den Genuß für sich und für uns sehr gesteigert, indem er ihn kultiviert und raffiniert hinauszögerte. Durch ihn, durch seine scheinheilige Hingabe wurde aus der bösen Sinnfigur eine pralle Individualität. Wie dieser Dr. Schramm am Flügel stockend der Balladenromantik frönt, wie er seinem viertelstarken, gutwillig-nüchternen Herrn Sohn den aufgehenden Mond von Claudius im Casinoton hinreibt, daß dem vor Staunen der Spielzeugpanzer davonrasselt, wie er patriarchalisch gönnert und die Subalternen belehrt – das alles sitzt brillant und ist über die satirische Verve hinaus schon wieder humorig wahr: Ein Charakterschwein, aber eines, das man nicht nur verlacht, sondern auch belacht.

Mag sein, daß Martin Held mit dieser Auffassung die Absichten Staudtes etwas mildern wollte. Freilich gibt es auch Anhaltspunkte, wonach Staudte es schließlich selber besser fand, nicht nur mit dem Schweißbrenner zu zeichnen. Er bog zum Happy-End ab und machte auch der bundesdeutschen Wirklichkeit einige Komplimente. Ein Kompromiß? Ja, aber kein fauler. Die Satire blieb erhalten, mehr: sie gewann, weil nicht auf alles und jedes gezielt, an Stoßkraft.

Rheinischer Merkur, 16.10.1959, Nr. 42

Karena Niehoff
Der neue Staudte-Film
„Rosen für den Staatsanwalt"

(. . .) Da wird, auch sonst nicht selten, das Wasser eines obendrein penetrant unglaubwürdigen Realismus in den Wein der Satire gegossen. Die Satire ist ein Unternehmen der tätigen Moral, und wer auf Übel schießen will, muß es sich griffig präparieren, um es möglichst tödlich zu treffen. Molière etwa hat das auch getan: So eingebildet wie bei ihm ist kein Kranker, so gierig kein Geiziger, so heuchlerisch kein Tartuffe und so verzweifelt übertölpelt kein gehörnter Ehemann „in Wirklichkeit". Nur das Objekt muß stimmen, darf nicht aus Versehen, aus falscher Beobachtung eine Karikatur von sich selbst sein, ehe es bewußt zu einer solchen gemacht wird; seine Angreifbarkeit muß in sich schlüssig sein, soll nicht die satirische Attacke selbst Angriffsflächen bieten.

Das indessen geschieht. Wolfgang Staudte (der auch mit Georg Hurdalek zusammen das Drehbuch schrieb) schiebt unüberlegt immer wieder die eigene offene Flanke ins Gefecht, wenn er den Staatsanwalt die seine so schlicht kavalleristisch hinhalten läßt, daß jeder Jurastudent im ersten Semester hineinstechen könnte. Kurzum: der hohe Herr vom Gericht verhält sich zu dümmlich-dreist und halsbrecherisch-stümperhaft, als daß nicht jeder deutsche Staatsanwalt, dessen Gesinnung und „Herz" auf dem gleichen Mist gewachsen sind, sich sorglos kichernd von solcher Fehlkonstruktion des Kopfes unbetroffen fühlen dürfte.

Es wird hier, um jedes Mißverständnis auszuschließen, nicht etwa stirnrunzelnd verbiestert bemängelt, daß Staudte ein schwer gewichtiges politisch-moralisches Thema nicht mit den Böllerschüssen des „Problemfilms" sondern dem Florett der Satire bearbeitet; Voltaire hat im „Candide" auch eine ganz hübsch ernste Sache auf den Spieß der Lächerlichkeit genommen, und nur in Deutschland gilt dies gemeinhin als „würdelos" und „unangemessen". Nein, der Einwand richtet sich vielmehr gerade dagegen, daß die Satire nicht geschliffen genug ficht. (. . .)

Der Tagesspiegel, 23.12.1959

zu Kirmes (1960):

Karl Korn
Der entfesselte Krieg
„Kirmes", ein neuer Film von Wolfgang Staudte

Dieser Film, der seit kurzem, oft in enger Nachbarschaft zu dem erfolgreichen Dokumentarfilm *Mein Kampf*, in den bundesdeutschen Filmtheatern läuft und heftige Reaktionen für und wider erregt, enthält vor dem grausigen Schluß ein paar Szenen von einer merkwürdigen Verzauberung. Das Eifeldorf, in dessen alten Häusern aus Grauwacke und Fachwerk der muffige Geruch von Generationen hängt, ist plötzlich von Menschen leer. Welch ein Gegensatz zur Kirmes von 1957, welcher Gegensatz auch zu der drangvollen Enge der Kriegsjahre. Plötzlich ist die Dorfstraße leer und weit, es ist still, es gibt keine Kolonnen und keine verängstigten Dörfler, kein Viehblöken und kein Hühnergegacker mehr. Aus einem offenen Fenster flattert, schmutzig und armselig, ein Fetzen Gardine. In die gespenstische Stille fällt plötzlich ein Kettenrasseln ein. Drei amerikanische Panzer rattern durch die Straße. Dann ist alles wieder wie verzaubert, still wie an einem neuen Anfang.

Dieser merkwürdige Moment zwischen zwei Schrecken haftet vielen noch im Gedächtnis, jener Moment, zwischen „Wollt ihr den totalen Krieg? " und Niederlage, Kapitulation, Befreiung. Er enthält in der Erinnerung noch immer einen Schimmer lasziver Lockung. Es war der Moment des „Aussteigens", als man Fahnen, Standarten, Abzeichen und gewisse Bilder in den Dorfteich schmiß. Das leere Eifeldorf des Films beherbergt einen, der kurz zuvor „ausgestiegen" ist, einen achtzehnjährigen Deserteur. Der Junge hat es moralisch nicht mehr geschafft. Der Krieg, total wie er geworden war, hatte mehr Grausames von ihm gefordert, als er geben konnte. Er hatte sich ins nahe Elternhaus geflüchtet, sich im Keller hinter den sorgfältig gehüteten letzten Flaschen Moselwein versteckt. Dann waren sie hinter ihm her. Die Angst würgte den Menschen die Kehle zu, dem Vater, der die Nerven verliert, den Mitwissenden, sogar dem glatten, gefährlich beobachtenden Ortsgruppenleiter. Aus Angst verfolgen sie sich, aus Angst verraten sie sich, aus Angst liefern sie den Gehetzten aus. So war das. Der Film entlarvt, wie es war und wie es immer sein wird. „Die Hölle, das sind die andern." Wir alle sind „andere". Am Grunde lockt der Moment zwischen den Fronten, zwischen den Nazis und den Amerikanern. Seid doch endlich ehrlich vor euch selbst, so sagt der Film.

Er beginnt mit einer Rahmenhandlung: Kirmes im Eifeldorf von damals. Der Ortsgruppenleiter von damals ist Bürgermeister von heute. Beim Aufstellen eines Karussells stoßen die Schausteller, als sie den Mast im Boden eingraben, auf ein Soldatenskelett. Die Beigaben verraten sofort, wessen Gebeine man da gefunden hat, die des jungen Deserteurs von 45. Alle wollen es vertuschen, das Aufsehen, das Gerede und die unangenehmen Fragen, was man denn 1957 von einer Desertion und einem christlichen Begräbnis zu halten habe, vermeiden. Dann blendet der Film zurück, setzt die Sonde an in verschütteten Tiefen. Wie war es damals? Der Film ist wie ein Lehrstück zu dem bitteren Thema von den Grenzen der Tapferkeit und von der Furcht. Man spürt den Schatten des großen Brecht. Die Leute im Dorf sind nicht alle braun. Die Mutter ist es überhaupt nicht, sie wagt sogar noch in der Gefahr ein Wort. Der Pfarrer ist es nicht, aber er ist kein Held. Wer ist schon ein Held? Vielleicht ist einer schon genug Held, wenn er einen Deserteur vier Tage versteckt und ihm zu Essen gibt. Also ist der Pfarrer ein Held? Das französische Mädchen, Fremdarbeiterin, wie der bürokratische Ausdruck hieß, ist es eine Heldin oder schlecht, wenn es schließlich den jungen Kerl verrät? Der Kneipwirt und seine reizlose, vom Schaffen früh zermürbte Frau, was sind sie? Wie steht es mit dem Ortsgruppenleiter? Vermutlich ist er es aus sozialem Geltungsdrang geworden. Der Kerl tut amtlich, aber auch er hat Angst. Sein Eifer stammt nicht aus ihm. Im Lehrstück gibt es keine absoluten Helden und keine absoluten Teufel. Das Lehrstück handelt von der Situation und den Menschen. Da liegt die Wahrheit, in der Genauigkeit der Relationen. Staudte und Hubalek, die Autoren des Buches zu diesem Film, denken. Sie wagen sich an gewisse Tabus und entzaubern sie.

Was die in der Rückblende berichtete Geschichte angeht, ist der Film unbestechlich genau, tendenzfrei. Daß der Fahnenflüchtige und das französische Mädchen in der kurzen Zwischenphase zwischen zwei Regimen im menschenleeren, evakuierten Dorf die Zettel, die den letzten Führerbefehl zur Wiederherstellung der Disziplin der Truppe enthalten, abreißen und dann miteinander schlafen, zeichnet treffend die anarchische Laszivität jener Illusion, nun sei man von allem „frei". In puncto Amouren der kleinen Französin hätte der Film im übrigen durch Zurückhaltung gewonnen.

Die Rahmenhandlung hat bereits böses Blut gemacht. Was geht da vor? Der Bürgermeister von heute ist der Ortsgruppenleiter von damals? Man argumentiert, durch solche Bildsymbole werde die Bundesrepublik diskreditiert. Das ist nicht einzusehen. Was ist schon ein kleiner Eifeldorfbürgermeister? Sollte solches nach Ansicht allzu empfindlicher Leute nicht möglich sein? Ja, um Gottes willen, wo sind denn die Amtswalter alle abgeblieben? Der Mann im schwarzen Homburg, der auf der Kirmes vor einem Zerrspiegel sein nacktes, inzwischen ergrautes Gesicht aufgedunsen, zu einem Kürbis verzogen erblickt, schüttet sich über den Popanz, den er da entdeckt, vor Lachen aus. Sollten wir engherziger sein? Auf der Kirmes ist auch ein Bundeswehrsoldat zu sehen. Warum denn nicht? Gehen Bundeswehrurlauber nicht mit den Mädchen auf die Kirmes? Und dann ist da das ominöse Plakat „Keine Experimente". Vielleicht hätte Herr Staudte mit derlei Pointen sparsamer sein sollen. Grund zur Aufregung besteht jedoch nicht. Kirmes ist Kirmes, und verschüttete Beine, die man dabei zu Tage fördert, machen schaudern, wenn sie verschüttete Erinnerungen heraufholen. So ist das. Der Film ist ausgezeichnet gespielt, fotografiert, geschnitten. Sein Stil ist harter Realismus. Auch die bildlichen Pointen sind realistisch. Der Vater des Fahnenflüchtigen von 45 hat sich auf der Kirmes einen hölzernen Hampelmann ans Revers des Anzugs gesteckt, am schwarzen Sakko des Bürgermeisters prangt da, wo das Parteiabzeichen war, eine karnevalistische Papierblume. Die kleine Tochter, das kaum achtjährige, ahnungslose Schwesterchen des im Keller verborgenen Deserteurs, bringt mit keckem „Heil Hitler" die schrecklichen Plakatanschläge des Terrors aus der Schule mit und beklebt das Tor zum eigenen Vaterhaus mit dem Papier, aber zu tief in der Augenhöhe des Kindes. Der Gehetzte findet vor dem Ende, das er sich selbst gibt, einen Unterschlupf in einer halbzerschossenen Friedhofskapelle. Man sieht einen Gekreuzigten vor einem kleinen zertrümmerten Altar. Das sind harte, plausible Symbole.

Die Lösung, die der Film anbietet? wird gefragt. Ist es nicht so etwas wie eine Lösung, wenn man Rechenschaft darüber gewinnt, wie alles zusammenhing? Der Film klagt nicht an, es sei denn die Verhältnisse. Er rechtfertigt nicht die Fahnenflucht. Er bezichtigt nicht einmal den Ortsgruppenleiter. Fahnenflucht wird, zumal in der Auflösung und Demoralisierung des Rückzugs auf der ganzen Erde, hart geahndet. Der Film will nicht einmal den „Skandal" entlarven, daß einer, der gestern der Partei diente, heute Dorfbürgermeister sein kann. Der Film läßt einiges offen. Er ist ein guter Film.

Frankfurter Allgemeine Zeitung, 29.8.1960

Dieter Wolf
„Kirmes" – Bekenntnis und Mahnung

(...) Knapp anderthalb Jahrzehnte vergingen, und die Schreckenszeit schien vergessen. Staudte aber warnt vor der eilfertigen Vergeßlichkeit der Saturierten. Im Zerrspiegel der Wirtschaftswunderideologie lebt die faschistische Verwirrung der Begriffe, die inhumane Umwertung aller Werte fort: Der in den Tod gehetzte Junge ist in den Augen der Regierenden und die öffentliche Meinung Bestimmenden (Ortsgruppenleiter Hölchert ist heute Bürgermeister der Eifelgemeinde) wieder – oder noch immer – ein „Verräter", ehrlos und zu verachten, „denn Gott sei Dank haben wir wieder eine Armee", und die lauen pazifistischen Zeiten sind vorbei. Da hilft nicht das Aufbegehren der Mutter. Die Familie darf sich auch heute nicht zu ihrem Sohn bekennen. Er wird als unbekannter Soldat verscharrt werden, denn verächtlich ist dortzulande, wieder, wer den Wahnsinn nicht bis zum bittern Ende mitverfechten half. Wahrlich – Kirmes im Wunderland. „Hereinspaziert!" schreit der Anreißer, „Kinder und Bundeswehrsoldaten zahlen die Hälfte". Und mitgeschleppt vom Mann und dem Bürgermeister kehrt auch Mutter Mertens zum Rummelplatz zurück, damit nicht der alte und neue Makel des „Vaterlandsverrats" das Haus belaste. Mit dieser künstlerisch erschütternden Warnung vor der Allianz mit den Mächten der Vergangenheit bleibt Wolfgang Staudte freilich in den – dort gerade noch erlaubten Grenzen einer rein kritischen Zustandsschilderung, deren emotionell aktivierende Wirkung aber unbestritten bleibt.

Staudte hat den skizzierten Grundgedanken seines Films mit aller Konsequenz gestaltet. Das gilt für die Gesamtkonzeption und das Verhältnis von Rahmenhandlung und Rückblende (Gegenwart-Vergangenheits-Beziehung) wie für die Auswahl und Gestaltung der Charaktere, der Milieuzeichnung, die Besetzung und die künstlerischen Details.

Durch die Komposition der Rahmenhandlung hat Staudte seinem „historischen" Stoff alles Antiquierte genommen. Die starke äußere Spannung des Films (wird der junge Mertens vor dem Einrücken der Amerikaner von seinen Verfolgern aufgespürt? Wie bewähren sich seine Verwandten und Bekannten im Dorf angesichts der Gefahr, in die seine Anwesenheit sie bringt? usw.) findet hier ihre tiefe innere Entsprechung: Wie nämlich stehen die verschiedenen Menschen des Dorfes zu den historischen Vorgängen, in die ihr kleiner Ort verwickelt war, wie stehen sie zu ihrer eigenen Vergangenheit, und wie klassifizieren sie damit zugleich ihr heutiges Denken und Handeln? Dabei sieht Staudte seine Gestalten durchaus in der dialektischen Verknüpfung gesellschaftlich bedingter Reaktionen und natürlich –

charakterlicher Eigenart. Der Vorwurf einiger seiner westdeutschen Kritiker, er habe einer schematischen Determinationstheorie gehuldigt, „Thesendramatik" fabriziert, ist allzu tendenziös gegen den Ideengehalt gerichtet. Hinter dem Vorwurf der einseitigen, verzerrten Charakterisierung der Nazitypen steht unausgesprochen der Wunsch nach einer „Vermenschlichung" dieser Figuren. Wir wissen nur zu gut, daß der westdeutsche Kriegsfilm die sogenannten „inneren Konflikte" seiner Pseudohelden vorzugsweise dazu benutzt hat, um Verbrecher zu glorifizieren und der Jugend ein verlogenes Heldentum zu predigen. Eine solche Hoffnung aber hat Staudte gründlich enttäuscht. Der Zorn dieser „Kritiker" ist berechtigt!

(. . .) Es ist bedauerlich, daß der ideelle und künstlerische Wert des Films durch Zugeständnisse an bestimmte Unterhaltungsbedürfnisse des westdeutschen Publikums beeinträchtigt wird. Die Anlage und Führung der Figur der französischen Fremdarbeiterin Annette ist allzusehr von diesem beabsichtigten Auflockerungseffekt bestimmt. Wohl versucht der Drehbuchautor Staudte den Lebenshunger des Mädchens psychologisch aus ihrer schweren Vergangenheit in deutschen Konzentrationslagern herzuleiten. Die Bettgeschichten mit deutschen Landsern aber bagatellisieren die Konflikte, lenken ab von der Hauptlinie des Films. Mag das Liebesidyll zwischen Annette und dem jungen Mertens in den wenigen Stunden des vorübergehenden Rückzugs der deutschen Truppen und der angenommenen Befreiung auch als retardierendes Moment formale Berechtigung haben, es konnte Staudte nicht gelingen, das aufgeworfene Problem im Rahmen seines Films befriedigend zu lösen. Wohl hat er versucht, die kritische Distanz des Zuschauers zu dieser Figur durch mehrere Dialogstellen (Differenzierung innerhalb der Fremdarbeiter usw.) zu gewährleisten, und doch bleibt für diese Handlungslinie ein Rest politischer und künstlerischer Fragwürdigkeit.

Es ist interessant festzustellen, daß Wolfgang Staudte mit der thematischen Neuorientierung seiner letzten Filme auch künstlerisch formal zu dem Niveau zurückgefunden hat, das ihn nach 1945 in die Reihe der ersten deutschen Regisseure stellte. Besonderes Lob verdienen Besetzung und Schauspielerführung mit ungewöhnlichen Leistungen von Götz George (der junge Mertens), Manja Behrens und Hans Mahnke (als Eltern). Eine interessante Studie gibt Wolfgang Reichmann in der Rolle des Ortsgruppenleiters Hölchert — hart an der Grenze satirischer Überhöhung, ohne aber nur ein einziges Mal die stilistische Einheit des Films zu gefährden. Sehr überzeugend und sparsam zeichnet Fritz Schmiedel das vielschichtige Bild des Dorfpfarrers. Der Film imponiert durch die teilweise meisterhaft gelungene Bildersprache, durch verblüffende Bild-Ton-Effekte, Schnitt- und Überblendungstechnik, die den Zuschauer wieder zum Akteur der Handlung werden lassen, ihn zwingen, nicht nur zu sehen, sondern auch mitzudenken, optisch zu folgern.

Hoffen wir, daß Wolfgang Staudtes mutiges Beispiel und sein Ruf an die Filmschaffenden Westdeutschlands „nicht müde zu werden, das Gute zu wollen und

Götz George in
Kirmes (1960)

Kirmes (1960)

es immer wieder an den Zöllnern des schlechten Geschmacks und der Spekula-
rion vorbeizuschmuggeln", ein vielfaches künstlerisches Echo finden mögen.

Deutsche Filmkunst, Nr. 10/1960

Horst Knietzsch
„Kirmes", ein meisterhafter Film von Wolfgang Staudte

„Kirmes" läßt Staudte auf ein Wahlplakat der Adenauer-CDU kleben. Auf dem
Rummelplatz des Dorfes dreht sich das Karussell: Kinder und Bundeswehrsoldaten zahlen die Hälfte. Gleich beginnt die nächste Runde.

Staudtes Film ist von bohrender Fragestellung. Er führt seinen Westberliner und
westdeutschen Zuschauern durch unerbittliche Beweisführung vor Augen, daß
durch fehlenden Bekennermut und mangelnde Zivilcourage beim Aufdecken der
Wahrheit, bei stiller Duldung faschistischen Ungeistes Menschlichkeit und Demokratie vor die Hunde gehen. Staudte beweist, daß die Gleichgültigkeit des Bundes-
bürgers die Träger faschistischer Ideologie in der Gestalt der Bonner Ultras er-
muntert und ihnen das Feld überläßt.

Wolfgang Staudte ist, wenn ihm die Möglichkeit gegeben wird, ein Meister der filmischen Szene. So auch wieder in *Kirmes*. Schauspieler wie Hans Mahnke, Manja
Behrens, Götz George, die Französin Juliette Mayniel und Wolfgang Reichmann
bilden ein eindrucksvolles Ensemble.

Kein Wunder, daß dieser Film von den Ewiggestrigen in Westdeutschland und
Westberlin mit tiefem Unbehagen gesehen wurde. Es war das Unbehagen der
Schuldigen, die sich der Wahrheit gegenüber sahen.

Neues Deutschland, 11.3.1964

Th. K. (d.i. Theodor Kotulla)
„Kirmes"

(. . .) Aber nicht nur die in der Gegenwart spielende viel zu summarische Rahmenhandlung, auch die ausgedehnte Rückblende in die Vergangenheit läßt den
Zuschauer einigermaßen ratlos. Naive Gemüter und besonders Jugendliche (von
den Unverbesserlichen gar nicht zu reden) könnten aus ihr nur allzu leicht den
Schluß ziehen: Hätte der Soldat Mertens seine Pflicht getan, wäre er nicht davon-
gelaufen, dann hätte er diese Katastrophe gar nicht angerichtet. Je weiter der Hit-
lerkrieg uns zeitlich rückt, umso dringender muß die moralische Berechtigung zur
Desertion aus Hitlers Armeen begründet werden.

Bleibt das Problem, das Staudte offensichtlich in erster Linie interessierte und
dem er auch den weitesten Raum einräumte: das Brechtsche Thema von der Un-
fähigkeit, gut zu sein in einer unguten Zeit. Alle, die dem Soldaten Robert Mertens begegnen, tragen, durch den Zwang der Verhältnisse, einen Teil Schuld an

seinem Tode, obwohl nur zwei von ihnen, der Ortsgruppenleiter und Roberts Schwägerin, Nazis sind. Das ist zumindest differenzierter angelegt als in *Die Mörder sind unter uns*, wo vereinfachend der Mitläufer zum Ankläger des Kriegsverbrechers wurde. Aber (abgesehen einmal davon, daß man einfach nicht einsieht, wieso es im Heimatdorf eines Bauernsohnes kein sicheres Versteck für ihn geben soll) Staudte versagt auch hier empfindlich. Seine Personen bleiben, trotz anerkenneswerter darstellerischer Anstrengungen, ohne Ausnahme Klischees oder Papierfiguren (am penetrantesten wohl die Französin, die mit jedem ins Bett zu gehen und dabei „geistreiche" Bonmots über deutsche Spießermoral zum besten zu geben hat); denn Staudte hat sich nicht für einen konsequent durchgearbeiteten Stil entscheiden können. Er schwankt ratlos zwischen Karikatur à la *Untertan* und Realismus à la *Rotation*.

Filmkritik, Nr. 8/1960

Friedrich Luft

Deutschlands erster Festivalbeitrag: das gute Thema von der unbewältigten Vergangenheit, formal nicht bewältigt.

Was Wolfgang Staudte mit seinem *Kirmes* vorschwebte, ist klar und ehrenwert. Er wollte an der zeitgenössischen Selbstgefälligkeit kratzen. Er läßt Kirmes in einem saturierten Dorf von heute feiern. Plötzlich findet man, grabend, die Relikte eines Kriegsgefallenen auf dem Anger. Die Vergangenheit ist plötzlich wieder da. Staudte zeigt sie.

Er zeigt die gleichen Menschen, die heute feiern und wieder Uniform tragen, die neue Specknacken haben, die wieder ihre alten Ämter versehen, er zeigt sie in der Schuldhaftigkeit von 1945. Er will sagen: Sie haben damals so bittere Lehren erhalten; gelernt haben sie nichts.

Das freilich wäre ein Stoff des Vorzeigens wert. Aber Staudte kriegt ihn nicht annähernd in die adäquate Form. Die bösen, die tragischen Zwischentöne der letzten Nazitage bekommt er gar nicht in den Griff.

Wenn er die braunen Befehlshaber zeichnet, macht er nur Karikatur und oft Posse. Er nimmt den Figuranten der angebrochenen Macht jede Gefährlichkeit, wenn er sie über den braunen Kamm schert und gleich ins Klischee drückt. Die reale Bedrohung, die sie hatten, entfällt. Sie waren nicht nur Popanze wie hier. Sie hatten Zwischentöne, die ihnen erst die menschliche Gefährlichkeit gaben. Die fehlen. Also fehlt dem Panorama der „letzten Tage" damit der wirkliche Ernst.

(. . .) Staudte sagt, er habe zeigen wollen, wie in bösen Zeiten der Mensch notwendig böse habe werden müssen. So tapfer, so gut sei keiner, als daß er der Flut des Verderbens einsam habe widerstehen können.

Doch gerade das kommt gar nicht heraus. Hier kippen alle wie die Fliegen. Staudte differenziert in keinem Falle. Er kriegt die Einzelgesichter nicht hin. Er prägt keine Charaktere — und seien sie negativ. Er holt weder die Schrecknisse von gestern, noch holt er den satten Greuel von heute überzeugend herein.

Ein Film will böse sein. Er bleibt nur matt, so aufgeregt er sich gibt. Ein Film will predigen. Aber der Text stimmt nicht. Die Logik des Unheils rollt nicht gefährlich. Die Moral und Nutzanwendung wird von vornherein so billig verkauft, daß nur Abziehbilder eines großen Themas übrigbleiben.

Es ist ein Jammer. Staudte schrieb sich das Drehbuch nach einer Idee von Claus Hubalek selber. Da beginnt der Irrtum. Der Dialog sitzt voller Platitüden. Dramaturgisch ist es schwach. Wehleidig wird es, wo es grausam werden wollte. Possenhaft weicht es aus, wo braune Gefährlichkeit lauern sollte.

Niemals eigentlich riecht man das wahre Heute oder das furchtbare Gestern. Ein allgemein politischer Mißmut ohne klare Richtung ist eilfertig illustriert. Denn da wundert man sich immer wieder, wie kaum ein Milieu, wie kaum eine Szene, wie kaum eine angepeilte Wirklichkeit glaubhaft an die Leinwand kommt. Man verliert den faden Eindruck nie, daß hier Thesenkino gedreht wird. Also bleibt man draußen.

Wirklich jammerschade! Selbst Staudte läßt die unbewältigte Vergangenheit mit diesem Film ganz unbewältigt liegen. Abziehbilder eines unklaren Zorns. Gerade von ihm hätte man so viel mehr erwartet.

Die Welt, 4.7.1960

Karena Niehoff
„Kirmes"

(. . .) Aber je tiefer Staudtes und seines Mitautors Claus Hubalek Einstieg in unsere Vergangenheit, desto mehr verkrampfen sie sich, desto keuchender wälzen sie sich in dem Schlamm, den sie eigentlich ausräumen wollen: das Apodiktische überwältigt den allzeit finsteren und gramerfüllten Propheten Staudte, die Weltanschauung, die idealistische und furchtlos verkündete, hindert den engagierten und enragierten im Verlaufe der bösen Angelegenheit immer wieder an der realistischen Anschauung der Welt. Er bläst ins Horn zum Gerichtstag über das, was war und das, was ist — aber die Fanfare trifft den Ton nicht recht, der in die Glieder fährt, das Horn ist angerostet.

(. . .) Zweierlei hauptsächlich ist gegen den Film vorzubringen: die Geschichte beweist wenig über die Nazis, ja, sie setzt sie sogar, ganz gegen ihren deutlichen Willen, beinahe ins Recht, juristisch wenigstens; denn, man mag es beklagen, man muß es beklagen: aber Deserteure werden im Kriege von jedem Land der Welt gejagt und erschossen, das ist typisch nazistisches Unrecht nicht. Gerade dieses Gesetz des Krieges ist so alt wie die Kriege. Das, was die Nazis allerdings dazu taten und was hier zu sehen ist, war: Grausamkeit, Rachsucht, Folter und der Tod auch für jeden Helfenden. Dadurch war hier die Pein der Mitwisserschaft ausführlicher und intensiver aufzubröseln; aber diese Leiden sind mehr ein quantitativer als ein qualitativer Aspekt. Die unaustauschbare „Qualität" des Ungeheuren ist damit eher verwischt als formuliert.

Und das Zweite: Staudte klebt im allgemeinen zu eng an dem Regelsortiment für deutsche Filme über die Nazizeit; selbst die scheinbar schattierteren Charaktere sind fast schulmeisterlich nach dem neueren Stand der Theorie über den „deutschen Menschen" jener Tage angefertigt und genauso auch der schnell übersehbare Ablauf der Dinge. Das ist zugleich schon eine Frage der Form: Staudte hat sich mit all seinem Ernst und seinem schönen Eigensinn dennoch nur einer Fleißaufgabe der Gesinnung entledigt. Die Welt ist eng, die er sieht, und er sieht sie nicht groß, diese Enge und Qual. Es sind ein paar hinterhältig-ironische Bildpfeile dazwischen, die sitzen so wie der Anfang. Aber wo bleibt sonst den ganzen Film hindurch die Pferdekur seiner früher oft so verschwenderisch expressiven Angriffslust durchs Bild? Staudte leuchtet immer in Gesichter, erschreckte, empörte, verschüchterte, hämische, flehende – und da mimen sie alle, obwohl zum Teil prächtige Schauspieler, fast durchweg in schäumenden Gefühlen wie beim Stummfilm. (. . .) Dies hier ist eine gute Geschichte. Aber keine große. Das ist manchmal – bei einem solchen Thema – fast schlimmer als eine schlechte.

Der Tagesspiegel, 5.7.1960

zu Der letzte Zeuge (1960):

H. U.
Am Beispiel eines Mordfalls
„Der letzte Zeuge" – ein Film von Wolfgang Staudte

Wolfgang Staudte, unter den westdeutschen Filmregisseuren der profilierteste Vertreter gesellschaftskritischer Tendenzen, hat sich mit seinem Film *Der letzte Zeuge* auf ein Gebiet begeben, auf dem die scharfe Aggressivität seiner Kritik nicht so deutlich wird wie bei den Filmen, die er bei der DEFA drehte oder wie bei *Rosen für den Staatsanwalt* und *Kirmes*. Die Kritik an der bürgerlichen Justiz wird in diesem Film nach einem Drehbuch von R.A. Stemmle und Thomas Keck auf einem etwas abseitigen Gebiet geübt: Mißstände in der westdeutschen Strafrechtspflege werden am Beispiel eines allerdings etwas konstruiert anmutenden Mordfalles dargestellt.

Doch auch hier ist Staudtes individueller Stil zu erkennen. Von der Konvention des Kriminalfilms ist nicht viel übriggeblieben; eine entschiedene Stellungnahme führt zu gesellschaftlicher Verbindlichkeit. Denn natürlich, so zeigt Staudte mit zorniger Deutlichkeit, resultiert eine menschenverachtende Justizpraxis aus den gesellschaftlichen Zuständen. Natürlich sind es Standesvorurteile, die für die Wahrheitsfindung blind machen. In ihrem kritischen Eifer verfallen Staudte und die Drehbuchautoren aber dann eben doch einem Klischee:

hier die böse Polizei, der böse Staatsanwalt, das böse Gericht, dort als Retter der verfolgten Unschuld der von einem Glorienschein umgebene Verteidiger. Doch das sehr differenzierte Spiel der Darsteller führt wieder in den Realismus zurück.

Hart und genau haben Staudte und Kameramann Ekkehard Kyrath in dem die Großaufnahme bevorzugenden Film mit dem schauspielerischen Ausdruck gearbeitet. Hanns Lothar ist der sympathische Verteidiger Dr. Fox. In weiteren Hauptrollen spielen Ellen Schwiers, Jürgen Goslar, Martin Held, Adelheid Seeck.

Neue Zeit, 19.7.1962

Hans-Dieter Roos
Der Fall Staudte
Sein Kriminalfilm „Der letzte Zeuge" in München

Es gibt nur noch wenige Filmregisseure in Deutschland, die etwas zu sagen haben und gleichzeitig über das künstlerische Vermögen dazu verfügen. Zu diesen wenigen, und wir wollen jetzt nicht untersuchen, ob es drei sind oder fünf, gehört ohne Zweifel Wolfgang Staudte. Filme von Staudte (oder von Käutner, von Wicki) verdienen unsere gesteigerte Aufmerksamkeit, weil sie Oasen in der Wüste sind. Weil sie das Fünkchen Hoffnung schüren, daß es auch hierzulande heute noch möglich sein müsse, aus dem Instrument Film mehr zu machen als nur ein Mittel banalster Zerstreuung. (. . .)

In dieser Situation kann man über einen neuen Staudte-Film nicht einfach mit der Bemerkung hinweggehen, es handle sich da um einen ganz spannenden Kriminalfilm mit zeitkritischen Nebentönen, dem bloß das Außergewöhnliche fehle. Abgesehen davon, daß die Nebentöne hier die Hauptsache sind, stimmt das sogar: *Der letzte Zeuge* ist kein großer, aber ein guter Film, der am Beispiel eines Mordfalls gewisse Mängel unserer Justiz beklagt. Aber muß man nicht die Frage aufwerfen, warum der zu Außerordentlichem durchaus befähigte Regisseur sich mit dem bloß Gelungenen bescheidet? Gilt es nicht, nach Gründen für diese Reserve zu forschen? Einer der Gründe liegt gewiß bei uns selbst, beim Publikum und bei der Kritik. (. . .)

So wie man Piscator gern als altgewordenen Revolutionär darstellt, der heute noch die stumpf gewordenen Waffen von vorgestern führt (und sich dann sehr über eine so ausgeglichene Inszenierung wie die Münchner des „Don Carlos" wundert), so sucht man Staudte als altgewordenen DEFA-Satiriker abzutun, der seine Glanzzeit überlebte. In Wirklichkeit hat sich Staudte, nach einigen Jahren Mittelmaß, spätestens mit *Rosen für den Staatsanwalt* wieder gefangen. Die geschmacklichen Zugeständnisse jenes Films gingen schließlich nicht auf das Konto des Regisseurs, sondern des Produzenten.

Dort war Martin Held, dessen Filmspezialität Erfolgsmenschen mit nicht ganz reiner Weste sind, ein Staatsanwalt; hier ist er der „letzte Zeuge" in einem

167

Martin Held und Hans Lothar in *Der letzte Zeuge* (1960)

Ellen Schwiers (rechts) in *Der letzte Zeuge* (1960)

Kindsmordprozeß. Eine ähnlich aufgebaute Figur, deren Schuld diesmal nicht im politischen, sondern im psychologischen Bereich zu suchen ist. Dieser Unterschied ist bemerkenswert: Staudte hat offenbar gelernt zu taktieren. Er bedient sich der im Detail richtig gesehenen, im ganzen aber doch belanglosen und konventionellen Mordgeschichte (Drehbuch: R.A. Stemmle und Thomas Keck) nur deshalb, um daran seine Einwände gegen Methoden unserer Justiz aufzuhängen. Er mißbilligt die Behendigkeit, mit der Verdächtige in Untersuchungshaft kommen und damit oft in ihrer Existenz beschädigt werden. Er kritisiert die unwürdige Behandlung der noch nicht Verurteilten und was dergleichen Mängel mehr sind. Doch diese Kritik bleibt immer maßvoll. Von satirischer Überspitzung keine Rede.

Im Gegenteil, gerade die ruhige Präzision, mit der sich das Geschehen zuspitzt, beeindruckt an diesem Schwurgerichtsfilm. Das ist hervorragend inszeniert, kühl argumentiert und spannungsvoll wie irgendein Thriller und doch immer mit dem Blick aufs humane Ziel. Ohne erstklassige Darsteller wäre das nicht möglich gewesen. Neben Held ist es vor allem Hanns Lothar, dessen überlegen gestalteter Verteidiger den Film in der zweiten Hälfte trägt. Und Ellen Schwiers durfte endlich das Klischee der grobsinnlichen Verführdame ganz verlassen (wozu sie allerdings blond werden mußte) und mehr mit dem Gesicht als mit den Formen spielen. Blandine Ebingers Talent glitzert in einer Nebenrolle. Staudte versteht sich auf Schauspielerführung.

Seine nüchterne, stilistisch jeden Augenblick beherrschte Arbeit nützt uns zweifellos mehr als die biedermeierliche Verspieltheit seiner Kollegen. „Filmkunst ist mir schnuppe", sagte Staudte und schlägt sich auf die Seite der Ankläger. Sein Film *Der letzte Zeuge* wurde ein brauchbares Diskussionsstück. Das ist viel. Aber für Staudte noch zu wenig.

Süddeutsche Zeitung, 7./8.1.1961

Hr.
„Der letzte Zeuge"

(. . .) Doch das Kriminalistische erscheint auf der Leinwand als zweitrangiges Motiv, als bloßer Spannungsreiz. Es steht im ersten Rang: die Kritik am neuen deutschen Recht, das veraltet ist, das vielfach Unrecht tut. Wie der Unschuldige in die Gesetzesmaschinerie gerät und von ihr mißhandelt wird, das stellt die Geschichte dar. (. . .)

Die Kritik am Gesetz, an der Maschinerie des Rechts, das bisweilen den Menschen, statt ihn zu schützen, schändet — diese Kritik ist nicht neu. Sie wird im Westen oft geübt. Auch Wolfgang Staudte sei das Recht darauf zugebilligt. Unlauter und unsympathisch an seinem Vorgehen aber wirkt: wie absichtsvoll, wie tendenziös dieser Mann räsonniert — und wie wenig er sich dabei selbst um die Ehrlichkeit der Mittel kümmert. Was er uns vorsetzt, ist im Grunde ein Kolportagestück; mit der Vordergründigkeit eines Reißers kommt es auf

169

der Leinwand daher. Gewiß, es wird „virtuos" gespielt: die Darsteller agieren so exakt wie gutgeführte Marionetten. Und auch die Kameraarbeit zeugt von Raffinesse. Doch nicht minder kalt und teilnahmslos dem Menschen gegenüber als wie der Gesetzesapparat, ist auch die Mechanik von Staudtes Film: alles ist nur Mittel zum Zweck, nach Denkparagraphen gestaltet. Nirgends spürt man des Künstlers Herz, das für seine Sache, für die Sache des Menschen schlägt.

Es ist schade um Wolfgang Staudte. Als Tendenzmacher steht er seiner Künstlerschaft im Wege; seine „Absichtsfülle" verführt ihn zur schöpferischen Unlauterkeit. Er verfällt dem Irrtum, der da glaubt, daß der Zweck die Mittel heiligt. Gibt es eine Möglichkeit für Wolfgang Staudte, aus dem Stahlkorsett der Tendenzmacherei auszubrechen? Vielleicht gäbe es sie. Vielleicht, wenn dieser Filmschöpfer den Mut aufbrächte, sich von dem einen Punkt zu lösen, auf den er bisher fixiert geblieben ist — sich zu lösen von der Ausschließlichkeit der Kritik an den Zuständen der „bundesdeutschen Gegenwart", um für einmal über den Eisernen Vorhang, über die Berliner Mauer hinüberzublicken. Vielleicht entdeckte dann Wolfgang Staudte, was wir alle wissen: es gibt Grund zur Kritik auch ostwärts der bundesdeutschen Grenze. Diese Kritik müßte ihm, dem Mann aus dem Osten, doch eigentlich nahegehen. Das aber ist das Erstaunliche an der Erscheinung des Grenzgängers Staudte: daß er gerade einer solchen Möglichkeit der Zeitkritik stets peinlichst ausgewichen ist. Daher bleibt der Verdacht bestehen, der bereits vor dem Film *Kirmes* geäußert wurde: Es steht ein trojanisch' Pferd in Schwaben. Und das heißt? Wolfgang Staudte.

Neue Zürcher Zeitung, 13.12.1961

zu Die Rebellion (1962):

R. L.
Staudtes Debüt als Fernsehregisseur

Ein großartiges Debüt als Fernsehregisseur gab Wolfgang Staudte mit der Inszenierung des frühen, bereits 1924 entstandenen kleinen Romans „Die Rebellion" von Joseph Roth — eines Filmes, den man in der Bundesrepublik auf dem Bildschirm, im Ausland auf der Kinoleinwand zeigt.

Die Geschichte des österreichischen Kriegsinvaliden Andreas Pum, dem der Staat die Beinprothese verweigert und der, mit Thomas Mann, es schon „Glück und Schicksalsgunst" nennen möchte, daß die Behörden ihm eine Lizenz als Drehorgelspieler geben; die Geschichte eines frommen und ergebenen Mannes, der durch einen unglücklichen Zufall zwischen die Räder der Staatsmaschinerie kommt und am Ende sich auf die Seite der Rebellen gegen Gott und Obrigkeit schlägt: halb Franziskus, der den Vögeln predigt, halb Sozialrevolutionär, der mit seinen Krücken die bestehende Ordnung zerschlagen möchte.

Wolfgang Staudte hat kein Wort der literarischen Vorlage verändert. Er hat die sozialkritische Aggressivität des kleinen Romans großartig profiliert – die Unmenschlichkeit der Behörden, das böse Gesicht der herrschenden Klasse, verkörpert durch Herrn Arnold (eine vortreffliche Leistung Fritz Eckhardts) –, und er gab überzeugend das kleine Glück wieder, das inmitten der Misere für kurze Zeit aufblüht.

Die Handschrift verrät den Regisseur des Films *der Untertan,* vor allem in der – vielleicht etwas zu lang geratenen – zu realistisch gestalteten Schlußszene, in welcher der verschiedene Korporal seine Anklage gegen Gott und die Welt vorbringt. Daß im ganzen *Die Rebellion* nicht ganz die Durchschlagskraft des *Untertan* hat, dürfte nicht an Staudte, sondern an der literarischen Vorlage liegen: Das rührende böse Märchen Joseph Roths ist nicht so einheitlichen Geistes wie der Roman Heinrich Manns – Josef Meinrad als Andreas Pum war darum vor eine schwere Aufgabe gestellt, die er jedoch fast durchweg eindrucksvoll meisterte.

Der Tagesspiegel, 15.9.1962

Lupus
Staudte auf der Bildröhre

Das Fernsehen, gescholten als Mittel der Verdummung und interpretiert als Verfallserscheinung von Theater und Film, macht eine erstaunliche Entwicklung durch: Es wird das Rückzugsgebiet für heiße Themen und unbequeme Regisseure.

Einzig die Bildröhre hat heute keine (oder doch nur beschränkte) Rücksicht auf die geschäftliche, künstlerische und politische Marktlage zu nehmen, wo sonst doch alles nach unten und oben schielt: der Film nach der Kassenlage, das Theater (wie der Intendantenprotest lehrte) nach anstoßnehmenden Gruppen. Die Sachlage ist paradox und stellt ein Dementi pessimistischer Voraussagen dar, die von einer Abtötung aller freien Geistesäußerung in politisch kontrollierten „Öffentlich Rechtlichen Anstalten" wissen wollten.

Die Kontrolle ist da – aber die einander widerstreitenden Interessen der Rundfunkrat- und Programmbeiratmitglieder haben konkrete Einflußmöglichkeiten praktisch paralysiert, und so wird das Gesicht der Rundfunk- und Fernsehanstalten glücklicherweise noch immer von den wichtigen Leuten aus Intendanz, Programmdirektion und Produktion bestimmt. Das wunderliche Massenmedium wird zu einer Fluchtburg für die Unbequemen in politischer oder künstlerischer Extremsituation: Hier werden sie Stoffe los, die anderswo niemand zu realisieren wagt.

Das ist die Situation Wolfgang Staudtes mit seinem „Rebellion"-Drehbuch, für das in Deutschlands Produzenten-, Finanz- und Verleihwelt kein Mensch zu gewinnen war. Nun hat er sich, vielleicht ohne die Komik der Sachlage recht zu sehen, mit Joseph Roths frühem Roman in die Arme jener Welt geflüchtet, die sein ungebrochenes Aufbegehren verabscheut — in die der staatlich überwachten Kunstindustrie (an Stelle der privatwirtschaftlichen) nämlich: ein dialektischer Umschwung, der etwas über das schwierige und komplizierte Verhältnis von Freiheit und Kontrolle in der modernen durchstrukturierten Massengesellschaft lehrt.

Die auf eine sehr sonderbare Weise lyrisch abgetönte Aggressivität gegen Bürokratie und Obrigkeit im sozusagen halbstaatlichen Bildgerät: das ist von vornherein erst einmal die Ehrenrettung des stumpfen Kastens, dessen Unergiebigkeit uns seit vielen Wochen schon aufbringt.

Es ist aber hinzuzufügen, daß Staudtes Fernsehfilm von hochinteressanter Ansehnlichkeit ist. Roths melodisch verhangener Roman ist ein sehr eigenartiges Stück Prosa, Sozialkritik im Märchenton und eine sehr fromme Legende des Unglaubens. Staudte wird dieser zwiespältigen Seelenlage der Vorlage durch einen Rückgriff auf das schon im *Untertan* angewandte Auseinanderfalten in Vorgang und Erzählung gerecht. Wieder werden ganze Passagen des Romans unverändert im Chronisten-Tonfall gelesen, wodurch zugleich eine balladeske Distanz zu einem Geschehen hergestellt wird, mit dessen realistischer Beschaffenheit es doch bedenklich bestellt ist — und dessen Großstadtlegendenton in gefährlicher Nähe zum Sentimentalen lebt. Der dramaturgische Notbehelf macht so einen Film formal möglich, der bei einem weniger präzisen und kontrastierenden Regisseur möglicherweise mit einer Katastrophe geendet hätte.

Um es in einem Satz zu sagen: Der Film ist — trotz der enthusiastischen Senderansage — besser als das zugrundeliegende Buch.

Die Zeit, 21.9.1962

zu Herrenpartie (1963/64):

Manfred Delling
Die Lehren der Vergangenheit

„Freie Welt ist freie Welt", sinniert Friedrich Hackländer, Baurat, Major a.D., einigermaßen ratlos. Es liegt außerhalb seines Begriffsvermögens, was ihm und seinen sieben Sangesbrüdern der „Liedertafel Neustadt" in dem jugoslawischen Dorf widerfährt. Der Vorstand des Gesangsvereins ist auf seiner Herrenpartie mit dem Mercedes in die Irre gefahren und in einem entlegenen Bergnest gelandet. Das Benzin ist alle, der Magen knurrt, die Sonne brennt — man möchte eine Rast einlegen. Doch kaum sind die Deutschen — kurzhosig, aufdringlich und sangesfreudig — aus ihrem Kleinbus geklettert, beginnt für sie das Staunen. In dem Dorf halten sich, von einem Priester und einem Saisonkellner abgesehen, nur Frauen auf. Unheilverkündend und schwarzgewandet, gruppieren sie sich alsbald wie ein euripideischer Chor. Als die Frauen merken, daß es sich um deutsche Touristen handelt, wenden sie sich feindselig ab. Sie versagen den ungebetenen Gästen Speise und Trank und Unterkunft. „Notfalls lassen wir ein paar Dinare springen", schmunzelt Herr Hackländer, denn er gehört zu jenen, die schwer begreifen.

Der Pfarrer macht die Szenerie unmißverständlicher. „Sie sind die ersten Fremden nach dem Krieg", sagt er zu den Touristen. „Die letzten waren auch Deutsche." Am 23.12.1943 hatten jene letzten Deutschen alle Männer des Dorfes erschossen, fünfzig Männer, als Vergeltung dafür, daß ein deutscher Fliegerleutnant im Kampf mit den Partisanen getötet worden war. „Ihr habt aus unserem Dorf ein Grab gemacht", sagt Miroslava, die Wortführerin der Frauen.

Man bedeutet ihnen, daß es das Beste wäre, weiterzufahren: dem Baurat, dem Studienrat, dem Kaufmann, dem Redakteur, dem Buchhändler, dem Studenten, dem Inspektor, dem Fernfahrer. Sie sind in etwa ein repräsentativer Querschnitt durch das deutsche Bürgertum, in ihrer sozialen Stellung, ihrer Attitüde, ihrer politischen Instinktlosigkeit, ihrer rhetorischen Reue, ihrer fettleibigen Statur. Aber sie können nicht weiterfahren, neues Benzin ist noch nicht zur Stelle, die Verhältnisse drängen auf Entlarvung. Da die Frauen ihnen nicht freiwillig Essen anbieten, stehlen sich die Deutschen ein Schaf und rösten es (einen halben Tag zu „hungern", wäre auch eine Möglichkeit gewesen). Dazu singen sie „Kleine Annemarie", „. . . und dann wird gelacht und dann wird geküßt". Sie trinken, werden trunken und reden sich mit „Herr Hauptfeld" an.

Ihre Taktlosigkeit und ihr räuberischer Instinkt provozieren Unrecht auf der anderen Seite: Die montenegrinischen Frauen werfen den Kleinbus in eine Schlucht. „Kommen Sie, meine Herren", kommandiert der jäh reaktivierte Major, „das wird Folgen haben . . . Wir müssen Maßnahmen ergreifen." Er hat noch immer nichts begriffen. Sein Sohn, der Student, plädiert von Anbeginn für Verständnis. Er hatte ein Exemplar der Bekanntmachung vom 23. Dezember 1943 gefunden, zweisprachig. „Aber, mein Junge," sagt der Vater, „das alles gehört doch der Vergangenheit an . . . Wir haben das ja alles nicht gewußt, ich meine im Detail. Es muß den Leuten klar gemacht werden, daß wir aus unserer Vergangenheit Lehren gezogen haben." Der Sohn: „Welche? "

Verärgert rücken die Deutschen schließlich über die Berge ab. Einige von ihnen sind inzwischen in den militärischen Jargon ihrer Vergangenheit zurückgefallen. Ein kleines Mädchen aus dem Dorf führt sie, heimlich. Auch die Gegenseite fällt in militärisches Verhalten zurück. Eine Frau schneidet den Deutschen durch eine Brückensprengung den Weg ab. Die Touristen verirren sich und geraten in eine prekäre Lage am Berg. Im Dorf appelliert eine junge Jugoslawin an die Vernunft. „Miroslava, du bist krank. Besser sie heute als Lebende bergen als morgen als Tote. . . Besinn dich!" Die Frauen holen die Deutschen zurück. Inzwischen ist die Miliz eingetroffen. Der deutsche Redakteur hat seine Landsleute erpreßt, auf ihr Formalrecht zu verzichten. Als sich der jugoslawische Polizeileutnant nach den Vorfällen und nach dem Bus erkundigen will, winkt Hackländer junior ab. „Schwamm drüber", sagt sein Vater, zum Pfarrer gewendet, „Schwamm drüber. Wir Deutsche sind immer bereit, schnell zu vergessen."

Ich denke, eine etwas ausführlichere Inhaltsangabe des Films war vonnöten, weil er, wie man hört, bisher kaum Termine in deutschen Kinos erreichen konnte. Die wenigsten Bundesrepublikaner werden sich also selbst mit seiner Tendenz vertraut machen können. Es ehrt die Verantwortlichen der Berliner Filmfestspiele, daß wenigsten sie die *Herrenpartie* als deutschen Beitrag aufs Programm gesetzt haben.

Die bittere Ironie des Schlußsatzes, mit dem der Film den Zuschauer entläßt, zeigt, worauf Wolfgang Staudte hinauswollte: Seine Sangesbrüder haben nichts dazugelernt. Sie würden sich noch in der Hölle als displaced persons vorkommen. Das ist das Fazit — auf deutscher Seite. Daß überdies nur Gewalt die Touristen zwingt, auf ihre juristischen Rechte zu verzichten, ist zwar eine allzu dramatisch wirkende, aber leider realistische Pointe: Wieviele Deutsche werden heute nur durch unsere Verfassung zu demokratischem Verhalten angehalten? Aus der Ordnung entlassen und mit einer Situation konfrontiert, die es auf Grund ihrer insgeheimen Anschauungen gar nicht geben kann, zeigen sie, welch Geistes Kind sie wirklich sind. (Wie groß dieser Teil der Deutschen ist, ist in diesem Zusammenhang ein sekundäres Problem: Es reicht schon, daß es sich nicht um eine verschwindende Minderheit handelt.)

Diesen Tatbestand aufzuzeigen, ist in Deutschland schon wieder unpopulär geworden. Daß es abermals Staudte ist, der den Schlaf der Ungerechten stört, macht das Ärgernis perfekt. So waren schon die ersten Reaktionen der Kritik dazu angetan, die Zirkulation des Films zu stören. Das Hausblatt der deutschen Filmwirtschaft, „Film-Echo/Filmwoche" schrieb: „Die Deutschen, die sich dem Haß montenegrinischer Frauen gegenüber sehen, sind in ihrer Gesamtheit so verzeichnet, daß eine ernsthafe Auseinandersetzung gar nicht aufkommen kann. Meine Befürchtung, daß die vom Grundeinfall her durchaus unnötige Überladung des Films mit innerdeutscher Satire das Werk um die so notwendige und wünschenswerte Resonanz beim deutschen Publikum bringen werde, hat sich inzwischen erfüllt." (G.H.). Die Formulierung „wünschenswerte Resonanz" klingt angesichts des Textes wie Hohn. Und so versagte dann auch die FBW dem Film in erster Instanz (die Revision stand bei Redaktionsschluß noch aus) jedwedes Prädikat, unter anderem, weil der deutsche Gesangverein „ausschließlich von seiner spießbürgerlichen Seite gezeigt wird."

Ein wenig erstaunlich ist freilich schon, in welcher Gesellschaft sich „Film-Echo" und FBW befinden. Reinold E. Thiel — ein Kritiker, der nicht im Ruf steht, ein politischer Konformist zu sein — tat den Film in der Zeitschrift „Filmkritik" mit fast den gleichen Worten ab: „Jeder Zuschauer kann mit Recht erklären, daß er sich so ja nicht verhalte und den Vorwurf ad acta legen." Jeder Zuschauer? Mit Recht? Es stünde anders mit diesem Land, wenn Thiels Urteil zuträfe.

Staudtes Kunst freilich ist nicht die Nuance. Aber auch ein relativ grobes Wort muß noch nicht unzutreffend sein, weil es grob ist. Staudte ist in fast allen seinen Filmen kein Porträtist gebrochener, zwielichtiger Charaktere gewesen, im Gegenteil. Er zog fast immer den eindeutigen Typ vor, den durchschaubaren. Und gerade dieser „Typ" ist nicht zuletzt aus psychologischen Gründen viel schwerer glaubhaft zu machen: Da jedermann sich für einen differenzierten, mehrdeutigen Charakter hält, fühlt er sich gern verkannt und nicht getroffen, wenn er sich als eindeutiger Typ auf der Leinwand wiedertrifft. Vielleicht war Staudtes *Untertan* auch deswegen ein so großer Erfolg, weil sich der Bürger von heute in jenem fragwürdigen Bürger von gestern gar nicht wiederzuerkennen brauchte. Dieser Ausweg wurde ihm durch den historischen Stoff erleichtert.

Nun hat Staudte es sich mit der *Herrenpartie* glücklicherweise nicht so einfach gemacht, wie seine Kritiker ihm unterstellen. Seine Typen gerieren sich am Anfang durchaus als demokratische Bundesbürger. Sie verwenden auch keineswegs „so plötzlich militärisches Vokabular" (Thiel), sondern erst, nachdem sie sich einem vermeintlichen „Gegner" gegenüber wähnen! Diese Implikation ist dem Drehbuchautor Werner Jörg Lüddecke schon sehr beziehungsreich gelungen . . .

Gewiß, *Herrenpartie* ist alles andere als ein makelloser Film. Die formal kunstgewerbliche Pose (Grabkreuz und Frau vor abendgerötetem Himmel) fehlt ebensowenig wie das Denkklischee (die älteren deutschen Herren denken entweder reaktionär oder passen sich, nachdem sie kurz aufgemuckt haben, alsbald wieder an; alle jüngeren Leute denken aufgeklärt — schön wär's!). Die künstlerische Krise, in der Staudte sich seit Jahren befindet, schlägt sich auch in seinem neuen Film nieder. Die sympathische Empörung, mit der er das Restaurative unserer Gesellschaft bekämpft, sein einsamer Zorn und seine persönliche Integrität setzen sich in seinem Film nicht immer differenziert genug um. Recht in der Sache und Recht in der Form haben sind zweierlei. Er schlägt zuweilen zu, wo ein Stich tiefer treffen würde; er formuliert Schlagzeilen, wo er glossieren sollte.

Staudte übertreibt nicht in der Idee, aber in ihrer Artikulation. Auch schwankt die *Herrenpartie* im Stil. Der Film beginnt als Satire und wird immer mehr zu einem realistischen Tableu. In der zweiten Hälfte hat der Film dann auch seine größeren formalen Schwächen. Die Szene auf dem Berg, in der sich die Touristen in ihrer jähen Angst gegenseitig politisch die Leviten lesen, wirkt wie mäßiges Kabarett. Sie fingiert Realität um der Pointen willen, aber jedermann weiß in dieser Szene, daß Herr Hackländer und Herr Samuth und wie sie alle heißen, ganz gewiß nicht so reden würden: Leider nicht, ihre Unaufrichtigkeit hindert sie darin (nicht ihre Überzeugung!).

In der satirischen Distanz des Anfangs gesehen, bei dem die ausgezeichnete Kamera (Nenad Jovicic) beredter ist als tausend Worte, bei dem sich die Typen noch durch Vokabeln verraten statt durch Wortschwälle, trifft der Film auch in der Form haargenau. Daß sich die deutschen Mittelstandsbürger allerdings während des ganzen Films nicht in den Teilnehmern der Herrenpartie wiederzuerkennen brauchen, halte ich für einen bumerangartigen Einwand: Er fällt auf diejenigen zurück, die ihr Porträt nicht wiedererkennen wollen. Es ist ja nicht das erste Mal. Das Erzübel des deutschen Films, der Realität auszuweichen oder sie zu manipulieren, hat der Einzelgänger Staudte so sehr vermieden, daß selbst diejenigen, die erfreulicherweise dauernd nach Realität im deutschen Film verlangen, sie, mit ihr konfrontiert, schon nicht mehr zu erkennen in der Lage sind. Ich glaube nicht, daß der Fall Wolfgang Staudte, wie Uwe Nettelbeck gesprächsweise meinte, eine „ebenso rührende wie hoffnungslose Angelegenheit" ist. Ich glaube, daß Staudte in dem Moment wieder einen auch formal ausgewogenen Film drehen wird, da er weniger isoliert zu schaffen gezwungen ist. Dynamisch, doch unintellektuell, sensibel aber nicht introvertiert, impulsiv und mitteilsam ist er im Grunde überhaupt nicht zum Einzelgänger geschaffen, sondern braucht die Kommunikation. Aber andauernd gegen Produzenten, Verleiher, Kinobesitzer, Kritiker und Publikum Filme drehen zu müssen, ist eine Belastung, die einen weniger besessenen und widerstandsfähigen Filmschöpfer ohnehin schon längst gebrochen hätte. Daß ihn jetzt selbst die sogenannte „linke" Filmkritik mißversteht und fallen läßt, ist ein Menetekel. Staudte verdient nicht die gönnerhafte Oberflächlichkeit, mit der man sein Werk behandelt. Kein deutscher Film der letzten Jahre forderte zu solch ernsthafter Auseinandersetzung heraus wie diese *Herrenpartie*.

Film (Velber), Heft 8, Juni/Juli 1964

Reinold E. Thiel
„Herrenpartie"

Die Hypothese lautet: In einer geeigneten Situation fallen die Deutschen in den Jargon und die Verhaltensweise von damals zurück. Demokratisches Wohlverhalten ist nur Tünche. Zur Verifizierung dieser Hypothese wird eine solche Situation erzeugt, die anwesenden Deutschen (bis auf einen) verhalten sich entsprechend. Der Experimentator hält die Hypothese für verifiziert und erhebt sie zur Theorie.

(. . .) Staudte hat ein Gedankenexperiment gemacht. Das Experiment krankt jedoch an zweierlei: Erstens ist die erzeugte Experimentiersituation nicht realitätsnah genug. Zweitens läßt sich das Verhalten der Männer nicht schlüssig aus der Situation ableiten. Ein Dorf, das von den Deutschen seiner Männer beraubt worden ist, hat es zwanzig Jahre nach Kriegsende wieder zu Männern gebracht, zumal bei so attraktiven Frauen. Selbst wenn keine Männer ansässig geblieben wären, müßte es nach menschlicher Erfahrung mehr Kinder geben; im Film gibt es nur eines. Es gibt auch kein Dorf, das so abgelegen wäre, daß es in zwanzig Jahren keine Fremden gesehen hätte, wie der Film behauptet (die letzten waren die Deutschen, die die Männer getötet haben). Es gibt kein Dorf, das in zwanzig Jahren so unverändert bleiben kann, keines, das in solchem Schmerz und Zorn beharrt. Das heutige Lidice belegt das Gegenteil. Andererseits ist das Verhalten der Männer psychologisch nicht genügend motiviert. Nachdem sie ihre Situation erkannt haben, würden sie nicht angesichts des ganzen Dorfes ein Schaf am Spieß braten, noch dazu alle möglichen weiteren Dinge, einschließlich Slivovitz, im Dorf stehlen. Es besteht auch nicht genügend Anlaß, so plötzlich militärisches Vokabular zu verwenden. Ihnen allen ist demokratisches Verhalten vielzusehr angewöhnt worden, als daß einer plötzlich sagen würde: „Die Entscheidung liegt bei mir." Staudte wird sagen, es handle sich um satirische Übertreibung. Aber ist Satire ein praktikables Vehikel, um das Ziel dieses Films zu erreichen?

Wie in *Rosen für den Staatsanwalt* und *Kirmes* geht es Staudte in diesem Film darum, die Bürger der Bundesrepublik zu entlarven, indem er sie reduziert auf das, was sie ehedem waren, indem er durch den Vergleich ihres Verhaltens damals und jetzt zeigt, daß sie sich in ihrem Wesen nicht geändert haben. Im Gegensatz dazu demonstrierte *Der Untertan* lediglich den Bürger von ehedem. Er sollte den Blick für die Vergangenheit schärfen, er sollte die gute alte Zeit denunzieren, vor ihrer Verklärung warnen. Bei diesem Film war es also nicht so wichtig, daß der Zuschauer sich in der Filmfigur wiedererkannte, es genügte, wenn er sich von ihr als von der Vergangenheit distanzierte. Bei den Filmen, die in der Gegenwart spielen, kann aber Distanzierung von einem als falsch erkennbaren Verhalten nicht genügen, das Ziel muß Identifizierung sein: die Erkenntnis, daß man selbst sich falsch verhält. Während also beim *Untertan* die Übertreibung der Satire die gewünschte Wirkung hervorrufen konnte, muß sie bei der *Herrenpartie* die richtige Wirkung verhindern: Jeder Zuschauer kann mit Recht erklären, daß er sich so ja nicht verhalte und den Vorwurf ad acta legen.

Staudte befindet sich hier in der vorzüglichen Gesellschaft des herkömmlichen Kabaretts und der herkömmlichen satirischen Zeitschriften. Beide werden konsumiert von jenen Schichten, die das dazu erforderliche Maß an Selbstironie aufbringen. Aber diese Selbstironie ist die Rationalisierung des Wunsches, sich nicht zu verändern. Das ist nicht erst heute so: Der „Simplizissimus" der wilhelminischen Zeit wurde mit besonderer Vorliebe von jenen kaiserlichen Gardeoffizieren gelesen, die er karikierte. Versuche zu einer neuen Form der Satire sind, nach englischen Vorbildern, „Pardon" (The private eye) und „Hallo Nachbarn" (That was the week that was). Aber im Grunde muß, wer heute einen Zustand, den er für falsch hält, ändern will, ihn mit den Mitteln der „Zeit", des „Spiegel" oder von „Panorama" angreifen. Auf den Film übertragen: mit den Mitteln dokumentarischer Analyse, die Francesco Rosi („Die Hände über der Stadt"; „Wer erschoß Salvatore G.") oder Strobel und Tichawski („Die Zukunft ist schon verbaut") verwenden.

Die bisher erhobenen Vorwürfe treffen nicht die kritische Position Staudtes, sondern lediglich die Form ihrer Darbietung. Es muß zum Schluß jedoch noch der Vorwurf formuliert werden, der Staudtes Position an der Wurzel angreift: Wenn man davon ausgeht, daß in den Deutschen von heute noch immer die „autoritäre Persönlichkeit" steckt, die Adorno in den Vierzigerjahren analysierte, so gibt es doch kaum Belege für die Vorstellung, daß auch der Phänotyp noch immer der gleiche sei. Die Verhaltensformen haben sich geändert, der zackig-militärische Ton ist verschwunden, der „Führer" trifft nicht mehr die Entscheidungen ohne Mitwirkung der anderen, sondern manipuliert die Abstimmung. Die autoritäre Persönlichkeit von heute bedient sich der demokratischen Formen. Diesen Vorgang durchschaubar zu machen, wäre die Aufgabe eines gesellschaftskritischen Films im Jahre 1964.

Filmkritik, Nr. 4, 1964

G. *(Günter) Sobe*
„Herrenpartie"
Ein westdeutscher Film von Wolfgang Staudte

(. . .) *Herrenpartie* ist von der Absicht her in eine Reihe zu stellen mit anderen Staudte-Filmen wie *Die Mörder sind unter uns, Rosen für den Staatsanwalt, Kirmes.* Aber mit *Herrenpartie* führt Staudte den umfassendsten Angriff auf eine behördlicherseits geförderte allgemeine Unschuldslämmermentalität. Damit werden zuviele Stadtbauamtsvorsitzende, Bausparkassendirektoren und Oberstudienräte i.R., zuviele nominelle und ideelle Nazis, zuviele Leute, die sich's mit ihrer und der deutschen Vergangenheit zu einfach machen, auf einen Hieb getroffen.

Staudtes Film, nach einer Erzählung Jörg Lüddeckes entstanden, versucht Tragisches und Komisches direkt nebeneinander zu stellen, ohne es jedoch zu verquikken. Die Haltung der jugoslawischen Frauen bleibt in der Darstellung immer seriös. Auf ihrer Seite gibt es nichts Lächerliches, über ihnen liegen die Schatten von fünfzig Ermordeten. Nicht selten gleichen diese schwarzen Gestalten der Frauen durch das szenische Arrangement dem anklagenden Chor in einer griechischen Tragödie.

Anders ist es mit den deutschen Sangesbrüdern, die im Verlaufe der Handlung aus ihrer Herrenpartie immer mehr eine Herrenmenschenpartie in unterentwickelte Länder werden lassen. Ihre absurde Überheblichkeit wird rücksichtslos dem Gelächter ausgesetzt. So sehr die Darstellung in beiden Fällen stilistisch richtig ist, gibt es dadurch allerdings Szenen, in denen sich nun so ungeheures Leid und so ungeheure Dümmlichkeit berühren, daß sie infolge der zwangsläufigen Unterschiedlichkeit der verwandten künstlerischen Mittel auf den Betrachter wohl doch zwiespältig wirken. Auch scheint mir die Figur, die als Vertreter der Jugend, der neuen Generation, schließlich den Brückenschlag eines gegenseitigen Verstehens andeuten soll (Götz George) zu glatt, zu blond, zu freundlich und damit zu nichtssagend. Beeindruckend dagegen Mira Stupica als die Anführerin der jugoslawischen Frauen in ihrer stummen Anklage. Auf der anderen Seite trifft Hans Nielsen als Baurat Hackländer am besten den Ton, der sowohl den gewiß angesehenen Baurat als auch den karikierten unbelehrbaren und von sich überzeugten Spießer glaubwürdig macht.

Herrenpartie ist ein Film, der weniger in einer aufregenden Handlung als im Dialog das Wesentliche seines Anliegens vermittelt. Es ist ein Film, der böse und ätzend den neureichen Bundesspießer bloßstellt, der die Geisteshaltung all derer aufs Korn nimmt, die allzu simpel die NS-deutsche Vergangenheit „bewältigen". Es ist ein mutiges Pamphlet.

Berliner Zeitung, 27.10.1964

U. N. (d.i. Uwe Nettelbeck)
„Herrenpartie"

Seine Feinde haben es leicht mit Wolfgang Staudte. Er poltert, mit gutem Grund, beharrlich und ehrlich, er weiß, was ihm mißfällt an der Bundesrepublik, aber nicht, wie er es sagen soll. Die Bundesbürger werden auch nach diesem Film leider wieder zur Tagesordnung übergehen können. (. . .)

Es gibt ein paar Stellen die treffen, aber leider viel zu wenige. Das Ganze, ein Mischmasch aus Satire, Versöhnungsappell und gelegentlicher Rührseligkeit, ist so geradeheraus, so anständig wie unbeholfen. Ich sage nicht, daß man sich das nicht ansehen soll, denn man sollte es sich ansehen. Nur: es handelt sich weder um wirklich verfangende Zeitkritik noch um einen bemerkenswerten Film. Staudtes Mittel sind zu grob, bei aller Mühe macht er es sich zu leicht. Er reiht eine verbrauchte Pose vom Bundesbürger, dem alten Nazi, an die andere, bringt es zum Beispiel fertig, eine Einstellung zwischen den gespreizten Beinen eines stehenden Mannes hindurch nicht herauszuschneiden, vermutlich weil er nicht weiß, daß dergleichen längst von Filmen wie „Barras heute" in Obhut genommen und korrumpiert ist. (. . .)

Überhaupt: bei aller Bitternis ist Staudte optimistisch und im Grunde naiv. So wie er sie zeigt, gebärden sich alte Nazis heute nicht mehr, so schnell kommen ihnen die alten Sachen nicht mehr über die Lippen. Sie haben sich getarnt, so gut, wie man sieht, daß Staudte sie nicht aufspüren konnte. Stimmte sein Film, dann hätten wir bunte Zustände, aber dann wäre es auch nicht weiter schwer, mit ihnen aufzuräumen. Staudte versucht immer wieder, das merkt man, zu differenzieren und es gelingt ihm auch ab und zu. Die Oberflächlichkeit des übrigen verdirbt den Film aber an diesen wenigen Stellen. (. . .)

Die Zeit, Nr. 22, 29.5.1964

pz.
Die Vergangenheit in der Gegenwart

(. . .) Staudte will also wieder einmal die Gehirne enttrümmern und die deutsche Vergangenheit in der Gegenwart aufdecken. Er tut das mit der ihm zur Verfügung stehenden Schärfe. Er tut es auch mit den gleichen künstlerischen Mängeln, die manchen seiner Filme (. . .) um die Wirkung bringen. (. . .) Statt mit Nuancen operiert der Film mit Plumpheiten, mit typisierten Figuren, mit Klischees. Und ist es für den „Fall Staudte" nicht charakteristisch, daß sein neuer Film bereits von der ostdeutschen DEFA gekauft worden ist? Kein Zweifel kann darüber bestehen, daß im Osten Staudtes Mangel an politischem Takt dem westlichen Deutschland gegenüber bejubelt wird: So und nicht anders sind sie, diese Kapitalisten und Kriegshetzer, die sich aus der faschistischen Vergangenheit in den Wohlstand der bundesrepublikanischen Gegenwart gerettet haben.

Es bleibt nur zu hoffen, daß der Film, der trotz allen Mängeln in erster Linie in seinem Herstellungsland zur Stellungnahme verpflichtet, eine Differenzierung in der Auseinandersetzung erfährt, die ihm selbst leider nicht eigen ist.

Neue Zürcher Zeitung, 10.7.1964

zu Tote brauchen keine Wohnung (1973):

Thie
Leicht durchschaubar

Der Tatort soll unverwechselbar sein. Die Verbrechen, die dort begangen werden, sollen in ihrer Motivation als umweltbedingte Fehlhandlungen deutlich gemacht werden. Ein sozialkritischer Krimi also, dieser von Fernsehdebütant Michael Molsner und Regie-Altmeister Wolfgang Staudte für den Bayerischen Rundfunk rekonstruierte Tatort im Münchener Lehel: *Tote brauchen keine Wohnung*. Am Anfang dokumentarisches Material von einer Mieter-Protest-Aktion, am Ende die Flucht in die Rührseligkeit: ein Kind als Doppelmörder, Opfer der pressenden Umstände.

Was ordentlich begann, als genaue Beschreibung einer Blüte unseres Wirtschaftssystems und dessen, was Eigentum verpflichtet, bedeutet, wurde einer leicht durchschaubaren kriminalistischen Geschichte geopfert. Das Gift und der süße blonde Junge wurden, als der Spekulant Pröpper ins Spiel trat, zur Ablenkung von der Orts- und Spekulationsbeschreibung recht auffällig ins Bild gebracht, spätestens von da ab brach der Fall auseinander. Mal aus Zeitmangel, triftig und direkt angesteuert, ein paar Sätze über die Notwendigkeit sozialen Wohnungsbaus, zum Thema Umwelt und Straffälligkeit, mal müde Verschleierung des klar vor Augen liegenden Tatbestands. Der Kriminalfall hob sich ab von der Wirklichkeit und wurde in die Putzigkeit einer Kindertragödie verwandelt.

Schade, denn eigentlich im Ansatz lagen Molsner und Staudte richtig. Das zeigten vor allem die brillanten Szenen mit Maria Singer und Arthur Brauss als Wirtsleute im Kampf um ihre Existenz. Hier wurde spürbar die Aggression aus Hilflosigkeit, die strafbare Fehlhandlungen herausfordert, während ihre Verursacher wie Kriminaloberinspektor Veigl resigniert feststellen muß, frei herumlaufen. Wohl aus Angst vor der eigenen (sozialkritischen) Courage opferten Molsner und Staudte den wirksameren Tatort einem oberflächlichen Spiel.

Frankfurter Rundschau, 13.11.1973

Ekkehard Böhm
Die Opfer waren unter sich

Die traditionelle Konstellation des Krimis, das Dreiecksverhältnis zwischen Täter, Opfer und Jäger, hier war es weitgehend aufgelöst, die Opfer waren unter sich. Opfer war das Kind, das zwei Menschen mordet, weil es bei seinem Großvater bleiben will, Opfer der kleine Gauner, der im Dienst eines Baulöwen Wohnungen zerstört und Opfer schließlich auch der Kommissar, der sich schützend vor Zustände stellen muß, die er selbst als Unrecht erkennt.

Wer war also der Täter? War es der Hausbesitzer in seiner biedermännischen Brutalität, war es der anonyme Stadtrat, der hinter den Kulissen auf unauffällige Sanierung des Viertels drängte? Oder waren es die Verhältnisse, die nun einmal so sind? Michael Molsner und seinem Regisseur Wolfgang Staudte ist es vorzuwerfen, daß sie sich zwischen sozialkritischer Analyse und vordergründigem Reißer zu keinem klaren Konzept durchringen konnten.

Zugegeben, die Szene mit der Mieterversammlung war ein Griff mitten in eine betrübliche Wirklichkeit hinein. So sieht es da wirklich aus: Auf der einen Seite schwadronieren die kleinen Leute, die über ihre vier Wände nicht hinaussehen können, auf der anderen Seite bramarbasieren diejenigen, die es unter der Weltrevolution nicht tun mögen und der Mühsal beharrlich aus dem Wege gehen, die Welt en detail zu verbessern. Und so geschieht nichts.

Aber dieser gute Eindruck wurde gleich zunichte gemacht durch die schneidige Bremer Verfolgungsjagd, die für den Fortgang der Handlung so gar nichts zu sagen hatte. Und dann entfernte sich das Spiel immer weiter von der Realität: Untypisch die Situation, zur Karikatur verzeichnet die Figuren und besonders unglücklich der Einfall, einen Hirnbeiß wie den Oberinspektor Veigl auf diesen Fall anzusetzen. Trimmel wäre hier eher am Platz gewesen

Die Welt, 13.11.1973

hmn (d.i. Elfriede Hennemann)
„Tote brauchen keine Wohnung"

Die sozialen Probleme häufen sich so sehr, daß der Mordfall, um den es eigentlich ging, fast in den Hintergrund trat und das, was einen „Tatort" auszeichnen soll, nämlich die Spannung, zu einer nebensächlichen Angelegenheit wurde. Es schien, der Autor Michael Molsner habe allzuviele Anliegen auf den Bildschirm bringen wollen und Regisseur Staudte, dem einst die soziale Problematik in seinen Filmen am Herzen lag, stieg vor allem darauf ein. Schade, daß man ihn nicht einmal einen von kriminalistischen Einsprengseln unbelasteten Film machen läßt. (. . .)

Stuttgarter Zeitung, 13.11.1973

Eva Orbanz

Biografie Wolfgang Staudte

Wolfgang Staudte wurde am 9.10.1906 in Saarbrücken als Kind eines Schauspielerehepaares geboren. 1912 übersiedelten seine Eltern nach Berlin, da sie ein Engagement am Rose-Theater bekommen hatten. Später spielte sein Vater an der Volksbühne, seine Mutter starb, als er fünfzehn Jahre alt war.

Nach Abschluß der Mittleren Reife begann er, technisch interessiert, ein Ingenieurstudium in Oldenburg, das er jedoch nach zwei Jahren unterbrach, da er zu wenig Spaß am theoretischen Unterricht hatte. Stattdessen nahm er ein zweijähriges Praktikum erst bei Mercedes in Berlin, dann bei den Hansa-Werken in Varel auf.

Ehe er zu seinem Studium nach Oldenburg zurückkehrte, besuchte Staudte seinen Vater an der Volksbühne in Berlin. Er war von der Arbeit dort fasziniert und entschloß sich, Schauspieler zu werden. Daraufhin ging er zu einer Theateragentur, um vorzusprechen. Ein Intendant hielt ihn für Fritz Staudte — den Schauspieler von der Volksbühne — und engagierte Wolfgang Staudte an sein Theater nach Schneidemühl. Da das zweite Stück, in dem er mitspielte, mißlang und außerdem bekannt wurde, daß eine Verwechslung vorlag, wurde er entlassen.

1926 ging Staudte zurück nach Berlin und bekam eine feste Anstellung an der Volksbühne. In dieser Zeit trat er in Inszenierungen von Max Reinhardt, Piscator und Hartung auf. Außerdem erhielt er die ersten kleinen Filmrollen.

Staudtes Vater, er war durch seine progressive Haltung und sein soziales Engagement sein Vorbild, gründete in dieser Zeit zusammen mit stellenlosen Schauspielern eine Theatergruppe, die zeitkritische Stücke aufführte. Obwohl Staudte in zwei dieser Stücke mitspielte und durch seinen Vater zu fortschrittlichen Künstlerkreisen Kontakt hatte, verstand er sich nicht als politisch bewußter Schauspieler.

1933 entzog man ihm wegen seiner Mitwirkung an der Volksbühne und in den Stücken seines Vaters die Schauspielerlaubnis. Während dieses Verbots fand er eine Stellung in der Firma Rhythmoton, die als Sammelbecken für „Unerwünschte" galt. Dort arbeitete er als Sprecher für Synchronisationen.

Als 1935 das Berufsverbot allgemein gelockert wurde, bekam Staudte eine Anstellung beim Rundfunk als Sprecher für Märchen- und Werbesendungen.

"GASSENHAUER"

Marie, Marie!

Hans Deppe — Martin Jacob — Albert Hoermann — Wolfgang Staudte — Ina Albrecht

Jeder Jüngling, jeder halbwegs
ausgewachs'ne Mann
schafft ein kleines süßes Mädel
sich zum Küssen an.
Und es gibt so viele
'süße Mädel in der Welt,
doch von allen ist es eine,
die mir g'rad gefällt:

Hab' ich mal „Marie",
dann wird Mariechen meine Braut,
wenn kein And'rer früher kommt
und mir Mariechen klaut.
Doch wenn keiner kommt
und wenn sie keinen Andern nimmt
und sie sich in mich verliebt,
dann krieg' ich sie bestimmt.

Refrain

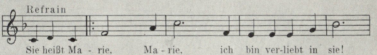

Sie heißt Ma - rie,   Ma - rie,   ich bin ver-liebt in sie!

Es gibt nur Eine, denn so ist Keine wie die!
Und steht Marie, Marie, am Fenster vis à vis,
schau ich hinüber und sie schaut rüber, doch weiter kommen wir nie.
Marie, Marie, Du hast mir's angetan! Immer spät und früh
schau' ich Dich an wie trunken, die Blicke funken: Marie, Marie,
warum kommst Du denn nie beim Mondenscheine zu mir, Du kleine Marie?

Text: Dr. Joh. Brandt   Musik: Marc Roland

749
„ROSS" Verlag   Copyright 1932 by Bebo-Ton-Verlag G. m. b. H., Berlin W 50   Reproduktion verboten

Wolfgang Staudte in *Gassenhauer* (1931, Regie: Lupu Pick)

Bis 1936 lebt Staudte – wie viele seiner Zeitgenossen – in der Annahme, daß das Naziregime in Deutschland keine Überlebenschance hat. Die Tatsache, daß sich das Ausland an den Olympischen Spielen in nicht geahntem Ausmaß beteiligt, zwingt ihn zu der Einsicht, daß sich das Hitler-Regime etabliert hat.

Inzwischen ging man von der Herstellung von Werbeplatten zu Werbefilmen über. Staudte erhält die Gelegenheit, diese Filme, angefangen von der Inszenierung bis zum Schnitt, zu realisieren. Die etwa 40 bis 60 m langen Filme zwangen zu optischer Präzision, zur Konzentration auf das Wesentliche. Er eignet sich auf diese Weise alle für seine spätere Arbeit notwendigen Fähigkeiten an.

Nachdem er etwa einhundert Werbefilme hergestellt hatte (*Bims die Händ' mit Abrador/Drum spar auch Du bei der Volksbank*), erhielt er 1941 von der Tobis die Gelegenheit, einen Studiofilm zu realisieren. Er wählte Awertschenkos Satire *Ins Grab kann man nichts mitnehmen.* Er drehte dann noch vier weitere Studiofilme. In dieser Zeit erhielt er auch wieder kleinere Filmrollen.

1943 hatte die Tobis Charlie Rivel engagiert, aber noch keinen Regisseur. Wolfgang Staudte reicht ein Exposé ein, und man läßt ihn den Film *Akrobat Schö-ö-ö-n . . .* herstellen.

1944 drehte Staudte *Ich hab von Dir geträumt,* anschließend, nach einer Idee von Josef Maria Frank, *Der Mann, dem man den Namen stahl* – eine Satire auf die in Deutschland herrschende Bürokratie (später bei der DEFA mit nachgedrehten Teilen unter dem Titel *Die seltsamen Abenteuer des Herrn Fridolin B.* neu erschienen). Dieser Film wurde vom Propagandaministerium verboten. Da er durch das Verbot arbeitslos geworden war, wollte man ihn an die Front schicken. Er verdankt es Heinrich George, daß er trotz der Aufhebung der UK-Stellung noch einen weiteren Film drehen konnte, und zwar verlangte George Staudtes Regieführung bei dem Film *Frau über Bord.* Staudte konnte die Dreharbeiten noch vor Kriegsende abschließen, hat diesen Film aber nicht selber fertiggestellt.

Bei den Dreharbeiten lernte er den Kameramann Friedel Behn-Grund kennen, dem er die Idee seines Exposés zu *Der Mann, den ich töten werde* erzählte (verfilmt unter dem Titel: *Die Mörder sind unter uns*). Sofort nach Kriegsende wendet sich Staudte, der in einem westlichen Bezirk Berlins wohnt, mit diesem Drehbuch zuerst an die Kulturoffiziere der englischen, französischen und amerikanischen Militärbehörden, die es jedoch ablehnen, den Film zu realisieren. Allein der sowjetische Kulturoffizier war daran interessiert. So begannen bereits im Mai 1946 die Dreharbeiten und waren im Herbst abgeschlossen. *Die Mörder sind unter uns* war vor allem im Ausland ein großer Erfolg und die erste Möglichkeit, die dort verständlicherweise bestehenden Vorurteile gegenüber Deutschland abzubauen. In Westdeutschland dagegen machte man von Seiten der Reaktion Staudte den Vorwurf, seinen künstlerischen Erfolg auf Kosten des „deutschen Ansehens" zu erringen.

1947 begann Staudte – aus Stoffmangel bei der DEFA – den bereits vor Kriegsende gedrehten Film *Der Mann, dem man den Namen stahl* neu zu bearbeiten.

Inzwischen hat sich das Verhältnis zwischen den drei westlichen Alliierten und der sowjetischen Militärregierung verschärft. Bald zeigen die Kinos in den drei westlichen Besatzungszonen keine Filme mit sozialistischer Tendenz mehr. Da ein Abkommen besteht, das besagt, daß nur so viele Filme in die sowjetische Besatzungszone importiert wie in die westlichen Besatzungszonen exportiert werden, findet bald kein Austausch mehr statt.

1948 bat die Grand National Staudte, die Regie des deutschen Teils einer europäischen Gemeinschaftsproduktion zu übernehmen. Dieser Film wurde 1954 unter dem Titel *A Tale of Five Cities (Fünf Mädchen und ein Mann)* uraufgeführt.

1948/49 drehte Staudte für die DEFA nach einem eigenen Drehbuch den Film *Rotation.* Zum ersten Mal zeigt Staudte in diesem Film mit dokumentarischen Akzenten die Geschichte eines Arbeiters im politischen und weltanschaulichen Kampf seiner Zeit.

1949 erhielt Staudte das Angebot von der REAL-FILM, die Regie für den Film *Schicksal aus zweiter Hand* zu übernehmen. Diese Arbeit übernahm Staudte auch deshalb, um den Kontakt zu westdeutschen Produktionen nicht abreißen zu lassen. Der Titel wurde vom Verleih in *Zukunft aus zweiter Hand* abgeändert.

Dann folgten Angebote von westdeutschen Firmen, bei denen sich jedoch bald herausstellte, „daß bei den tragbaren die Finanzierung fehlte und daß da, wo die Finanzierung vorhanden war, für mich nichts anderes zu tun blieb, als dankend zu verzichten" (Staudte).

Die DEFA erwarb die Rechte für *Der Untertan,* und Staudte schrieb, zusammen mit seinem Vater, das Drehbuch. 1951 wurde der Film in der DDR uraufgeführt. Im selben Jahr erhielt Staudte dafür den Nationalpreis II. Klasse der DDR.

Nach Fertigstellung des *Untertan* nahm die CAMERA-FILM Hamburg Verhandlungen mit Staudte auf, um ihm die Regie für *Gift im Zoo* — „einen anspruchslosen Kriminalfilm" (Staudte) — zu übertragen. Zum gleichen Zeitpunkt bietet ihm die DEFA die Verfilmung von Brechts *Mutter Courage* an. Staudte erklärt sich bereit, dieses Projekt zu einem späteren Zeitpunkt zu realisieren und beginnt in Hamburg mit den Dreharbeiten. Allerdings muß er bald darauf die Regie aus politischen Gründen an Hans Müller abgeben.

Die vom Innenministerium der Adenauer-Regierung geführte Hetzkampagne gegen Staudte, die ihn als Kommunisten diffamiert, veranlaßte die Produktionsfirma zu diesem Schritt. Auch wenn Staudte gewollt hätte, hätte es zu dieser Zeit keine der in der Bundesrepublik existierenden Produktionsfirmen gewagt, ihm eine Arbeit anzubieten.

1953 begann er bei der DEFA mit den Dreharbeiten zu *Die Geschichte vom kleinen Muck.*

Im Jahre 1954 macht man in der Bundesrepublik einige zaghafte Versuche, Coproduktionen mit der DEFA zu realisieren. Staudte bemüht sich, sein Projekt *Leuchtfeuer* (Arbeitstitel: *Strandgut)* in dieser Konstellation produzieren zu lassen. Doch im letzten Moment gibt der westdeutsche Produzent dieses Vorhaben aus opportunistischen Gründen auf. Dafür springt dann eine schwedische Produktionsfirma ein, und Staudte kann diesen, zum Teil dokumentarischen Film realisieren. Dies ist, nach Staudtes Aussage, der einzige Film, bei dem er ein filmisches Vorbild (*Die Männer von Aran*, Robert Flaherty) hatte.

1955 übertrugen die Holländer Staudte die Regie zur Verfilmung des dort sehr bekannten Buches von Piet Bakker: *Ciske – de Rat*. Kurz vor Beginn der Dreharbeiten kam die deutsche OMEGA und bot Holland eine Coproduktion an: Staudte mußte daraufhin den Film für die BRD parallel mit zum Teil deutschen Darstellern drehen. Die holländische Fassung des Films gewann 1955 in Venedig den Silbernen Löwen.

Im gleichen Jahr wurden dann die schon früher diskutierten Pläne zur Verfilmung der *Mutter Courage* wieder aufgenommen, und die Dreharbeiten begannen. Diese mußten wegen Differenzen zwischen Staudte und Brecht abgebrochen werden.

In den folgenden Jahren versucht Staudte, Filme seiner Thematik — Abrechnung mit der nazistischen Vergangenheit, Entlarvung des deutschen Spießbürgers und seines Untertanengeistes — in der BRD zu realisieren. Der Kalte Krieg zwischen Ost und West bewirkt aber, daß er von der gesamten Presse verleumdet wird. Es gab viele persönliche Angriffe, die mit einer sachlichen Auseinandersetzung seiner Person bzw. seiner Filme nichts mehr zu tun hatten. Die Filmkritik beurteilt ihn vollkommen falsch: sie hat seine Filme nur nach cineastischen bzw. künstlerischen Gesichtspunkten beurteilt, ohne auf die Inhalte einzugehen. Und Staudte ist — nach eigenen Aussagen — alles andere als ein Cineast. Er versteht sich als politisch bewußter Filmregisseur, der in Westberlin lebt und mit dem bundesrepublikanischen Alltag vertraut ist, von der politischen Realität provoziert wird und daraus seine Themen bezieht. Staudte: „Politische Filme sind ein Stück Geschichtsdarstellung der Gegenwart. Sofern sie Kunst sind, werden sie parteiisch sein, herausfordernd und subjektiv, aber immer anteilnehmend und besorgt um den Zustand des ‚eigenen Nestes‘".

1957: Die BAVARIA hatte die Absicht, Hauptmanns *Rose Bernd* zu verfilmen und dafür schon Maria Schell als Hauptdarstellerin engagiert. Maria Schell fordert, daß Staudte die Regie übernähme. Durch den in Venedig erworbenen Preis war man wieder bereit, ihm auch in der Bundesrepublik Arbeit zu geben. Er nimmt das Angebot der BAVARIA an.

1958 dreht Staudte *Madeleine und der Legionär* bei der UFA sowie *Kanonenserenade* und anschließend *Der Maulkorb*. Zu diesem Zeitpunkt gründet er, zusammen mit Braun und Käutner, die „FREIE FILM PRODUKTION", mit der er aber erst 1960 seinen ersten und einzigen Film produziert.

1959 konnte Staudte mit der Realisierung seines Drehbuchs *Rosen für den Staatsanwalt* beginnen. Dieses ist Staudtes einziger Film, der für den Deutschen Filmpreis vorgeschlagen wurde. Staudte lehnte es ab, „von dem ehemaligen SA-Mann" und damaligen Innenminister Schröder einen Preis entgegenzunehmen. Daraufhin erhält der Produzent Kurt Ulrich den Preis — der Bundesinnenminister bleibt der Preisverleihung fern.

1960 drehte Staudte in eigener Produktion den Film *Kirmes.* Er hatte zwar bei der Realisierung alle Freiheiten, war aber nach der Fertigstellung auf einen Verleih angewiesen. Nach der Uraufführung wurde offen zum Boykott dieses Films aufgerufen, und so verschwand er bald wieder aus den Kinos. Heute existiert noch eine einzige Kopie des Films.

1961 entstand der Kriminalfilm *Der letzte Zeuge,* 1962 vollendet er den von John Olden begonnenen Film *Die glücklichen Jahre der Thorwalds.* Im selben Jahr dreht Staudte seinen ersten Fernsehfilm: *Rebellion.*

Nach Fertigstellung der *Dreigroschenoper* (1963) dreht Staudte *Herrenpartie* (1964) als deutsch/jugoslawische Coproduktion. Nach einigen rein kommerziellen Auftragsproduktionen (*Das Lamm,* 1964, *Ganovenehre,* 1966) dreht er *Die Klasse* (1967) für das Fernsehen.

Bei der DEFA gibt es inzwischen keine Arbeitsmöglichkeiten mehr, da man den eigenen Nachwuchs beschäftigen muß.

1968 produziert er in seiner inzwischen gegründeten Firma „CINEFORUM" *Heimlichkeiten.* Dieser Film wurde, durch unterschiedlichste Schwierigkeiten, ein großer finanzieller Mißerfolg. Staudte muß in Zukunft die dadurch entstandenen Schulden bezahlen.

Abgesehen von *Die Herren mit der weißen Weste* (1969) und *Fluchtweg St. Pauli* (1971) arbeitet Staudte nur noch für das Fernsehen. Während es ihm 1969 noch gelingt, den kritischen Film *Die Gartenlaube* zu realisieren, wurden von diesem Zeitpunkt an die Produktionsbedingungen im Fernsehen immer schlechter. Es hatte sich soweit konsolidiert, daß Experimente vermieden werden konnten. Staudtes Arbeiten für das Fernsehen sind Aufträge, die er ausführt. Und man engagiert ihn nicht, weil man der Meinung ist, Staudte könnte politisch aufklärende Filme machen, sondern weil er ein guter Handwerker ist.

1972 bittet Stanley Kubrick Staudte, die deutsche Synchronisation von *Clockwork Orange* zu übernehmen. Kubrick hat bewußt Staudte ausgesucht, nachdem er sich dessen Filme, u.a. auch *Der Untertan,* mehrmals angesehen hat. Staudte läßt sich nicht auf die sonst übliche Synchronisation ein, bei der die Schauspieler nur ihre Takes kennen und ein Spielfilm in vier Tagen synchronisiert wird. Die Adaption zeigt, daß es möglich ist, nicht nur den Sprachinhalt zu übersetzen, sondern die gesamte Konzeption des Films zu übertragen.

Wenn man über Staudtes Arbeit spricht, muß man vor allem die Projekte erwähnen, die er nicht realisieren konnte und kann. Zum Beispiel hat er das Drehbuch *Menetekel* (nach Robert Jungk) beim Bundesinnenministerium für eine Drehbuchprämie eingereicht — es wurde abgelehnt. Das Thema: ein Atomkranker lebt mitten in einer Stadt. Dann gibt es noch *Die Gazellenjagd.* Dieser Stoff sollte in Form eines politischen Kriminalfilms realisiert werden, der für die schwarze Bevölkerung Afrikas und gegen die Apartheidregierung Stellung nimmt.

Das sind auch heute noch Themen, die kein Produzent oder Redakteur realisieren will. Und daß nur inhaltlich Gründe dagegen sprechen, beweist die Tatsache, daß er als „Handwerker" jederzeit Arbeit bekommen kann.

Staudte lebt heute in Westberlin.

Peter A. Hagemann

Filmografie Wolfgang Staudte

Die Reihenfolge der aufgeführten Filme ist chronologisch geordnet. Die nach dem Titel angegebene Jahreszahl bezeichnet das Produktionsjahr, ist jedoch nur als Richtwert zu betrachten, da eine exakte Feststellung der Produktionszeiten für viele Filme nicht möglich war. So können Vertauschungen in der Reihenfolge innerhalb eines Jahrgangs möglich sein. Aufgeführte Synchronarbeiten sind jeweils unter dem Jahr des Erstellens der deutschen Fassung eingeordnet.

Als Haupttitel wird der Titel genannt, unter dem die Produktion zuerst im Deutschen Reich, der BRD oder der DDR aufgeführt wurde. Bei Coproduktionen findet sich hinter dem Haupttitel der ausländische Titel. Abweichende deutschsprachige Titel (z.B. Arbeitstitel, Umbenennungen) finden sich — soweit bekannt — in den Anmerkungen. In der Schreibweise abgesetzt sind Unter- und Originaltitel. Folgt dem Haupttitel ein in Klammern gesetzter Titel, so konnte nicht genau festgestellt werden, ob es sich hierbei um einen tatsächlichen Haupt- bzw. Untertitel handelt.

Falls nicht im einzelnen vermerkt oder aus dem Kontext ersichtlich, beziehen sich die Angaben über Verleih, Vertrieb, Zensur, Länge und Uraufführung ab 1949 auf die BRD.

Erwähnt wurden bei Verleih und Vertrieb immer nur der Erstverleih bzw. -vertrieb. Vorgesehene Verleihfirmen sind in Klammern vermerkt.

Bei geplanten Projekten wurden immer nur realisierte Details in den einzelnen Rubriken ohne Klammern aufgeführt.

Al	Aufnahmeleitung	*Kt*	Kostüme
An	Anmerkung	*Lg*	Länge
Ba	Bauten	*Ma*	Maske
Be	Beratung	*Mt*	Musiktexte
Bu	Buch	*Mu*	Musik
Ch	Choreographie	*Pa*	Produktionsassistenz
Da	Darsteller	*Pl*	Produktionsleitung
Di	Dialogregie	*Pr*	Produktion
DF	Deutsche Fassung	*Ra*	Regieassistenz
Do	Drehort	*Rg*	Regie
DS	Deutscher Sprecher	*Ro*	Rolle
Dz	Drehzeit	*Rq*	Requisite
Es	Erstsendung	*Sc*	Schnitt
Fo	Kopientechnisches Format, wenn nicht anders angegeben, immer 35 mm/sw	*Sf*	Standfotos
		To	Ton
		Tr	Trick
Ga	Garderobe	*Ua*	Uraufführung bzw. Erstaufführung
Gl	Gesamtleitung	*Vb*	Vertrieb
Hl	Herstellungsleitung	*Vl*	Verleih
Ka	Kamera	*Zs*	Zensur
Ks	Kameraassistenz		

Das 1952 in der Presse annoncierte Projekt eines Thälmann-Filmes der DEFA, Regie WOLFGANG STAUDTE, fehlt in der vorliegenden Filmografie bewußt, da es sich vermutlich um eine politische Zweckmeldung handelte. Staudte hat kein derartiges Angebot von der DEFA erhalten.

Stand: April 1977

IM WESTEN NICHTS NEUES (1930)
All Quiet on the Western Front

Rg Lewis Milestone; *Da (Ro – DS)* Ben Alexander (Kemmerich – WOLFGANG STAUD–TE); *Pr* Universal Pictures Corporation of New York; *Vl* Deutsche Universal-Film AG; *DF* System Rhythmographie; *Ua* 4.12.1930; *Zs* 21.11.1930; *Lg* 2872 m.

GASSENHAUER (1931)

Rg Lupu Pick; *Bu, Mt* Johannes Brandt; *Ka* Eugen Schüfftan, Robert Baberske; *Ba* Robert Neppach, Erwin Scharf; *Mu* Marc Roland; *To* Carlo Paganini; *Ch* Mac Arlay; *Da (Ro)* Ina Albrecht (Marie), Ernst Busch, Albert Hoermann, Hans Deppe, Martin Jacob, WOLFGANG STAUDTE (Die fünf Hofsänger Peter, Paul, Max, Emil und Gustav), Karl Hannemann (Nowack, der Hausverwalter), Margarethe Schön (Emma, seine Haushälterin), Willi Schaeffers (Der Impresario), Werner Hollmann (Der Untersuchungsrichter), Werner Pledath (Der Oberbeamte), Rudolf Biebrach (Der Aufseher), Hans Leibelt (Der Kriminalkommissar), Maria Dalbaicin (Nadja, die Tänzerin), Michael v. Newlinski (Der Tänzer), Jazzkapelle de Ridder, die Comedian Harmonists; *Pr, Vl, Vb* Deutsches Lichtspiel-Syndikat A.G.; *Zs* 3.3.1931 Jugendverbot; *Lg* 2654 m; *Ua* 2.4.1931 Berlin (UFA-Pavillon und UFA-Kurfürstendamm); *Do* Atelier Grunewald; *An* Prädikat künstlerisch. – Staudtes erster Film als Darsteller. Gleichzeitig wurde eine französische Version unter dem Titel *Les Quatre Vagabonds* hergestellt, in der er nicht spielte.

TANNENBERG (1932)

Rg Heinz Paul; *Da (Ro)* u.v.a. WOLFGANG STAUDTE (Husar Franke); *Pr* Praesens-Film GmbH; *Vl* Praesens-Film GmbH, Nitzsche AG, Union-Tonfilm-Produktion GmbH; *Zs* 29.8.1932; *Lg* 2891 m; *Ua* 8.9.1932.

GEHEIMNIS DES BLAUEN ZIMMERS (1932)

Rg Erich Engels; *Bu* Erich Philippi; *Ka* Hugo von Kaweczynski; *Ba* Walter Reimann, Gustav A. Knauer; *Mu* Heinz Letton; *Mt* Arnold Lippschitz; *Sc* Paul Ostermayr; *To* Emil Specht; *Da (Ro)* Theodor Loos (Robert v. Hellberg), Else Elster (Irene, seine Tochter), Hans Adalbert v. Schlettow (Axel Brink, Marineoffizier), WOLFGANG STAUDTE (Frank Färber, Journalist), Peter Wolf (Thomas Brandt), Oskar Sima (Schuster, Kriminalkommissar), Paul Henckels (Paul, Diener bei Hellberg), Betty Bird (Betty, Zofe bei Irene), Reinhold Bernt (Max, Chauffeur bei Hellberg), Bernhard Goetzke (Der Fremde), Gerhard Dammann (Krüger, Kriminalbeamter), Else Wunsch (Marie, Hausmädchen); *Al* Willi Morrée; *Pr, Vl* Engels und Schmidt Tonfilm GmbH; *Zs* 24.11.1932 Jugendverbot; *Lg* 2008 m; *Ua* 13.12.1932 Berlin.

DER CHORAL VON LEUTHEN (1932/33)

Rg Carl Froelich; *Da (Ro)* u.v.a. WOLFGANG STAUDTE (Ein sächsischer Offizier); *Pr* Froelich-Film GmbH; *Vl* Verleiherkollektiv; *Zs* 30.1.1933; *Lg* 2400 m; *Ua* 3.2.1933; *An* In Österreich lief der Film unter dem Titel *Der Führer seines Volkes*.

UNSER TÄGLICH BROT (1933)

Ka Albert Möller; *Vortrag* WOLFGANG STAUDTE; *Pr* Riethoff-Film; *Vl* Forum-Film; *Zs* 1.8.1933; *Lg* 303 m.

191

EIN JEDER HAT MAL GLÜCK (1933)

Rg, Bu WOLFGANG STAUDTE; *Ka* A.O. Weitzenberg; *To* Willi Radde; *Da* Kunstflieger Fritz Reim, Loni Heuser, Erich Gast, Else Malti, Eberhard Leithoff; *Pr* Ethos-Film G.m.b.H.; *Vl* Märkische Film G.m.b.H.; *Zs* 21.9.1933; *Lg* 546 m; *An* Staudtes erster Film als Regisseur.

NON STOP NACH AFRIKA (1933)

Rg Willi Riethoff, Alfred Jungermann; *Bu* WOLFGANG STAUDTE; *Ka* Artur von Schwertführer; *Mu* Richard Stauch; *To* Willi Radde; *Da* Fritz Reim, Otto Krone, Werner Finck; *Pr* Ethos-Film G.m.b.H.; *Vl* Union Film G.m.b.H.; *Zs* 16.11.1933 Jugendverbot; *Lg* 614 m.

HEIMKEHR INS GLÜCK (1933)

Rg Carl Boese; *Da (Ro)* u.a. WOLFGANG STAUDTE (Grubers Sekretär); *Pr* A.B.C.-Film GmbH; *Vl* Metropol-Filmverleih AG; *Zs* 16.8.1933; *Lg* 2345 m; *Ua* 18.8.1933.

DIE BANDE VOM HOHENECK Jugend im Kampf gegen Spuk und Verbrechen (1934)

Rg, Bu Hans F. Wilhelm; *Ka* Walter Brandes; *Mu* Hans Ailbout; *Sc* Heinz Haber; *Da (Ro)* WOLFGANG STAUDTE (Wulff), Achim Schmidt (Hannes), Adolf Fischer (Seiferts Fritz), Erwin Nic (Krauses Karl), Anne-Marie Braun (Hanni), Fähnlein „Sonne + Schild", 100 Jungen der Pfadfinderschaft; *Gl* Ludwig Czerny; *Al* Helmuth Ungerland; *Pr* Czerny-Produktion GmbH; *Vl* Deutsche Universal-Film AG; *Zs* 13.3.1934 jugendfrei, volksbildend; *Lg* 2142 m, nach Zensurkürzung um 51 m; *Ua* 25.4.1934 Berlin (UFA-Pavillon); *An* Nach Staudte gab es eine zweite im nationalsozialistischen Sinne nachträglich gefertigte Version, in der aus den Pfadfindern Hitlerjungen wurden und am Schluß des Films anstelle der ursprünglichen eine Hakenkreuzfahne wehte.

FAHRT INS BLAUE / KLEINES REISEERLEBNIS — Fahrt ins Blaue (1934)
Three on a Honeymoon

Rg James Tinling; *Pr* Fox Film Corporation; *Vl* Deutsche Fox-Film AG; *DF* Lüdtke, Dr. Rohnstein & Co; *Da (Ro–DS)* Charles Starrett (Dick – WOLFGANG STAUDTE); *Zs* 1.9.1934; *Lg* 1822 m; *Ua* 19.11.1934.

SCHWARZER JÄGER JOHANNA (1934)

Rg Johannes Meyer; *Da (Ro)* u.v.a. WOLFGANG STAUDTE (Charge); *Pr* Terra-Film AG (im folgenden Terra genannt); *Vl* Terra-Filmverleih GmbH (im folgenden Terra genannt); *Zs* 4.9.1934; *Lg* 2735 m; *Ua* 6.9.1934; *An* In Österreich lief der Film unter dem Titel *Der Spion des Kaisers*.

PECHMARIE (1934)

Rg Erich Engel; *Da (Ro)* u.v.a. WOLFGANG STAUDTE (Charge); *Pr* Klagemann Film GmbH; *Vl* Deutsche Fox-Film AG; *Zs* 12.9.1934; *Lg* 2562 m; *Ua* 12.9.1934; *An* In Österreich lief der Film unter dem Titel *Haupttreffer eine Million*.

KUDDELMUDDEL (1934)

Rg, Bu, Sc Alfred Jungermann; *Ka* Hermann Böttcher; *To* Willi Radde; *Da* Carl Ettlinger, Alfred Baierle, Hermann Krehan, Martha Ziegler, WOLFGANG STAUDTE, Kenneth Rieve; *Pr* Tofa, Tonfilm Fabrikationas G.m.b.H.; *Vl* Phönix-Film-Verleih G.m.b.H.; *Zs* 21.12.1934 Jugendverbot; *Lg* 452 m.

DIE SCHLACHT AM BLAUEN BERGE Die Indianer kommen (1935)
The Indians Are Coming

Rg Mac Rae; *Da (Ro — DS)* Edmund Cobb (Bill Williams — WOLFGANG STAUDTE); *Pr* Universal-Film; *Vl* Märkische Film GmbH, Panorama Film GmbH, Omnium Film GmbH; *DF* Lüdtke, Dr. Rohnstein & Co.; *Zs* 2.4.1935; *Lg* 2149 m; *An* Nach Jason (Das Filmschaffen in Deutschland 1935 bis 1939, S. 75) ist der Film nicht angelaufen.

Werbefilme (ca. 1935 bis ca. 1939)

Rg, Bu, Sc WOLFGANG STAUDTE; *Gl* Herbert Uhlich; *Pr* Werbeschall Uhlich & Schroeter, später Sigma-Film; *Lg* ca. 45 bis 60 m; *An* Sämtliche Unterlagen der Firma Werbeschall Uhlich & Schroeter/Sigma-Film gingen 1943 bei deren Ausbombung verloren. Staudte schätzt die Anzahl der Filme auf 80 bis 100, darunter ein Werbefilm für C & A sowie ein Film für Abrador und mindestens eine Produktion für die Volksbank.

STÄRKER ALS PARAGRAPHEN (1936)

Rg Jürgen von Alten; *Da (Ro)* u.v.a. WOLFGANG STAUDTE (Bekannter der Portierstochter); *Pr* Minerva Tonfilm GmbH; *Vl* Europa Filmverleih AG; *Zs* 24.8.1936; *Lg* 2160 m; *Ua* 27.8.1936.

GLEISDREIECK (ALARM AUF GLEIS B) (1936)

Rg Robert A. Stemmle; *Da (Ro)* u.v.a. WOLFGANG STAUDTE (Charge); *Pr* F.D.F., Fabrikation deutscher Filme GmbH; *Vl* UFA-Filmverleih GmbH (im folgenden UFA genannt); *Zs* 26.11.1936; *Lg* 2209 m; *Ua* 27.1.1937; *An* Der Film lief in Österreich unter dem Titel *Männer im Dunkel.*

ZWISCHEN SAHARA UND NÜRBURGRING (1936)

Rg WOLFGANG STAUDTE; *Bu* WOLFGANG STAUDTE, Otto Wollmann; *Ka* Ulrich Bigalke; *Mu* Gerhard Winkler; *Sc* WOLFGANG STAUDTE, Emmy Burg; *Da* Neben Rennchampions der 30iger Jahre Fahrer und Mannschaften der Firma Autounion; *Gl* Herbert Uhlich; *Pr* Werbeschall Uhlich & Schroeter; *Vl* kein Verleih; *Zs* 3.12.1936; *Lg* 1475 m; *Do* Alle internationalen Rennstrecken der Rennsaison 1936; *An* Der Film war eine Auftragsproduktion der Firma Autounion. Er wurde aus ca. 60 000 m Film als reportagehafter Querschnittsfilm zusammengeschnitten. Er lief in Sonderveranstaltungen auch in Lichtspieltheatern.

SUSANNE IM BADE (1936)

Rg Jürgen von Alten; *Da (Ro)* u.v.a. WOLFGANG STAUDTE (Charge); *Pr* Minerva Tonfilm GmbH; *Vl* Europa Filmverleih AG; *Zs* 15.12.1936; *Lg* 2138 m; *Ua* 31.12.1936; *An* Der Film lief in Österreich unter dem Titel *Susanne im Bade* (Künstlerkameraden).

DER SCHWARZE KORSAR (1937)
Il corsaro nero

Rg Amleto Palermi; *Da (Ro – DS)* Piero Carnabuci (Giovanni di Ventimiglia – WOLFGANG STAUDTE); *Pr* Artisti Associati; *Vl* Difu, Deutsch-Italienische Film-Union GmbH (im folgenden Difu genannt); *DF* Lüdtke, Dr. Rohnstein & Co.; *Zs* 7.12.1937; *Lg* 2314 m; *Ua* 7.6.1938.

DEUTSCHE SIEGE IN DREI ERDTEILEN (Dem Gedenken unseres Bernd Rosemeyer) (1937)

Rg WOLFGANG STAUDTE; *Bu* WOLFGANG STAUDTE, Emmy Burg, Ulrich Bigalke; *Ka* Ulrich Bigalke, Hermann Böttger; *Mu* Gerhard Winkler; *Sc* WOLFGANG STAUDTE, Emmy Burg; *Da* Bernd Rosemeyer, Hans Stuck, Manfred von Brauchitsch sowie Fahrer und Mannschaften der Firma Autouion; *Gl* Herbert Uhlich; *Pr* Werbeschall Uhlich & Schroeter/Sigma-Film; *Vl* kein Verleih; *Zs* 18.1.1938 geeignet für Karfreitag usw. (2. Zensur 2.2.1938); *Lg* (2638 m); *Do* Rennstrecken in aller Welt; *An* Der Film war eine Auftragsproduktion der Firma Autounion und ist in Sonderveranstaltungen auch in Lichtspieltheatern gelaufen. Für den am 7.4.1938 zensierten stummen Schmalfilm *4 Ringe* Siegen in 4 Erdteilen* (*Lg* 753 m) desselben Produzenten kann eine Mitarbeit Staudtes vermutet werden. (*Emblem der Firma Autounion)

MORDSACHE HOLM (1938)

Rg Erich Engels; *Da (Ro)* u.a. WOLFGANG STAUDTE (Agent); *Pr* N.F.K., Neue Filmkommanditgesellschaft Erich Engels; *Vl* Terra; *Zs* 9.5.1938; *Lg* 2480 m; *Ua* 18.6.1938.

AM SEIDENEN FADEN (1938)

Rg Robert A. Stemmle; *Da (Ro)* u.v.a. WOLFGANG STAUDTE (Charge); *Pr* UFA, Universum-Film AG (im folgenden UFA genannt); *Vl* UFA; *Zs* 16.9.1938; *Lg* 2538 m; *Ua* 23.9.1938.

PETTERSON UND BENDEL (1938/43)

Rg Per Axel Branner; *Da (DS)* Helge Hagermann (WOLFGANG STAUDTE); *Pr* A/B Wive-Film, Stockholm; *Vl* Conrad Urban Film-Vertrieb und -Verleih; *DF* Lüdtke & Dr. Rohnstein; *Zs* 20.10.1938 (1. Fassung), 18.9.1943 (2. Fassung); *Lg* 2412 m (1. Fassung), 2277 m (2. Fassung).

POUR LE MERITE (1938)

Rg Karl Ritter; *Da (Ro)* u.v.a. WOLFGANG STAUDTE (Leutnant Ellermann); *Pr, Vl* UFA; *Zs* 7.12.1938; *Lg* 3303 m; *Ua* 22.12.1938.

ES SURREN DIE SPINDELN (1938)

Rg Uwe Behrens; *Bu* Waldemar Lydor; *Ka* Fred Fuglsang; *Mu* Kurt Markwart; *Da* Maria Heck, WOLFGANG STAUDTE; *Pr* Infra-Film G.m.b.H., Herstellungsgruppe Karl von Szecepanski; *Vl* Metro-Goldwyn-Mayer; *Zs* 15.12.1938 (2. Zensur 14.10.1939) jugendwert, volksbildend, Lehrfilm, geeignet für Bußtag, Karfreitag und Heldengedenktag (dto. ohne jugendwert); *Lg* 424 m (369 m).

LAUTER LÜGEN (1938)

Rg Heinz Rühmann; *Da (Ro)* u.v.a. WOLFGANG STAUDTE (Mixer); *Pr, Vl* Terra; *Zs* 20.12.1938; *Lg* 2386 m; *Ua* 23.12.1938.

SPIEL IM SOMMERWIND (1938)

Rg Roger von Norman; *Da (Ro)* u.v.a. WOLFGANG STAUDTE (Charge); *Pr, Vl* Terra; *Zs* 23.12.1938; *Lg* 2297 m; *Ua* 2.2.1939.

Werbefilm für die Deutsche Bank AG (1938)

Rg WOLFGANG STAUDTE (?); *Da (Ro)* Erich Dunskus (Fritz Müller), Herbert Gernot (Kunde), WOLFGANG STAUDTE (Sicherheitsspezialist); *Lg* mindestens 220 m; *Dz* November 1938; *Do* Deutsche Bank Berlin.

DREI UNTEROFFIZIERE (1939)

Rg Werner Hochbaum; *Da (Ro)* u.a. WOLFGANG STAUDTE (Hauptfeldwebel Kern); *Pr, Vl* UFA; *Zs* 23.3.1939; *Lg* 2584 m; *Ua* 31.3.1939.

EIN MANN WIRD ENTFÜHRT Die drei Lügen der Großfürstin (1939)
Hanno rapito un uomo

Rg Gennaro Righelli; *Da (Ro – DS)* John Atkinson (John Readell – WOLFGANG STAUD–TE); *Pr* Juventus-Film; *Vl* Difu; *DF* Lüdtke & Dr. Rohnstein; *Zs* 29.4.1939; *Lg* 2222 m.

DIE FREMDE FRAU (1939)

Rg Roger von Norman; *Da (Ro)* u.a. WOLFGANG STAUDTE (Teini); *Pr, Vl* Terra; *Zs* 22.8.1939; *Lg* 2425 m; *Ua* 1.9.1939.

LEGION CONDOR (1939)

Rg Karl Ritter; *Da (Ro)* u.v.a. WOLFGANG STAUDTE (Charge); *Pr* UFA; *Vl* (UFA); *An* Nach dreiwöchiger Drehzeit mußte der Film im Hinblick auf den Kriegsbeginn wegen Einsatzes der Luftwaffenflugzeuge abgebrochen werden. Er blieb unvollendet.

BLUTSBRÜDERSCHAFT (1939)

Rg Philipp Lothar Mayring; *Da (Ro)* u.a. WOLFGANG STAUDTE (Redner); *Pr, Vl* Terra; *Zs* 23.12.1940; *Lg* 2851 m; *Ua* 3.1.1941.

DAS GEWEHR ÜBER (1939)

Rg Jürgen von Alten; *Da (Ro)* u.a. WOLFGANG STAUDTE (Unteroffizier Schmidt); *Pr* Germania-Film GmbH; *Vl* Forum-Film GmbH, Rheinische Film GmbH, Deutschland Film GmbH, Südostdeutsche Film-Verleih GmbH; *Zs* 24.11.1939; *Lg* 2655 m; *Ua* 7.12.1939.

GEFÄHRLICHE FRAUEN (1939)
Io, suo padre

Rg Mario Bonnard; *Da (Ro − DS)* Augusto Lanza (Masetto − WOLFGANG STAUDTE); *Pr* Scalera-Film; *Vl* Difu; *DF* Lüdtke & Dr. Rohnstein; *Zs* 5.12.1939; *Lg* 2306 m; *Ua* 29.12.1939.

BRAND IM OZEAN (1939)

Rg Günther Rittau; *Da (Ro)* u.a. WOLFGANG STAUDTE (Monteur Ronny); *Pr, Vl* Terra; *Zs* 14.12.1939; *Lg* 2617 m; *Ua* 19.12.1939.

AUS ERSTER EHE (1939/40)

Rg Paul Verhoeven; *Da (Ro)* u.v.a. WOLFGANG STAUDTE (Charge); *Pr* Tobis-Filmkunst GmbH (im folgenden Tobis genannt); *Vl* Tobis-Filmverleih (im folgenden Tobis genannt); *Zs* 7.2.1940; *Lg* 2480 m; *Ua* 12.2.1940.

SALONPIRATEN (1940)

Rg Corrado D'Errico; *Da (Ro − DS)* Alberto Manfredini (Mario Geri − WOLFGANG STAUDTE); *Pr* Alfa; *Vl* Difu; *DF* Lüdtke & Dr. Rohnstein; *Zs* 19.2.1940; *Lg* 2024 m; *Ua* 1.3.1940.

LOTTERIE DER LIEBE (1940)
La mia canzone al vento

Rg Guido Brignone; *Da (Ro − DS)* Roberto Bruni (Mario Adorni, ein Komponist − WOLF−GANG STAUDTE); *Pr* S.A.F.A.; *Vl* Difu; *DF* Lüdtke & Dr. Rohnstein; *Zs* 11.4.1940; *Lg* 2109 m.

TAT OHNE ZEUGEN (1940)
Il formaretto di'Venezia

Rg J. Bard; *Da (Ro − DS)* Roberto Villa (Piero Tasca, ein Bäckergeselle − WOLFGANG STAUDTE); *Pr* Vi-Va-Film; *Vl* Difu; *DF* Lüdtke & Dr. Rohnstein; *Zs* 31.5.1940; *Lg* 2050 m; *Ua* 25.7.1940.

BEATES FLITTERWOCHE (1940)

Rg Paul Ostermayr; *Da (Ro)* u.a. WOLFGANG STAUDTE (Kunstmaler); *Pr* Peter Ostermayr für UFA; *Vl* UFA; *Zs* 17.8.1940; *Lg* 2604 m; *Ua* 30.8.1940.

JUD SÜSS (1940)

Rg Veit Harlan; *Da (Ro)* u.v.a. WOLFGANG STAUDTE (Charge); *Pr, Vl* Terra; *Zs* 6.9.1940; *Lg* 2663 m; *Ua* 24.9.1940.

JUNGENS (1940/41)

Rg Robert A. Stemmle; *Da (Ro)* u.v.a. WOLFGANG STAUDTE (Charge); *Pr, Vl* UFA; *Zs* 24.3.1941; *Lg* 2393 m; *Ua* 2.5.1941.

. . . REITET FÜR DEUTSCHLAND (1941)

Rg Arthur Maria Rabenalt; *Da (Ro)* u.v.a. WOLFGANG STAUDTE (Charge); *Pr, Vl* UFA; *Zs* 4.4.1941; *Lg* 2513 m; *Ua* 11.4.1941.

FRIEDEMANN BACH (1941)

Rg Traugott Müller; *Da (Ro)* u.v.a. WOLFGANG STAUDTE (Tanzlehrer -? -); *Pr, Vl* Terra; *Zs* 20.6.1941; *Lg* 2784 m; *Ua* 25.6.1941.

WALZER EINER NACHT (1941)
Una romantica avventura

Rg Mario Camerini; *Da (Ro – DS)* Leonardo Cortese (Der Graf – WOLFGANG STAUDTE); *Pr* E.N.I.C., Ente Nazionale Industrie Cinematografiche; *Vl* Difu; *DF* Lüdcke & Dr. Rohnstein; *Zs* 23.8.1941; *Lg* 2195 m; *Ua* 25.9.1941.

INS GRAB KANN MAN NICHTS MITNEHMEN (1941)

Rg WOLFGANG STAUDTE; *Bu* WOLFGANG STAUDTE nach der gleichnamigen Novelle von Arkadij Awertschenko; *Da* Carl-Heinz Schroth; *Pr* Tobis; *Lg* ca. 700 m; *An* Studiofilme der Tobis sollten Nachwuchsregisseure auf ihre Eignung für größere Spielfilmaufgaben testen. Die Filme mußten in ein bis zwei Tagen abgedreht werden und waren nicht zur Veröffentlichung vorgesehen.

ca. 4 weitere Studiofilme (1941/42)

Rg, Bu WOLFGANG STAUDTE; *Da* u.a. Bettina Moissi; *Pr* Tobis; *Lg* ca. 600 bis 700 m.

DAS GROSSE SPIEL (1942)

Rg Robert A. Stemmle; *Da (Ro)* u.a. WOLFGANG STAUDTE (Fritz Eysoldt); *Pr* Bavaria-Filmkunst; *Vl* Bavaria-Filmkunst GmbH/DFV, Deutsche Filmvertriebs GmbH (im folgenden DFV genannt); *Zs* 8.6.1942; *Lg* 2320 m; *Ua* 10.7.1942; *Fo* 35 mm/sw und Farbeinlage.

SIE WAREN SECHS (1942)
Le dernier des six

Rg Georges Lacombe; *Da (Ro – DS)* Pierre Fresnay (Kommissar – WOLFGANG STAUDTE); *Pr* Continental; *Vl* DFV; *Lg* 2546 m; *Ua* März 1943.

AKROBAT SCHÖ–Ö–Ö–N . . . (1942/43)

Rg, Bu WOLFGANG STAUDTE; *Ra* Erich Frisch; *Ka* Georg Bruckbauer; *Ks* Wolfgang Hewecker; *Ba* Erich Grave, Hans Luigi; *Mu* Friedrich Schröder, Paul Hühn; *Mt* Hans Fritz Beckmann; *Sc* Eva Kroll; *To* Gerhard Franke; *Sf* Franz von Klewacky; *Da (Ro)* Charlie Rivel (Charlie), Clara Tabody (Monika), Karl Schönböck (Orlando), Käthe Dyckhoff (Bibiana), H.H. Schaufuß (Krause), Fritz Kampers (Roto), Werner Scharf (Fred Martoni), Nina Raven (Lydia), Einar Björling (Bruno Martoni), Hans Junkermann (Direktor), Henry Lorenzen (Sekretär), Adolf Ziegler (Regisseur), Oskar Höcker (Bühnenmeister), Karl Kahlmann (Varieté-Diener), Edgar Pauly (Pförtner), Hella Thornegg (Garderobiere), Klaus Puhlmann (Peter), Herta Worell (Mutter), Walter Schramm-Dunker (Mann mit Baß), Karin Lüsebrink (1. Sekretärin), Ursula Herking (2. Sekretärin), Rella Marlo (Artistin), Heinz Wemper (1. Bühnenarbeiter), Harrie Münch (Sprachlehrer und 1. Gast), Ruth Buchardt (Elegante Dame), Karl Heinz Reichel (Regie-Assistent), Charlie Rivels Kinder, Bela Kremo, Jockel Stahl, Hiller-Ballet u.a.m. (Artisten); *Al* Ernst Körner, Josef Rive; *Pr* Tobis, Herstellungsgruppe Werner Malbran; *Vl* DFV; *Vb* UFA; *Zs* 1.10.1943 Jugendverbot; *Lg* 2328 m; *Ua* 1.12.1943 Berlin (Alhambra, Kurfürstendamm); *Dz* 2. Dezember 1942 bis Februar oder März 1943; *Do* Grunewald Atelier, Jofa-Atelier Johannisthal, Großes Schauspielhaus Berlin; *An* Für die Verleihsaison 1941/42 hatte die Tobis den Film *Akrobat Schö-ö-ö-n* . . . in der Regie von Herbert Selpin angekündigt.

ICH HAB' VON DIR GETRÄUMT (1943)

Rg WOLFGANG STAUDTE; *Ra* Franz Sadek; *Bu* Herbert Witt nach einer Idee von Johannes von Vaszary; *Ka* Friedel Behn-Grund; *Ba* Otto Erdmann, Franz F. Fürst; *Mu* Werner Eisbrenner (Schlager Ernst Erich Buder); *Sc* Eva Kroll; *To* Eugen Hrich; *Da (Ro)* Fita Benkhoff (Maria Dahlberg), Erich Fiedler (Viktor, ihr Verlobter), Karl Schönböck (Peter Paulsen), Else v. Möllendorff (Helena), Franz Schafheitlin (Ihr Vater), Marlise Ludwig (Ihre Mutter), Charlott Daudert (Röschen), Bruno Hübner (Professor Thümmler), Annemarie Holtz (Frau Thümmler), Josefine Dora (Garderobiere), Ruth Lommel (Zimmermädchen), Hubert von Meyerinck (Empfangschef), Hellmut Helsig (Schlafwagenschaffner), Ewald Wenck (Fahrstuhlführer), Fritz Staudte (Pförtner), Eduard Bornträger (Arzt), Walter Gross, Rudolf Schündler, Herbert Weissbach, Walter Pentzlin; *Pl* Hermann Grund; *Al* Erich Roehl, Gustav Danz; *Pr* Tobis, Herstellungsgruppe Hermann Grund; *Vl* DFV; *Zs* 28.3.1944 jugendfrei ab 14 Jahren; *Lg* 1990 m; *Ua* 21.7.1944 Berlin (BTL – Potsdamer Straße); *Dz* 1. April bis Anfang Juni 1943; *Do* Jofa-Atelier Johannisthal, Außenaufnahmen Berlin.

DIE PERLE VON RUST (1943/44)

Rg (WOLFGANG STAUDTE); *Ka* (Eduard Hoesch); *Ba* (Dietrich); *Pl* (Eberhard Schmidt); *Pr* (Tobis); *Vl* (DFV); *Da* 1943–1944 – (Karl Schönböck, Elfie Mayerhofer, Carl Drexel, – Hans Moser, Harald Paulsen –); *Dz* (ab Ende Juli 1943); *Do* (Jofa-Atelier Johannisthal, keine Außenaufnahmen); *An* Am 5.3.1943 wurde der Stoff genehmigt, das Drehbuch sollte am 21.4.1943 abgeliefert werden. Mit einer Rohkalkulation von 1 000 000,– RM für 40 Drehtage war das Projekt ab April 1943 fest geplant. Die Termine wurden jedoch laufend verschoben, so daß die Reichsfilmintendanz noch am 2.6.1944 den endgültigen Drehbeginn auf den Juli 1944 festsetzte. Da aber der inzwischen eingeplante Hans Moser zu dieser Zeit nicht zur Verfügung stand, starb das Projekt endgültig.

DER MANN, DEM MAN DEN NAMEN STAHL (1944)

Rg WOLFGANG STAUDTE; *Ra* Erich Frisch; *Bu* Josef Maria Frank, WOLFGANG STAUDTE; *Ka* Eduard Hoesch; *Ks* Brettschneider, Karl Hoesch; *Ba* Otto Hunte, Karl Vollbrecht; *Kt* Erika Reinhardt; *Mu* Herbert Trantow (Komposition ‚Mamatschi‘ Oskar Schima); *Sc* Johannes Rosinski; *To* Hans Grimm, Adolf Jansen; *Da (Ro)* Axel von Ambesser (Fridolin Biedermann), Ruth Lommel (Elvira), Gretl Schörg (Madame Marlen), Paul Henckels (Dr. Heimlich), Leopold von Ledebur (Sauer jun.), Ruth Buchardt (Swea), Hubert von Meyerinck (Max Vieregg), Kurt Weitkamp (Heini Bock), Elisabeth Flickenschildt (Hella), Hans Herm. Schaufuss (Standesbeamter), Aribert Wäscher (Der Kommissär), Friedrich Petermann (Munitionswilli), Leo Sloma (Wirt); *Al* Waldemar Runge-Wasa, Georg Kiaup; *Pr* Tobis, Herstellungsgruppe Bernhard F. Schmidt; *Vl* (DFV); *Dz* 24. April bis Anfang August 1944; *An* In zahlreichen Veröffentlichungen (z.B. Bauer, Deutscher Spielfilm-Almanach, S. 649) wird der Film als unvollendet bezeichnet. Staudte hat den Film fertiggestellt, die Aufführung wurde aber verboten. In den Kriegswirren gingen Teile des Films verloren. 1947/48 drehte Staudte eine Neufassung bei der DEFA unter dem Titel „Die seltsamen Abenteuer des Herrn Fridolin B.‟.

FRAU ÜBER BORD (KABINE 27) (1944/45)

Rg WOLFGANG STAUDTE; *Bu* Curt J. Braun nach einer Idee von Fritz Klotzsch und Dinah Nelken; *Ka* Friedel Behn-Grund; *Ba* Fritz Maurischat, Rudolf Thiele; *Mu* Willy Mattes/Werner Bochmann (ursprüngliche Fassung), Werner Eisbrenner (bearbeitete Fassung); *Sc* W. Wischniewsky (bearbeitete Fassung); *To* Gerhard Froboeß (ursprüngliche Fassung); *Da (Ro)* Heinrich George (Konsul Christoph Henseling), Axel v. Ambesser (Robert Henseling, sein Neffe), Anneliese Uhlig (Helene, Roberts Frau), Charlotte Schellhorn (Das Mädchen Juanita), Karl Schönböck (Alvarez, 1. Offizier der „Galitea‟), Carl-Heinz Schroth (2. Offizier der „Galitea‟), Günther Lüders (Gendarm), Arthur Schröder (Sturm, Hotelportier), Bruno Harprecht, Ernst Legal, Hubert v. Meyerinck, Erna Sellmer (Verwandte des Konsuls), Leopold v. Ledebur (Josef, Diener bei Henseling), Ursula Herking, Erich Fiedler (Gäste im Hause Henseling), Will Dohm (Herr Deiters), Else Reval (Lisa, Köchin bei Henseling), Hans Mierendorff (Rechtsanwalt Wetterkopp), Albert Florath, Rudolf Schündler, Lu Säuberlich, Martha Ziegler, Fritz Staudte, Käthe Alving, Maria Loja, Anneliese Würtz, Alfred Maack; *Pl* Conrad Flockner; *Al* Waldemar Runge-Wasa, Fritz Schwarz; *Pr* Tobis, Herstellungsgruppe Heinrich George; *Vl* (DFV – ursprüngliche Fassung), Panorama Film GmbH (bearbeitete Fassung); *Zs* (bearbeitete Fassung) jugendgeeignet, nicht feiertagsfrei; *Lg* 2364 m (bearbeitete Fassung); *Ua* April 1952; *Dz* ab Mitte November 1944; *An* 1945 blieb der Film unvollendet. Eine ohne Staudtes Mitwirkung bearbeitete Fassung unter dem Titel *Das Mädchen Juanita* wurde 1952 in der BRD aufgeführt.

KOLONNE STRUPP (1945/46)

Rg WOLFGANG STAUDTE, (Slatan Dudow); *Bu* Friedrich Wolf, Slatan Dudow, nach einer Idee von Friedrich Wolf; *Ka* Reimar Kunze (?); *Da* Ernst Busch (?); *Pr* Filmaktiv (?); *Do* Berlin-Stadtmitte; *An* Staudte drehte in den überfluteten U-Bahnschächten Berlins 1945 Einstellungen für einen geplanten Spielfilm über die Aufbauarbeit der BVG-Angehörigen. Nach langem Tauziehen starb das Projekt schließlich.

IWAN DER SCHRECKLICHE (1945/46)
Iwan Grosnyj (I)

Rg Sergej Eisenstein; *Pr* Filmstudio Alma-Ata; *Vl* Sojusintorgkino; *DF* Im Auftrag der SMA, Sowjetische Militär Administration (Staudte); *KO* WOLFGANG STAUDTE; *An* Erste Sychronarbeit in Deutschland nach dem Kriege.

DIE MÖRDER SIND UNTER UNS (1946)

Rg, Bu WOLFGANG STAUDTE; *Ra* Hans Heinrich; *Ka* Friedel Behn-Grund, Eugen Klagemann; *Ba* Otto Hunte, Bruno Monden; *Kt* Gertraude Recke; *Mu* Ernst Roters; *Sc* Hans Heinrich; *To* Klaus Jungk; *Da (Ro)* Ernst Wilhelm Borchert (Dr. Mertens), Hildegard Knef (Susanne Wallner), Erna Sellmer (Frau Brückner), Arno Paulsen (Ferdinand Brückner), Michael Günther (Ihr Kind Herbert), Christian Schwarzwald (Ihr Kind Otto), Robert Forsch (Mondschein), Marliese Ludwig (Sonja), Hildegard Adolphi (Daisy), Albert Johannes (Bartholomäus), Ursula Kriegk (Carola Schulz), Wolfgang Dohnberg (Fritz Knochenhauer), Ernst Stahl-Nachbaur (Arzt), Wanda Peterss (Schwester), Käthe Jöken-König (Kundin), Christiane Hanson (Dienstmädchen); *Hl, Pl* Herbert Uhlich; *Al* Willy Herrmann, Max Sablotzky; *Pr* DEFA, Deutsche Film AG. (im folgenden DEFA genannt); *Vl* Sowj. Militär Zone Sovexport Film GmbH, Frz. Militär Zone Ifa, Internationale Film Allianz GmbH, Brit. Militär Zone Herzog-Film GmbH; *Zs* Sowj. Militär Zone Okt. 1946, Frz. Militär Zone März 1947, All. Militär Zone Juni 1948; *Lg* 2400 m; *Ua* Sowj. Militär Zone 15.10.1946 Berlin (Staatsoper – früher Admiralspalast), Frz. Militär Zone 10.4.1947 Baden-Baden, All. Militär Zone 23.7.1948 Bochum; *Dz* Juni/Juli 1946; *Do* ehemalige Ateliers Babelsberg, Außenaufnahmen in Berlin (Stettiner Bahnhof, Andreasplatz, Kleine Andreasstraße, Petri-Kirche, Motivproben auf dem Brandenburger Tor und vor dem Reichstag); *An* Erster deutscher Nachkriegs-Spielfilm. – Erste Titelankündigung *Der Mann, den ich töten werde.*

DIE SELTSAMEN ABENTEUER DES HERRN FRIDOLIN B. (1947/48)

Rg WOLFGANG STAUDTE; *Bu* WOLFGANG STAUDTE nach einer Idee von Josef Maria Frank; *Ka* Friedel Behn-Grund, Karl Plintzner; *Ba* Otto Erdmann, Kurt Herlth; *Kt* Brigitte Götting; *Mu* Herbert Trantow; *Sc* Lilian Seng; *To* Klaus Jungk, Günter Block; *Ma* Jette Arlt, Kurt Aust; *Tr* Ernst Kunstmann; *Da (Ro)* Axel von Ambesser (Fridolin Biedermann), Ilse Petri (Marlen Weber, Malerin), Hubert von Meyerinck (Der falsche Biedermann), Ursula Kriegk (Seine Geliebte), Ruth Lommel (Elvira Sauer), Joachim Teege (Heini Bock), Franz Stein (Der Standesbeamte), Otto Matthies (Ein weiterer Standesbeamter), Paul Henckels (Der Scheidungsbeamte), Arno Paulsen (Der Gefängnisdirektor), Aribert Wäscher (Der Polizeikommissar), Ernst Legal (Der Polizeipräfekt), Else Ehser (Die Pensionsdame), Friedrich Maurer (Der Hagere), Hans Schwarz jr. (Der Polizist), Walter Tarrach (Der Registrator), Eduard Wenck (Der Schreiber), Egon Brosig (Der Ministerpräsident), Wolfgang Kühne (Der Kriminalkommissar), Wulf Rittscher (Der Nachtportier), Erwin Biegel (Der Gefängniswärter), Franz Weber (Brückenwache), Gotthilf Wollmann (Gefängniswärter), Friedrich Teitge (Polizist), Helmut Jaeger (Kellner), Helmuth Bautzmann (Schreiber), Ludwig Sachs (Begleitung des Ministerpräsidenten), Edgar Pauly (Passant), Charlotte Ritter (Beamtin), Erich Schubert, Jean Brahn, Alfred Stein, Rolf Gunold, Gerd Eberhardt (Beamte); *Pl* Herbert Uhlich; *Al* Friedrich Kurth, William Neugebauer; *Pr* DEFA; *Vl* Sowj. Militär Zone Sovexport, Trizone Panorama Film GmbH; *Zs* Sowj. Militär Zone Febr. 1948, Trizone Dez. 1948 Jugendverbot; *Lg* 2345 m; *Ua* Sowj. Militär Zone 9.3.1948 Berlin, Trizone 18.2.1949 Göttingen; *Dz* November 1947; *Do* DEFA-Studios Babelsberg; *An* Remake von „Der Mann, dem man den Namen stahl". Teile dieses Films wurden lt. Staudte in die Neufassung übernommen.

ROTATION (1948)

Rg WOLFGANG STAUDTE; *Ra* Hans Heinrich; *Bu* WOLFGANG STAUDTE, Erwin Klein nach einer Idee von WOLFGANG STAUDTE; *Ka* Bruno Mondi; *Ba* Willy Schiller, Willi Eplinius, Artur Schwarz, Franz Fürst; *Sc* Lilian Seng; *Kt* G. Schott; *Mu* H.W. Wiemann; *To* Karl Tramburg; *Sf* Rudi Brix; *Da (Ro)* Paul Esser (Hans Behnke), Irene Korb (Lotte Behnke), Karl-Heinz Deickert (Helmuth Behnke), Brigitte Krause (Inge, seine Freundin), Reinhold Bernt (Kurt Blank), Reinhard Kolldehoff (Rudi Wille), Werner Peters (Udo Schulze), Albert Johannes (Personalchef „VB"), Theodor Vogeler (SD-Mann), Walter Tarrach (SD-Mann), Valeska Stock (Hebamme), Ellen Thenn-Weinig (Frau Salomon), Klemens Herzberg (Herr Salomon), Hans-Erich Korbschmitt (Ein Besucher), Maria Loja (Die Wirtin), Wolfgang Kühne (Ein Schauspieler), Alfred Maack (Hauswirt), Margit Rocky (Vorarbeiterin in einer Weberei), Siegfried Andrich (SS-Mann), Hugo Kalthoff (SS-Offizier in Moabit), Carlo Kluge (Ordonnanz), Helmut Hain (Luftschutzmann), Georg-August Koch (2. SD-Mann), Kitty Franke (Flüchtlingsfrau), Herbert Mahlsbender (SS-Mann im Gefängnishof), Gerd Ewert (Adjudant), Rudi Beil (MG-Schütze), Albert Venohr, Hans Emons, Helmuth Bautzmann, Walter Diehl (Arbeiter am Fabriktor), Eduard Matzig, Peter Marx, Johannes Knittel, Hans Schille, Gerd Robat, Friedrich Teitge (Arbeiter im Rotationssaal); *Pa* Peter-Klaus Niemitz; *Al* Willi Teichmann; *Pr* DEFA, Herstellungsgruppe Herbert Uhlich; *Vl* Sowj. Militär Zone DEFA-Filmvertrieb, BRD Kosmos (?); *Zs* Sowj. Militär Zone Aug. 1949, BRD April 1950, jugendfrei ab 12 Jahren; *Lg* Sowj. Militär Zone 2375 m, BRD 2231 m; *Ua* 16.9.1949 Berlin (Babylon und DEFA-Filmtheater Kastanienallee); *Do* DEFA-Studios Babelsberg.

FÜNF MÄDCHEN UND EIN MANN (1948)
A Tale of Five Cities

Rg Romollo Marcelini, Geza von Cziffra, WOLFGANG STAUDTE (Deutsche Episode), E.E. Reinert, Montgomery Tully; *Bu* Patrick Kirwan, Maurice J. Wilson (*Idee*), R. Llewellyn, P. Tellini, Günter Weisenbörn nach einer Idee von Gyuala Trebitsch (Deutsche Episode), J. Companeez; *Ka* Ray Sturgess (?), G. Lang, La Torre, L. Berger, Friedel Behn-Grund (Deutsche Episode), R. Dormoy; *Ba* D. Russel, R. Renzo, F. Jonstorff, W. Kutz, J. d'Eaubonne; *Mu* Hans May, Joseph Hajos; *Sc* Rootes, V. Mercanton; *To* Bertrand; *Da (Ro)* Bonar Colleano (Bob Mitchell), Eva Bartok (Katalin), Gina Lollobrigida (Maria), Anne Vernon (Jeannine), Lana Morris (Delia), Karin Himbold (Charlotte – Deutsche Episode –), *Gl, Pl* Alexander Paal, Gyula Trebitsch (Deutsche Episode), P. Pantaléon; *Pr* Maurice J. Wilson, Boris Morros/ Grand National Pictures Ltd., Real-Film GmbH mit Unterstützung der DEFA (Deutsche Episode), Gloria (Frankreich/? /); *Vl* United Artists-Corporation; *Zs* 20.4.1954, jugendfrei, feiertagsfrei; *Lg* 2506 m; *Ua* 2.5.1954; *Do* Rom, Wien, Paris, London, Berlin (zerstörte Reichskanzlei, Landshuter Straße); *An* Gemeinschaftsfilm von fünf Nationen. Die deutsche Episode wurde im August 1948 gedreht. Während der Drehzeit trug der Film verschiedene Arbeitstitel (*Europe will Smile again, Wird Europa wieder Lachen, Wird Europa wieder lächeln*) mit der Vorankündigung, er würde eventuell *Geschichte von fünf Städten* heißen. Staudte drehte die deutsche Episode ohne Kontakt zu den Mitregisseuren, die zu dieser Zeit für folgende Episoden annonciert waren: Roberto Rosselini (Rom) und Künstlerische Oberleitung, Claude Autand-Lara (Paris) – Buch Jean Cocteau, Paul Rotha (London) und Keleti

(Budapest). Die 1954 in der BRD und Österreich aufgeführte Fassung ist eine Bearbeitung des Films aus dem Jahr 1952, die den Titel *A Tale of Five Women* trug. In Österreich lief der Film unter dem Titel *Fünf Städte – Fünf Mädchen.*

SCHICKSAL AUS ZWEITER HAND (1949)

Rg, Bu WOLFGANG STAUDTE; *Ra* Hans Georg Thiemt; *Ka* Willy Winterstein; *Ks* Otto Merz; *Ba* Herbert Kirchhoff, Albrecht Becker; *Kt* Erna Sander; *Ma* W. Fenske, H. Grieser; *Mu* Wolfgang Zeller; *Sc* Alice Ludwig; *To* Robert Fehrmann; *Da (Ro)* Ernst Wilhelm Borchert (Michael Scholz, Sylvio Sylbestro), Marianne Hoppe (Irene Scholz, seine Frau), Erich Ponto (Professor Sapis), Heinz Klevenow (Rechtsanwalt Dr. van Hooven), Ernst Waldow, Horst von Otto, Willi Kleinau (Studienrat Gärtner, Ulrich Carstens, Ebeling, Klassenkameraden von Scholz), Albert Florath („Pinguin", ihr alter Lehrer), Oskar Dimroth (Senator Delius, Irenes Bruder), Änne Bruck (Frau Senator Delius), Adalbert Kriwat (Sanitätsrat Lehfeld), Heinz Klingenberg (Dr. Beringe, Röntgenologe), Edith Heerdegen (Hermine Bruns), Carl Voscherau (Zigarrenhändler Heinemann), Friedel Rostock (Ruth – 17 Jahre alt), Gustl Busch (Kartenlegerin), Renate Schacht (Medium), Rupert Glawitsch (Stransky, Tenor), Ulrich Erfurth (Agent), Joseph Offenbach (Ausrufer), Charlotte Kramm, Tilla Hohmann, Hedwig Schmitz, Marga Maasberg, Alma Auler, Katharina Brauren, Luise Bethge, Gert Kollath, Host von Otto, Hans Palussi, Bruno Klockmann, Rudolf Fenner; *Gl* Walter Koppel; *Pa* Otto Meissner; *Al* Otto Meissner, Hartmut Fischer; *Pr* Gyula Trebitsch/Real-Film GmbH; *Vl* Herzog-Film GmbH; *Zs* 5.10.1949, jugendfrei ab 12 Jahren, feiertagsfrei; *Lg* 2877 m; *Ua* 6.10.1949 Hamburg (Esplanade); *Dz* Juli 1949; *Do* Real-Film-Studios und Außengelände; *An* Der Verleih änderte den Titel nachträglich in *Zukunft aus zweiter Hand.*

STRANDGUT (1949)

Rg (WOLFGANG STAUDTE); *Bu* WOLFGANG STAUDTE und Werner Jörg Lüddecke; *Pr* (Real-Film GmbH); *An* Das Projekt *Strandgut* gedieh bei der Real-Film nur bis in das Stadium der Motivsuche. Es wurde wegen der Realisation des ersten Zarah-Leander-Nachkriegsfilms („Gabriela", *Ua* 6.4.1950) abgebrochen. Der Inhalt des Films ist identisch mit dem 1954 bei der DEFA realisierten *Leuchtfeuer.*

AUFSTAND DER ENGEL

Rg (WOLFGANG STAUDTE); *Bu* (nach dem Roman „La Revolte des Anges" von Anatol France); *An* Das Projekt taucht seit dem Ende der 40er Jahre immer wieder auf. Eine Realisierung ist bisher bereits an der hohen Honorarforderung für die Vergabe der Filmrechte gescheitert. „Ein Wunschtraum" (Staudte).

DIE TREPPE (1950)

Rg (WOLFGANG STAUDTE); *Pl* (Hans von Wolzogen); *Pr* (Skala-Film); *An* Aus nicht mehr bekannten Gründen übernahm Staudte die Regie nicht. Der Film wurde von Ralph Lothar inszeniert. (*Ua* 29.8.1950).

DAS BEIL VON WANDSBEK (1950)

Rg Falk Harnack; *Bu* Hans Robert Bortfeld, Falk Harnack nach einem Drehbuch von WOLF-GANG STAUDTE und Werner Jörg Lüddecke nach dem gleichnamigen Roman von Arnold

Zweig; *Da (Ro)* Erwin Geschonneck (Albert Teetjen) u.v.a.; *Pr* DEFA; *Vl* Progress-Filmvertrieb GmbH (im folgenden Progress genannt); *Lg* 3025 m; *Ua* 11.5.1951; *An* Staudte hatte das Drehbuch zusammen mit Werner Jörg Lüddecke für eine eigene Inszenierung geschrieben. Nach der Fertigstellung hielt er es nicht für verfilmbar, da der Zuschauer in jedem Falle Mitleid mit dem Henker zeigen würde. Darauf arbeitete Falk Harnack das Drehbuch um und verfilmte es. Kurz nach der Premiere wurde der Film zurückgezogen und erst 1962 nach größeren Schnitten wieder in die Kinos gebracht. Die 2. Fassung enthielt – abgesehen vom Hinweis auf Arnold Zweig – keine Angaben über die Autoren.

DER SCHRITT INS LEBEN (1950)

Rg (zuerst WOLFGANG STAUDTE geplant, dann Wolfgang Schleif); *Bu* Werner Jörg Lüddecke, WOLFGANG STAUDTE; *Pl* (Willi Rother); *Pr* (Alfa Film Produktion); *An* Die Geschichte zweier Mädchen aus dem Waisenhaus. Die Vorarbeiten an diesem Projekt zogen sich über mehrere Monate hin. Der Film konnte nicht realisiert werden, da der Produzent Walter Pentzlin nicht imstande war, auch nur einen Teil des benötigten Geldes aufzutreiben.

DAS WUNDER VON SANTA CAR (1950/51)

Rg (WOLFGANG STAUDTE); *Bu* Werner Jörg Lüddecke; *Pr* (Berna-Donau-Film GmbH/Imex Film, Wien); *An* Beabsichtigt war eine Parodie auf Schmugglerfilme. Nicht realisiert.

DER UNTERTAN (1951)

Rg WOLFGANG STAUDTE; *Ra* Hanna Bark, Werner Reinhold; *Bu* WOLFGANG STAUDTE und Fritz Staudte nach dem gleichnamigen Roman von Heinrich Mann; *Ka* Robert Baberske; *Ba* Erich Zander, Karl Schneider; *Kt* Walter Schulze-Mittendorf; *Ma* Alois Strasser, Willy Roloff; *Mu* Horst Hanns Sieber; *Sc* Johanna Rosinski; *To* Erich Schmidt; *Da (Ro)* Paul Esser (Regierungspräsident von Wulkow), Blandine Ebinger (Seine Frau), Erich Nadler (Vater Heßling), Gertrud Bergmann (Mutter Heßling), Carola Braunbock (Emmi Heßling), Emmy Burg (Magda Heßling), Werner Peters (Diederich Heßling), Renate Fischer (Guste Daimchen), Friedrich Maurer (Fabrikant Göpel), Friedel Nowack (Seine Frau), Sabine Thalbach (Agnes Göep), Hans-Georg Laubenthal (Mahlmann), Eduard von Winterstein (Buck, Senior), Raimund Schelcher (Dr. Wolfgang Buck), Paul Mederow (Dr. Heuteuffel), Friedrich Richter (Fabrikbesitzer Lauer), Richard Landeck (Warenhausbesitzer Neumann), Fritz Staudte (Amtsgerichtsrat Kühlemann), Oskar Höcker (Landgerichtsrat Fritzsche), Ernst Legal (Pastor Zillich), Wolfgang Kühne (Dr. Mennicke), Axel Triebel (Major Kunze), Wolfgang Heise (Leutnant von Brietzen), Arthur Schröder (Landgerichtsdirektor), Friedrich Gnass (Napoleon Fischer), Ernst Wehlau (Sötbier), Kurt-Otto Fritsch (Junger Arbeiter), Viola Recklies (Junge Arbeiterin), Georg-August Koch (Geheimer Medizinalrat), Heinz Keuneke (Hornung), Peter Petersz (Wiebel), Antje Runge (Jungfrau von Orleans), Albert Venohr, Hans Rose, Maria Besendahl, Hilma Schlüter, Steffi Spira, Käte Scharf, Harry Riebauer, Egon Brosig, Musy Haffner, Franz Lichtenauer, Charles Voigt, Hans Schille, Günter Ballier, Lutz Götz, Fredy Barten, Traute Wire, Egon Vogel, Walter Strasen, Walter B. Schulz, Ludwig Sachs, Johannes Maus, Bella Waldritter, Dorothea Bracks, Elka Hedrich, Hans Sanden, Werner Kunkel, Joachim Hasse, Horst Schönemann, Edgar Pauli, Georg Helge, Willi Wietfeld, Friedrich Schrader, Carlo Kluge, Kurt Wilde, Hans Moser, Reginald Iwinski, Friedrich Teitge, Artur Schilsky, Günter Polensen, Gerd Wolfrum, Martin Rieckelt; *Pl* Willi Teichmann; *Al* Fritz Brix, William Neugebauer; *Pr* DEFA; *Vl* DDR Progress, BRD Europa Filmverleih GmbH (im folgenden Europa genannt); *Lg* DDR 2963 m, BRD 2635 m; *Ua* DDR 31.8.1951, BRD 8.3.1957; *Do* DEFA-Studios Babelsberg und Außengelände; *An* Staudte erhielt für den Film 1951 den Nationalpreis II. Klasse der DDR. Werner Peters erhielt für den Film 1951 den Nationalpreis III. Klasse. VI. Internationales Film-Festival Karlovy Vary 1951, Preis für den Kampf um den sozialen Fortschritt. Der Film erhielt 1955 ein Ehrendiplom als einer der zwölf besten ausländischen Filme, die in der Spielzeit 1954/55 in Finnland gelaufen sind. In Helsinki erhielt der Film 1956 ein Ehrendiplom auf der Festveranstaltung anläßlich des 60. Jahrestages der Erfindung des Films. – Er wurde erst im November 1956 vom Interministeriellen Ausschuß mit Kürzungen für die BRD freigegeben. Prädikat besonders wertvoll. Der Vorspann wurde mit einem zusätzlichen Text versehen, der die geschilderten Vorgänge als Einzelfall deklarierte.

DIE FREMDE (1951)

Rg (WOLFGANG STAUDTE); *Pr* (Report-Film); *An* Nicht realisiert, da bei einer Übernahme der Regie durch Staudte die Bürgschaftserteilung gefährdet war.

DER GOLDENE SCHATTEN (1951)

Rg (WOLFGANG STAUDTE); *Bu* Richard Billinger, von WOLFGANG STAUDTE bearbeitet; *Pr* (Löwen-Film); *An* Nicht realisiert, da bei Übernahme auch nur der Drehbucharbeit durch Staudte die Bürgschaftserteilung gefährdet war.

GIFT IM ZOO (1951)

Rg WOLFGANG STAUDTE, fortgeführt von Hans Müller; *Bu* Edgar Kahn; *Ka* Ekkehard Kyrath; *Ba* Herbert Kirchhoff, Albrecht Becker; *Mu* Marc Hendriks; *Sc* Anneliese Schönnenbeck; *To* Hans Ebel; *Sf* Pitt Severin; *Da (Ro)* Irene von Meyendorff (Vera Pauly, Dompteuse), Carl Raddatz (Dr. Martin Rettberg, Tierarzt und Zoodirektor), Petra Peters (Jutta Flamm, Freundin Beck's), Ernst Schröder (Oskar Beck, Verwalter), Hermann Speelmans (Walter Glasbrenner, Kriminalrat), Nikolai Kolin (Mathias, Wärter), Kurt Meister (Kruschke, Oberwärter), Otto Reimer (Robby, Wärter), Alwin Pauli (Berger, Oberwärter), Helmut Peine (Werner, Kriminalkommissar), Tilla Hohmann (Karola, Wirtschafterin), Hella Attenberger (Gaby Rettberg, Tochter Rettberg's), Bruno Klockmann (Dr. Wöltje, Polizeitechniker); *Pl* Dietrich von Theobald, Werner Ludwig; *Pr* Camera-Film; *Vl* National Filmverleih; *Zs* 7.1.1952 jugendfrei, feiertagsfrei; *Lg* 2287 m; *Ua* 24.1.1952 Essen (Lichtburg); *Dz* Mitte Oktober bis Mitte November 1951; *Do* Atelier Hamburg-Wandsbek, Hagenbecks Tierpark, Hamburg-Stellingen; *An* Für die Regie war zuerst Carl-Heinz Schroth vorgesehen, den weder Verleih noch Bürgschaftsgeber akzeptierten. Nach der Übernahme durch Staudte kam es zu Auseinandersetzungen mit dem Bundesinnenministerium, das eine Bürgschaft nur erteilen wollte, wenn Staudte bereits wäre, der DEFA abzuschwören. Staudte legte die Arbeit nieder und schlug Hans Heinrich oder Peter Pewas als Nachfolger vor. Unter dem Druck aus Bonn übernahm Hans Müller die Regie. Staudte drehte in der ersten Woche die Außenaufnahmen bei Hagenbeck. – Zuerst angekündigt unter dem Titel *Gift*.

MUTTER COURAGE (1952)

Rg (WOLFGANG STAUDTE); *Bu* Bert Brecht, Emil Burri nach einem Treatment von Emil Burri; *Da (Ro)* (Helene Weigel – (Mutter Courage) –); *Pr* (DEFA); *Vl* (Progress); *Fo* (35 mm/Farbe); *Do* (DEFA-Studios Babelsberg); *An* Am 6.5.1952 schloß Staudte einen Regievertrag für das Projekt ab. Er drehte Probeaufnahmen in Farbe von Helene Weigel. Kurz vor Drehbeginn wurden die Arbeiten wegen nicht zu überwindender Differenzen mit Brecht abgebrochen.

204

DIE GESCHICHTE VOM KLEINEN MUCK (1953)

Rg WOLFGANG STAUDTE; *Bu* Peter Podehl, WOLFGANG STAUDTE nach dem Märchen von Wilhelm Hauff; *Ra* Hanna Bark, Siegfried Hartmann, Peter Podehl; *Ka* Robert Baberske; *Ks* Günter Eisinger, Günter Marczinkowski; *Ba* Emil Zander; *Kt* Walter Schulze-Mittendorf; *Ma* Alois Strasser, Willy Roloff, Sabine Brodt; *Sc* Ruth Schreiber; *To* Albert Kuhnle; *Tr* Ernst Kunstmann; *Da (Ro)* Thomas Schmidt (Der kleine Muck), Johannes Maus (Altgewordener Muck), Friedrich Richter (Mukrah), Trude Hesterberg (Ahavzi), Alwin Lippisch (Sultan), Silja Lesny (Amarza), Heinz Kammer (Bajazid), Gerhard Hänsel (Hassan), Wilhelm Hinrich Holtz (Oberster Ramudschin), Richard Nagy (Oberer Ramudschin), Gerhard Frickhöffer (Unterer Ramudschin), Werner Peters (Unterster Ramudschin), Charles Hans Vogt (Magier), Harry Riebauer (Läufer Murad), Ursula Kempert (Sklavin), Friedrich Gnass (Stadtwächter), Wolf Beneckendorff (Schulmeister), Johannes Rhein (Mustafa), Helene Riechers (Zahnlose Alte), Else Koren (Frau im mittleren Alter), Lutz Götz (Mann mit dem Teppich), Fritz Wolff (Onkel mit den Büchern), Wolf Kaiser (Wachhauptmann), Alfred Land (Dicker Schwager), Otto Sommer (Töpfermeister), Otto Lange (Töpfermeister), Willi Schwabe (Geselle Jussef), Wilhelm Otto Eckhardt (Vater Murad), Julius Klee (Karawanenführer), Fredy Barten (Obsthändler), Jean Brahn (Teppichverkäufer), Heinz Appel (Arzt), Emil Leser (Arzt), Karl Block (Arzt), Hermann Dieckhoff (Arzt), Toni Meitzen (Reisender), Herbert Scholz (Onkel), Joe Schorn (Tuchhändler), Waldemar Jacobi (Gelehrter), Nico Turoff (Kerkermeister), Hubert Temming (Dicker Mann), Hans Schille (Wachsoldat), Wladimir Marfiak (Fischer), Hans-Joachim Giese (Fischer), Walter Wystemp (Fischer), Erich Klappner (Dorfbewohner), Anneliese Sommer (Dorfbewohnerin), Manfred Schäffer, Hans Hellenberger, Alexander Papendiek, Wolfgang Bölling; *Pl* Willi Teichmann; *Al* Heinz Herrmann; *Pr* DEFA; *Vl* DDR Progress, BRD NF, Neue Filmverleih GmbH; *Zs* BRD 23.6.1955, jugendfrei, feiertagsfrei, jugendfördernd; *Lg* DDR 2732 m, BRD 2741 m; *Ua* DDR 23.12.1953, BRD 26.12.1955; *Fo* 35 mm/ Agfacolor; *Do* DEFA-Studios Babelsberg; *An* X. Internationales Filmfestival Edinburgh 1956, Ehrende Anerkennung. II. Filmfestival der S.O.D.R.E. in Montevideo 1956, Urkunde.
– Der Film lief in der BRD unter den Titeln *Ein Abenteuer aus Tausendundeiner Nacht (Vl* NF) und *Die Abenteuer des kleinen Muck (Vl* Alcron). – Die Verfilmung der *Geschichte vom kleinen Muck* stellte eine Verlegenheitslösung dar. Staudte arbeitete zu dieser Zeit intensiv an der Vorbereitung der Verfilmung von „Mutter Courage". Als das Projekt platzte, wurde der *Kleine Muck* realisiert, um die Vorarbeiten wenigstens zum Teil zu retten und das große leerstehende Studio auszulasten.

LEUCHTFEUER (1954)

Rg WOLFGANG STAUDTE; *Ra* Peter Podehl, Siegfried Menzel; *Bu* WOLFGANG STAUDTE und Werner Jörg Lüddecke; *Ka* Robert Baberske; *Ks* Günter Marczinkowski; *Ba* Erich Zander; *Kt* Walter Schulze-Mittendorf; *Ma* Alois Strasser, Elfriede Kuster; *Mu* Herbert Windt; *Sc* Ruth Moegelin; *To* Karl Tramburg; *Sf* Heinz Wenzel; *Da (Ro)* Leonhard Ritter (Leuchtturmwärter), Horst Naumann (Mastfischer), Jochen Thomas (Masträuber), Friedrich Gnass (Alter Mann mit Prothese), Hans Klering (Kaufmann), Ulrich von der Trenck (Schnapsfischer), Kurt Oligmüller (Fischer), Hans Schille (Fischer), Johannes Schmidt (Fischer), Frank Michelis (Netzflicker), Julius Klee (Segelmacher), Paul Pfingst (Fischer), Erwin Wittmer (Fischer), Martin Angermann (Fischer), Alfred Struwe (Junger Fischer), Claus Peter Lüttgen (Sohn des Segelmachers), Heino Biesenthal (Kind), (Frauen auf der Insel:) Gertrud Seelhorst (Fischerin), Waltraud Kramm (Frau des Mastfischers), Maria Wendt (Frau des Schnapsfischers), Lisa Wehn (Einfältige), Ursula Kempert (Frau des Masträubers), Barbara Adolpf (Junge Mutter), Ricarda Benndorf (Fischerin), Else Koren (Fischerin), Charlotte Wahl (Fischerin), Hela Gruel (Fischerin), Elfriede Florin (Fischerin), Irene Eisermann (Fischerin), (Auf dem Festland:) Maly Delschaft (Dame in der Küche), Kurt Mikulski (Fischgroßhändler), Alfred Maack (Kapitän der „Fortuna"), Herbert Richter (Betrunkener), Joe Münch-Harris (Kunsthändler), Heinz Kammer (Ausrufer), (An Bord der „Akra":) Friedrich Richter (Kapitän), Heinz Keuneke (2. Offizier), Willi Schwabe (Geistlicher), Hans-Jürgen Jürgens (Rudergast), Horst Kube (Signalmatrose), Kurt Arndt (Matrose Wischnu), (An Bord der „Rico Pecos“:) Gerhard Lau (Bootsmann), Raimund Schelcher (Betrunkener Matrose), Wolfgang Paulsen (Sänger), Johannes Maus (Schmierer), Harald Jopt (Matrose mit französischem Akzent), Willi Wietfeldt (Matrose), Johannes Rhein (Fremdländischer Matrose), Horst Wünsch (Junger Matrose), Thomas Ulkuo-Ungambi (Negersänger), Joe Schorn (Maschinist), Otto Lange (Kunde auf dem Weihnachtsmarkt), Emil Leser (Kunde in der Kunsthandlung), Otto Sommer (Kunde), Walter B. Schulz (Buffetier), Bruno Atlas-Eising (Heizer), Erwin Loraino (Heizer), Hermann Stetzer (Heizer), Teddy Wulff (Heizer), Ellen Anders (Tante), Maria Besendahl (Ältere Tante), Lou Seitz (Frau des Fischgroßhändlers), Harry Merkel (Vetter), Herbert Scholz (Signalmatrose), Egon Vogel (Verwandter), Heinz Gerlach, Oswald Foerderer, Fritz Decho, Georg Helge, Hans Schwenke, Joachim Konrad, Karl Brenk, Lutz Götz, Heinz Laggies, Karl Block, Wladimir Marfiak (Matrosen), Gottfried Kala-Kinger, Mohamed Nagel, Jean Paulliard (Neger); *Pl* Willi Teichmann; *Al* Heinz Herrmann; *Pr* DEFA/Pandora-Film Stockholm; *Vl* Progress; *Lg* 2599 m; *Ua* 4.12.1954; *Dz* März bis Mai 1954; *Do* DEFA-Studios Babelsberg, Marstrand (Schweden); *An* Realisation des Projektes *Strandgut.* Der Titel wurde geändert in *Leuchtfeuer,* da im gleichen Jahre ein amerikanischer Film „Strandgut“ (Forbidden) für den deutschen Markt angekündigt war (*Ua* 15.1.1954).

CISKE – DE RAT (1955)

Rg WOLFGANG STAUDTE; *Ra* Hans Georg Thiemt; *Di* Jan Teulings; *Bu* WOLFGANG STAUDTE nach dem Bestseller „Ciske de Rat“ von Piet Bakker; *Ka* Prosper Deheukelaire, Otto Baecker; *Ba* Nicole van Baarle; *Kt* E. Daum; *Ma* FA.D.H. Mickels; *Mu* Steyne van Brandenburg; *Sc* Lien d'Oliveyra; *To* Wim Huender; *Sf* Kees Pot; *Rq* Jerry Kitz; *Da* Kees Brusse, Jenny van Meerlant, Rick Schagen, Stine Leron, Jan Teulings, Cees Laseur, Lies Franken, Katja Ernst, Rob de Vries, Paul Steenberger, Guus Oster, Johan Valk, Ben Groenier, Hans Tiemayer, Joan Remmelts, Anni Langenaken, Hans Kips, Puch Uilman, Kees Pruis, Willy Ruys, Jan Blaaser, Franz von Schaik, Bernard Droog, Bert v.d. Linden, Theo van Vliet, Kinder: Dick van der Velde, Heidi Ewert, Dick Bos, Piet van Leeuwen, Tjeerd de Vries, Johan Kaart; *Pl* Cot e Linden; *Al* Carl Tobi, Jos van Weeren; *Pr* Film-Maatschappij „Amsterdam“ B.V.; *Vl* N.V. Filmtrust; *Lg* 2575 m; *Ua* 7.10.1955 in 10 Kinos, darunter Cineac (Amsterdam); *Dz* Juli 1955; *Do* Cineton Studios Duiventrecht bei Amsterdam, Außenaufnahmen Amsterdam (u.a. Hafen, Zirkus Althoffff); *An* Der Film wurde auf der Biennale 1955 mit dem Silbernen Löwen von San Marco ausgezeichnet.

CISKE – EIN KIND BRAUCHT LIEBE (1955)

Rg WOLFGANG STAUDTE; *Bu* WOLFGANG STAUDTE nach dem Bestseller „Ciske de Rat“ von Piet Bakker; *Ka* Prosper Deheukelaire, Otto Baecker; *Ba* Nicole van Baarle; *Ma* FA.D.H. Mickels; *Mu* Steyne van Brandenberg, Herbert Windt; *Sc* Lien d'Oliveyra; *To* Wim Huender; *Rq* Jerry Kitz; *Da (Ro)* Heli Finkenzeller (Tante Jans), Berta Drews (Frau Freimuth), Alexander Kerst (Herr Freimuth), Henrik K. Brusse (Bruis, Lehrer), Günther Lüders (Pater de Goey), Hermann Speelsmanns (Muysken), Walter Janssen (Maatsuyker), Jan Teulings (Onkel Henri), Cees Laseur (Dr. van Loon), Werner Hessenland (Dir. Reinders), Herbert Weissbach (Herr Alarm), Kinder: Dick van der Velde (Ciske), Heidi Ewert (Betje), Hubert Tannebaum (Jantje Verkerk), Heinz Hagenstein (Sip Eisma), Günther Zwarg (Dorus); *Pl* Alfred Bittins; *Al* Willy Laschinsky, Carl Tobi; *Pr* Film-Maatschappij „Amsterdam“ B.V./ Omega-Film; *Vl* NF; *Zs* 26.9.1955, jugendfrei, feiertagsfrei; *Lg* 2630 m; *Ua* 20.10.1955 Duisburg (Europa Palast); *Dz* Juli 1955; *Do* Cineton Studios Duiventrecht bei Amsterdam, Außenaufnahmen Amsterdam; *An* Nach den Unterlagen der Spio gilt *Ciske – Ein Kind braucht Liebe* als deutsche Fassung eines niederländischen Films. In zahlreichen Quellen wird er lediglich als Coproduktion bezeichnet. Es scheint jedoch sinnvoller, *Ciske de Rat* und *Ciske*

– *Ein Kind braucht Liebe* als zwei Filme zu kennzeichnen. Staudte hatte einen Vertrag mit der holländischen Firma für einen niederländischen Film *Ciske de Rat*. Erst nach Abschluß der Konzeption meldete die Omega-Film ihre Wünsche für eine Coproduktion an. So entstand neben dem holländischen Film eine deutsche Version, für die Staudte einzelne Einstellungen mit deutschen Darstellern drehte. Die deutsche Version erhielt entgegen dem Protest Staudtes den Titel *Ciske – Ein Kind braucht Liebe*. Der Silberne Löwe wurde ausschließlich für den holländischen Film *Ciske de Rat* vergeben.

MUTTER COURAGE UND IHRE KINDER (1955)

Rg WOLFGANG STAUDTE; *Bu* WOLFGANG STAUDTE (von Brecht gutgeheißene Überarbeitung der 1. Fassung aus dem Jahre 1951); *Ba* Max Douy, Oskar Pietsch; *Mu* Paul Dessau; *Da (Ro)* Helene Weigel (Mutter Courage), Simone Signoret (Lagerhure), Bernard Blier (Feldkoch), – (Françoise Spira) – (Kathrin), Erwin Geschonneck (Feldprediger); *Pl* Willi Teichmann; *Pr* DEFA; *Vl* (Progress); *Lg* ca. 600 m (abgedreht); *Fo* 35 mm/Farbe-Totalvision (1. DEFA-Film in Cinemascope); *Dz* Herbst 1955; *Do* DEFA-Studios in Babelsberg; *An* Staudte hatte mit den Vorarbeiten bereits vor dem „Kleinen Muck“ begonnen. Das Projekt wurde aber nach Differenzen mit Brecht bis zum Jahre 1955 zurückgestellt. Der ursprünglich für die Regie vorgesehene Erich Engel schied nach Auseinandersetzungen mit Brecht aus. Auch Staudte legte nach einiger Zeit der Dreharbeiten die Regie nieder, da die Differenzen mit Brecht wuchsen. Der Film blieb unvollendet. 1959/60 realisierte die DEFA eine Verfilmung der *Mutter Courage* – Aufführung des Berliner Ensembles. (*Rg* Peter Palitzsch, Manfred Wekwerth; *Ua* 10.2.1961).

KREUZ DES SÜDENS (1956)

Rg (WOLFGANG STAUDTE); *Bu* (Werner Jörg Lüddecke, WOLFGANG STAUDTE); *Idee und Treatment* WOLFGANG STAUDTE; *Pr* (Bavaria-Filmkunst AG); *Fo* (Farbe/Cinemascope); *An* Ein abgeschlossener Vertrag lag vor. Der Film wurde nicht realisiert.

OHNE DICH WIRD ES NACHT (1956)

Rg (WOLFGANG STAUDTE); *Da* (Curd Jürgens, Eva Bartok); *Pr* (Filmaufbau/Arca-Film); *An* Während der Vorarbeiten ergaben sich Meinungsverschiedenheiten zwischen Staudte und Curd Jürgens. Außerdem hatte Staudte gerade Otto Premingers „The Man with the Golden Arm“ gesehen, der ein ähnliches Thema behandelte. Staudte glaubte, eine Konkurrenz nicht bestehen zu können. Nach seinem Ausscheiden wurde der Film in der vorgesehenen Besetzung von Curd Jürgens inszeniert. (*Ua* 17.8.1956).

ROSE BERND (1956)

Rg WOLFGANG STAUDTE; *Ra* Holger Lussmann; *Bu* Walter Ulbrich frei nach dem gleichnamigen Bühnenstück von Gerhard Hauptmann; *Ka* Klaus von Rautenfeld; *Ks* Rolf Kästel, Wendelin Sachtler; *Ba* Hans Berthel; *Kt* Lilo Hagen; *Ma* Karl Hanoszek, Susanne Krause; *Ga* Martin Dasch, Josefine Franz; *Mu* Herbert Windt; *Sc* Lilian Seng; *To* Hermann Storr; *Sf* Gabriele du Vinage; *Be* Alvord Esterson Eiseman (Farbe); *Da (Ro)* Maria Schell (Rose Bernd), Raf Vallone (Arthur Streckmann), Käthe Gold (Henriette Flamm), Leopold Biberti (Christoph Flamm), Hannes Messemer (August Keil), Arthur Wiesner (Vater Bernd), Christa Keller (Maria Schubert), Siegfried Lowitz (Amtsrichter); *Pl* Gottfried Wegeleben; *Al* Jürgen Mohrbutter, Helmut Ringelmann; *Pr, Vb* Bavaria-Filmkunst AG; *Vl* Schorcht Filmverleih GmbH; *Zs* 21.1.1957, nicht jugendfrei, feiertagsfrei; *Lg* 2673 m; *Ua* 31.1.1957 Hannover (Theater am Kröpcke); *Fo* 35 mm/Agfacolor; *Dz* 9. September bis Oktober 1956; *Do* Atelier München-Geiselgasteig, Außengelände, Außenaufnahmen Oberbayern; *An* Prädikat besonders wertvoll.

DIE MAGD DES JÜRGEN DOSCOCIL (1956/57)

Rg (WOLFGANG STAUDTE); *Bu* Treatment von WOLFGANG STAUDTE nach dem gleichnamigen Roman von Ernst Wiechert; *Pr* (Bavaria-Filmkunst AG); *An* Obwohl die Bavaria mit Staudtes Vorschlag zur Verfilmung einverstanden war, konnte er sich zu einer Realisierung des Projektes nicht entschließen. Schließlich schlug Staudte vor, die Handlung nach Afrika zu transponieren und den Akzent auf die Verführung durch christliche Missionare zu setzen. Vorgeschlagener Titel *Land der Verheißung*. Nicht realisiert.

DREI SCHWESTERN (1957)

Rg (WOLFGANG STAUDTE); *Bu* (Nach Tschechow); *Pr* (Carlo Ponti); *An* Staudte schloß einen Vorvertrag mit Ponti für die Verfilmung. Trotz intensiver Bemühungen während eines langen Rom-Aufenthaltes konnte er das Projekt nicht realisieren.

IN EINEM GARTEN VON AVIANO (1957)

Rg (WOLFGANG STAUDTE); *Bu und Idee* WOLFGANG STAUDTE, bearbeitet von Claus Hubalek zu einem Hörspiel; *An* Die Liebesgeschichte einer blinden Italienenerin und eines Negerleutnants. Durch eine Operation wird das Mädchen sehend und so mit dem Rassenkonflikt konfrontiert. Trotz langer Vorarbeiten konnte das Projekt nicht realisiert werden.

TAG OHNE GNADE (1957)

Rg (WOLFGANG STAUDTE); *Bu* (nach einem Roman von Gert Ledig); *An* Wolfgang Staudte verhandelte mit Kurt Desch wegen einer Verfilmung. Nicht realisiert.

LAND DER VERHEISSUNG (1957)

Rg (WOLFGANG STAUDTE); *Bu* WOLFGANG STAUDTE *Treatment*; *Da* (Dorothy Dandridge); *Pr* (Bavaria-Filmkunst AG); *An* 1957 konnte das Projekt nicht realisiert werden. Um 1972 fand Staudte einen Coproduzenten für den Stoff in Senegal, bis heute fehlt der Coproduzent in der BRD.

MADELEINE UND DER LEGIONÄR (1957)

Rg WOLFGANG STAUDTE; *Ra* Holger Lussmann; *Bu* Emil Burri, Johannes Mario Simmel, Werner Jörg Lüddecke; *Ka* Vaclav Vich; *Ks* Franz Hofer, Johannes Nowak; *Ba* Andrei Andrejew, Helmut Nentwig; *Kt* Eva Maria Schröder; *Ma* Fritz Havenstein, Klara Kraft; *Mu* Siegfried Franz (Lied *Mu/Mt* WOLFGANG STAUDTE); *Sc* Martha Dübber; *To* Hans Löhmer; *Rq* Fritz Moritz; *Sf* Michael Marszalek; *Da (Ro)* Hildegard Knef (Madeleine Durand), Bernhard Wicki (Luigi Locatelli), Hannes Messemer (Robert Altmann), Helmut Schmid (Pat Kilby), Joachim Hansen (Kurt Gerber), Harry Meyen (Jen de Maire), Leonard Steckel (Abd-el-Kader), Werner Peters (Brouillard), Siegfried Lowitz (Kapitän Gerlach), Hanita Hallan (Miss Price), Manfred Heidmann (Perrier), Friedrich Gnass (Germanini), Ursula Diestel

(Lucienne), Horst Beck, Horst Beilke, Reinhold Bernt, Joachim Cadenbach, Ernst von Klipstein, Ursula Krieg, Tilly Lauenstein, Georg Lehn, Ludwig Linkers, Sigurd Lohde, Ralph Lothar, Friedrich Maurer, Oscar Sabo, Harald Sawade, Friedrich Schönfelder, Karl Friedr. Schubert, Arthur Schröder, Herbert Ștass, Walter Tarrach, Horst Uhse, Carl Voscherau; *Hl* Aldo von Pinelli; *Pl* Otto Meissner; *Al* Karl Gillmore, Fritz Renner; *Pr* Melodie Filmproduktion GmbH; *Vl, Vb* UFA; *Zs* 14.1.1958, ab 12 Jahren; *Lg* 2766 m; *Ua* 21.1.1958 Berlin (Zoo-Palast); *Dz* 9. September bis Ende Oktober 1957; *Do* UFA-Ateliers Berlin-Tempelhof, Außenaufnahmen in Cuxhaven, Nord-Afrika (u.a. Tanger), Frankreich und Italien; *An* Der Film hatte verschiedene Arbeitstitel, u.a. *Legionäre, Madeleine und der Fremdenlegionär*.

ES GESCHAH AM HELLICHTEN TAG (1957/58)

Rg (WOLFGANG STAUDTE); *Bu* (nach einem Originalstoff von Friedrich Dürrenmatt); *Da* (Martin Held); *Pr* (Praesens-Film); *An* Der Titel des Films stammte von Staudte. Nach mehrmaligen Verschiebungen des Drehbeginns mußte er wegeñ Terminschwierigkeiten das Projekt abgeben. Der Film wurde von Ladislao Vajda realisiert. (*Ua* 9.7.1958).

KANONENSERENADE (1958)

Rg WOLFGANG STAUDTE; *Ra* Holger Lussmann, Jerry Macc; *Bu* Ennio de Concini, Duccio Tessari, WOLFGANG STAUDTE; *Ka* Gabor Pogany; *Ks* Mario Capriotti, Enrico Fontana; *Ba* Franco Lolli; *Kt* Marilù Carteny; *Sc* Niccolò Lazzari; *Mu* Angelo Francesco Lavagnino; *Be* Kapitänleutnant a.D. Rudolf Bosselmann; *Sf* Baldi Schwarze, Herbert Werler; *Da (Ro)* Vittorio de Sica (Ernesto de Rossi), Folco Lulli (Sciaccabratta, Steuermann), Heinz Reincke (Hans), Ingmar Zeisberg (Anna), Hélène Remy (Irma), Lianella Carell (Adelaide, Frau Sciaccabratta), Piero Lulli (Franco), Marco Guglielmi (Alberto), Aldo Pedinotti (Carlo), Rolf Tasna (Kapitän zur See), Maria Pia Casilio (Schwester Maria), Lilla Brignone (Schwester Teresa), Nino Manfredi (Flieger), Anna Maria Bianchi, Alex Revides; *Pl* Willy Egger, Heinrich Schier; *Al* Fritz Delfauro; *Pr* Peter Bamberger/Atlantis; *Vl, Vb* UFA; *Zs* 15.7.1958, ab 6 Jahren, nicht feiertagsfrei; *Lg* 2482 m; *Ua* 30.7.1958 Hamburg (UFA-Palast); *Dz* April/Mai 1958; *Fo* 35 mm/Ferraniacolor; *Do* Comogli (Italien), Behelfsatelier und außen; *An* Prädikat besonders wertvoll.

DER MAULKORB (1958)

Rg WOLFGANG STAUDTE; *Ra* Jerry Macc; *Bu* Eckart Hachfeld, Manfred Barthel nach dem gleichnamigen Roman und Theaterstück von Heinrich Spoerl; *Ka* Georg Bruckbauer; *Ks* Wolfgang Hewecker, Werner Kraft; *Ba* Rolf Zehetbauer, Johannes Ott; *Ma* Walter Wegener, Blanche Klink; *Kt* Manon Hahn; *Mu* Hans-Martin Majewski; *Mt* Curt Flatow; *Sc* Ingrid Wacker; *To* Werner Schlagge; *Sf* Waltraud Wesel-Saloga, Lothar Winkler; *Da (Ro)* O.E. Hasse (von Treskow, Staatsanwalt), Hertha Feiler (Elisabeth, seine Frau), Hansjörg Felmy (Rabanus, Kunstmaler), Corny Collins (Trude, von Treskow's Tochter), Edith Hancke (Billa, Dienstmädchen), Rudolf Platte (Mühsam, Kriminalkommissar), Robert Meyn (Oberstaatsanwalt), Ernst Waldow (Gerichtsvorsitzender), Ralf Wolter (Thürnagel, Referendar), Lotte Rausch (Frau Tigges), Hans Richter (Ali, Maler), Franz-Otto Krüger (Schibulski), Erni Mangold (Gutsituierte Dame), Ingrid van Bergen (Mariechen, ein Modell), Ludwig Linkmann (Kanzler), Josef Dahmen (Bankier), Bruno Klockmann (Oberlehrer), Kurt A. Jung (Redakteur Nelles), Walter Halden (Justizrat), Carl Voscherau (Ein Arbeiter), Kurt Klopsch (Kultusminister), Josef Albrecht (Kriegsminister), Karl-Heinz Peters (Innenminister), sowie Wolfgang Neuss (Wilhelm), Wolfgang Müller (Karl); *Gl* Kurt Ulrich; *Hl* Heinz Willeg; *Pl* Heinz Willeg, Benno Kaminski; *Al* Hanns Stani; *Pr* Kurt Ulrich-Film; *Vl* Europa; *Zs* 15.9.1958, ab 12 Jahren, nicht feiertagsfrei; *Lg* 2595 m; *Ua* 18.9.1958 Berlin (Zoo-Palast); *Fo* 35 mm/Agfacolor; *Do* Real-Film Studios Hamburg Wandsbek, Außenaufnahmen Eutin/Holstein; *An* Prädikat wertvoll.

HOCHSPANNUNG (1959)

Rg (WOLFGANG STAUDTE); *Bu* (nach Luigi Squarzina); *Pr* (Inter West Film GmbH); *Vl* (Europa); *An* Nicht realisiert.

ROSEN FÜR DEN STAATSANWALT (1959)

Rg WOLFGANG STAUDTE; *Ra* Jerry Macc; *Ka* Erich Claunigk; *Ks* Hans Osterrieder, Ludwig Maier; *Bu* Georg Hurdalek nach einer Idee von WOLFGANG STAUDTE; *Ba* Walter Haag; *Ma* Fredy Arnold, Herta Schwarz; *Sc* K.M. Eckstein; *To* Heinz Martin; *Mu* Raimund Rosenberger; *Da (Ro)* Walter Giller (Rudi Kleinschmidt, Straßenhändler), Martin Held (Dr. Wilhelm Schramm, Oberstaatsanwalt), Camilla Spira (Hildegard, seine Frau), Roland Kaiser, Burkhard Orthgies (Werner, 18 Jahre, Manfred, 10 Jahre, beider Söhne), Inge Meysel (Erna, Hausmädchen bei Schramms), Ingrid van Bergen (Lissy, Pächterin des Restaurants „Zum Stern"), Henry Lorenzen (Graumann, Kellner bei Lissy), Paul Hartmann (Diefenbach, Landgerichtspräsident), Wolfgang Preiss (Generalstaatsanwalt), Wolfgang Neuss (Paul, ein Lastwagenfahrer), Wolfgang Müller (Karl, noch ein Lastwagenfahrer), Wolfgang Wahl (Verteidiger), Werner Finck (Haase, Versicherungsagent), Ralf Wolter (Hessel, Kolonialwarenhändler), Werner Peters (Otto Kugler, Baumeister); *Gl* Kurt Ulrich; *Hl* Heinz Willeg; *Pl* Johannes J. Frank; *Pr* Kurt Ulrich-Film; *Vl* NF; *Zs* 3.9.1959, ab 12 Jahren, feiertagsfrei; *Lg* 2680 m; *Ua* 24.9.1959 Hamburg (Die Barke); *Dz* Juli 1959; *Do* Atelier Göttingen; *An* Prädikat wertvoll. – Monatsbester Film der Evangelischen Filmgilde. Deutscher Filmpreis 1960 (Filmband in Silber) für den Film, für Walter Giller (Darstellung) und Georg Hurdalek (Buch). XII. Intern. Film Festival Karlovy (Karlsbad) 1. Hauptpreis der Intern. Jury. XI. Festival der Werktätigen Karlovy Vary Regiepreis. – Arbeitstitel *Der Staatsanwalt.*

DER HERR AUS BONN (1959)

Rg (WOLFGANG STAUDTE); *Bu* (Erich Kuby, WOLFGANG STAUDTE); *Pr* (Inter West Film GmbH); *Vl* (NF); *An* Der Film sollte Mitte bis Ende September 1959 ins Atelier gehen. Nicht realisiert.

NACHTSCHICHT (1959)

Rg (WOLFGANG STAUDTE); *Bu* WOLFGANG STAUDTE nach dem Hörspiel „Der Unfall" von Luigi Squarzina; *Pr* (Inter West Film GmbH); *An* Der Regievertrag wurde geschlossen, das Projekt jedoch im Januar 1960 vom Produzenten aufgegeben.

KIRMES (1960)

Rg WOLFGANG STAUDTE; *Ra* Rolf Honold; *Bu* WOLFGANG STAUDTE nach einer Idee von Claus Hubalek; *Ka* Georg Krause; *Ks* Ernst Wild, Horst Philipp; *Ba* Ellen Schmidt, Olaf Ivens; *Kt* Anneliese Ludwig; *Ma* Max Patyna; *Ga* Elsbeth Rohwer, Ernst Nuckel; *Ma* Max Patyna; *Sc* Lilian Seng, Ursula Tschiche, Ursula Richter; *To* Hans Ebel; *(Musikaufnahmen* Werner Pohl); *Da (Ro)* Juliette Mayniel (Annette), Götz George (Robert Mertens), Hans Mahnke (Paul Mertens), Wolfgang Reichmann (Georg Hölchert), Manja Behrens (Martha Mertens), Fritz Schmiedel (Pfarrer), Erika Schramm (Eva Schumann), Elisabeth Goebel (Wirtin Balt-

hausen), Benno Hoffmann (Wirt Balthausen), Irmgard Kleber (Else Mertens), Hansi Joch-
mann (Erika), Solveig Leovel (Gertrud), Rudolf Birkenmeyer (Hauptmann Menzel), Reidar
Müller (Leutnant Wandray), Horst Niendorf (Junger Soldat); *Pl* Werner Ludwig; *Al* Peter
Homfeld, Georg Kroschel; *Pr* Freie Film Produktion GmbH; *Vl* Europa; *Vb* Transocean-
Film; *Zs* 29.6.1960, ab 12 Jahren, feiertagsfrei; *Lg* 2805 m; *Ua* 18.8.1960 (erste öffentliche
Vorführung zur Berlinale am 2.7.1960); *Dz* ab Mai 1960; *Do* Atelier Hamburg-Wandsbek,
Außenaufnahmen im Harz; *An* Prädikat wertvoll. – Arbeitstitel *Kirmes 58.*

DER LETZTE ZEUGE (1960)

Rg WOLFGANG STAUDTE; *Ra* Klaus Prowe; *Bu* R.A. Stemmle, Thomas Keck nach dem
gleichnamigen Kriminalbericht von Maximilian Vernberg; *Ka* Ekkehard Kyrath; *Ks* Gerd
Neubelt; *Ba* Hanns H. Kuhnert; *Kt* Trude Ulrich; *Ma* Fredy Arnold, Ruth Mohr; *Mu* Werner
Eisbrenner; *Sc* Wolfgang Wehrum; *To* Eduard Kessel; *Da (Ro)* Martin Held (Direktor Werner
Rameil), Hanns Lothar (Rechtsanwalt Dr. Fox), Ellen Schwiers (Ingrid Bernhardy), Jürgen
Goslar (Dr. Heinz Stephan), Adelheid Seeck (Gerda Rameil), Werner Hinz (Landgerichtsrat
Ricker), Lore Hartling (Assessorin Ebeling), Siegfried Wischnewski (Kriminalinspektor Ger-
huf), Harald Juhnke (Kriminalsekretär Wenzel), Otto Graf (Anwalt Dr. Beyer), Albert Bess-
ler (Dr. Hollberg), Lucie Mannheim (Frau Bernhardy), Hellmut Grube (Staatsanwalt Thal-
mann), Blandine Ebinger (Gymnasiklehrerin), Hans Hessling (Vorsitzender des Schwurge-
richts), Rudi Schmitt (Amtsgerichtsrat Glänzer), Tilly Lauenstein (Aufseherin), Hilla Hofer
(Krankenschwester), Alexa von Porembski (Sekretärin), Harald Sawade (Portier), Herbert
Tiede, Käthe Alving, Martin Berliner, Ursula Diestel, Erich Dunskus, Maria Milde, Ilse Traut-
schold; *Gl* Kurt Ulrich; *Hl* Heinz Willeg; *Pa* Peter Halme; *Al* Hanns Stani, Karl-Heinz Gaffkus;
Pr Kurt Ulrich-Film; *Vl* Europa; *Vb* Transocean-Film; *Zs* 13.12.1960, ab 16 Jahren, feiertagsfrei; *Lg* 2793 m; *Ua* 30.12.1960; *Do* CCC-Ateliers Berlin; *An* Prädikat besonders wertvoll.

DIE LÜGE (1961/62)

Rg (WOLFGANG STAUDTE); *Bu* Walter Ulbrich; *Pr* (Inter West Film GmbH – bzw. Continental Film GmbH / Franco London Film S.A., Paris); *An* Psychologischer Reißer. Laut Vertrag mit Wolfgang Staudte sollte der Film zwischen dem 1.10.1961 und dem 15.3.1962 gedreht werden. Der französische Co-Produzent erhob jedoch Einwände gegen das Drehbuch.
Nicht realisiert.

„ATOMSTOFF" (1961/62)

Rg (WOLFGANG STAUDTE); *Pr* (Freie Film Produktion GmbH); *An* Nicht realisiert.

DIE REBELLION (1962)

Rg WOLFGANG STAUDTE; *Bu* WOLFGANG STAUDTE nach einer Novelle von Joseph
Roth; *Ra* Holger Lussmann; *Ka* Albert Benitz; *Ba* Mathias Matthies, Ellen Schmidt; *Kt*
Walter Schulze-Mittendorf; *Sc* Alice Ludwig-Rasch; *To* Hans Ebel; *Da (Ro)* Josef Meinrad
(Andreas Pum), Erna Schickel-Wegrostek (Witwe Blumisch), Hans Putz (Willi), Ida Krotten-
dorf (Klara), Erwin Linder (Vinzenz Topp), Fritz Eckhardt (Herr Arnold), Katrin Schirr-
meister (Veronika Lenz), Peter Vogel (Luigi Bernotat), Rolf Kutschera (Ramharter), Julius
Mitterer (Aufseher), Helmut Janatsch (Sprecher), Konrad Mayerhof, Fritz Grieb, Philip von
Zeska, Walter Jokisch, Peter Frank, Georg S. Schiller, Günther Jerschke, Wilhelm Walter
Fred Weis; *Pl* Werner Ludwig; *Al* Peter Petersen; *Pr* Freie Film Produktion GmbH im Ra
men der Fernseh-Allianz GmbH; *Lg* 70 min; *Es* 13.9.1962 NDR I, Norddeutscher Rundfunk;
Do Studio Hamburg und Außengelände.

DIE GLÜCKLICHEN JAHRE DER THORWALDS (1962)

Rg John Olden, fortgeführt von WOLFGANG STAUDTE; *Ra* Katja Fleischer, Dieter Munck; *Bu* Maria Matray, Answald Krüger; *Ka* Siegfried Hold; *Ks* Richard Reuben-Rimmel; *Ba* Mathias Matthies, Ellen Schmidt; *Kt* Anneliese Ludwig; *Ma* Heinz Fuhrmann, Herbert Grieser; *Ga* Ernst Nuckel, Elsbeth Rohwer, Elke Becker; *Mu* Siegfried Franz; *Sc* Alice Ludwig-Rasch, Ruth Mahler; *To* Werner Schlagge; *Rq* Otto Schmitt, Wilhelm Schaumann; *Sf* Gabriele du Vinage; *Da (Ro)* Elisabeth Bergner (Frau Thorwald), Hansjörg Felmy, Dietmar Schönherr, Brigitte Grothum, Elfriede Irrall, Wega Jahnke (Peter, Maria, Martin, Helga, Erika, Katrin, ihre Kinder), Loni von Friedl (Brigitte v. Tienitz), Robert Graf (Ernst Bieber), Dieter Borsche (Dr. Schaub); *Hl* Werner Ludwig; *Pl* Peter Petersen; *Pa* Heiko Wolfes; *Al* Hannes Staiger; *Pr* Allgemeine Film Produktion GmbH; *Vl* Europa; *Vb* Allgemeine Film Produktion GmbH/Alexander Rakosi; *Zs* 31.10.1962, ab 12 Jahren, feiertagsfrei; *Lg* 2417 m; *Ua* 16.11. 1962 mehrere große Städte; *Dz* ab 27. August 1962; *Do* Atelier Hamburg-Wandsbek; *An* Wenige Tage nach Drehbeginn erkrankte John Olden. Am 10.9.1962 schloß Staudte einen Regievertrag für die Beendigung des Films ab. Durch den Regiewechsel mußten die Aufnahmen für etwa eine Woche unterbrochen werden.

DIE DREIGROSCHENOPER (1963)

Rg WOLFGANG STAUDTE; *Ra* Wieland Liebske; *Bu* WOLFGANG STAUDTE, Günter Weisenborn nach dem Bühnenstück von Bertold Brecht und Kurt Weill; *Ka* Roger Fellous; *Ks* Hugo Schott, Karl Breselow, Georg Mondi; *Ba, Kt* Hein Heckroth, Friedhelm Boehm, Gerd Krauss; *Ma* Fredy Arnold, Jutta Stroppe; *Ga* Hermann Belitz, Charlotte Jungmann; *Mu* Kurt Weill, bearbeitet von Peter Sandloff; *Sc* Wolfgang Wehrum; *To* Fritz Schwarz; *Rq* Horst Mischke, Hellmut Stellmach; *Ch* Dick Price; *Da (Ro)* Curd Jürgens (Macheath, genannt Mackie Messer), Hildegard Knef (Spelunken-Jenny), Gert Fröbe (J.J. Peachum, „Bettlerkönig"), Hilde Hildebrand (Celia Peachum, seine Frau), June Ritchie (Polly Peachum, seine Tochter), Lino Ventura (Brown, Polizeichef von London), Marlene Warrlich (Lucy, seine Tochter), Walter Giller (Bettler Filch), Hans W. Hamacher (Konstabler Smith), Henning Schlüter (Pastor Kimball), Hans Reiser (Fremdenführer), Siegfried Wischnewski (Münz-Matthias), Walter Feuchtenberg (Hakenfinger-Jakob), Stanislav Ledinek (Säge-Robert), Martin Berliner (Trauerweiden-Walter), Max Strassberg (Ede), Stefan Wigger (Jimmy), Robert Manuel (1. Henker), Jürgen Feindt (2. Henker), Adeline Wagner (Suky Tawdry), Erna Haffner (1. Hure), Clessia Wade (2. Hure), Jacqueline Pierreux (3. Hure), Moritatensänger (Sammy Davis jr.); *Gl* Kurt Ulrich; *Hl* Heinz Willeg; *Al* Karl Helmer, Erwin Dräger; *Pr* Kurt Ulrich-Film/C.E.C., Compagnie Européenne de Films; *Vl* Gloria-Filmverleih KG; *Vb* Kurt Ulrich-Film; *Zs* ab 16 Jahren, nicht feiertagsfrei; *Lg* 3402 m; *Ua* 8.2.1963 München; *Fo* 35 mm/Farbe – Franscope; *Dz* ab 22. Oktober 1962; *Do* UFA-Ateliers Berlin-Tempelhof; *An* Die Kurt Ulrich-Film hatte eine Verfilmung der *Dreigroschenoper* bereits für die Verleihsaison 1958/59 angekündigt. Unter der Regie von Helmut Käutner sollten Curd Jürgens und Giuletta Masina spielen. Für die musikalische Bearbeitung war Hans Martin Majewski vorgesehen. Auch nach Staudtes Übernahme der Regie wurde die Realisation laufend verschoben. Schließlich mußte der Film wegen Lizenzablaufs kurzfristig fertiggestellt werden. Joseph E. Levine/Embassy Pictures erwarb die amerikanischen Rechte an dem fertigen Film und brachte eine veränderte Fassung (zusätzliche Szenen mit Sammy Davis jr.) ohne Staudtes Zustimmung in die Kinos.

HERRENPARTIE / MUSKI IZLET (1963/64)

Rg WOLFGANG STAUDTE; *Ra* Bruni Köpke, Zdravko Randić; *Bu* Werner Jörg Lüddecke (*Mitarbeit* Arsen Diklić, WOLFGANG STAUDTE); *Ka* Nenad Jovicić; *Ks* Dusan Nedeljković; *Ba*Dusco Jericević; *Kt* Mira Cohadzić; *Ma* Willi Nixdorf; *Mu* Zoran Hristić; *Sc* C.O. Bartning; *To* Alfred Enz; *Be* Jovan Zivanović; *Da (Ro)* Hans Nielsen (Friedrich Hackländer, Baurat, Major a.D.), Götz George (Herbert Hackländer, Student), Gerlach Fiedler (Otmar Wengel, Redakteur), Friedrich Maurer (Karl Samuth, Studienrat), Reinhold Bernt (Willi Wirth, Fernfahrer), Rudolf Platte (Werner Drexel, Buchhändler), Herbert Tiede (Ernst Sobotka, Inspektor), Gerhard Hartig (Kurt Siebert, Kunststoffhändler), Mira Stupića (Miroslava), Olivera Marković (Lia), Milana Dvavić (Seja), Ljubica Janicijevič (Nada), Nevenka Benković, Pavle Vuisić, Petar Matić, Branka Popović, Ivo Martiović; *Pl* Willy Egger, Nicola Kurulić; *Al* Peter Müller; *Hl* Rüdiger Freiherr von Hirschberg; *Pr* Neue Emelka, Neue Münchener Lichtspielkunst GmbH/Avala-Film Belgrad; *Vl* Schorcht Film GmbH; *Zs* ab 12 Jahren, feiertagsfrei; *Lg* 2523 m; *Ua* 27.2.1964 Köln; *Dz* ab 6. Oktober 1963; *Do* Njegusi in Jugoslawien; *An* Arbeitstitel *Unternehmen Herrenpartie*.

DAS LAMM (1964)

Rg WOLFGANG STAUDTE; *Ra* Zlata Mehlers; *Bu* Frank Leberecht nach der Erzählung von Willy Kramp; *Ka* Götz Neumann; *Ba* Johannes Ott; *Mu* Peter Thomas; *Sc* Klaus Dudenhöfer; *To* Fritz Schwarz; *Da (Ro)* Ronald Dehne (Bernd), Elke Aberle (Elli), Dieter Kirchlechner (Heiner), Ulrich von Bock (Conny), Willy Leyrer (Ellis Vater), Hans Schalla (Dalmann), Helga Siemers (Dame), Carmen Renate Koeper, Waldemar Schütz, Walter Uttendörfer, Liesel Alex, H.J. Gröblinghoff, Hannes Andersen, Manfred Zapatka; *Gl* Hermann Schwerin; *Hl* Hans Wolff; *Pl* Ernst Steinlechner; *Pr* Fono-Film GmbH; *Vl* Columbia-Bavaria Film GmbH; *Vb* Omnia Deutsche Film-Export GmbH; *Zs* ab 12 Jahren, feiertagsfrei; *Lg* 2393 m; *Ua* 26.11.1964 Recklinghausen; *Dz* Ende August/September 1964; *Do* Ruhrgebiet, u.a. Polsum und Umgebung von Recklinghausen; *An* Der Film wurde für die Verleihsaison 1964/65 unter dem Titel *Wenn der Morgen kommt* angekündigt.

DIE HEXE VOM BROADWAY (1964)

Rg (WOLFGANG STAUDTE); *Bu* WOLFGANG STAUDTE (*Exposé*); *An* Eine Komödie. Nicht realisiert.

DER FALL KAPITÄN BEHRENS Fremdenlegionäre an Bord (1965)

Rg WOLFGANG STAUDTE; *Bu* Günther Wolf, Peter Ernst; *Ea*Günther Kob; *Da (Ro)* Wolfgang Preiss (Kapitän Behrens), Hans Schellbach (Erster Offizier Kröger), Manfred Reddemann (Zweiter Offizier Baumann), Jochen Sehrndt (Erster Ingenieur Jacobs), Peter Heusch (Zweiter Ingenieur Schmückle), Fritz Suppan (Funker von der Meulen), Harald Eggers (Matrose Petersen), Wilhelm Fricke (Matrose Spitzer), Jürgen Dieckmann (Matrose Kuschinski), Franz Rudnick (Legionär Witte), Jürgen Janza (Legionär Schmelz), Edgar Frank (Legionär Troll), Frank Straass (Legionär Mattke), Heinz Piper (Hafenkommandant), Narziss Sokatscheff (Kriminalkommissar Dulac), Raymond Joob (Vorsitzender im ersten Prozeß), Peter Frank (Vorsitzender im zweiten Proezß), Jöns Andersson (Verteidiger), Victor Warsitz (Staatsanwalt), Hans Ulrich (Sachverständiger); *Pr* Aurora-Television; *Es* 4.2.1966 ZDF, Zweites Deutsches Fernsehen (im folgenden ZDF genannt); *Dz* Mitte Juli bis Anfang August 1965.

PETER SCHLEMIHLS WUNDERSAME GESCHICHTE (1965)

Rg (WOLFGANG STAUDTE); *Bu* (nach Adalbert von Chamisso); *Pr* (ZDF); *An* Staudte hielt das Projekt mit dem vom Sender zur Verfügung gestellten Etat nicht für realisierbar. Zwei Jahre später konnte der Regisseur Peter Beauvais den Film mit einem Etat herstellen, dessen Umfang dem 1965 von Staudte kalkulierten entsprach. (*Es* 25.12.1967 ZDF).

GANOVENEHRE (1965/66)

Rg WOLFGANG STAUDTE; *Bu* Curth Flatow, Hans Wilhelm nach einem Theaterstück von Charles Rudoph; *Ba* Werner und Isabella Schlichting; *Kt* Paul Seltenhammer; *Ka* Friedel Behn-Grund; *Mu* Hans-Martin Majewski; *Sc* Susanne Paschen; *Da (Ro)* Gert Fröbe (Paul), Mario Adorf (Georg), Karin Baal (Nelly), Helen Vita (Olga), Gretl Schörg (Die rote Erna), Ilse Pagé (Edith), Robert Rober (Max), Jürgen Feindt (Back-backe Kuchen), Martin Hirthe (Karl), Gert Haucke (Arthur), Curt Bois (Emil); *Pl* Willy Egger; *Hl* Wenzel Lüdecke; *Pr* Inter West Film GmbH; *Vl* Atlas-Filmverleih GmbH; *Zs* ab 18 Jahren, nicht feiertagsfrei; *Lg* 2585 m; *Ua* 14.4.1966 Berlin (Zoo-Palast); *Fo* 35 mm/Eastmancolur; *Dz* Ende Dezember 1965 bis Januar 1966; *Do* CCC-Ateliers Berlin; *An* Prädikat wertvoll.

GAZELLENJAGD (1967)

Rg (WOLFGANG STAUDTE); *Bu* Werner Jörg Lüddecke *(Exposé); Da* (Yves Montand); *Pr* (Cineforum GmbH); *An* Der Film soll sich kritisch mit der Apartheidpolitik auseinandersetzen. Der Plan, das Projekt zu verwirklichen, besteht noch.

JUNGFRAU MARIA (1967)

Rg (WOLFGANG STAUDTE); *Bu* WOLFGANG STAUDTE *(Exposé)* nach dem gleichnamigen Drehbuch von H. Grawe und WOLFGANG STAUDTE *(Idee); Pr* (Cineforum GmbH); *An* Eine Filmkomödie. Der Plan, das Projekt zu verwirklichen, besteht noch.

DIATTA, DER TEUFELSPRIESTER (1967)

Rg (WOLFGANG STAUDTE); *Bu* WOLFGANG STAUDTE *Treatment; Pr* (Cineforum GmbH); *An* Der Plan, das Projekt zu verwirklichen, besteht noch.

MENETEKEL (1967)

Rg (WOLFGANG STAUDTE); *Bu* Heinz Pauck nach einem Bericht von Robert A. Jungk; *Pr* (Cineforum GmbH); *An* Ein Film gegen die nukleare Gefahr. Der Plan, das Projekt zu verwirklichen, besteht noch.

KEIN BLUT AN DEN HÄNDEN (1967)

Rg (WOLFGANG STAUDTE); *Bu* WOLFGANG STAUDTE *Treatment; Pr* (Cineforum GmbH); *An* Die Geschichte eines vierzehnjährigen Mörders. Nicht realisiert.

INTO THE NIGHT (1967)

Rg (WOLFGANG STAUDTE); *Bu* WOLFGANG STAUDTE; *Pr* (Holländische Produktion); *An* Ein Kapitel des holländischen Widerstandes in Amsterdam gegen die deutsche Besatzung. Nicht realisiert.

BERLINER ANTIGONE (1967)

Rg (WOLFGANG STAUDTE); *Bu* nach der gleichnamigen Novelle von Rolf Hochhuth; *Pr* (Auftragsproduktion für ZDF); *An* Die Verfilmung der *Berliner Antigone* wurde unter der Regie von Rainer Wolffhardt realisiert (*Es* 24.11.1968).

DIALOG MIT EINEM MÖRDER (1967)

Rg (WOLFGANG STAUDTE); *Bu* WOLFGANG STAUDTE (*Erzählung*); *Pr* (Cineforum GmbH); *An* Der Film sollte das Grundthema von „Die Mörder sind unter uns" und „Rotation" wieder aufnehmen. Die Geschichte eines Mannes, der mit 42 Jahren in der Adenauer-Aera wegen eines Kriegsverbrechens vor Gericht gestellt wird und die Zuständigkeit der BRD-Justiz verneint. Staudte ließ das Projekt fallen, da er glaubte, eventuell die falschen Zielgruppen zu erreichen.

DIE KLASSE (1968)

Rg WOLFGANG STAUDTE: *Ra* Walter Baumgartner; *Bu* George A. Schaafs nach Hermann Ungar; *Ka* Willi Kuhle; *Ba* Johannes Ott; *Kt* Paul Seltenhammer; *Mu* Werner Eisbrenner; *Sc* Monika Ahrens, Waltraut Lück; *To* Harry Utikal; *Da (Ro)* Heinz Meier (Lehrer Blau), Lotte Ledl (Selma), Ida Ehre (Mutter), Herbert Fux (Modlitzki), Stanislav Ledinek (Bobek), Harald Dietl (Lehrer Leopold), Jürgen Lentzsch (Karpel), Hans-Georg Panczak (Laub), Lutz Kramer (Bohrer), Lou Seitz (Frau Nowack), Josef Wilhelmi (Hainisch), Erich Poremski (Pollatschek); *Pl* Kurt Kramer; *Pr* SFB, Sender Freies Berlin (im folgenden SFB genannt); *Es* 24.9.1968 SFB I; *Fo* MAZ/sw.

HEIMLICHKEITEN (1968)

Rg WOLFGANG STAUDTE; *Bu* Angel Wagenstein, WOLFGANG STAUDTE; *Ka* Wolf Wirth; *Kt* Renata Pariken; *Da (Ro)* Karl Michael Vogler (Walter Riemeck), Reinhild Solf (Gisela Stein), Apostol Karamitew (Damjanow), Ewa Strömberg (Britta), Anni Bakalowa (Sora), Konstantin Kotzew (Balas), Heinz Meier (Lothar Kunze), Maja Dragomanska (Binka), Jürgen Rehmann (Jan Brusse), Katrin Schaake (Margot Riemeck); *Pl* Wolfgang Hantke; *Al* Detlef Schäfer; *Pr* Cineforum GmbH/Kinocenter Bojana Sofia; *Vl* Rank-Cinerama GmbH; *Zs* ab 16 Jahren, feiertagsfrei; *Lg* 2308 m; *Ua* 15.11.1968; *Fo* 35 mm/Eastmancolor; *Do* Varna; *An* Angekündigt wurde der Film unter dem Titel *Erinnerungen am Morgen*.

DIE GARTENLAUBE (1969)

Rg WOLFGANG STAUDTE; *Ra* Wolfgang Baumgartner; *Bu* Walter Berson, WOLFGANG STAUDTE nach Hermann Ungar; *Ba* Roman Weyl; *Mu* Alfred Goodman; *Sc* Monika Ahrens, Wolfgang Pohl; *To* Harry Utikal; *Da (Ro)* Valter Taub (Josef Colbert), Erna Schickel (Melanie Colbert), Lieselotte Plauensteiner (Amélie), Hanns Ernst Jäger (Kudernak), Vadim Glowna (Ferdinand), Bruno Dallansky (Modlitzki), Ingrid van Bergen (Josefine), Valerie Antelmann (Marie); *Pl* Kurt Kramer; *Pr* SFB; *Es* 24.3.1970 SFB I; *Lg* 80 min, 32 sec; *Fo* MAZ/sw; *Do* SFB-Studios.

DIE HERREN MIT DER WEISSEN WESTE (1969)

Rg WOLFGANG STAUDTE; *Ra* Michael Mackenroth; *Bu* Paul Hengge, H.O. Gregor nach einer Idee von H.O. Gregor (d.i. Horst Wendlandt); *Ka* Karl Löb; *Ks* Ernst Zahrt, Rainer Wanderscheck; *Ba* Christoph Hertling; *Kt* Ingrid Zoré; *Ma* Charlotte Kersten, Willi Nixdorf; *Mu* Peter Thomas; *Sc* Jane Sperr; *To* Gerhard Wagner; *Da (Ro)* Martin Held (Oberlandesgerichtsrat a.d. Herbert Zänker), Walter Giller (Kriminalinspektor Walter Knauer), Heinz Erhardt (Studienrat a.d. Heinrich Scheller), Agnes Windeck (Elisabeth Zänker), Hannelore Elsner (Susan), Rudolf Platte (Kellner Pietsch), Herbert Fux (Luigi Pinelli), Rudolf Schündler (Dipl.-Ing. Willy Stademann), Willy Reichert (Kriminalrat a.D. Sikorski), Sabine Bethmann (Monika Zänker), Siegfried Schürenberg (Kommissar Berg), Tilo von Berlepsch (Juwelier), Norbert Grupe (Max Graf Boker), Mario Adorf (Bruno Stiegler, Box-Promoter), Otto Graf, Max Nosseck, Helge Grau, Kurt Pieritz, Erich Fiedler, Kurt von Ruffin, Achim Strietzel, Reinhold Brandes; *Gl* Horst Wendlandt; *Hl* Fritz Klotzsch; *Pl* Herbert Kerz; *Pr* Rialto-Film Preben Philipsen GmbH & Co KG; *Vl* United Artists Corporation GmbH; *Zs* 23.2.1970, ab 12 Jahren, nicht feiertagsfrei; *Lg* 2499 m; *Ua* 12.3.1970 Berlin (Gloria-Palast); *Fo* 35 mm/Farbe; *Dz* November/Dezember 1969; *Do* CCC-Filmstudios, Außenaufnahmen Berlin; *An* Arbeitstitel *Der Weihnachtsmann kommt nicht nur im Dezember.*

MESSER IM RÜCKEN
aus der Serie DER KOMMISSAR (1970)

Rg WOLFGANG STAUDTE; *Bu* Herbert Reinecker; *Ba* Wolf Englert; *Mu* Herbert Jarczyk *(Titelmusik); Da (Ro)* Erik Ode (Kommissar Keller), Günther Schramm (Grabert), Reinhard Glemnitz (Heines), Fritz Wepper (Klein), Emely Reuer (Helga Lauer), Helma Seitz (Fräulein Rehbein), Helmut Käutner (Hugo Blasek), Ursula Lingen (Margarete Traufer), Herbert Böttischer (Gernot Traufer), Christiane Krüger (Maria Heynold), Werner Kreindl (Wirt Kurre), Jörg Pleva (Ingo Blasek), Franz Brandl (Conny Kien), Erich Baier (Udo Lossmann), Martin Lechner (Holger Freund), Robert Naegele (Werner Heynold), Albert Hehn (Taxifahrer), Otto Friebel (Presse-Fotograf), Lisa Helweg (Haushälterin Anna), Kitty de Bruyn (Sekretärin Alwine Miras); *Pr* Neue Münchner Fernsehproduktion GmbH; *Lg* ca. 60 min; *Es* 24.4. 1970 ZDF; *Dz* März/April 1970; *Do* Bavaria-Ateliers München.

. . . WIE DIE WÖLFE
aus der Serie DER KOMMISSAR (1970)

Rg WOLFGANG STAUDTE; *Bu* Herbert Reinecker; *Ba* Wolf Englert; *Mu* Herbert Jarczyk *(Titelmusik); Da (Ro)* Erik Ode (Kommissar Keller), Günther Schramm (Grabert), Reinhard Glemnitz (Heines), Fritz Wepper (Klein), Emely Reuer (Helga Lauer), Helma Seitz (Fräulein Rehbein), Grete Mosheim (Adelheid Beilke), Horst Tappert (Gassner), Hilde Brand (Herta Kareissel), Volker Kraeft (Ernst Wandeleben), Wolfgang Engels (Anton Bossich), Heinz Meier (Waldemar Stöber), Ann Höling (Frau Stöber), Pierre Frankh (Achim Kluge), Jan Koester (Harald Portges), Dietrich Thoms (Joseph Wilke); *Pr* Neue Münchner Fernsehproduktion GmbH; *Lg* ca. 60 min; *Es* 15.5.1970 ZDF; *An* Das ZDF kündigte diese Folge zuerst unter dem Titel *Tote Augen* an.

DIE KRIMINALERZÄHLUNG – 5 Folgen – (1970)
(1) ARMER MR. WELLMANN, (2) PREMIERE IN DER VILLA, (3) TOD EINES ERPRESSERS, (4) DIE GALGENVÖGEL, (5) ES BLEIBT IN DER FAMILIE

Rg WOLFGANG STAUDTE; *Bu* Martin Duschat nach Cyril Hare; *Ka* Karl Schröder; *Mu* Hans-Martin Majewski; *Da* Walter Jokisch, Peter Wienecke – (1 bis 5) –, Ingrid van Bergen, Heinz Meier, Albert Lieven, Birke Bruck, Ivan Desny, Eva Pflug, Raimund Harmstorf; *Pr* Aurora-Television für WWF, Westdeutsches Werbefernsehen GmbH; *Lg* je Folge ca. 25 min; *Es* (1) 4.9.1970, (2) 11.9.1970, (3) 18.9.1970, (4) 2.10.1970, (5) 9.10.1970 WDR I, Westdeutscher Rundfunk (im folgenden WDR genannt); *Fo* 35 mm/Farbe; *An* Arbeitstitel *Mörderglück*.

DIE PERSON (1970)

Rg WOLFGANG STAUDTE; *Bu* Manfred Bieler; *Ba* Lothar Kirchem; *Da (Ro)* Valter Taub (Die Person), Walter Bluhm (Kleiner Kellner), Horst Niendorf (Großer Kellner), Hans Henning Schlüter (Zapfer), Ljuba Welitsch (Tussy), Günter Jerschke (Gerichtsportier), Otto Stern (Redakteur), Heinz Meier (Kluge), Gerd Haucke (Schirmer), H.M. Crayon (Zechpreller), Reiner Basedow (Polizist), Harald Dietl (Polizist), Karl Heinz Müller (Sanitäter); *Pr* WDR; *Lg* ca. 50 min; *Es* 21.9.1970 WDR III.

MAGISCHE HÄNDE
aus der Serie CINEMA BEROLINA Filmgeschichte aus Berlin – 13 Folgen – (1970)

Rg, Bu Manfred Borgelt; *Pr* Gunther Hahn Produktion für Presse- und Informationsamt des Landes Berlin; *Vb* Landesbildstelle Berlin; *Lg* ca. 13 min; *Fo* 16 mm/sw; *An* WOLFGANG STAUDTE spielt sich selbst, einen Filmregisseur bei der Arbeit.

TOD EINES KLAVIERSPIELERS
aus der Serie DER KOMMISSAR (1970)

Rg WOLFGANG STAUDTE; *Bu* Herbert Reinecker; *Ba* Wolf Englert, Margret Finger; *Mu* Herbert Jarczyk *(Titelmusik); Da (Ro)* Erich Ode (Kommissar Keller), Günther Schramm (Grabert), Reinhard Glemnitz (Heines), Fritz Wepper (Klein), Emely Reuer (Helga Lauer), Helma Seitz (Fräulein Rehbein), Ingrid Andree (Sabina Körner), Günter Ungeheuer (Heinz Bosch); *Pr* Neue Münchner Fernsehproduktion GmbH; *Lg* ca. 60 min; *Es* 5.6.1970 ZDF.

DER LETZTE BESUCHER
aus der Serie DER KOMMISSAR (1971)

Rg WOLFGANG STAUDTE; *Bu* Herbert Reinecker; *Ba* Wolf Englert, Margret Finger; *Mu* Herbert Jarczyk *(Titelmusik); Da (Ro)* Erik Ode (Kommissar Keller), Günther Schramm (Grabert), Reinhard Glemnitz (Heines), Karl Lange (Friedrich Alberti), Christine Wodetzky (Celia Alberti), Herbert Mensching (Herr Brink), Stefan Stroux (Erwin Brink), Klaus Schwarzkopf (Gerhard Sidessen), Angela Hellebrecht (Helga Sidessen), Signe Seidel (Brigitte Margraf); *Pr* Neue Münchner Fernsehproduktion GmbH; *Lg* ca. 60 min; *Es* 29.1.1971 ZDF.

217

ENDE EINES TANZVERGNÜGENS
aus der Serie DER KOMMISSAR (1971)

Rg WOLFGANG STAUDTE; *Bu* Herbert Reinecker; *Ba* Wolf Englert, Margret Finger; *Mu* Herbert Jarczyk; *Da (Ro)* Erik Ode (Kommissar Keller), Günther Schramm (Grabert), Reinhard Glemnitz (Heines), Fritz Wepper (Klein), Dirk Dautzenberg (Herr Kusche), Alice Treff (Frau Kusche), Alexander Marischka (Ilo Kusche), Wolfgang Schneider (Bigge), Karl Michael Vogler (Herr Barbosse), Ellen Umlauf (Frau Barbosse); *Pr* Neue Münchner Fernsehproduktion GmbH; *Lg* ca. 60 min; *Es* 26.2.1971 ZDF.

DIE ANHALTERIN
aus der Serie DER KOMMISSAR (1971)

Rg WOLFGANG STAUDTE; *Bu* Herbert Reinecker; *Ba* Wolf Englert, Margret Finger; *Mu* Herbert Jarczyk *(Titelmusik); Da (Ro)* Erik Ode (Kommissar Keller), Günther Schramm (Grabert), Reinhard Glemnitz (Heines), Fritz Wepper (Klein), Helma Seitz (Fräulein Rehbein), Karin Baal (Erika Lentz), Max Mairich (Egon Schmidt), Peer Schmidt (Herr Ruddeberg), Hans Michael Rehberg (Herr Knabbe), Helga Lehner (Irmgard Lentz), Ellen Frank (Frau Schulz), Werner Pochath (Herr Rabe), Friedrich G. Beckhaus (Erich Zollich), Lambert Hamel (Herr Brassmann), Willy Harlander (Herr Mühlbauer), Jakob Amerseder (Schrankenwärter); *Pr* Neue Münchner Fernsehproduktion GmbH; *Lg* ca. 60 min; *Es* 19.3.1971 ZDF; *Dz* Januar/Februar 1971; *Do* ZDF-Studios Unterföhring bei München.

LISA BASSENGES MÖRDER
aus der Serie DER KOMMISSAR (1971)

Rg WOLFGANG STAUDTE; *Bu* Herbert Reinecker; *Ka* Rolf Kästel; *Ba* Wolf Englert, Margret Finger; *Mu* Herbert Jarczyk *(Titelmusik); Da (Ro)* Erik Ode (Kommissar Keller), Günther Schramm (Grabert), Reinhard Glemnitz (Heines), Fritz Wepper (Klein), Helma Seitz (Fräulein Rehbein), Klausjürgen Wussow (Leo Bader), Boy Gobert (Alfred Bader), Peter Ehrlich (Erich Hassel), Diana Körner (Lisa Bassenge), Gert Haucke (Herr Fechtner), Addi Adametz (Frau Fechtner), Jan Hendricks (Kellner Wasneck), Gustl Weishappel (Wirt Bruhns), Michael Habeck (Klages); *Pr* Neue Münchner Fernsehproduktion GmbH; *Lg* ca. 60 min; *Es* 28.5.1971 ZDF.

TOD EINES LADENBESITZERS
aus der Serie DER KOMMISSAR (1971)

Rg WOLFGANG STAUDTE; *Bu* Herbert Reinecker; *Ba* Wolf Englert, Margret Finger; *Mu* Herbert Jarczyk *(Titelmusik); Da (Ro)* Erik Ode (Kommissar Keller), Günther Schramm (Grabert), Reinhard Glemnitz (Heines), Fritz Wepper (Klein), Helma Seitz (Fräulein Rehbein), Curt Bois (Ohlers), Hans-Hermann Schaufuß (Voss), Werner Kreindl (Sierich), Fritz Rasp (Sistig), Siegurd Fitzek (Krott), Lisa Helwig (Frau Kramer), Vera Rheingold (Die Frau), Max Griesser (Kurrat), Margarethe von Trotta (Amanda Gruber), Karl Obermayr (Heinze), Angela Bergmann (1. Schwester), Hannelore Achter (2. Schwester), Gerda Kühl (3. Schwester); *Pr* Neue Münchner Fernsehproduktion GmbH; *Lg* ca. 60 min; *Es* 18.6.1971 ZDF; *Dz* Mai 1971; *Do* ZDF-Studios Unterföhring bei München.

DER SEEWOLF – 4 Folgen – (1971)
(1) DAS SELTSAME SCHIFF, (2) KURS AUF UMA, (3) DAS LAND DER KLEINEN ZWEIGE, (4) DIE SUCHE NACH EINER VERLORENEN INSEL

Rg WOLFGANG STAUDTE, *(Co-Regie* Sergiu Nicolaescu); *Bu* Walter Ulbrich nach dem gleichnamigen Roman und anderen Erzählungen von Jack London; *Ka* André Zarra; *Ba* Aureliu Ionescu; *Kt* Lydia Luludi; *Ma* Heinz Auditor; *Mu* Hans Posegga; *To* Willy Brahmann; *Da (Ro)* Edward Meeks (Humphrey van Weyden), Raimund Harmstorf (Wolf Larsen), Emmerich Schäffer (Mugridge, Schiffskoch), Franz Seidenschwan (van Weyden als Junge, gen. Joe), Dieter Schidor (Wolf Larsen als Junge, gen. Frisco Kid), Peter Kock (Leach), Sandu Popa (Johnson, Maat), Boris Ciornei (Louis, Schiffszimmermann), Omar Islau (Oofty-Oofty), Septimu Sever (van Weyden, sen.), Sanda Toma (Frau van Weyden); *Pl* Georg Glass, Constantin Toma; *Pr* Tele-München/Studio Bukarest/Michael Arthur Film Productions für ZDF und ORTF, Office de Radiodiffusion Television Francaise; *Lg* (1) ca. 90 min, (2) ca. 90 min, (3) ca. 90 min, (4) ca. 90 min; *Es* (1) 5.12.1971, (2) 12.12.1971, (3) 19.12.1971, (4) 26.12.1971 ZDF; *Fo* 35 mm/Farbe; *Dz* vier Monate; *Do* Rumänien.

DER SEEWOLF (1971/72)

Vl Constantin-Film GmbH; *Zs* ab 12 Jahren, feiertagsfrei; *Lg* 2623 m; *Ua* 22.12.1972; *Fo* 35 mm/Farbe; *An* Ohne Staudtes Mitarbeit zusammengeschnittene Kino-Fassung des Fernsehfilms.

DER SEEWOLF (1971/1972/1973)
Lupul marilor

Rg WOLFGANG STAUDTE, Alecu Croitoru; *Mu* Hans Posegga, Tiberio Olah; *Ma* Heinz Auditor, Mircea Vodá; *Sc* Gabriela Nasta; *Da (DS)* Raimund Harmstorf (Jürgen Frohriep), Edward Meeks (Klaus Piontek), Emrich Schäffer (Helmut Müller-Lankow); *Pr* Filmstudio Bucuresti; *Vl* Progress; *DF* VEB DEFA Stuio für Synchronisation; *Lg* 2172 m; *Ua* 21.12.1973; *Fo* 35 mm/Farbe.

DIE RACHE (Der Seewolf – 2. Teil) (1971/1972/1973)
Razbunarea

Rg WOLFGANG STAUDTE, Sergiu Nicolaescu; *Da (DS)* Raimund Harmstorf (Jürgen Frohriep), Edward Meeks (Klaus Piontek), Emrich Schäffer (Helmut Müller-Lankow), Sergiu Nicolaescu (Werner Ehrlicher), Beatrice Cardon (Helga Sasse); *Lg* 2137 m; *Ua* 8.12.1973; *Fo* 35 mm/Farbe; *An* Ohne Staudtes Mitarbeit erstellte Synchronfassung der rumänischen Kinofilme. Nicht identisch mit der DDR-Fernsehfassung.

DER SEEWOLF – 8 Folgen – (1971/74)

(1) EIN SELTSAMES SCHIFF, (2) EIN SPIEL KARTEN, (3) FRISCO KID, (4) KURS AUF UMA, (5) FRAU AN BORD, (6) LAND DER KLEINEN ZWEIGE, (7) KURS SÜDSEE, (8) DAS GEHEIMNIS DER INSEL

Lg (1) ca. 55 min, (2) ca. 40 min, (3) ca. 55 min, (4) ca. 50 min, (5) ca. 45 min, (6) ca. 50 min, (7) ca. 45 min, (8) ca. 45 min; *Es* (1) 1.2.1974, (2) 8.2.1974, (3) 15.2.1974, (4) 22.2.1974, (5) 1.3.1974, (6) 8.3.1974, (7) 15.3.1974, (8) 22.3.1974 DDR Fernsehen I; *An* Ohne Staudtes Mitarbeit vom DDR-Fernsehen erstellte Fassung.

FLUCHTWEG ST. PAULI – **GROSSALARM FÜR DIE DAVIDSWACHE (1971)**

Rg WOLFGANG STAUDTE; *Ra* Michael Mackenroth; *Bu* Georg Hurdalek, Fred Denger; *Ka* Giorgio Tonti; *Ba* Peter Rothe; *Kt* Helmut Preuss, Mascha Markworth; *Ma* Erich-Lotar Schmekel; *Mu* Peter Schirmann; *Sc* Renate Willeg; *To* Gerhard Rosenmeier, Mascha Markworth; *Rq* Peter Hardt, Hans-Joachim Berlin; *Da (Ro)* Horst Frank (Willy Jensen), Christiane Krüger (Vera Jensen), Heinz Reincke (Heinz Jensen), Klaus Schwarzkopf (Kommissar Knudsen), Sigurd Fitzek (Timpe), Gerhard Bormann (Kommissar Löffler), Ulrich Beiger (Berndorf), Heidy Bohlen (Glitzer-Lilly), Curt Timm (Burkhardt), Andrea Rau (Maggy), Horst Hesslein (Jimmy), Ingeborg Kanstein (Polizistin Fiedler); *Gl, Pl* Heinz Willeg; *Pa* Lilo Pleimes; *Al* Frank Guarente, Hanns Stani; *Pr* Allianz Film Produktion GmbH/Terra-Filmkunst GmbH/ Walter Koppel Film; *Vl* Constantin-Film GmbH; *Vb* Exportfilm Bischoff & Co; *Zs* 5./14.10. 1971, ab 16 Jahren, nicht feiertagsfrei; *Ua* 15.10.1971; *Fo* 35 mm/Feraniacolor; *Dz* ab Anfang August 1971; *Do* Außenaufnahmen Hamburg und Umgebung; *An* In Österreich lief der Film unter dem Titel *Großalarm für die Davidswache.* Arbeitstitel *Heiße Spur St. Pauli.*

EIN RÄTSELHAFTER MORD
aus der Serie DER KOMMISSAR (1971)

Rg WOLFGANG STAUDTE; *Bu* Herbert Reinecker; *Ka* Rolf Kästel; *Ba* Wolf Englert, Margret Finger; *Mu* Herbert Jarczyk *(Titelmusik) Da (Ro)* Erik Ode (Kommissar Keller), Günther Schramm (Grabert), Fritz Wepper (Klein), Helma Seitz (Fräulein Rehbein), Maria Wimmer (Frau Bassmann), Manfred Seipold (Heymann), Eva-Ingeborg Scholz (Frau Schöne), Hansi Jochmann (Hanni Schöne), Donata Höffer (Rotraud Schall), Thomas Astan (Wilfried Kaiser), Dieter Borsche (Dr. Wiegand), Walter Feuchtenberg (Wirt Heseling), Johannes Buzalsky (Pawitzke), Jane Tilden (Fräulein Hentze), Herbert Fleischmann (Willi Kaiser), Günther Kaufmann (Passant), Heidi Stroh (Passantin), Franz Seidenschwan (Kurt Heseling); *Pr* Neue Münchner Fernsehproduktion GmbH; *Pl* Dieter Nobbe; *Lg* ca. 60 min; *Es* 17.12.1971 ZDF.

DIE TOTE IM PARK
aus der Serie DER KOMMISSAR (1972)

Rg WOLFGANG STAUDTE; *Bu* Herbert Reinecker; *Ka* Rolf Kästel; *Ba* Wolf Englert, Margret Finger; *Mu* Herbert Jarczyk *(Titelmusik); Da (Ro)* Erik Ode (Kommissar Keller), Günther Schramm (Grabert), Reinhard Glemnitz (Heines), Fritz Wepper (Klein), Helma Seitz (Fräulein Rehbein), Martin Held (Herr Halonde), Heidelinde Weis (Gerti), Gabi Gasser (Erika), Siegfried Lowitz (Herr Felz), Ann Höling (Frau Felz), Willy Semmelrogge (Herr Zeiss), Siegfried Wischnewski (Bernie Dewanger), Ethel Reschke (Nina Dewanger), Manfred Spies (Rotter); *Pr* Neue Münchner Fernsehproduktion GmbH; *Pl* Klaus Stapenhorst; *Lg* ca. 60 min; *Es* 18.2.1972 ZDF; *Dz* Januar 1972; *Do* Bavaria-Ateliers München.

UHRWERK ORANGE (1972)
A Clockwork Orange

Rg Stanley Kubrick; *Pr* Stanley Kubrick Productions/Polaris; *Vl* Warner-Columbia Filmverleih GmbH; *DF* Cineforum GmbH; *Rg* WOLFGANG STAUDTE; *Zs* ab 16 Jahren, feiertagsfrei; *Lg* 3735 m; *Ua* 23.3.1972 mehrere große Städte, darunter Berlin; *Fo* 35 mm/Farbe.

VERRAT IST KEIN GESELLSCHAFTSSPIEL (1972)

Rg WOLFGANG STAUDTE; *Bu* Nicolaus Richter nach dem Roman von Raoul Anderland; *Ba* Willi Vierhaus; *Da (Ro)* Herbert Fleischmann (Lahner), Franz Rudnick (Robert), Willi Kowalj (Daniel), Arthur Brauss (Fred), Doris Gallart (Renate), Susanne Schaefer (Evi), Rolf Schimpf (Bulle), Richard K. Flesch (Arbeiter); *Pr* Sator-Film GmbH; *Lg* ca. 90 min; *Es* 29.9.1972 ZDF; *Fo* MAZ/Farbe.

MARYA SKLODOWSKA–CURIE Ein Mädchen, das die Welt veränderte (1972)

Rg WOLFGANG STAUDTE; *Bu* Franz Geiger; *Ba* Wolfgang Hundhammer; *Da (Ro)* Christine Wodetzky (Karin/Madame Curie), Hans Dieter Schwarze (Langendorff/Pierre Curie), Peter Fricke (Klaus Herbig), Angela Hillebrecht (Ruth Fischer), Dieter Kirchlechner (Jochen Winter), Jörg Pleva (Michael), Horst Donner (Kameramann), Frank Nossack (Robert), Alexis von Hagemeister (Redakteur), Mogens von Gadow (Maskenbildner), Harald von Troschke (Kommentator und Interviewer); *Pr* Artus-Film; *Lg* 80 min 56 sec; *Es* 13.10.1972 ZDF; *Fo* MAZ (eingespielte Filmaufnahmen)/sw; *Dz* April 1972; *Do* ZDF-Studios Unterföhring bei München.

DAS KOMPLOTT
aus der Serie DER KOMMISSAR (1973)

Rg WOLFGANG STAUDTE; *Bu* Herbert Reinecker; *Ba* Wolf Englert, Margret Finger; *Mu* Herbert Jarczyk *(Titelmusik); Da (Ro)* Erik Ode (Kommissar Keller), Günther Schramm (Grabert), Reinhard Glemnitz (Heines), Fritz Wepper (Klein), Helma Seitz (Fräulein Rehbein), Leopold Rudolf (Kurt Dettmann), Ursula Schult (Helga Bachmann), Charles Regnier (Jakob Bachmann), Udo Vioff (Andreas Steintaler), Nina Sandt (Irene Dettmann), Wolf Roth (Waldemar Dettmann), Rose Renée Roth (Frau Weidinger), Gustl Weishappel (Herr Hoffmann), Gracia Maria Kaus (Monika Dettmann), Christian Marguliés (Georg Dettmann), Barbara Stanek (Ellen Bachmann), Ingrid Steeger (Barbara Bachmann); *Pr* Neue Münchner Fernsehproduktion GmbH; *Lg* ca. 60 min; *Es* 23.2.1973 ZDF.

DIE NACHT, IN DER BASSECK STARB
aus der Serie DER KOMMISSAR (1973)

Rg WOLFGANG STAUDTE; *Bu* Herbert Reinecker; *Ba* Wolf Englert, Margret Finger; *Mu* Herbert Jarczyk *(Titelmusik); Da (Ro)* Erik Ode (Kommissar Keller), Günther Schramm (Grabert), Reinhard Glemnitz (Heines), Fritz Wepper (Klein), Evelyn Opela (Dinah Martin), Joachim Bissmeier (Herr Wagner), Jürgen Goslar (Willi Basseck), Rose-Marie Kirstein (Ilse Kaub), Horst Tappert (Herr Kareis), Manfred Spieß (Bracht) und die Les Humphries Singers; *Pr* Neue Münchner Fernsehproduktion GmbH; *Lg* ca. 60 min; *Es* 27.4.1973 ZDF.

221

NERZE NACHTS AM STRASSENRAND (1973)

Rg WOLFGANG STAUDTE; *Bu* Bruno Hampel nach Motiven des Romans „Feuer auf mein Haupt" von Hansjörg Martin; *Ka* Gero Erhardt, Uwe Bauer; *Ba* Willi Vierhaus; *Da (Ro)* Peter Eschberg (Heinz Ebeling), Herbert Steinmetz (Wilhelm Wussow), Ruth Hausmeister (Charlotte Karding), Jochen Busse (Bodo Karding), Roland Astor (Horst Wussow), Witta Pohl (Gisela Wussow), Klaus Herm (Erich Regler), Margret Homeyer, Renate Biel, Marga Massberg, Hermann Lenschau, Walter Jokisch, Frank Straass, Egon Schäfer, Horst Hesslein; *Lg* ca. 90 min; *Es* 24.8.1973 ZDF; *Fo* Film/Farbe; *Dz* Januar/Februar 1973; *Do* Studio Hamburg.

EIN FUNKEN IN DER KÄLTE
aus der Serie DER KOMMISSAR (1973)

Rg WOLFGANG STAUDTE; *Bu* Herbert Reinecker; *Ba* Wolf Englert, Margret Finger; *Mu* Herbert Jarczyk *(Titelmusik); Da (Ro)* Erik Ode (Kommissar Keller), Günther Schramm (Grabert), Reinhard Glemnitz (Heines), Fritz Wepper (Klein), Helma Seitz (Fräulein Rehbein), Klaus Behrendt (Alfons Schichta), Mady Rahl (Heide Hansen), Lilith Ungerer (Monika), Cordula Wiedemann (Elvira), Hans Brenner (Erich Schönau), Gretl Schörg (Frau Weigand), Horst Sachtleben (Wirt Schneider), Günther Heinlein (Erster Schläger), Horst Heinlein (Zweiter Schläger); *Pr* Neue Münchner Fernsehproduktion GmbH; *Lg* ca. 60 min; *Es* 8.6.1973 ZDF; *Dz* April 1973; *Do* ZDF-Studio Unterföhring bei München.

TOTE BRAUCHEN KEINE WOHNUNG
aus der Serie TATORT (1973)

Rg WOLFGANG STAUDTE; *Ra* Michael Mackenroth; *Bu* Michael Molsner; *Ka* Michael Ballhaus, Alfred Hürmer; *Ba* Peter Herrmann, Martin Dörfler; *Kt* Judith Jacobsen-Winter; *Ma* Willi Fenske, Eva Koch; *Mu* Gruppe „18 Karat Gold"; *Sc* Engelbert Kraus; *Da (Ro)* Gustl Bayrhammer (Kriminaloberinspektor Veigl), Helmut Fischer (Kriminaloberwachtmeister Lenz), Willi Harlander (Kriminalwachtmeister Brettschneider), Hans Baur (Kriminalrat Härtinger), Andreas Seyferth (Josef Bacher), Arthur Brauss (Rudi Mandl), Maria Singer (Mutti Mandl), Wilhelm Zeno Diemer (Opa Hallbaum), Elisabeth Karg (Liese Hallbaum), Veronika Fitz (Terry Hallbaum), Robert Seidl (Jürgen Hallbaum), Mady Rahl (Nadja Bacher), Veronika Faber (Ruth Bacher-Segova), Holger Hagen (Erwin Kramm), Herta Worell (Frau Altmann), Hanna Burgwitz (Frau Kreipl), Walter Sedlmayr (Pröpper), Frank Keck (Streifenpolizist), Hans Häckermann (Gastkommissar Böck), Manfred Ebel (Erster Assistent), Bernd Wiegmann (Zweiter Assistent), Jaspar von Oertzen, Franz Hanfstingl, Helmut Oeser, Walter Fiedler, Adolf Ziegler, Hans Pössenbacher, Willy Haibel, Helga Ballhaus, Hertha von Walter; *Pl* Peter Tügel; *Al* Roland Weese; *Pr* BR, Bayerischer Rundfunk; *Lg* ca. 80 min; *Es* 11.11.1973 BR I; *Fo* 16 mm/Farbe; *Dz* 28. Juni bis Mitte Juli 1973; *An* Die Reihe *Tatort* ist eine Gemeinschaftssendung der ARD, Arbeitsgemeinschaft der öffentlich-rechtlichen Rundfunkanstalten der Bundesrepublik Deutschland mit der ORF, Österreichische Rundfunk GmbH — Arbeitstitel *Sanierung.*

EIN FRÖHLICHES DASEIN (1974)

Rg WOLFGANG STAUDTE; *Bu* Robert Wolfgang Schnell; *Ba* Roman Weyl; *Da (Ro)* Lotti Krekel (Grete Mac Grown, geb. Völz), Robert Wolfgang Schnell (Joseph Völz), Ian Macnaughton (Jim Mac Grown); *Pr* ZDF; *Lg* ca. 90 min; *Fo* MAZ (eingespielte Filmaufnahmen)/Farbe; *Do* Studio Berlin-Tempelhof, Außenaufnahmen Schottland (Strathblane) und Köln; *An* Arbeitstitel *Völz, Grete und Joseph,* zuerst mit dem Untertitel *Ein trauriger Fall, der heiter stimmt.*

KOMMISSARIAT 9 – 13 Folgen – (1974)
(1) TAMARO –BAU GMBH & CO KG, (2) STREBEN SIE VORWÄRTS, (3) SPEKULA –
TIONEN, (4) GUTEN APPETIT, (5) HERZLICH EINGELADEN, (6) PYRAMIDE,
(7) POTEMKIN LÄSST GRÜSSEN, (8) IMPORT AUS FERNOST, (9) ZUM HALBEN
PREIS, (10) KAVALIERSDELIKT, (11) EIN EHRENWERTER MANN, (12) ICH BIN
EIN EUROPÄER, (13) SCHULDEN HABEN KURZE BEINE

Rg WOLFGANG STAUDTE; *Bu* Rolf Schulz; *Ka* Götz Neumann, Bert Meister; *Ba* Will Kley; *Mu* Hans Hass; *Da (Ro)* Herbert Steinmetz (Kriminalrat Roth), Edgar Ott (Hauptkommissar Dingelein), Walter Riss (Oberkommissar Tuncik) – (1 bis 13) –, Martin Hirthe, Jean Pierre Bonin – (4) –, Jochen Schröder (Pit Wehling) – (5) –, Rotraud Schindler (Frau Tuncik), Gerhard Dressel (Andreas) – (6) –, Paul Edwin Roth, Hans Werner Bussinger – (7) –, Ruth Hausmeister (Frau Koslow), Konrad Georg (Edmund Stein) – (8) –, Alexander May (Dr. Lentz), Siegmar Schneider (v.d. Heyde), Benno Hattesen (Dahlberg), Hans-Peter Hermannsen (Björnsen), Rita Engelmann (Marga) – (9) –, Heinz Engelmann (Bürgermeister Weiss), Friedrich Schoenfelder (Dr. Freiherr von Arning), Edeltraud Elsner (Grl. Causs), Herbert Stass (Schaper), Alfred Cogho (Röhl) – (10) –; *Pr* Berliner Werbefunk GmbH; *Lg* je Folge ca. 20 min; *Es* (1) 3.10.1974, (2) 10.10.1974, (3) 17.10.1974, (4) 24.10.1974, (5) 7.11.1974, (6) 14.11.1974, (7) 21.11.1974, (8) 5.12.1974, (9) 12.12.1974, (10) 2.1.1975, (11) 9.1. 1975, (12) 16.1.1975, (13) 23.1.1975 SFB I; *Dz* Herbst 1974; *Do* u.a. Berlin; *Fo* 16 mm/ Farbe.

LEHMANNS ERZÄHLUNGEN (1974)

Rg WOLFGANG STAUDTE; *Bu* Philip Wiebe nach der Erzählung von Siegfried Lenz; *Ka* Klaus König; *Ba* Albrecht Becker; *Da (Ro)* Otto Sander (Lehmann), Anne Marie Kuster (Sabine), Christa Berndl (Ella), Anton Diffring (Allan), Ingeborg Kanstein (Anita), Wolfgang Giese (Kalkuhl), Mircea Krishan (Benno), Günther Backes (Iwan), Katharina Mayberg (Frau Proske), Rose Renée Roth (Dame im Zug), Thomas Kylau (Bruno), Herbert Steinmetz (Gefängnisdirektor), Joachim Wolff (Hein), Karl Lieffen (Sir Bernard), Sylvia Duddek, Karin Rasenack, Peter Dolder, Günter Lüdke, Rainer Luxem, Edgar Maschmann; *Pr* Fritz Wagner-Film; *Lg* ca. 90 min; *Es* 8.4.1975 ZDF; *Fo* Farbe; *Dz* September 1974; *Do* Studio Hamburg, keine Außenaufnahmen.

SCHLIESSFACH 763 (1974/75)

Rg WOLFGANG STAUDTE; *Bu* Michael Mansfeld; *Ka* Gero Erhardt; *Mu* Rolf Kühn; *Da (Ro)* Harry Meyen (Erik Hoopen), Horst Frank (Richard Rolander), Judy Winter (Helga Baumann), Walter Kohut (Bernd Kovacs), Manfred Reddemann (Heiner Matiessen), Walter Jokisch (Böttcher), Edgar Bessen (Schmidt), Gernot Endemann (Deck); *Pr* Televersal; *Lg* ca. 90 min; *Es* 15.4.1975 ZDF; *Fo* Farbe; *Do* Studio Hamburg, Außenaufnahmen Hamburg.

LOCKRUF DES GOLDES – 4 Teile – (1975)
(1) DAS KLONDIKE-FIEBER, (2) DIE WEISSE RINNE, (3) DER WILDE MANN VOM
YUKON, (4) VIERAUGE

Rg WOLFGANG STAUDTE *(Mitarbeit* Serge Nicola); *Bu* Walter Ulbrich nach Jack London und Dokumenten der Zeit; *Ka* Alexander David; *Ba, Kt* Martin Dörfler, Relu Jonescu; *Mu* Hans Posegga; *Da (Ro)* Rüdiger Bahr (Elam Harnish), Pierre Rousseau (Pater Judge) – (1 bis 4) –, Arthur Brauss (Charles Clayton) – (1 bis 3) –, Francoise Arnoul (Cad Wilson) – (2,3) –, Ferdy Mayne (John Tarwater), Gilda Marinescu (Ann Topping), Andrei Codarcea (Harris Topping), Ion Dorutiu (Big Bill) – (1) –, Emmereich Schäffer (Joe Hines), Constantin Baltaretu (Bettles) – (2,3) –, Sandu Popa (Henderson), Vasile Nitulescu (Break), Constantin

Rautchi (Caribou-Charly) – (2) –, Vladimir Gaitan (Montana Kid), Marcel Gingulescu (Oberst Bowle), C. Datcu (Letton), Misu Condescu (Dawsett), Romel Fagarasanu (Holds-worthy) – (3) –, Christine Kaufmann (Labiskwee), Werner Berndt (Andy Carson), Adrian Dobrescu (Snass), Nicu Iordache (Mc Can) – (4) –; *Pr* ZDF/TF 1/ORF; *Lg* (1) ca. 100 min, (2) ca. 90 min, (3) ca. 90 min, (4) ca. 90 min; *Es* (1) 21.12.1975, (2) 23.12.1975, (3) 28.12.1975, (4) 30.12.1975 ZDF; *Fo* Farbe; *Dz* achteinhalb Monate; *Do* Studios der Romania-Film, Außenaufnahmen an 54 Drehorten in Rumänien (u.a. Karpaten, Eisernes Tor, am Schwarzen Meer).

ZWEI LEBEN
aus der Serie TATORT (1975)

Rg WOLFGANG STAUDTE; *Bu* Karl Heinz Willschrei; *Ka* Gernot Roll; *Ba* Michael Pilz, O. Jochen Schmidt; *Da (Ro)* Hansjörg Felmy (Kommissar Haferkamp), Heinz Bennent (Scheller), Gisela Uhlen (Vivian Hamilton), Günther Stoll (Whitman), Katinka Hoffmann (Frau Scheller), Susanne Beck (Claudia), Karin Eickelbaum (Ingrid Haferkamp), Willy Semmelrogge (Kreutzer), Bernd Schäfer (Scheffner), Dirk Dautzenberg (Kutscher), Christl Welbhoff (Kellnerin), Ruth Brück (Kundin), Fernando Gómez (Killer), Holger Petzold (Detektiv), Claus Fuchs (Spurensicherer), Wolfgang Kleiner (Spieler), Jürgen Schornagel (Stallbursche), Klaus Schwarzkopf (Kommissar Finke); *Pl* Richard Deutsch; *Pr* Bavaria-Atelier GmbH/Werner Kliess; *Lg* ca. 90 min; *Es* 14.3.1976 WDR I; *Fo* Farbe; *Dz* 27. Oktober bis 26. November 1975; *Do* Bavaria-Ateliers München, Außenaufnahmen in München, Essen, Düsseldorf.

UM ZWEI ERFAHRUNGEN REICHER (1976)

Rg WOLFGANG STAUDTE; *Bu* Robert Wolfgang Schnell; *Ka* Götz Neumann; *Ba* Roman Weyl; *Da (Ro)* Robert Wolfgang Schnell (Joseph Völz), Lotti Krekel (Grete Mac Grown, geb. Völz), Dirk Dautzenberg (Fritz Schickedanz), Ingrid van Bergen (Cornelia Maroff), Karl Friedrich Liebau (Herbert Dalberg), Ruth Brück (Frau Rengsdorf); *Pr* Deutsche Buchgemeinschaft; *Lg* ca. 90 min; *Es* 16.3.1976 ZDF; *Fo* Farbe; *Do* UFA-Ateliers Berlin-Tempelhof, Außenaufnahmen in Berlin und Köln.

KEIN UNTERTAN Wolfgang Staudte und seine Filme
aus der Reihe FILMFORUM (1976)

Lg ca. 45 min; *Es* 28.9.1976 ZDF; *Fo* 16 mm/Farbe; *Do* Berlin, Alicante; *An* Werkaufnahmen und Interviews mit WOLFGANG STAUDTE. Eine Hommage von Malte Ludin zu Staudtes 70. Geburtstag.

PROZESS MEDUSA (1976)

Rg WOLFGANG STAUDTE; *Bu* Gerd Angermann nach dem Roman von Erwin K. Münz; *Ka* Götz Neumann; *Da (Ro)* Siegfried Wischnewski (Chaumareys), Robert Wolfgang Schnell (Picard), Arthur Brauss (Espiaux), Ferdy Mayne (Oberst Schemaltz), Friedrich G. Beckhaus (Savigny), Manuel Zarzo (Correard), Henning Gissel (Melac), Friedrich W. Bauschulte (Lacoste), Toni Herbert (Belin), Dietrich Frauboes (Tulleye), Günter Kieslich (Halagan), Lilian Mary (Antoinette), Nelson Modlin (Charles), Alex Zander (Claude); *Pr* Deutsche Buchgemeinschaft; *Lg* ca. 90 min; *Es* 1.11.1976 ZDF; *Fo* Farbe; *Do* UFA-Ateliers Berlin-Tempelhof, Außenaufnahmen in Alicante.

SPÄTLESE
aus der Serie TATORT (1977)

Rg WOLFGANG STAUDTE; *Bu* Herbert Lichtenfeld; *Ka* Gernot Roll; *Ba* Jochen Schumacher; *Kt* Uschi Sensburg; *Sc* Lilian Seng; *Da (Ro)* Hansjörg Felmy (Kommissar Haferkamp), Andrea Jonasson (Claudia Bernhold), Claudia Wedekind (Ingeborg), Udo Vioff (Dr. Stolp), Alexander Kerst (Eckart Waarst), Carmen Renate Köper (Elfriede Waarst), Willy Semmelrogge (Kreutzer), Karin Eickelbaum (Ingrid Haferkamp), Bernd Schäfer (Scheffner), Horst Michael Neutze (Trimke), Hansi Waldherrr (Sahne Fritz), Pierre Franck (1. Monteur), Claus Fuchs (Schäfer), Klaus Münster (Busch), Michael Vogtmann (Jürgen); *Pr* Bavaria-Atelier GmbH/Werner Kliess; *Lg* ca. 90 min; *Es* geplant 22.5.1977 WDR I; *Fo* 16 mm/Farbe; *Dz* 11. Januar bis 9. Februar 1977; *Do* Bavaria-Ateliers München, Außenaufnahmen in München, Essen und Ruhrgebiet; *An* Arbeitstitel *Teufelskreis.*

MS FRANZISKA – 8 Folgen – (1976/77)

Rg WOLFGANG STAUDTE; *Bu* Heinz Oskar Wuttig; *Da (Ro)* Paul Dahlke (Jakob Wilde), Klaus Knuth, Ulrich von Dobschütz, Bruno Dietrich, Liane Hielscher, Femke Boersma, Robert Wolfgang Schnell, Brigitte Mira, Betty Dorsay, Dirk Dautzenberg, Georg Lehn, Thomas Braut, Claudia Buthenuth; *Pr* Südwestfunk; *Es* geplant September 1977; *Dz* Mitte August bis Ende Oktober 1976 (4 Folgen), ab März 1977 (4 Folgen); *Do* Außenaufnahmen in Leutersdorf bei Koblenz, Rhein zwischen Bingen und Köln.

Nachtrag

Werbefilme (ca. 1935 bis ca. 1939)

An Werbeschall Uhlich & Schroeter/Sigma-Film stellten über mehrere Jahre Werbefilme für die Volksbank her, darunter *Was geht hier vor?* (*Zs* 12.10.1940; *Lg* 43 m), *Die Leistung steigern* (*Zs* 12.10.1940; *Lg* 63 m), *Besuch am Abend* (*Zs* 25.8.1941; *Lg* 95 m), *Auf der Probe* (*Zs* 16.12.1941; *Lg* 87 m), *Darauf kommt's an* (*Zs* 10.9.1942; *Lg* 40 m). Es konnte nicht geklärt werden, ob Staudte an diesen Filmen noch mitgearbeitet hat.

DER DUNKLE RUF Die Geschichte von Lailas großer Liebe (1938)
Laila

Rg George Schneevoigt; *Da (Ro – Ds)* Ake Ohlberg (Anders – WOLFGANG STAUDTE); *Pr* A/S Nordisk-Films Kompagni; *Vl* Degeto, Deutsche Kulturfilm GmbH; *DF* Lütke & Dr. Rohnstein; *Zs* 6.12.1938; *Lg* 2290 m; *Ua* 22.6.1939.

Gero Gandert und Peter Schulz

BIBLIOGRAFIE WOLFGANG STAUDTE

Vorbemerkungen

In die folgende Bibliografie wurden, soweit verfügbar, die wichtigsten Informationen, Kommentare und Kritiken zur Person, zu den einzelnen Filmen und zum Gesamtwerk Staudtes aufgenommen. Mit Ausnahme von *Gift im Zoo, Mutter Courage* und der *Kommissar*-Serie, deren publizistische Resonanz relativ belanglos war, dokumentiert die Bibliografie alle von Staudte inszenierten Filme. Auch jene polemischen, mitunter denunziatorischen Angriffe, die seine Tätigkeit in Ost und West immer wieder provozierte, spiegeln sich in diesem Quellenverzeichnis.

Aus Platzgründen wurden die Überschriften der zitierten Artikel sowie die Ortsangaben bei Zeitungen und Zeitschriften aus Berlin (West) und der Bundesrepublik in der Regel weggelassen.

Sämtliche aufgeführten Texte können im Hause der Deutschen Kinemathek eingesehen werden.

Lexikalisches Stichwort: Wolfgang Staudte

Felix Bucher (in collaboration with Leonhard H. Gmür): Germany. London/New York 1970, S. 172–173 (= Screen Series, edited by Peter Cowie).
G.C.C. (d.i. Giulio Cesare Castello)/U.T. (d.i. Umberto Tani) in: Enciclopedia dello Spettacolo. Redattore Capo: Francesco Savio. Vol. IX, Sip-Z. Sp. 323–324.
L'Encyclopédie du Cinéma. Dirigée par Roger Boussinot. Paris 1967, S. 1374–1375.
Dieter Krusche (mit Jürgen Labenski): Reclams Filmführer. Stuttgart 1973, S. 661–662.
Joachim Reichow: Filmkünstler A–Z. Leipzig 1967, S. 277–278.
Uj Filmlexikon. Föszerkesztö: Abel Péter. Második Kötet L–Z. Budapest 1973, S. 467.
h.w. (d.i. Hans Winge)/l.a. (d.i. Leonardo Autera) in: Filmlexicon degli autori e delle opere. Direttore: Floris Luigi Ammannati. Vol. VI. Autori S. Rom 1964, Sp. 937–939.

Urteil der Filmgeschichte

Heinz Baumert/Hermann Herlinghaus (Hrsg.): 20 Jahre DEFA-Spielfilm. Ein Bildband mit 400 Fotos. Berlin (DDR) 1968 (über *Die Mörder sind unter uns, Die seltsamen Abenteuer des Herrn Fridolin B., Rotation, Der Untertan, Die Geschichte vom kleinen Muck.*).
R. Borde/F. Buache/F. Courtade: Le cinéma réaliste allemand. Lyon-Préfecture 1965, S. 261–263 (über *Die Mörder sind unter uns, Der Untertan, Rosen für den Staatsanwalt, Der letzte Zeuge*).

226

Richard Drews: Der Filmregisseur Wolfgang Staudte. In: Richard Drews/Bernt Karger-Decker: Männer um die Kamera. Nationalpreisträger 1951. Berlin (DDR) 1953, S. 5–28. Enthält auch Bernt Karger-Decker: Der Schauspieler Werner Peters, S. 29–55, sowie die Texte der Verleihungsurkunden zum Nationalpreis für Staudte und Peters.

Heinrich Fraenkel: Unsterblicher Film. Die große Chronik. Vom ersten Ton bis zur farbigen Breitwand. München 1957, S. 140–142, 197–199 (über *Die Mörder sind unter uns, Die seltsamen Abenteuer des Herrn Fridolin B., Der Untertan, Rose Bernd*).

Ulrich Gregor/Enno Patalas: Geschichte des Films. Gütersloh 1962, S. 281– 282, 378–379, 400–401 (über *Die Mörder sind unter uns, Rotation, Der Untertan, Rosen für den Staatsanwalt*).

Ulrich Gregor/Enno Patalas: Geschichte des modernen Films. Gütersloh 1965, S. 66–67, 172, 196 (Texte wie oben; zusätzlich über *Die Dreigroschenoper, Herrenpartie*).

Joe Hemubs: Der deutsche Film kann gar nicht besser sein. Bremen 1961, S. 57–60 (Staudtes Position zwischen Ost und West; über *Die Mörder sind unter uns, Der Untertan, Rose Bernd, Rosen für den Staatsanwalt, Kirmes, Der letzte Zeuge*).

Heinz Kersten: Das Filmwesen in der sowjetischen Besatzungszone Deutschlands. Bd. I: Textteil. Bonn–Berlin 1963 (= Bonner Berichte aus Mittel- und Ostdeutschland. Herausgegeben vom Bundesministerium für gesamtdeutsche Fragen), S. 60–63, 77–78, 137, 148, 227–228 (über *Die Mörder sind unter uns, Die seltsamen Abenteuer des Herrn Fridolin B., Rotation, Der Untertan, Leuchtfeuer, Die Geschichte vom kleinen Muck, Mutter Courage*).

Horst Knietzsch: Filmgeschichte in Bildern. Berlin (DDR) 1971, S. 190–192, 257, 340 (über *Die Mörder sind unter uns, Rotation, Der Untertan, Rosen für den Staatsanwalt, Kirmes, Herrenpartie*).

Horst Knietzsch: Film gestern und heute. Gedanken und Daten zu sieben Jahrzehnten Geschichte der Filmkunst. Leipzig–Jena–Berlin 1967. 3., neubearbeitete und erweiterte Auflage, S. 219–223, 278–281, 284 (über *Die Mörder sind unter uns, Die seltsamen Abenteuer des Herrn Fridolin B., Rotation, Der Untertan, Die Geschichte vom kleinen Muck, Leuchtfeuer, Mutter Courage, Rosen für den Staatsanwalt, Kirmes, Die Dreigroschenoper, Herrenpartie*).

Klaus Kreimeier: Kino und Filmindustrie in der BRD. Ideologieproduktion und Klassenwirklichkeit nach 1945. Kronberg Ts. 1973 (= Scriptor Taschenbücher Sozialwissenschaften, Bd. S. 11), S. 67–68, 142–150, 174–175, 231–232, 233 (Zur Ideologie des Regisseurs; über *Die Mörder sind unter uns, Der Untertan, Mutter Courage, Die Dreigroschenoper, Rose Bernd, Madeleine und der Legionär, Kanonenserenade, Der Maulkorb, Rosen für den Staatsanwalt, Kirmes, Herrenpartie*).

Roger Manvell/Heinrich Fraenkel: The German Cinema. London 1971, S. 104, 121 (über *Die Mörder sind unter uns, Der Untertan, Rosen für den Staatsanwalt, Kirmes*).

Walther Schmieding: Kunst oder Kasse. Der Ärger mit dem deutschen Film. Hamburg 1961 (= Das aktuelle Thema, Bd. II. Hrsg. Josef Müller-Marein, Theo Sommer), S. 107–112 (Staudte als heimatloser Linker; über *Die Mörder sind unter uns, Die seltsamen Abenteuer des Herrn Fridolin B., Rotation, Rose Bernd, Madeleine und der Legionär, Kanonenserenade, Rosen für den Staatsanwalt, Kirmes, Der letzte Zeuge*).

Albert Wilkening/Heinz Baumert/Klaus Lippert: Kleine Enzyklopädie Film. Leipzig 1966, S. 424, 431, 467–468 (über *Die Mörder sind unter uns, Die seltsamen Abenteuer des Herrn Fridolin B., Rotation, Der Untertan, Rosen für den Staatsanwalt, Kirmes, Der letzte Zeuge, Die Dreigroschenoper, Herrenpartie*).

Anekdotisches über Entstehung und Premiere der Filme *Die Mörder sind unter uns* und *Madeleine und der Legionär* in: Hildegard Knef: Der geschenkte Gaul. Bericht aus einem Leben. Wien–München–Zürich 1970, S. 159–161, 166–167, 430–434.

Person und Werk

Horst Knietzsch: Wolfgang Staudte. Berlin (DDR) 1966. (Besprechung dieser Monografie von V.B. (d.i. Volker Baer) in: Der Tagesspiegel, 25.11.1966).

Ulrich Seelmann-Eggebert: Staudte – zwischen Zeitdokument und Satire, in: Darmstädter Echo, 25.4.1952.

Will Wehling: Eine Lanze für Wolfgang Staudte, in: Marler Monat, Nr. 8, Juli/August 1952.

J.W. Schade: Wieder „Hut auf" vor Herrn Staudte, in: Marler Monat, Nr. 9, September 1952 (Leserzuschrift zu dem Artikel von Will Wehling: gegen Staudte als „Steigbügelhalter der Kommunisten").

Wolfgang Staudte: Antwort auf J.W. Schade „Wieder Hut auf vor Herrn Staudte", in: Marler Monat, Nr. 10, Oktober 1952.

(Polemik gegen den ostdeutschen Nationalpreisträger) in: IBZ, Nr. 36, 1954.

Zur Geschichte des DEFA-Spielfilms 1946–1949. Bearbeitet v. Christiane Mückenberger. Hrsg. v.d. Hochschule für Film und Fernsehen. Potsdam–Babelsberg 1976. (Information 3/4/5/6–1976). Über Wolfgang Staudte S. 382–392.

Zum 50. Geburtstag: H.K. (d.i. Horst Knietzsch) in: Neues Deutschland, Berlin (DDR), 9.10.1956; Albert Schneider in: Deutsche Woche, Nr. 41, 10.10.1956.

Hans-Dietrich Weiss: Die Wolfgang Staudte-Story, in: Film-Telegramm, Nr. 1, 1.1.1957.

Enno Patalas: Wolfgang Staudte: Mut zur Gegenwart, in: Kirche und Film, Nr. 2, Februar 1957.

Die Staudte-Story, ein gesamtdeutsches Märchen, in: Filmkritik, Nr. 3, März 1957.

Wolfgang Bartsch: Wolfgang Staudte – Regisseur in Ost und West, in: Frankfurter Rundschau, 2.3.1957.

Heinz Ungureit: Die Geschichte eines Filmregisseurs, in: Frankfurter Rundschau, 5.9.1959.

Martin Schlappner: Wolfgang Staudte oder die Enttrümmerung der Gehirne I: Die Politik des „unpolitischen" Künstlers, in: Neue Zürcher Zeitung, 21.1.1961; Teil II: Der Aufstand der Spießer, in: Neue Zürcher Zeitung, 27.1.1961; Teil III: Die Humanität als Agitationsmittel, in: Neue Zürcher Zeitung, 3.2.1961; Staudtes „innere Emigration", Zuschrift eines ostdeutschen Flüchtlings zu den Aufsätzen von Martin Schlappner, in: Neue Zürcher Zeitung, 25.2.1961.

Henning Harmssen: Die Schatten der Vergangenheit, in: Echo der Zeit, 2.2.1964.

Zum 60. Geburtstag: Klaus Hebecker in: Stuttgarter Zeitung, 7.10.1966. – Br. in: Frankfurter Allgemeine Zeitung, 8.10.1966. – Ulrich Gregor in: Spandauer Volksblatt, 8.10.1966. – U.J. (d.i. Urs Jenny) in: Süddeutsche Zeitung, 8.10.1966. – Hans Winge in: Die Presse, Wien, 8.10.1966. – H. (Horst) Knietzsch in: Neues Deutschland, Berlin (DDR), 9.10.1966. – H.U. in: Neue Zeit, Berlin (DDR), 13.10.1966.

Zum 65. Geburtstag: Henning Harmssen in: Stuttgarter Zeitung, 8.10.1971. – Friedrich Luft in: Die Welt, 9.10.1971. – E.R. (d.i. Elvira Reitze) in: Der Abend, 9.10.1971. Der Tagesspiegel, 9.10.1971. – Joachim Reich in: Der Morgen, Berlin (DDR), 10.10.1971.

Henning Harmssen: Ein Polemiker wird mild und müde, in: Der Tagesspiegel, 12.8.1972.

Zum 70. Geburtstag: rn. (d.i. Rolf Niederer) in: Neue Zürcher Zeitung, 7.10.1976. – Henning Harmssen in: Stuttgarter Zeitung, 8.10.1976. – Malte Ludin in: Frankfurter Rundschau, 9.10.1976. – Inge Bongers in: Der Abend, 9.10.1976. – Lubo (d.i. Bernd Lubowski) in: Berliner Morgenpost, 9.10.1976. – Der Tagesspiegel, 9.10.1976. – Neues Deutschland, Berlin (DDR), 9.10.1976. – Michael Schwarze in: Frankfurter Allgemeine Zeitung, 9.10.1976. – T.P. (d.i. Thomas Petz) in: Süddeutsche Zeitung, 9./10.10.1976. Rolf Wiest in: Kölner Stadt-Anzeiger, 9./10.10.1976. – Malte Ludin in: Deutsches Allgemeines Sonntagsblatt, 10.10.1976. – Eberhard Schmidt in: Die Wahrheit, 11.10.1976.

Wolfgang Gersch: Film bei Brecht. Berlin (DDR) 1975, S. 268 ff. (Das *Mutter Courage*-Projekt).

Interview

Mü.: Es gibt nur einen deutschen Film (Plädoyer für Aufführung des Films *Der Untertan* in Westdeutschland und Filmaustausch zwischen Ost und West).

„Nur DEFA" sagt man in Paris, in: Nacht-Express, Berlin (DDR), 30.11.1951 (Über Staudtes Besuch in Paris und die „westdeutsche Filmpleite"). – ('Notiz über „Nacht-Express"-Interview) in: Filmblätter, Nr. 50, 14.12.1951. – Leserzuschrift von Wolfgang Staudte in: Filmblätter, Nr. 1, 4.1.1952.

K.J.W.: Für Filmaustausch und Zusammenarbeit, in: Neues Deutschland, Berlin (DDR), 12.12.1953.

Rino Sanders: Gefährlicher Seiltanz zwischen Ost und West, in: Die Welt, 27.10.1956.

Horst Windelboth: Ein Regisseur in der Pechsträhne, in: Berliner Morgenpost, 16.1.1959.

Heinz Ungureit in: Film in Berlin, Offizielle Festspielzeitung der XIV. Internationalen Film-Festspiele, Nr. 8, 3.7.1964.

H.P. Kurr: Als der Kalte Krieg am kältesten war, in: Stuttgarter Zeitung, 25.9.1964.

Günter Netzeband: Das Dilemma des Provinzialismus, in: Sonntag, Berlin (DDR), Nr. 50, 13.12.1964 (s.a. Fred Gehler: Schwierigkeiten beim Sagen der Wahrheit, a.a.O.; Staudte-Analyse mit Kritik des Films *Herrenpartie*).

Hans Berndt: Kunst als Konterbande, in: Stuttgarter Zeitung, 6.8.1965.

Künstler und politisches Bewußtsein, ein Gespräch zwischen Wolfgang Staudte und Albert Wilkening, in: Filmwissenschaftliche Mitteilungen, Berlin (DDR), Nr. 1/1966.

M.V. in: Wochenpost, Berlin (DDR), Nr. 45, 4.11.1966.

Kein Geld für die Wahrheit, ADN-Interview in: Neues Deutschland, Berlin (DDR), 13.8.1967.

Geschäft um „Winnetou", in: Neue Zeit, Berlin (DDR), 20.8.1967 (Interview mit der bulgarischen Zeitung „Rabotnitschesko delo" zur Filmsituation in Westdeutschland).

Kurt Habernoll: Positives Meckern, in: Abendzeitung, 29.12.1969.

Damals, als ich engagierte Filme machte . . ., in: Frankfurter Rundschau, 17.1.1970.

Heute am Telefon: Wolfgang Staudte, in: Kölner Stadt-Anzeiger, 9.10.1971.

Michel Gaißmayer: Staudte blickt zurück zur DEFA, ein Gespräch aus Anlaß der Retrospektive im „Arsenal", in: Die Wahrheit, 2./3.12.1972.

Callisto Cosulich: Staudte regista delle due Germanie, in: Cinema Nuovo, Rom, Nr. 107, 15.3.1957.

Ulrich Gregor: Wie sie filmen. Fünfzehn Gespräche mit Regisseuren der Gegenwart. Gütersloh 1966, S. 19–53 (Interview von Ulrich Gregor und Heinz Ungureit; über Werdegang und Arbeitstechnik, Entstehung und Intentionen der Filme Staudtes von *Akrobat Schö-ö-ö-n* . . . bis zu *Herrenpartie*).

H.K. (d.i. Hellmuth Kutscher): Spaß am Handwerklichen bei Fernsehserien, in: Frankfurter Rundschau, 28.9.1976.

Texte von Wolfgang Staudte

Deutscher Film – wohin? Filmschaffende nehmen Stellung (Antwort von Wolfgang Staudte u.a. auf eine Umfrage.), in: Neue Filmwelt, 1. Jg., 1. Heft, 1947.

Der Heldentod füllt immer noch die Kinokassen, in: Theodor Kotulla: Der Film. Manifeste, Gespräche, Dokumente. Bd. 2: 1945 bis heute. München 1964, S. 193–195 (Vortrag für die Université Radiophonique Internationale, Paris; Nachdruck in: Der Tagesspiegel, 20.3.1960).

Das eigene Nest beschmutzen? , in: Film in Berlin, Nr. 8, 3.7.1964 (Zur Aufführung des Films *Herrenpartie* bei der Berlinale).

Rosen beschnitten . . ., unveröffentlichtes Manuskript aus dem Besitz des Autors (Zur Polemik der bundesdeutschen Presse gegen die Annahme des Hauptpreises des Festivals in Karlovy Vary 1960).

(Über den Film *Kirmes*) Unveröffentlichtes Manuskript aus dem Besitz des Autors (Bemerkungen zur Verweigerung des Prädikats „Besonders wertvoll" durch die Filmbewertungsstelle der Länder).

Nein sagen können, in: Kirche und Film, Nr. 7, Juli 1960, S. 4–5.

Akrobat Schö-ö-ö-n . . .

Kritik

Werner Fiedler in: Deutsche Allgemeine Zeitung, 3.12.1943.
Hans Jenkner in: Völkischer Beobachter, Berliner Ausgabe, 4.12.1943.
Ernst Jerosch in: Film-Kurier, Nr. 146, 7.12.1943.

Ich hab' von Dir geträumt

Kritik

Theo Fürstenau in: Deutsche Allgemeine Zeitung, 23.7.1944.
Lothar Papke in: Völkischer Beobachter, Berliner Ausgabe, 24.7.1944.
Felix Henseleit in: Film-Kurier, Nr. 59, 25.7.1944.

Frau über Bord (Westdeutscher Verleihtitel: Das Mädchen Juanita)

Kritik

KB. (d.i. Klaus Brühne) in: Film-Dienst, Lieferung 10, 10.3.1952 (Film Nr. 1642).
Werner Schwier in: Der neue Film, Nr. 37, 15.5.1952.
W.F. (d.i. Werner Fiedler) in: Der Tag, 29.6.1952.
-ul in: Der Tagesspiegel, 2.7.1952.
Chr. F. in: Die Neue Zeitung, Ausgabe Frankfurt/M., 9.7.1952.

Die Mörder sind unter uns

Filmtext

Wolfgang Staudte, Johanna Sibelius, Eberhard Keindorff: *Die Mörder sind unter uns.*
   Drehbuch. In: Filmwissenschaftliche Mitteilungen, Berlin (DDR), Nr. 2/1965. Enthält
   Teil I, 1.–49. Bild des Drehbuchs; Teil II für Nr. 3/1965 der Zeitschrift angekündigt,
   die jedoch nicht erschienen ist.
Peter Pleyer: Deutscher Nachkriegsfilm 1946–1948. Phil. Diss. Münster (Westf.) 1965,
   S. 173–192 (Kurzprotokoll).
Ellen Blauert (Hrsg.): *Die Mörder sind unter uns/Ehe im Schatten/Die Buntkarierten/Rota-
   tion.* Vier Filmerzählungen nach den bekannten DEFA-Filmen. Berlin (DDR) 1969,
   S. 9–73.

Material

Wolfgang Staudte zu dem Film *Die Mörder sind unter uns,* in: Ellen Blauert, a.a.O., S. 74. –
Ernst Jäger in: Neue Filmwelt, Berlin (Sowj. Sektor), 2. Heft 1947 (Bericht über Vorführung
   vor Filmschaffenden in Hollywood).
Curt Riess: Das gibt's nur einmal. Das Buch des deutschen Films nach 1945. Hamburg 1958,
   S. 56–58, 61, 65, 71–72 (Anekdotische Entstehungsgeschichte von *Die Mörder sind unter
   uns*).
Dieter Krusche (mit Jürgen Labenski): Reclams Filmführer. Stuttgart 1973, S. 417–418
   (Lexikalisches Stichwort).
Begründung des Prädikats „Besonders wertvoll" in: Besonders wertvoll. 2. Folge. Herausge-
   geben von der Filmbewertungsstelle Wiesbaden. Wiesbaden-Biebrich 1959, S. 70 u. 73.

Interview

Georg Hermann in: Tägliche Rundschau, Berlin (Sowj. Sektor), 20.10.1946. Nachdruck in: Horst Knietzsch (Hrsg.): Prisma. Kino- und Fernseh-Almanach, Bd. 2. Berlin (DDR) 1971, S. 42 u. 44.

Kritik

Hans Ulrich Eylau in: Tägliche Rundschau, Berlin (Sowj. Sektor), 16.10.1946.
Friedrich Luft in: Der Tagesspiegel, 16.10.1946.
Christa Rotzoll in: Der Kurier, 16.10.1946.
P.W. in: Nacht-Express, Berlin (Sowj. Sektor), 16.10.1946.
Werner Fiedler in: Neue Zeit, Berlin (Sowj. Sektor), 17.10.1946.
D.F. (d.i. Dora Fehling) in: Telegraf, 17.10.1946.
Peter Kast (d.i. Carl Preißner) in: Vorwärts, Berlin (Sowj. Sektor), 17.10.1946. Nachdruck in: Spielfilme der DEFA im Urteil der Kritik. Berlin (DDR), 1970, S. 11–13.
Walter Lennig in: Berliner Zeitung, Berlin (Sowj. Sektor), 17.10.1946.
Enno Kind in: Neues Deutschland, Berlin (Sowj. Sektor), 17.10.1946.
Klaus-Peter Schulz in: Der Sozialdemokrat, 17.10.1946.
F.L. (d.i. Friedrich Luft) in: Die Neue Zeitung, Berliner Ausgabe, 18.10.1946.
Wolfdietrich Schnurre in: Deutsche Rundschau, Heft 8, November 1946.
G.H. in: Filmdienst der Jugend, 1948 (Film Nr. 128).
Ponkie (d.i. Ilse Schliekmann-Kümpfel) in: Abendzeitung, 28./29.11.1959.
hdr (d.i. Hans-Dieter Roos) in: Süddeutsche Zeitung, 1.12.1959.
Th.K. (d.i. Theodor Kotulla) in: Filmkritik, Nr. 1, Januar 1960.
Chris Marker in: Cahiers du Cinéma, Nr. 4, Juli/August 1951 (Essai zur Situation des deutschen Nachkriegsfilms; enthält auch Bemerkungen zu *Rotation*).
Siehe auch Roger Manvell: Film. Harmondsworth, Middlesex 1944. Further revised 1950, S. 211.

Analyse

Peter Pleyer: Deutscher Nachkriegsfilm, a.a.O., S. 52–55.

Stellungnahme

Paul Wegener, Prof. Theodor Brugsch, Inge von Wangenheim, Hedda Zinner, Helga Zülch u.a. in: Tägliche Rundschau, Berlin (Sowj. Sektor), 20.10.1946. Nachdruck auszugsweise in: Horst Knietzsch (Hrsg.): Prisma. Kino- und Fernseh-Almanach, Bd. 2, a.a.O., S. 36–42.
Geza Radvany, J.A. Hübler-Kahla, Franz Antel, Geza von Cziffra u.a. in: Mein Film, Wien, Nr. 5, 31.1.1947.

Aufsatz

Rolf Richter: Der Weg aus der Vergangenheit. In: Filmwissenschaftliche Mitteilungen, Berlin (DDR), Nr. 2/1965.

Die seltsamen Abenteuer des Herrn Fridolin B.

Kritik

E.C. in: Der Abend, 10.3.1948.
Hannelore Holtz in: Nacht-Express, Berlin (Sowj. Sektor), 10.3.1948.
W. (Walter) Lennig in: Berliner Zeitung, Berlin (Sowj. Sektor), 11.3.1948.
F. (Friedrich) Luft in: Die Neue Zeitung, Berliner Ausgabe. 11.3.1948.
Hans Ulrich Eylau in: Tägliche Rundschau, Berlin (Sowj. Sektor), 12.3.1948.
-ard. (d.i. Heinz Reinhard) in: Die neue Filmwoche, Nr. 13, 27.3.1948.

K.B. (d.i. Klaus Brühne) in: Filmdienst der Jugend, Lieferung 10, 10.3.1949 (Film Nr. 232).
Haff- (d.i. Hellmut Haffner) in: Abendzeitung, 5.5.1958.

Analyse

Peter Pleyer: Deutscher Nachkriegsfilm, a.a.O., S. 123–125.

Fünf Mädchen und ein Mann (A Tale of Five Cities)

Kritik

W.B. (d.i. Wilhelm Bettecken) in: Film-Dienst, Lieferung 20, 14.5.1954 (Film Nr. 3271).
(Georg) Herzberg in: Film-Echo, Nr. 20, 15.5.1954.
Der Spiegel, Nr. 22, 26.5.1954.
W.E. (d.i. Wolfgang Ebert) in: Kölner Stadt-Anzeiger, 7.8.1954.
R.H. in: Kölnische Rundschau, 7.8.1954.
pm in: Hannoversche Presse, 18.9.1954.

Rotation

Filmtext

Ellen Blauert (Hrsg.): *Die Mörder sind unter uns/Ehe im Schatten/Die Buntkarierten/Rotation.* a.a.O., S. 219–278.
Rotation. Ein Film von Wolfgang Staudte. In: Filmstudio, Heft 49, 1.4.1966 (Teil I); Heft 50, 1.7.1966 (Teil II).

Material

Wolfgang Staudte zu seinem Film *Rotation,* in: Ellen Blauert, a.a.O., S. 279–280.
Der Spiegel, Nr. 39, 22.9.1949.
Briefwechsel zwischen Dr. Walter Becher, MdL, und Dr. Clemens Münster, Fernsehdirektor des Bayerischen Rundfunks, vom 14. bzw. 28. Mai 1958 anläßlich der Ausstrahlung des Films *Rotation* im Deutschen Fernsehen, in: fff-Press, Nr. 17, 5.6.1958.
Dieter Krusche: Reclams Filmführer, a.a.O., S. 503 (Lexikalisches Stichwort).

Kritik

H.H. (d.i. Hannelore Holtz) in: Nacht-Express, Berlin (Sowj. Sektor), 17.9.1949.
Konrad Schneider in: Der Kurier, 17.9.1949.
Hans Ulrich Eylau in: Tägliche Rundschau, Berlin (Sowj. Sektor), 18.9.1949.
G.G. in: Der Sozialdemokrat, 18.9.1949.
Herbert Ihering in: Berliner Zeitung, Berlin (Sowj. Sektor), 18.9.1949.
(Wolfgang) Joho in: Neues Deutschland, Berlin (Sowj. Sektor), 18.9.1949. Nachdruck in: Spielfilme der DEFA im Urteil der Kritik, a.a.O., S. 23–26.
Herman Müller in: Vorwärts, Berlin (Sowj. Sektor), 18.9.1949.
Hans-Dietrich Weiß in: Die Welt, Berliner Ausgabe, 19.9.1949.
Wolfgang Kohlhaase in: Start, Nr. 39, 23.9.1949.
Wolfgang W. Parth in: Sie, Nr. 39, 25.9.1949.
eha (d.i. Edith Hamann) in: Der neue Film, Nr. 27, 30.9.1949.
v.S. (d.i. Otto Freiherr von Sass = Matthias Walden) in: Die Union, Dresden, 1.10.1949.
Karl Andreas Eppenhagen in: Die Welt, Hamburger Ausgabe, 22.5.1950.
fv (d.i. Franziska Violet) in: Süddeutsche Zeitung, 11.9.1953.
Kurzkritiken in Berichten über das Festival Locarno 1954, u.a. in: Neue Zürcher Zeitung, 9.7.1954; National-Zeitung, Basel, 17.7.1954.

J-t/B. in: Film-Dienst, Lieferung 28/29, 11.7.1957 (Film Nr. 5981).
Paul Schallück in: filmforum, Nr. 3, März 1958.
Reimar Hollmann in: Film, Velber, Heft 10, Oktober 1965.

Analyse

Arthur Bunkowski in der Reihe „Was wir vom Film wissen sollten", Nr. 15. Herausgegeben
von der Landesarbeitsgemeinschaft Film Nordrhein-Westfalen. Essen-Werden o.J.
R. Borde, F. Buache, F. Courtade: Le cinéma réaliste allemand. Lyon-Préfecture 1965,
S. 273–277.

Schicksal aus zweiter Hand

Kritik

Gunter Groll in: Süddeutsche Zeitung, 19.10.1949.
E.P. (d.i. Enno Patalas) in: Film-Dienst, Lieferung 39, 21.20.1949 (Film Nr. 446).
Ba. (d.i. Manfred Barthel) in: Der Abend, 2.11.1949.
Konrad Schneider in: Der Kurier, 2.11.1949.
H.H. (d.i. Hannelore Holtz) in: Nacht-Express, Berlin (DDR), 2.11.1949.
Dora Fehling in: Telegraf, 3.11.1949.
Herbert Ihering in: Berliner Zeitung, Berlin (DDR), 3.11.1949.
-ft. (d.i. Friedrich Luft) in: Die Neue Zeitung, Berliner Ausgabe, 3.11.1949.
Norbert Peschke in: Vorwärts, Berlin (DDR), 3.11.1949.
Wolfgang Joho in: Neues Deutschland, Berlin (DDR), 4.11.1949.

Der Untertan

Material

Begründungen des Prädikats „Wertvoll" und des (nach Einspruch zuerkannten) Prädikats
„Besonders wertvoll", in: Besonders wertvoll. 8. Folge. Herausgegeben von der Filmbe-
wertungsstelle Wiesbaden. Wiesbaden-Biebrich 1965, S. 125–129.
Dieter Krusche: Reclams Filmführer, a.a.O., S. 576–578 (Lexikalisches Stichwort).

Kritik

K. (Kurt) J. (Joachim) Fischer in: Kirche und Film, Nr. 17, 1.9.1951.
H. (Heinz) Hofmann in: National-Zeitung, Berlin (DDR), 1.9.1951.
R.K. in: Nacht-Express, Berlin (DDR), 1.9.1951.
Smolk in: Neue Zeit, Berlin (DDR), 1.9.1951.
Herman Müller in: Neues Deutschland, Berlin (DDR), 2.9.1951.
Hermann Martin in: BZ am Abend, Berlin (DDR), 3.9.1951.
Herbert Ihering in: Berliner Zeitung, Berlin (DDR), 4.9.1951. Nachdruck in: Spielfilme der
DEFA im Urteil der Kritik, a.a.O., S. 40–43.
Irene (d.i. Ierene Pulst) in: Filmblätter, Nr. 36, 7.9.1951.
Wolfgang Joho in: Sonntag, Berlin (DDR), Nr. 36, 9.9.1951.
r.b. (d.i. Roman Brodmann) in: Die Tat, Zürich, 7.10.1951.
N.N. in: Filmpress, Nr. 45, 1.12.1951.
Fedor Stepun in: filmforum, Nr. 9, Juni 1952.
Wilfried Berghahn in: Frankfurter Hefte, Nr. 9, 9.9.1952.
J-t. in: Film-Dienst, Lieferung 19, 15.5.1953 (Film Nr. 2502).
kw. in: Evangelischer Film-Beobachter, Folge 17, 26.4.1956 (Film Nr. 299).
Hans Rauschning in: Der Abend, 4.10.1956.
Gunter Groll in: Süddeutsche Zeitung, 11.3.1957.

Hans Hellmut Kirst in: Münchner Merkur, 11.3.1957.
Georg Ramseger in: Die Welt, 11.3.1957.
Klaus Hebecker in: Film-Telegramm, Nr. 11, 12.3.1957.
Erika Müller in: Die Zeit, Nr. 11, 14.3.1957 (Dort Hinweis auf Schnitte in der westdeutschen
    Fassung.).
Erwin Goelz in: Stuttgarter Zeitung, 19.3.1957.
Wolfgang Bartsch in: Frankfurter Rundschau, 22.3.1957.
Karl-Heinz Krüger in: Der Abend, 23.3.1957.
Werner Fiedler in: Der Tag, 24.3.1957.
Günther Geisler in: Berliner Morgenpost, 24.3.1957.
Karena Niehoff in: Der Tagesspiegel, 24.3.1957.
B.K. in: Christ und Welt, Nr. 13, 28.3.1957 .
E.S. in: Deutsche Zeitung, 30.3.1957. Leserbriefe gegen diese nationalistische Polemik des
    Kritikers E.S. in: Deutsche Zeitung, 6.4.1957; Antwort von E.S. auf diese Leserbriefe
    in: Deutsche Zeitung, 18.4.1957.
Karl Korn in: Frankfurter Allgemeine Zeitung, 9.4.1957.
Filmkritik, Nr. 5, Mai 1957.
Helmut Färber in: Süddeutsche Zeitung, 15.5.1966.
Jacques Siclier in: Cahiers du Cinéma, Paris, Nr. 64, November 1956.

Die Geschichte vom kleinen Muck

Material

Peter Podehl in: Neue Filmwelt, Berlin (DDR), Heft 5/1953. (Zur Entstehungsgeschichte des
    Drehbuchs).

Kritik

H.U.E. (d.i. Hans Ulrich Eylau) in: Berliner Zeitung, Berlin (DDR), 24.12.1953.
W.J. (d.i. Wolfgang Joho) in: Sonntag, Berlin (DDR), Nr. 52, 27.12.1953.
Susanne König in: Neues Deutschland, Berlin (DDR), 30.12.1953. Nachdruck in: Spielfilme
    der DEFA im Urteil der Kritik, a.a.O., S. 53—57.
CZI. in: Tribüne, Berlin (DDR), 31.12.1953.
Cinéaste, Heft 1, Januar 1954.
Gero Gandert in: Film-Telegramm, Nr. 4, 26.1.1954.
Rudolf Neutzler in: Die Filmwoche, Nr. 10, 13.3.1954.
Eva Zapff in: Deutsche Filmkunst, Berlin (DDR), Heft 2/1954.

Leuchtfeuer

Kritik

Stefan Burg in: Tägliche Rundschau, Berlin (DDR), 7.12.1954.
Heinz Hofmann in: National-Zeitung, Berlin (DDR), 7.12.1954.
Herman Müller in: Neues Deutschland, Berlin (DDR), 8.12.1954.
H.U.E. (d.i. Hans Ulrich Eylau) in: Berliner Zeitung, Berlin (DDR), 9.12.1954.
Me. in: Neue Zeit, Berlin (DDR), 9.12.1954.
Leo Menter in: BZ am Abend, Berlin (DDR), 9.12.1954.
Rudolf Neutzler in: Die Filmwoche, Nr. 51/52, 25.12.1954.
Carl Andrießen in: Die Weltbühne, Berlin (DDR), Nr. 49, 8.12.1954.

Ciske – Ein Kind braucht Liebe

(Sämtliche angeführten Texte beziehen sich auf die deutsche Version des Films.)
KB. (d.i. Klaus Brühne) in: Film-Dienst, Lieferung 44, 3.11.1955 (Film Nr. 4474).
Michael Lentz in: Westdeutsche Allgemeine, 21.10.1955.
Franziska Violet in: Süddeutsche Zeitung, 30.11.1955.
-pp (d.i. Benno Klapp) in: Film 56 (Frankfurt/M.), Heft 2, Februar 1956.
G-z. (d.i. Erwin Goelz) in: Stuttgarter Zeitung, 14.4.1956.

Rose Bernd

Material

Begründung des Prädikats „Besonders wertvoll", in: Der neue Filmspiegel, Nr. 8, 7.2.1957.

Kritik

Georg Ramseger in: Die Welt, 2.2.1957.
Wilhelm Asche in: Die Zeit, Nr. 6, 7.2.1957.
Martin Ruppert in: Frankfurter Allgemeine Zeitung, 25.2.1957.
Will Wehling in: filmforum, Nr. 6, März 1957.
Erwin Goelz in: Stuttgarter Zeitung, 9.3.1957.
Filmkritik, Nr. 4, April 1957.
Walter Bittermann in: Rheinischer Merkur, 5.4.1957.
Karl-Heinz Krüger in: Der Abend, 27.4.1957.
Günther Geisler in: Berliner Morgenpost, 28.4.1957.
Karena Niehoff in: Der Tagesspiegel, 28.4.1957.
Klaus Norbert Scheffler in: Deutsche Filmkunst, Berlin (DDR), Heft 9/1957.
Ernesto G. Laura in: Bianco e Nero, Rom, Nr. 6/1957.
L.M.S. (d.i. Louis Marcorelles) in: Cahiers du Cinéma, Paris, Nr. 86, August 1958.

Aufsatz

Jürgen Hardt: Viermal Gerhart Hauptmann auf der Leinwand, in: Deutsche Filmkunst, Heft 7/
1957.

Madeleine und der Legionär

Kritik

Karl-Heinz Krüger in: Der Abend, 22.1.1958.
Günther Geisler in: Berliner Morgenpost, 23.1.1958.
Friedrich Luft in: Die Welt, Berliner Ausgabe, 23.1.1958.
Karena Niehoff in: Der Tagesspiegel, 23.1.1958.
Michael Lentz in: Westdeutsche Allgemeine, 27.1.1958.
Klaus Hebecker in: Film-Telegramm, Nr. 5, 28.1.1958.
Thilo Koch in: Die Zeit, Nr. 5, 30.1.1958.
E.P. (d.i. Enno Patalas) in: Filmkritik, Nr. 3, März 1958.
Horst Knietzsch in: Deutsche Filmkunst, Berlin (DDR), Heft 3/1958.

Kanonenserenade

Kritik

Rino Sanders in: Die Welt, 1.8.1958.
Wolfgang Ebert in: Kölner Stadt-Anzeiger, 2.8.1958.

Günther Geisler in: Berliner Morgenpost, 2.8.1958.
Walther Schmieding in: Westfalenpost, 5.8.1958.
Dieter Krusche in: filmforum, Nr. 9, September 1958. Nachdruck in: Jahrbuch der Filmkritik. Herausgegeben von der Arbeitsgemeinschaft der Filmjournalisten e.V. Emsdetten/ Westf. 1959, S. 76–78.
E.P. (d.i. Enno Patalas) in: Filmkritik Nr. 9, September 1958.

Der Maulkorb

Kritik

Der Spiegel, Nr. 40, 1.10.1958.
L-nn in: Film-Dienst, Lieferung 40, 2.10.1958 (Film Nr. 7350).
E.P. (d.i. Enno Patalas) in: Filmkritik, Nr. 11, November 1958.

Rosen für den Staatsanwalt

Material

Der Spiegel, Nr. 36, 2.9.1959 (Zur Entstehungsgeschichte des Films).
Dieter Krusche: Reclams Filmführer. Stuttgart 1973, S. 502–503 (Lexikalisches Stichwort).

Kritik

Walther Schmieding in: Ruhr-Nachrichten, zit. n.: Jahrbuch II der Filmkritik. Emsdetten/ Westf. 1961, S. 199–200.
Günter Seuren in: Deutsche Zeitung, 29.9.1959.
Erika Müller in: Die Zeit, Nr. 40, 2.10.1959.
Hans Hellmut Kirst in: Münchner Merkur, 8.10.1959.
Hans-Dieter Roos in: Süddeutsche Zeitung, 8.10.1959.
Theo Fürstenau in: Christ und Welt, Nr. 42, 15.10.1959.
Walter Bittermann in: Rheinischer Merkur, 16.10.1959.
G-z. (d.i. Erwin Goelz) in: Stuttgarter Zeitung, 31.10.1959.
E.P. (d.i. Enno Patalas) in: Filmkritik, Nr. 11, November 1959.
Harri Czepuck in: Neues Deutschland, Berlin (DDR), 2.11.1959.
MR (d.i. Martin Ruppert) in: Frankfurter Allgemeine Zeitung, 19.11.1959.
Alexander Wien in: Sonntag, Nr. 47, 22.11.1959.
W.F. (d.i. Werner Fiedler) in: Der Tag, 23.12.1959.
Günther Geisler in: Berliner Morgenpost, 23.12.1959.
Karena Niehoff in: Der Tagesspiegel, 23.12.1959.
Dieter Wolf in: Forum, Berlin (DDR), 21.1.1966.

Kommentar

In der auf dem Festival in Karlovy Vary gezeigten Kopie von *Rosen für den Staatsanwalt* fehlte eine Szene, die erkennen läßt, daß sich die Justizbehörden gegen die neonazistischen Machinationen des Staatsanwalts zur Wehr setzen. Die Aufführung in Karlovy Vary wurde in den Zeitungen der Bundesrepublik und Westberlins lebhaft und kontrovers kommentiert, u.a. von:
-er in: Der Tag, 19.7.1960.
E-s in: Kölnische Rundschau, 26.7.1960.
-er in: Der Tag, 26.7.1960.
M.H. Petersen in: Der Tagesspiegel, 31.7.1960.

Weh. in: Die Welt, 2.8.1960.
W.F. (d.i. Werner Fiedler) in: Der Tag, 5.8.1960.

Aufsatz

Dietmar Schmidt in: Kirche und Film, Nr. 10, Oktober 1959.

Analyse

Heinz Baumert und Hermann Herlinghaus (Hrsg.): Jahrbuch des Films 1960. Berlin (DDR), 1961, S. 95–98.

Kirmes

Material

Der Spiegel, Nr. 4, 18.1.1961 (Bericht über die Ausstrahlung des Films im Deutschen Fernsehfunk der DDR).
Dieter Krusche: Reclams Filmführer. Stuttgart 1973, S. 371 (Lexikalisches Stichwort).

Kritik

Friedrich Luft in: Die Welt, 4.7.1960.
Karena Niehoff in: Der Tagesspiegel, 5.7.1960.
Michael Lentz in: Westdeutsche Allgemeine, 5.7.1960.
AvC. in: Vorwärts, Bonn, 15.7.1960.
Der Spiegel, Nr. 30, 20.7.1960.
Th. K. (d.i. Theodor Kotulla) in: Filmkritik, Nr. 8, August 1960.
H-nn. in: Film-Dienst, Lieferung 33, 11.8.1960 (Film Nr. 9335).
Karl Korn in: Frankfurter Allgemeine Zeitung, 29.8.1960.
Hans-Dieter Roos in: Süddeutsche Zeitung, 5.9.1960.
J.W. Reifenrath in: Kölner Stadt-Anzeiger, 17./18.9.1960.
G-z (d.i. Erwin Goelz) in: Stuttgarter Zeitung, 29.9.1960.
Horst Knietzsch in: Neues Deutschland, Berlin (DDR), 11.3.1964.
Jean Douchet in: Cahiers du Cinéma, Paris, Nr. 110, August 1960.
Alberto Pesce in: Bianco e Nero, Rom, Nr. 7/1960.

Analyse

Madina Buschkowsky in: Filmwissenschaftliche Mitteilungen, Berlin (DDR), Nr. 2/1965, S. 467–477.

Der letzte Zeuge

Material

Begründung des Prädikats „Wertvoll" in: Besonders wertvoll. 4. Folge. Herausgegeben von der Filmbewertungsstelle Wiesbaden. Wiesbaden-Biebrich 1961, S. 74 u. 77.

Kritik

Wa (d.i. Friedrich A. Wagner) in: Frankfurter Allgemeine Zeitung, 3.1.1961.
Ponkie (d.i. Ilse Schliekmann-Kümpfel) in: Abendzeitung, 5.1.1961.
Georg Ramseger in: Die Welt, 7.1.1961.
Hans-Dieter Roos in: Süddeutsche Zeitung, 8.1.1961.
Peter W. Jansen in: Der Mittag, 10.1.1961.
Günter Seuren in: Deutsche Zeitung, 10.1.1961.

A-th in: Die Zeit, Nr. 3, 13.1.1961.
Karena Niehoff in: Der Tagesspiegel, 18.1.1961.
pat (d.i. Enno Patalas) in: Filmkritik, Nr. 2, Februar 1961.
Hr. in: Neue Zürcher Zeitung, 13.12.1961.
Undine in: National-Zeitung, Basel, 3.4.1962.
H.U. in: Neue Zeit, Berlin (DDR), 19.7.1962.
Giovanni Calendoli in: Bianco e Nero, Rom, Nr. 7–8/1961.

Die Rebellion

Kritik

Wolfgang Ignée in: Die Welt, 17.9.1962.
Kirche und Fernsehen, Nr. 37, 15.9.1962.
lupus in: Die Zeit, Nr. 38, 21.9.1962.
Weitere Kritiken in: Kinemathek, Heft 7, Februar 1968, S. 5–6.

Die glücklichen Jahre der Thorwalds

Kritik

Volker Baer in: Der Tagesspiegel, 18.11.1962.
Werner Fiedler in: Der Tag, 20.11.1962.
Reimar Hollmann in: Hannoversche Presse, 20.11.1962.
Heinz Ungureit in: Frankfurter Rundschau, 23.11.1962.
Friedrich Luft in: Die Welt, 24.11.1962.
H-nn (d.i. Hilde Herrmann) in: Film-Dienst, Lieferung 48, 28.11.1962 (Film Nr. 584).
ktl (d.i. Theodor Kotulla) in: Filmkritik, Nr. 12, Dezember 1962.

Die Dreigroschenoper

Material

Staudte/Heckroth/Raguse: Die Dreigroschenoper 63. Werkbuch zum Film. München 1964.
   Enthält Aufsätze von Wolfgang Staudte (Die Legende vom politischen Gehalt der Dreigroschenoper), Hein Heckroth (Kunst ist Kunst und Wurst ist Wurst) sowie Informationen
   über die Dreharbeiten. (Besprechung des Werkbuchs von GR in: Frankfurter Rundschau,
   9.1.1965).
Der Spiegel, Nr. 27, 28.6.1961 (Über die Entstehungsgeschichte des Films und die Intentionen der Regie).

Kritik

Walther Schmieding in: Politica, zit. n. Jahrbuch IV der Filmkritik. Herausgegeben von der
   Arbeitsgemeinschaft der Filmjournalisten e.V., Emsdetten/Westf. 1964, S. 318–321.
   Siehe auch Walther Schmieding in: Ruhr-Nachrichten, 1.3.1963.
Georg Ramseger in: Die Welt, 2.3.1963.
Winfried Wild in: Stuttgarter Nachrichten, 2.3.1963.
Hans Hellmut Kirst in: Münchner Merkur, 3.3.1963. Nachdruck in: Jahrbuch IV der Film-
   kritik, a.a.O., S. 151–154.
K. (Karl) H. (Heinz) Ruppel in: Süddeutsche Zeitung, 3.3.1963.
Günter Seuren in: Deutsche Zeitung, 5.3.1963.
uwe (d.i. Uwe Nettelbeck) in: Die Zeit, Nr. 10, 8.3.1963.
G-z (d.i. Erwin Goelz) in: Stuttgarter Zeitung, 9.3.1963.

Heinz Ungureit in: Frankfurter Rundschau, 11.3.1963. Nachdruck in: Jahrbuch IV der Filmkritik, a.a.O., S. 380–383.

Friedrich A. Wagner in: Frankfurter Allgemeine Zeitung, 11.3.1963.

Der Spiegel, Nr. 11, 13.3.1963.

Walter Bittermann in: Rheinischer Merkur, 29.3.1963.

Karena Niehoff in: Der Tagesspiegel, 30.3.1963.

pat (d.i. Enno Patalas) in: Filmkritik, Nr. 4, April 1963. Nachdruck in: Jahrbuch IV der Filmkritik, a.a.O., S. 236–239.

Hans-Dieter Roos in: Film, Velber, Heft 1, April/Mai 1963.

ms. (d.i. Martin Schlappner) in: Neue Zürcher Zeitung, 19.4.1963.

H. Albrecht in: National-Zeitung, Berlin (DDR), 16.2.1964.

Horst Knietzsch in: Neues Deutschland, Berlin (DDR), 20.2.1964.

H.U. in: Neue Zeit, Berlin (DDR), 21.2.1964.

Leserbriefe unter der Überschrift „Enttäuscht von Wolfgang Staudte!" in: Filmspiegel, Berlin (DDR), Nr. 7, 3.4.1964.

Aufsatz

Madina Buschkowsky: Gedanken zu einer Verfilmung der *Dreigroschenoper* in: Filmwissenschaftliche Mitteilungen, Berlin (DDR), Nr. 3/1964.

Herrenpartie

Filmtext

Werner Jörg Lüddecke: *Herrenpartie*. Filmerzählung. Berlin (DDR), 1964.

Material

Der Spiegel, Nr. 52, 25.12.1963.

K.St. (d.i. Karl Stankiewitz) in: Der Kurier, 18.2.1965 (Über den Boykott des Films durch FBW, Bundesinnenministerium etc.).

Flugblatt der Arbeitsgemeinschaft für Heimatschutz, Hamburg (verantwortlich: D. Stein), in Form eines fiktiven Schreibens von Josip Tito an Wolfgang Staudte.

Ablehnung eines Prädikats für den Film *Herrenpartie*, Schreiben des Vorsitzenden des Hauptausschusses der Filmbewertungsstelle Wiesbaden Dr. Karl Korn an Dr. Gert Rabanus vom 16.4.1964. In: Werner Jörg Lüddecke: *Herrenpartie*, a.a.O., S. 96–97.

Dg. (d.i. Manfred Delling) in: Die Welt, 22.5.1964 (Kommentar über die Verweigerung eines Prädikats durch die FBW).

Interview

Gespräch mit dem Regisseur Wolfgang Staudte, in: Expreß, Wien, 25.4.1964. Nachdruck in: Werner Lüddecke: *Herrenpartie*, a.a.O., S. 98–100.

Kritik

Rainer Fabian in: Rheinischer Merkur, Nr. 10, 6.3.1964.

mr in: Film-Dienst, Lieferung 11, 18.3.1964 (Film Nr. 12 608).

Hans Prescher in: Kirche und Film, Nr. 4, April 1964.

Reinold E. Thiel in: Filmkritik, Nr. 4, April 1964.

Klaus Hebecker in: Film-Telegramm, Nr. 16, 14.4.1964. Nachdruck in: Jahrbuch V der Filmkritik. Herausgegeben von der Arbeitsgemeinschaft der Filmjournalisten e.V., Emsdetten/Westf. 1964/65, S. 95–97.

Hans Jürgen Weber in: Film-Echo/Filmwoche, Nr. 32, 18.4.1964. Nachdruck in: Jahrbuch V der Filmkritik, a.a.O., S. 316–317.

U.N. (d.i. Uwe Nettelbeck) in: Die Zeit, Nr. 22, 29.5.1964.
Manfred Delling in: Film, Velber, Heft 8, Juni/Juli 1964; s.a. Die Welt, 7.7.1964.
Hans-Dieter Roos in: Süddeutsche Zeitung, 3.7.1964 (Sammelkritik über Berlinale).
Raimund Le Viseur in: Der Abend, 4.7.1964.
Karena Niehoff in: Der Tagesspiegel, 5.7.1964.
Dieter Strunz in: Berliner Morgenpost, 5.7.1964.
Heinz Ungureit in: Frankfurter Rundschau, 7.7.1964.
Dieter Hildebrandt in: Frankfurter Allgemeine Zeitung, 8.7.1964 (Sammelkritik über Berlinale).
pz. in: Neue Zürcher Zeitung, 10.7.1964 (Sammelkritik über Berlinale).
Kurt Habernoll in: Filmblätter, Nr. 29, 11.7.1964.
kr. (d.i. Eva Hoffmann-Krause) in: Evangelischer Film-Beobachter, Folge 29, 18.7.1964 (Film Nr. 347). Nachdruck in: Jahrbuch V der Filmkritik, a.a.O., S. 107–109.
Hartmut Albrecht in: National-Zeitung, Berlin (DDR), 24.10.1964.
Horst Knietzsch in: Neues Deutschland, Berlin (DDR), 25.10.1964.
Gisela Herrmann in: BZ am Abend, Berlin (DDR), 26.10.1964.
G. (Günter) Sobe in: Berliner Zeitung, Berlin (DDR), 27.10.1964.
H.U. in: Neue Zeit, Berlin (DDR), 27.10.1964.
Christoph Funke in: Der Morgen, Berlin (DDR), 29.10.1064.
Auszüge aus weiteren Kritiken in: Werner Jörg Lüddecke: *Herrenpartie,* a.a.O., S. 102–109.
Giovanni Grazzini in: Bianco e Nero, Rom, Nr. 8–9/1964 (Sammelkritik über Berlinale).
Michel Delahaye in: Cahiers du Cinéma, Paris, Nr. 158, August-September 1964 (Sammelkritik über Berlinale).

Analyse

Madina Buschkowsky in: Filmwissenschaftliche Mitteilungen, Berlin (DDR), Nr. 2/1965, S. 477–486.

Das Lamm

Interview

Kurt Habernoll in: Frankfurter Rundschau, 27.11.1964.

Kritik

Otto Kuhn in: Ruhrwacht, 28.11.1964.
Michael Lentz in: Westdeutsche Allgemeine, 28.11.1964. Nachdruck in: Jahrbuch VI der Filmkritik. Herausgegeben von der Arbeitsgemeinschaft der Filmjournalisten e.V. Emsdetten/Westf. 1966, S. 178–179.
Günter Seuren in: Handelsblatt/Deutsche Zeitung, 30.11.1964.
Manfred Delling in: Die Welt, 5.12.1964.
Klaus Hebecker in: Film-Telegramm, Nr. 50, 8.12.1964.
Bernhard Schütze in: Vorwärts, Bonn, Nr. 50, 9.12.1964.
Der Spiegel, Nr. 50, 9.12.1964.
J-t (d.i. Werner Jungeblodt) in: Film-Dienst, Nr. 50, 16.12.1964 (Film Nr. 13 160). Nachdruck in: Jahrbuch VI der Filmkritik, a.a.O., S. 143–145.
Hans-Dieter Roos in: Film, Velber, Heft 2, Februar 1965.
Herbert Reich in: Kirche und Film, Nr. 5, Mai 1965.
Friedrich Salow in: Neues Deutschland, Berlin (DDR), 5.12.1965.
H.U. in: Neue Zeit, Berlin (DDR), 7.12.1965.

Der Fall Kapitän Behrens

Kritik

K.H. (d.i. Kurt Habernoll) in: Der Abend, 5.2.1966.
Wolfgang Paul in: Der Tagesspiegel, 6.2.1966.
K.H.K. (d.i. Karl Heinz Kramberg) in: Süddeutsche Zeitung, 7.2.1966.
Ulrike Piper in: Vorwärts, Bonn, Nr. 7, 9.2.1966.
Rainald Merkert in: Funk-Korrespondenz, Nr. 8, 17.2.1966.

Ganovenehre

Material

Atlas Filmhefte, Heft 71. Herausg.: Atlas Filmverleih GmbH., Duisburg. Redaktion: Klaus
    Ulrich Reinke. Frankfurt/M. 1966. Enthält Texte von Klaus Geitel, Hans W. Ohly,
    Wolfgang Staudte (Die Konstruktion des Vergnügens), Werner Thomas.

Kritik

Gisela Huwe in: Der Kurier/Der Tag, 15.4.1966.
Karena Niehoff in: Der Tagesspiegel, 16.4.1966.
-ft (d.i. Friedrich Luft) in: Die Welt, 23.4.1966.
Wilhelm Roth in: Kölner Stadt-Anzeiger, 30.4.1966.
Ilona Perl in: Film, Velber, Heft 5, Mai 1966.
Bernd Frank in: Frankfurter Allgemeine Zeitung, 9.5.1966.
-lz in: Film-Dienst, Lieferung 19, 11.5.1966 (Film Nr. 14 015).
Hans Hellmut Kirst in: Münchner Merkur, 28.5.1966.
E.S. (d.i. Eckhart Schmidt) in: Süddeutsche Zeitung, 28.5.1966.
U.G. (d.i. Ulrich Gregor) in: Filmkritik, Nr. 6, Juni 1966.
sb. in: Neue Zürcher Zeitung, 24.11.1966.

Die Klasse

Kritik

K. (Karl) H. (Heinz) Kramberg in: Süddeutsche Zeitung, 26.9.1968.
Ludwig Metzger in: Funk-Korrespondenz, Nr. 40, 4.10.1968.
Kirche und Fernsehen, Nr. 39, 28.9.1968.

Heimlichkeiten

Kritik

RR in: Rheinische Post, 16.11.1968.
Klaus U. Reinke in: Filmecho, Nr. 95, 27.11.1968.
Hannes Schmidt in: Filmblätter, Nr. 49, 3.12.1968.

Die Herren mit der weißen Weste

Kritik

Ponkie (d.i. Ilse Schliekmann-Kümpfel) in: Abendzeitung, 13.3.1970.
Volker Baer in: Der Tagesspiegel, 14.3.1970.

hd. in: Frankfurter Allgemeine Zeitung, 14.3.1970.
Friedrich Luft in: Die Welt, 21.3.1970.
Der Spiegel, Nr. 13, 23.3.1970.
Harald Greve/Wilhelm Roth in: Filmkritik, Nr. 5, Mai 1970.

Die Gartenlaube

Interview

Eckard Presler in: B.Z., 24.3.1970.

Kritik

Helmut M. Braem in: Stuttgarter Zeitung, 26.3.1970.
K.H.K. (d.i. Karl Heinz Kramberg) in: Süddeutsche Zeitung, 26.3.1970.
Wolfgang Paul in: Der Tagesspiegel, 26.3.1970.
Valentin Polcuch in: Die Welt, 26.3.1970.
Peter F. Gallasch in: Funk-Korrespondenz, Nr. 14, 2.4.1970.

Die Person

Kritik

-ers in: Rheinische Post, 23.9.1970.

Der Seewolf

Interview

Hein-Jürgen Bernhard in: Der Abend, 18.12.1971.

Kritik

Eckart Herrmann in: Stuttgarter Zeitung, 7.12.1971.
K.H.K. (d.i. Karl Heinz Kramberg) in: Süddeutsche Zeitung, 7.12.1971.
Ulrich Schnapauff in: Die Welt, 7.12.1971.
Ponkie (d.i. Ilse Schliekmann-Kümpfel) in: Abendzeitung, 8.12.1971.
Sibylle Wirsing in: Der Tagesspiegel, 28.12.1971.
K. (Karl) H. (Heinz) Kramberg in: Süddeutsche Zeitung, 30.12.1971.
Klaus Hamburger in: Funk-Korrespondenz, Nr. 1, 6.1.1972.
ms. (d.i. Martin Schlappner) in: Neue Zürcher Zeitung, 8.1.1972.

Kritik (Kino-Fassung)

Günther Bastian in: Film-Dienst, Lieferung 3/4, 23.1.1973.

Fluchtweg St. Pauli – Großalarm für die Davidswache

Kritik

Bas. (d.i. Günther Bastian) in: Film-Dienst, Lieferung 11/12, 21.3.1972.
Ponkie (d.i. Ilse Schliekmann-Kümpfel) in: Abendzeitung, 3.6.1972.
Detlev F. Neufert in: Rheinische Post, 3.3.1973.

Uhrwerk Orange (Clockwork Orange)

Interview

Ponkie (d.i. Ilse Schliekmann-Kümpfel) in: Abendzeitung, 23.3.1972.
Ilona Schrumpf in: Berliner Morgenpost, 13.7.1972.

Verrat ist kein Gesellschaftsspiel

Kritik

Elfriede Hennemann in: Stuttgarter Zeitung, 2.10.1972.
E.J. in: Frankfurter Allgemeine Zeitung, 2.10.1972.
edb. in: Die Welt, 2.10.1972.
Gisela Stümpel in: Kirche und Fernsehen, Nr. 38, 7.10.1972.

Marya Sklodowska-Curie

Kritik

Bru. in: Die Welt, 16.10.1972.
Elfriede Hennemann in: Stuttgarter Zeitung, 16.10.1972.
ML in: Mannheimer Morgen, 16.10.1972.
Michael Radtke in: Funk-Korrespondenz, Nr. 43, 26.10.1972.

Nerze nachts am Straßenrand

Kritik

E.J. in: Frankfurter Allgemeine Zeitung, 27.8.1973.
K. (Karl) H. (Heinz) Kramberg in: Süddeutsche Zeitung, 27.8.1973.
Koc in: Frankfurter Rundschau, 27.8.1973.
Wol. in: Stuttgarter Zeitung, 27.8.1973.

Tote brauchen keine Wohnung

Kritik

Ekkehard Böhm in: Die Welt, 13.11.1973.
hmn in: Stuttgarter Zeitung, 13.11.1973.
Eckhart Schmidt in: Süddeutsche Zeitung, 13.11.1973.

Ein fröhliches Dasein

Kritik

BNB (d.i. Barbara Bernauer) in: Frankfurter Rundschau, 31.10.1974.
H.O. (d.i. Heinz Ohff) in: Der Tagesspiegel, 31.10.1974.
witz (d.i. Günther Kriwietz) in: Stuttgarter Zeitung, 31.10.1974.

Lehmanns Erzählungen

Kritik

L.L. (d.i. Lothar Lambert) in: Der Abend, 9.4.1975.
HCB (d.i. Hans C. Blumenberg) in: Kölner Stadt-Anzeiger, 10.4.1975.
Günter Zehm in: Die Welt, 10.4.1975.
Elisabeth Bauschmid in: Süddeutsche Zeitung, 10.4.1975.
hmb (d.i. Helmut M. Braem) in: Stuttgarter Zeitung, 10.4.1975.
wg. (d.i. Klaus Wiborg) in: Neue Zürcher Zeitung, 10.4.1975.
Hannes Sternthal in: Deutsche Volkszeitung, 17.4.1975.

Schließfach 763

Kritik

L.L. (d.i. Lothar Lambert) in: Der Abend, 16.4.1975.
her (d.i. Eckart Herrmann) in: Stuttgarter Zeitung, 17.4.1975.
Ekkehard Böhm in: Die Welt, 17.4.1975.

Lockruf des Goldes

Kritik

Cornelia Bolesch in: Süddeutsche Zeitung, 23.12.1975.
her (d.i. Eckart Herrmann) in: Stuttgarter Zeitung, 23.12.1975.
Michael Stone in: Der Tagesspiegel, 23.12.1975.
her (d.i. Eckart Herrmann) in: Stuttgarter Zeitung, 30.12.1975.
ms (d.i. Martin Schlappner) in: Neue Zürcher Zeitung, 30.12.1975.
Schr. (d.i. Ilona Schrumpf) in: Berliner Morgenpost, 31.12.1975.
Jürgen Busche in: Frankfurter Allgemeine Zeitung, 2.1.1976.
Eckhart Schmidt in: Süddeutsche Zeitung, 2.1.1976.

Zwei Leben

Kritik

NSF (d.i. Norbert Schachtsiek-Freitag) in: Frankfurter Rundschau, 16.3.1976.
tt (d.i. Karl Wilhelm Schmitt) in: Frankfurter Allgemeine Zeitung, 16.3.1976.
H.V. (d.i. Hans Vetter) in: Kölner Stadt-Anzeiger, 16.3.1976.

Um zwei Erfahrungen reicher

Kritik

hmn (d.i. Elfriede Hennemann) in: Stuttgarter Zeitung, 18.3.1976.
T.T. (d.i. Thamina Thom-Zöllner) in: Frankfurter Rundschau, 18.3.1976.
Eckhart Schmidt in: Süddeutsche Zeitung, 18.3.1976.

Prozeß Medusa

Kritik

Regina Rostow in: Die Welt, 3.11.1976.
Ernst Johann in: Frankfurter Allgemeine Zeitung, 3.11.1976.
K.H. Kramberg in: Süddeutsche Zeitung, 3.11.1976.

verlag volker spiess berlin

Beiträge zur Medientheorie und Kommunikationsforschung

Band 10
Denis McQuail
Soziologie der Massenkommunikation
122 S., Pb., DM 14.80

Band 11
Heribert Schwan
Der Rundfunk als Instrument der Politik im Saarland 1945–55
238 S., Pb., DM 19.80

Band 12
Heinz Gies
Fernsehen und Erwachsenenbildung
Aussagenanalyse des Bildungsangebots im ZDF
240 S., Pb., DM 28.–

Band 13
Ekkehard Nuissl
Massenmedien im System bürgerlicher Herrschaft
184 S., Pb., DM 19.80

Band 14
Alexander Deichsel
Elektronische Inhaltsanalyse
Zur quantitativen Beobachtung sprachlichen Handelns
180 S., Pb., DM 19.80

Band 15
Holger Rust
Massenmedien und Öffentlichkeit
Eine soziologische Analyse
ca. 180 S., Pb., DM 19.80

Band 16
Karsten Renckstorf
Neue Perspektiven in der Massenkommunikationsforschung
Beiträge zur Begründung eines alternativen Forschungsansatzes
ca. 220 S., Pb., ca. DM 20.–

* * *

Politische Kommunikation – Eine Einführung
Begleitbuch zum Fernsehkurs „Einführung in die Kommunikationswissenschaft"
232 S., Pb., DM 14.80